성어로 읽는 논어의 지혜

물시어인

勿施於人

'자신이 원하지 않는 바는 남에게도 바라지 말라'

최남규 지음

신아사

성어로 읽는 논어의 지혜
물시어인 勿施於人

초판 1쇄 발행 _ 2016년 7월 30일

저　자 · 최 남 규
발행인 · 정 현 걸
발　행 · 신 아 사
인　쇄 · 토탈프로세스
주　소 · 서울특별시 은평구 통일로 59길 4 (2층)
전　화 · (02) 382-6411　팩스 · (02) 382-6401
홈페이지 · www.shinasa.co.kr
E-mail · shinasa@daum.net
출판등록 · 1956년 1월 5일 (제 9-52호)

ISBN 978-89-8396-946-0(93720)

정가 17,000 원

앞선 말

《성어로 읽는 논어의 지혜: 물시어인편》은 《논어 산책》(신아사, 2013)의 증정본(增訂本)인 셈이다.

《논어의 산책》을 읽고 좋아하시는 분도 계셨고, 격려해 주시는 분도 많았다. 그래서 좀 더 보강하여 수정본을 내야겠다고 오래 전부터 벼려왔지만, 이제야 그 추가부분을 출간하게 되었다.

《논어의 산책》은 단지 성어 30개의 주제로 되어 있으나, 이후 대대로 추가하여 모두 논어 중에 보이는 성어 230개를 주제로 설정하였다. 편폭 관계상 230개의 주제를 네 권으로 나누어 출판하기로 하였다. 그중의 첫 번째가 바로 '물시어인勿施於人'편이다. '물시어인'은 '자신이 원하지 않는 바는 남에게도 바라지 말라'는 뜻이다.

《성어로 읽는 논어의 지혜》는 《논어 산책》에서 이미 밝혔듯이, 논어를 쉽게 접근하고자 한 의도를 가지고 쓴 책이다.

논어는 공자가 제자들과 함께 나눈 삶의 도리와 지혜의 이야기로, 살아가면서 필요한 삶의 지침서이기 때문에, 논어를 읽고 서로 부담 없이 생각하고 이야기해 보면서 그곳에 담겨 있는 생활의 지혜를 배우고자 하는 의도에서 쓴 책이다.

그동안 논어를 너무 의리적이고 철학적으로 생각하여 일반인들이 접근하기 어려운 고고한 고전이 되었다. 논어는 성인聖人의 고리타분하고 진부한 잔소리가 아니며, 따분하고 난해한 한문책이 아니다. 우리 이웃이나 가족과 함께 살아가면서, 보대끼고 입씨름하면서 서로 헐뜯고 상대방을 탓하고 아귀다툼 할 때, 이에 대해 고민해주고, 카운셀링 해주고, 격려해 주는 가장 일상적인 할아버지의 따뜻한 말씀과 같은 책이다.

《논어 산책》을 가지고 몇 학기 동안 대학생을 대상으로 강의를 해왔다. 초롱초롱한 눈빛과 머리를 끄덕이는 공감에서 증정본이 필요하다는 강한 메시지를 받았다.

《성어로 읽는 논어의 지혜: 물시어인편》은 모두 60개의 주제로 되어 있다. 이 주제는 논어 구절이 이미 현대 사회에서 '사자四字'로 굳어져 '성어成語'처럼 사용되어지는 단어들이다. 현재 이미 일상 생활어가 되어 자연스럽게 쓰고 있는 논어의 명언을 주제로 택하여, 우리 자신의 생각을 이야기 해보고, 이와 관련된 내용을 일상생활에서 살펴보는 학습 방법이 오히려 상당한 효과를 거둘 수 있을 것이라 생각한다.

주제 테마의 순서는 특별한 어떤 의도에서 설정한 것은 아니다. 그러나 첫 번째 장의 '불치하문不恥下問'은 개인적으로 평생 동안 배움을 멈추지 말자는 다짐이고, 마지막 제 60장 '절절시시切切偲偲'는 사람은 항상 꼼꼼하고 성의 있는 마음으로 대하고 겸손하고 노력하면서 살아가고픈 반성이기도 하다. '불치하문不恥下問'은 '아랫사람에게 묻는 것을 부끄럽게 생각하지 말라'이다. '문文'을 다루는 선비들이 갖추어야할 마음자세이다. '절절시시切切偲偲'는 '선비(士)가 친구와 대화를 나눌 때 어영부영하지 말고 꼼꼼하고 정확하고 성의있는 태도를 취하라'는 말이다. 항상 묻고 열심히 배우고, 선비정신을 잊지 않고 정의를 위하여 꼼꼼하고 정확하게 살고자하는 나의 희망이기도 하다.

논어는 절대 어려운 책이 아니다. 논어에 관한 철학적 논리와 이론은 철학자가 할 일이다. 우리를 상담해주고 격려해주고 방향을 제시해주는 좋은 상담자로 논어를 보면 된다. 그래서 논어 구절에 대한 해석도 철학적 개념으로 접근하지 않고, 일반적인 생활의 이야기로 이해하면서 번역하기로 하였다.

사실 논어를 이해하기 위해서는 많은 참고서가 필요하다. 각 구절에 대한 이해도 학자마다 다르다. 세계적으로 유명한 논어 주석서만도 수 백 종에 달한다. 그래서 해석은 가장 일반적이고 적절한 해석을 절충하여 선택하고자 노력하였지만, 그래도 양백준楊伯峻의 논어역주《論語譯註》를 주로 참고하였다. 이외에 다른 참고자료는 본 저서 특정상 일일이 출처를 밝히지 않기로 한다.

또한 문장의 내용을 이해하기 위하여 논어의 구절을 중복 인용해야 하는 경우에는 기꺼이 중복 인용하기로 한다. 중복 인용된 구절은 문장 내용과 상황에 따라 해석하기 때문에 우리말 해석이 약간씩 다를 수 있다.

논어는 짧은 대화체이기 때문에, 앞 뒤 문맥을 이해할 수 공간(언어환경)이 없는 경우가 있어 다양한 해석이 가능하다. 공자 시대의 사회적 배경과 문화를 이해하여야만 내용을 재대로 이해할 수 있다. 시대적 배경을 고려하지 않고 시간과 공간을 초월하여 현대적으로 해석한 것이 잘못 일 수도 있다. 그러나 일생동안 가르치기를 게을리 하지 않았고(회인불권誨人不倦), 교육을 가장 가치 있는 일로 여겼던 공자는 한 자 한 자에 얽매인 해석의 시비보다, 큰 테두리가 되는 인仁 안에서 인간이 인간다워지려고 힘쓰고 노력하는 모습을 더 좋아했으리라.

각 장 뒤에는 해당 성어를 주제로 한 본인의 서예작품을 삽입하였다. 이 중의 일부는 2016년 8월 10일부터 8월 16일까지 서울 인사동 한국미술관에서 전시한 작품이다. 잠시 쉬어가는 코너라고 이해하고 감상해 주기를 바란다.

책 나오기까지는 옆에서 항상 도와주는 사람들이 많다. 표구, 작품 선정 등 옆에서 많은 교수님들이 도와 주셨다. 다시 한번 감사드린다.

全州 訓詁樓에서

2016년 6월 말

물시어인
勿施於人

目 次

1. 不恥下問 불치하문

아랫사람에게 묻는 것을 부끄럽게 생각하지 마라

아래 사람에게 묻는 것을 부끄럽게 생각하지 말고, 많이 물어보아라.

'불치하문不恥下問'은 좀 더 학식이 있고 잘 났다고 생각하여 다른 사람에게 묻는 것을 수치스럽게 생각하는 우리들에게 꼭 맞는 말이다.

'불치하문'은 공야장公冶長에 나오는 말이다. 위衛나라 대부大夫 공어孔圉는 시호諡號가 공문자孔文子이다. 자공子貢이 "시호諡號가 왜 '문文'이냐"고 묻자, 공자는 "총명하고 배우기 좋아하며, 아랫사람에게 묻는 것을 부끄럽지 않게 생각하기 때문이라" 하였다.

민이호학(敏而好學)

자공이 물었다.
"공문자를 왜 문文이라고 하였습니까?"
공자가 말하였다.
"민첩하면서 배우기를 좋아하고 아랫사람에게 묻는 것을 부끄럽게 생각하지 않아서다. 이 때문에 그를 문文이라 한 것이다."
子貢問曰: "孔文子何以謂之文也？"
子曰: "敏而好學, 不恥下問, 是以謂之文也."(公冶長 05.15)[1)]

'하이何以'는 본 구절이 의문문이기 때문에 대사代詞 목적어 '何'가 전치사 '以' 앞에 놓였다. '이以'는 '무엇 때문에'라는 뜻의 '원인'을 표시하는 전치사이다. '위지문謂之文' 중의 '之'는 '공문자'를 가리키고, '謂'자는 이중 목적어를 취하는 동사로 '之'가 '목적어1'이고, '文'이 '목적어2'이다. 첫 번째 문장 중의 '야也'는 '의문의 어감을 표시하는 어조사'이다. '시이是以'는 원래 어순 '以是'가 바뀐 것으로 '是'는 지시대사指示代詞이고, '以'는 원인을 표시하는 전치사 용법으로 쓰인다.

죽고 나면 살아 생전의 행동거지나 또는 업적에 따라 시호를 짓는데, 공어는 허심탄회하고 정직하며 배우기를 좋아하여, 묻기를 게을리 하지 않았기 때문에 '文'이라 하였다.

'不(아닐 불(부, 비), bù)'자는 상형문자이나 그 자원에 대해서는 학자마다 의견이 분분하다. 갑골문은 ''·''·''으로 쓰고, 금문은 ''·''으로 쓴다. 꽃대와 꽃받침이 갖추어졌으나 재대로 여물지 않은 씨방의 형상이 아닌가한다. 그래서 곡식이 제대로 자라지 않는다는 뜻에서 부정의 의미가 파생되어 쓰인 것이 아닌가 한다.

'恥(부끄러워할 치, chǐ)'는 '치욕恥辱을 당하다', '수치스럽다'는 말이다. 고문자는 ''으로 쓴다. 의미부가 '耳'와 '心'으로 이루어진 자이다. 수치스러운 말을 귀로 들으니, 마음에 부끄러움을 느끼는 것이다. 이 자는 의미부 '耳'와 소리부 '止'를 써서 '耻(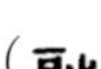)'자로 쓰거나, 혹은 편방 '糸'와 소리부 '止'를 써서 '紸()'자로 쓰기도 한다. 음은 모두 '치'다.

1) 괄호 안의 숫자 중 앞 숫자는 논어의 총 20편의 순서이고, 뒤 숫자는 각 편의 문장 순서이다. 논어의 각 편명과 그 순서는 〈學而 01〉, 〈爲政 02〉, 〈八佾 03〉, 〈里仁 04〉, 〈公冶長 05〉, 〈雍也 06〉, 〈述而 07〉, 〈泰伯 08〉, 〈子罕 09〉, 〈鄕黨 10〉, 〈先進 11〉, 〈顔淵 12〉, 〈子路 13〉, 〈憲問 14〉, 〈衛靈公 15〉, 〈季氏 16〉, 〈陽貨 17〉, 〈微子 18〉, 〈子張 19〉, 〈堯曰 20〉이다.

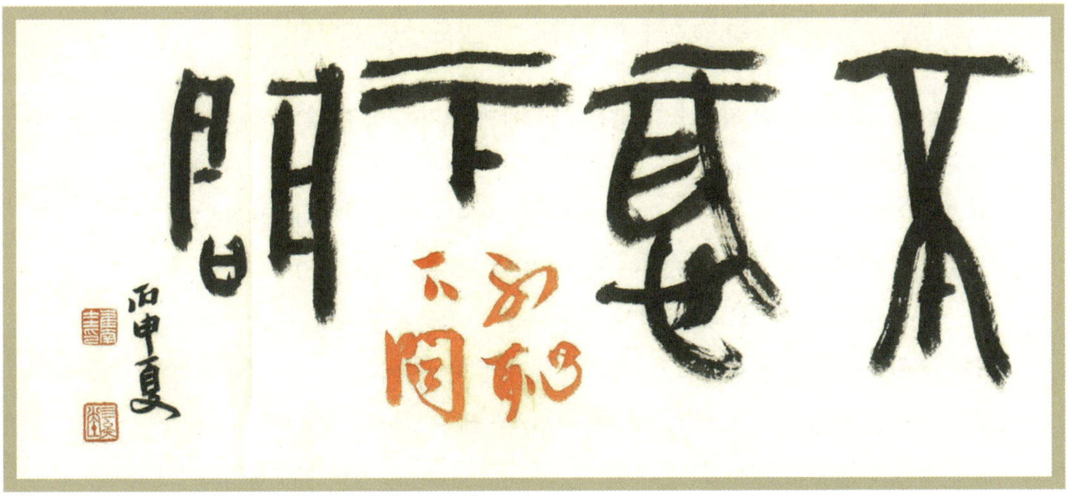

불치하문(不恥下問)

'下(아래 하, xià)'자를 갑골문은 ''·''으로 쓰고, 금문 ''·''·''으로 쓴다. 어떤 기준을 중심으로 아래에 있음을 뜻한다. '上(·)'자가 어떤 기준을 중심으로 위에 있다는 것과 반대 개념이다.

갑골문은 ''·''으로 쓰고, 금문에서는 '(昏, 어두울 혼, hūn)'자를 대신하여 쓰기도 한다. '門'은 원래 '사람이 드나드는 문'을 뜻하나, '집안'이나 '가문'을 뜻하는 의미로도 쓰인다. '問'자는 집안의 내력을 묻듯, '심문하다'·'힐문하다'·'판결하다'라는 뜻으로 파생되어 쓰인다.

주위에서 총명하긴 한데 열심히 노력하지 않는 사람을 우리는 종종 본다. 머리가 좋으면서 열심히 노력한다면 개인적 차이는 있겠지만, 적어도 자신이 원하는 목적을 이룰 수 있을 것이다. '文'은 총명하면서도 배우기 좋아하고 아랫사람에게 묻기를 부끄럽게 생각하지 않는 지식을 상징한다.

'文(글월 문, wén)'자를 갑골문은 ''·''·''으로 쓰고, 금문은 ''·''·''으로 쓴다. 사람 몸에 그리는 문신(紋) 모양이다. 문자 역시 문신처럼 그리고 장식하는 것이다. 후에는 문장이라는 의미로 쓰였고, 문장을 잘 쓰는 사람이나 또는 학문을 가리키는 의미로 쓰였다.

지위가 높은 사람이 자기보다 낮은 사람에게 묻기는 쉽지 않다. 특히 어떤 분야의 전공자라면 비전공자나 아랫사람이 전공자인 나보다 더 많이 알고 있으면 심사가 편할리가 없을 것이다. 선생이라도 모르는 것이 있으면 학생에게 물어야 한다.

지식과 지혜는 다르다. 공자는 자공에 비해 장사는 잘하지 못했고, 농사 짓는 일은 농부보다 나을 리 없다. 공자는 지혜로운 성인군자이지만, 이들보다 각 분야에 대한 전문적인 지식이 부족하기 때문이다. 지식이든 지혜든 모르면 물어야 한다. 묻는 것보다 더 좋은 방법은 없다. 길을 가다가 모르면 남녀노소를 막론하고 물어야 되고, 인생의 길에서 방황할 때 남녀노소를 막론하고 지혜로운 사람에게 물어야 한다.

우리는 물음에 익숙치 않다.

묻는 것이 체면을 구기는 것이 아니다. 모르는 것이 부끄러운 일이며, 상대방에 대한 예의도 아니다.

공자는 태묘에 들어가 제사를 도울 때 매사를 물어 보았다. 묻는 것이 예禮라 하였다. 매사에 신중하고, 알아도 다시 확인하여 다른 사람과 손발을 맞추기 위해서 물었다. 이것이 예절이다.[1)]

자기가 잘 안다고, 다른 사람은 생각하지도 않고 혼자서 자기 방식대로만 한다면 절대 일이 잘 성사될 리가 없다.

번지樊遲가 공자에게 농사짓는 방법을 배우려 하자, "숙련된 농부보다 못하다"하였고, 채소 가꾸는 법을 배우려 하자, "숙련된 원예사보다 못하다"고 하였다.

> 번지가 공자에게 농사 짓는 법을 물었다.
> 공자가 말하였다.

1) 子入太廟, 每事問. 或曰: "孰謂鄹(郰)人之子知禮乎? 入太廟, 每事問" 子問之, 曰: "是禮也"(八佾03.15) (공자가 태묘에 들어가 매사를 물으니 어떤 사람이 말하였다. "누가 郰(추)땅의 아들이 예를 안다고 하였던가? 태묘에 들어가 매사를 묻더라" 공자가 이 말을 듣고 말하였다. "이것이 바로 예다") '鄹 (郰)人之子'는 공자를 가리킨다. 공자의 아버지 숙량흘이 추(郰) 지방의 대부(大夫)였다.

"나는 숙련된 농부보다 못하다."
채소 가꾸는 법을 배우기를 청하자 공자가 말하였다.
"나는 숙련된 원예사보다 못하다."
번지가 나가자 공자가 말하였다.
"번지여! 소인이구나. 윗사람이 예를 좋아하면 백성들이 감히 공경하지 아니함이 없고, 윗사람이 의를 좋아하면 백성들은 감히 복종하지 아니함이 없고, 윗사람이 신을 좋아하면 백성들이 감히 사실대로 아니함이 없다. 무릇 이와 같이 된다면 천하의 백성들이 자기 자식을 포대기에 싸서 업고 올 것인데, 어찌 농사짓는 방법을 쓰겠는가?"
樊遲請學稼. 子曰: "吾不如老農." 請學爲圃. 曰: "吾不如老圃." 樊遲出. 子曰: "小人哉, 樊須也! 上好禮, 則民莫敢不敬, 上好義, 則民莫敢不服, 上好信, 則民莫敢不用情. 夫如是, 則四方之民襁負其子而至矣, 焉用稼?"(子路 13.04)

모두에게는 전공이 있는 것이다. 공자는 인의예지仁義禮智를 널리 알리는 것이 목적이었고 그것이 공자의 전공이다. 설사 농사짓는 법을 안다 해도 이를 가장 중요한 업으로 삼는 사람보다는 못했을 것이다. 또한 이 세상의 모든 일을 다 알 필요는 없고, 그럴 필요도 없다. 모르면 물어보고 전문가에게 맡기면 되는 것이다.

따라서 진정으로 안다는 것은 "아는 것을 안다고 하고, 모르는 것을 모른다고 하는 것이 아는 것이다."[1)]

"세 사람이 함께 할 때, 그 중에는 반드시 스승이 있다." 좋은 점이 있으면 배우고, 나쁜 점이 있으면 그렇게 하지 않으면 되는 것이다.[2)] 세상 모든 것이 다 스승이다. 모르면 물어야 한다.

우리는 일반적으로 '불치하문'보다, 가르치기를 좋아하고(호위인사, 好爲人師), 자기가 가장 잘났다고 생각하고(자고자대, 自高自大), 자기 생각만 옳다고 여겨 자문을 구하려 하지 않는다. (사심자용, 師心自用)

한유韓愈는 나이와 선후배에 상관없이 먼저 도를 깨우치면 모두가 스승이라 하였다.

자기 자신보다 후에 태어났더라도 자신보다 먼저 도리를 깨닫는다면, 그를 스승

1) 子曰: "由, 誨女知之乎. 知之爲知之, 不知爲不知, 是知也."(爲政 02.17)

2) 孔子曰: "三人行, 則必有我師.' 是故弟子不必不如師, 師不必賢於弟子, 聞道有先後, 術業有專攻, 如是而已." (공자는 말하였다. "세 사람 가운데 반드시 스승이 있다" 그러므로 제자가 반드시 스승만 못한 것이 아니고, 스승이 반드시 제자보다 현명한 것도 아니다. 다만 도리를 깨닫는 데는 선후가 있고 기술의 전공에 따라 스승을 삼으면 되는 것이다.") (韓愈, 〈師說〉)

으로 삼아야 한다. 도의 이치를 스승으로 삼기 때문에, 나이가 많고 적음에 개의하겠는가. 그래서 귀천과 연배를 가리지 않으니, 도가 있는 곳은 모두가 스승이다.

> 나보다 후에 태어났더라도 나보다 먼저 도를 깨달았다면 또한 그를 쫓아 스승으로 삼겠다.
> 나는 도를 스승으로 삼고 있으니 어찌 나이가 많고 적음에 개의하겠는가.
> 그래서 귀천과 연배를 가리지 않으며, 도가 있는 곳에 스승이 있는 것이다.[1)]

학생을 가르칠 때도 마찬가지다. 학생 질문에 답을 못하는 경우도 있다. 굳이 아는 척하며 얼굴 빨개지고 더듬거리기보다는 모르니 다음 시간에 조사해서 알려주겠다고 하면 된다.

모르는 것은 절대 부끄러운 것이 아니다. 부끄러운 것은 아는 척하고 겸손하지 않아서 노력하지 않는 것이다.

중국 속담에 '총명해서 오히려 실패한다'라는 말이 있다.[2)] 기회나 조건이 남보다 좋거나 뛰어나면 그로 인해 자만하여 오히려 실패하거나 시련을 겪게 되는 경우가 더 많을 수 있다. 송나라 소식蘇軾은 "모두들 자식이 총명하게 자라길 바라지만, 자신은 오히려 이 총명 때문에 일생이 어긋났다"고 하였다.[3)] 총명하면 총명할수록 더 겸손하고 아랫사람에게 더 물어야 한다.

1) "生乎吾後, 其聞道也, 亦先乎吾, 吾從而師之. 吾師道也, 夫庸知其年之先後生於吾乎? 是故無貴無賤, 無長無少, 道之所存, 師之所存也." (韓愈, 〈師說〉)

2) "聰明反被聰明誤(총명반피총명오)"

3) "人皆養子望聰明, 我被聰明誤一生." (사람들은 모두 자식이 총명하기를 바라지만, 나는 오히려 그 총명함 때문에 일생을 그르치게 되었네.) (蘇東坡, 〈洗兒〉)

도(道)

2. 不亦樂乎 불역낙호

벗이 멀리서 찾아오니 기쁘지 않겠는가

'불역낙호'는 '정말 통쾌하다!'·'정말 기쁘다!'의 뜻이다.

멀리서 친구가 나를 찾아오니 이 또한 기쁘지 않는가! 논어의 첫 장에 나오는 말이다.

논어 첫 구절에는 세 가지가 언급되어 있다. 배우며 이를 자주 생활에 응용하는 일, 뜻을 같이 하는 친구가 멀리서 찾아오는 일, 남이 나를 알아주지 않아도 화를 내지 않는 일이다. 앞에 두 일을 즐겁고 기쁜 일로 표현하였고, 남이 나를 알아주지 않음에도 화를 내지 않으면 군자라 하였다.

남이 알아주지 않음에도 묵묵히 자신의 신념을 위하여 노력하는 일은 옛날이나 지금이나 어려운 일이고, 성인군자도 역시 실천하기 힘든 일이었나 보다.

> "배우고 수시로 익히니 또한 기쁘지 않겠는가!
> 멀리서 친구가 찾아오니 또한 기쁘지 아니한가?
> 다른 사람이 몰라주더라도 화내지 않으니 또한 군자가 아니겠는가!"
> "學而時習之, 不亦說乎. 有朋自遠方來, 不亦樂乎! 人不知而不慍, 不亦君子乎." (學而 01.01)

논어에서 '군자君子'와 반대되는 사람은 '소인小人'이다. 이 둘은 자주 비교되어 반대되는 개념으로 쓰인다. 군자가 인격의 완성자라면 소인은 그 반대이다. 혹은 그저 좋은 사람과 나쁜 사람이거나, 노력하는 사람과 게으른 사람의 차이일 수도 있다.

'유붕자원방래有朋自遠方來' 중의 '친구(朋)'를 어떤 사람은 도의적인 의미로 해석하지 않고, 공자가 중국 최초로 사설학교를 운영하였기 때문에 공자의 명성을 듣고 찾아오는 수강생들로 이해하기도 한다. 멀리서 찾아오니 기분 나쁠 리가 없었을 것이다.

또는 공자 자신과 뜻을 같이 하는 사람일 수도 있고, 소인배가 아닌 군자가 되기 위해 공자와 학문의 세계를 같이 하고자한 친구일 수도 있다.

'주사朱砂를 가까이 하면 빨갛게 되고, 먹물을 가까이 하면 검게 되는 것이다.'[1)]

십계명을 읽게 한 후 시험을 치르게 하면 부정행위가 훨씬 줄어들고, 보는 사람이 있으면 손을 더 깨끗이 씻는다고 한다.

모든 행위의 근본은 마음이다. 우리가 군자의 행실을 자주 생각하면, 당장 군자가 되지 않더라도 군자에 가까워질 수도 있다. 아래는 논어에서 말하는 군자이다.

"군자는 두루 조화를 이루고 남과 비교하지 않지만,
소인은 남과 비교하고 두루 조화를 이루지 못한다."
"君子周而不比, 小人比而不周." (爲政 02.14)

"군자는 덕을 생각하지만
소인은 땅을 생각하고,
군자는 법대로 하고자 하나,
소인은 혜택 받기만을 원한다."
"君子懷德, 小人懷土. 君子懷刑, 小人懷惠." (里仁 04.11)

"군자는 의리에 밝고,
소인은 이득이 되는 일에 밝다."
"君子喩于義, 小人喩于利." (里仁 04.16)

"군자다운 학자가 되어야 하지,
소인 같은 학자가 되어서는 안 된다."
"女爲君子儒, 無爲小人儒." (雍也 06.13)

"군자는 너그럽고 당당하지만,
소인은 조마조마하고 초조해 한다."
"君子坦蕩蕩, 小人長戚戚." (述而 07.37)

"군자는 남의 좋은 점을 더 드러내주고, 나쁜 것은 이루어지지 않게 하지만,
소인은 이와 반대다."
"君子成人之美, 不成人之惡. 小人反是." (顔淵 12.16)

---

1) "近朱者赤, 近墨者黑."(주사를 가까이 하면 빨갛게 되고, 먹물을 가까이 하면 검게 된다.) (晉 傅玄, 《太子少傅箴》)

"군자의 덕은 바람 같은 것이고,
소인의 덕은 풀과 같은 것이기 때문에, 풀 위에 바람이 불면 눕는다."
"君子之德風, 小人之德草, 草上之風, 必偃." (顔淵 12.19)

"군자는 남과 조화를 이루지만 남과 똑같이 행동하지 않고,
소인은 남과 뜻을 같이 하지만 조화를 이루지 못한다."
"君子和而不同, 小人同而不和." (子路 13.23)

"군자는 태연하되 교만하지 않고,
소인은 교만하면서 태연하지 않다."
"君子泰而不驕, 小人驕而不泰." (子路 13.26)

"군자를 섬기기는 쉬워도 기쁘게 하기는 어렵다. 도리道理가 아닌 것으로 기쁘게 하고자 하나 기쁘게 할 수 없으며, 사람을 쓸 때에는 그 그릇에 맞게 한다.
소인은 섬기기가 어려우나 기쁘게 하기는 쉽다. 비록 도리가 아닌 것으로도 기쁘게 할 수 있고, 사람을 쓸 때에는 완전히 갖추어 지기를 바란다."
"君子易事而難說也. 說之不以道, 不說也. 及其使人也, 器之. 小人難事而易說也. 說之雖不以道, 說也. 及其使人也, 求備焉."(子路 13.25)

"군자는 위로 통달하고(인의를 추구하고),
소인은 아래로 통달한다(이익을 추구한다)."
"君子上達, 小人下達." (憲問 14.23)

"군자이면서도 인하지 않는 자가 있으나,
소인 중에는 인한 자가 없다."
"君子而不仁者有矣夫, 未有小人而仁者也. (憲問 14.06)

"군자는 자기 탓을 하지만,
소인은 남 탓을 한다."
"君子求諸己, 小人求諸人." (衛靈公 15.21)

"군자는 곤궁하여도 굳게 지키지만,
소인이 곤궁하면 함부로 하게 된다."
"君子固窮, 小人窮斯濫矣." (衛靈公 15.02)

"군자는 전문지식과 같은 좁은 분야를 알지 못해도 큰 업무를 부여받을 수 있고,
소인은 큰 업무는 부여받을 수 없으나 본인의 전문분야는 알 수 있다."
"君子不可小知而可大受也, 小人不可大受而可小知也." (衛靈公 15.34)

"군자는 천명·대인과 성인의 말 세 가지를 두려워 하지만,
소인은 천명을 모르기 때문에 두려워하지 않고, 大人을 함부로 대하며, 성인의 말을 업신여긴다."
"君子有三畏. 畏天命, 畏大人, 畏聖人之言. 小人不知天命而不畏也, 狎大人, 侮聖人之言." (季氏 16.08)

"군자는 용맹하나 만약에 도의道義가 없다면 난을 일으킬 수 있고,
소인은 용맹하나 도의가 없으면 도둑질을 한다."
"君子有勇而無義爲亂, 小人有勇而無義爲盜." (陽貨 17.23)

"군자가 도를 배우면 남을 사랑하고,
소인이 도를 배우면 부리기가 쉽다."
"君子學道則愛人, 小人學道則易使也." (陽貨 17.04)

군자는 성인과 같지 않아도 좋다. 열심히 도의를 실천하기 위하여 노력하는 사람이고, 사회에서 좋은 사람이면 된다.

'樂'자를 갑골문은 ''·''·''으로 쓰고, 금문은 ''·''·''으로 쓴다. 나무에 줄을 맨 거문고나 가야금 같은 악기의 모습이다. 노래를 부르고 악기를 연주하면 즐겁기 때문에 '즐겁다'는 의미로 쓰인다.

논어에서 '樂'자는 즐겁다는 '낙'과 음악이라는 '악', 이외에 '지자요수知者樂水'·'인자요산仁者樂山'에서는 '요'로 읽는다.

나와 의기투합하는 좋은 친구가 멀리서 찾아오니 이보다 더 기쁜 일이 어디 있겠는가!

공자는 친구가 찾아오는 즐거움 이외에 가르치는 것과 배우는 것을 가장 큰 기쁨으로 여겼다. 공자는 "말린 고기 한 다발의 예만 갖추면, 학생으로 받아주지 않은 적이 없었다."[1)] 공자는 "자기 자신을 분발하여 노력하기를 밥 먹는 것도 잊고, 배움이 즐거워 걱정거리도 잊고 늙어가는 것도 모르는 사람이라"고 하였다.[2)]

1) 子曰: "自行束脩以上, 吾未嘗無誨焉."(述而 07.07) (공자가 말하였다. "말린 고기 한 다발 이상을 가져와 스승의 예를 갖춘 자에게 내 일찍이 가르쳐 주지 않은 적이 없었다.")

2) 子曰: "女奚不曰發憤忘食, 樂以忘憂, 不知老之將至云爾." (述而 07.19). (공자가 말하였다. "너는 어찌

소신 있게 산다는 것은 중요한 일이다.

맛없는 음식을 먹고, 물로 배를 채우고, 팔베개를 하고 잠을 자도 그 가운데 행복이 있을 수 있다. 의롭지 않게 얻은 부귀나 명예는 한낱 뜬 구름과 같은 것이다.[1)]

무릉도원武陵桃源에 산다는 것은 어떤 것인가.

어느 날 공자가 제자 자로, 증석曾晳(點), 염유冉有(求), 공서화公西華(赤)에게 자기의 계획을 소신껏 이야기 해보라고 하였다. 모두 정치에 관한 포부를 이야기할 때, 증석은 "늦은 봄날 봄옷을 입고 관을 쓴 사람과 동자들이 함께 어울려 기수沂水 강가에서 목욕을 즐기고, 무우제舞雩祭를 지내는 제단이 있는 곳에 올라가 바람을 쐬다가 노래를 부르며 돌아오는 것이 자신이 꿈꾸는 동경의 세계"라 하였다.[2)] 공자도 이에 동감한다.

그렇다면 어떤 사람이 이런 생활을 즐길 수 있는가.

인仁하지 못한 자는 곤궁한 생활을 오래 견디지 못하고, 오랫동안 그 즐거움을 즐길 줄 모르는 것이다.

> 공자가 말하였다.
> "인하지 못한 자는 오랫동안 근검한 생활을 할 수 없으며, 오랫동안 즐거움에 있지 못한다.
> 그래서 인한 사람은 인을 편히 여기고, 지혜로운 사람은 인을 이롭게 여긴다."
> 子曰: "不仁者不可以久處約, 不可以長處樂. 仁者, 安仁, 知者, 利仁." (里仁 04.02)

배워서 알아야 놀 줄도 알고, 즐길 수도 있다. 축구나 테니스 같은 모든 스포츠 게임도 그렇고, 각종 예술의 창작 역시 그 수준이 어느 정도 되어야 즐길 수 있다. 여행

그 사람(공자)됨은 분발하기를 식음을 잃을 정도로 하며, 기뻐서 걱정을 잊어버리고, 늙어가는 것을 모른다하지 않았는가!")

1) 子曰: "飯疏食飮水, 曲肱而枕之, 樂亦在其中矣. 不義而富且貴, 于我如浮雲."(述而 07.16) (공자께서 말씀하셨다. "거친 밥을 먹고 물을 마시고 팔베개를 하고 누워도 즐거움이 또한 그 가운데에 있으니, 의롭지 않으면서 부자가 되고 명예가 있는 것은 나에게 뜬 구름과 같다.")

2) (曾晳)曰: "莫春者, 春服旣成, 冠者五六人, 童子六七人, 浴乎沂, 風乎舞雩, 咏而歸" 夫子喟然嘆曰, "吾與點也."(先進 11.24) (증석(曾晳, 點)이 말하였다. "늦봄에 봄옷이 마련되면 관을 쓴 사람 5-6명과 동자 6-7명과 沂水에 가서 목욕을 하고, 무우에서 바람을 쐬다가 노래하면서 돌아오겠습니다" 공자는 "아! 하고 감탄을 하면서 나도 점과 같이 하겠다"라 하였다.)

을 할 때, 아는 만큼 보인다는 것도 같은 맥락이다. 그 묘미를 알아야 즐길 수 있는 것이다. 그래서 공자는 아는 것은 좋아함만 못하고, 좋아함은 즐기는 것만 못하다고 하였다.

> 공자가 말하였다.
> "아는 것은 좋아함만 못하고, 좋아함은 즐기는 것만 못하다."
> 子曰: "知之者不如好之者, 好之者不如樂之者." (雍也 06.20)

아름다운 이 한 인생 즐길 줄 알아야 모든 것에 따스한 눈길을 줄 수 있다.

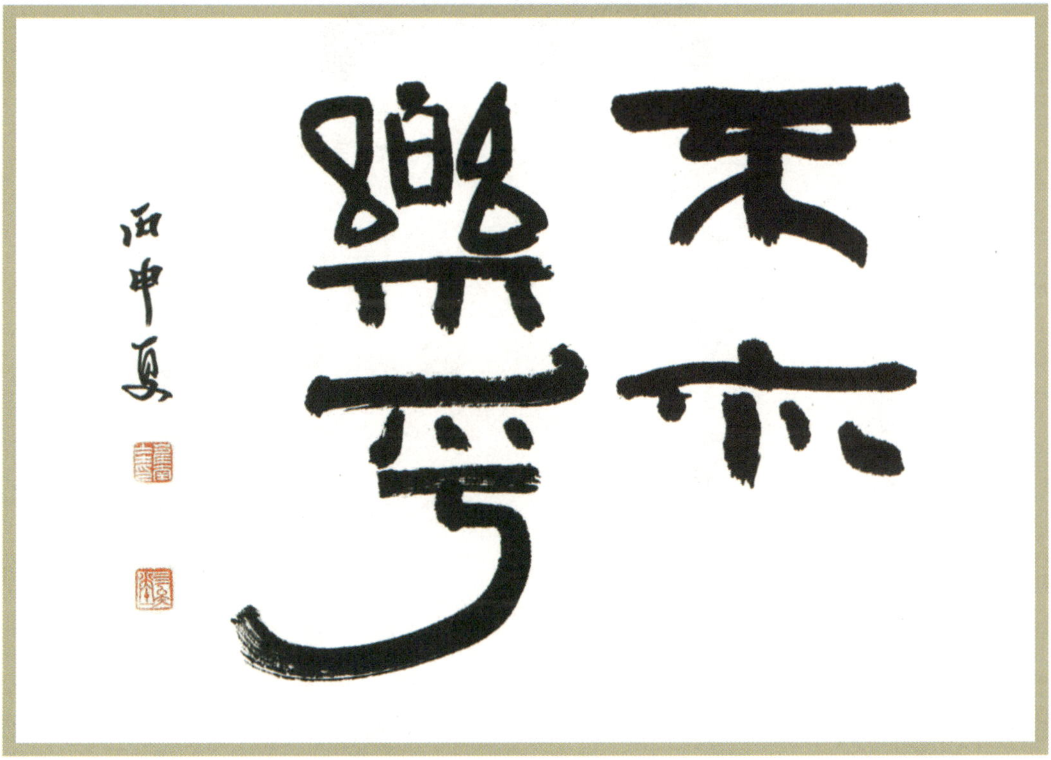

불역낙호(不亦樂乎)

낙(樂): 유붕자원방래불역낙호(有朋自遠方來不亦樂乎)

3. 不在其位, 不謀其政 부재기위, 불모기정

그 지위에 있지 않으면 그 일에 상관하지 마라

'부재기위不在其位, 불모기정不謀其政'은 그 지위에 있지 않으면, 그 일에 상관하지 말라는 말이다. 각자에게 주어진 역할을 충실히 하고 자기와 관련이 없는 일에는 상관하지 말라는 말이다.

논어의 태백泰伯과 헌문憲問에 같은 내용이 두 번 나온다.

> 공자가 말하였다.
> "그 지위에 있지 않으면, 그 일을 도모하지 않는다."
> 子曰: "不在其位, 不謀其政."(泰伯 08.14)

현대를 사는 우리에게 시사하는 바가 크다. 권력을 잡으면 친인척 비리가 끊이지 않는다. 자기의 권한도 아닌데, 남의 권한을 이용하여 각종 비리를 저지르고 불법 행위를 하여 부당한 이익을 취한다. 후진국의 가장 상징적인 것은 부패다. 대통령의 친인척이 뇌물을 받아서 기소된 사건이 신문마다 시끄러울 때가 있다. 열흘 붉은 꽃이 없다는 '화무십일홍花無十日紅'을 왜 그렇게 우리는 쉽게 잊고 사는가.[1]

'부재기위不在其位, 불모기정不謀其政' 구절은 두 개의 개념으로 되어 있다. 하나는 '재위在位'이다. '재위하다'는 원래 임금이 자리에 있음을 말한다. 여기에서는 '재임在任하다'의 뜻으로, 어떤 직책의 임무를 수행하기 위하여 자리에 있음을 말한다. 또 하나는 '모정謀政'이다. '모'는 도모하다는 뜻이고, '정'은 정사나 그 일과 관련된 행정적인 직무나 사무, 임무를 말한다.

내가 그 자리에 있지 않으면, 다른 사람의 임무에 상관하지 말라는 말이다.

---

1) "只道花無十日紅, 此花無日不春風." (꽃이 십일 내내 피어 있을 수 없다하지만, 월계화 이 꽃은 매일 매일 봄바람과 함께 한다네.) 양만리의 시 구절은 오랫동안 피어나는 장미 月季花를 읊은 것이지만, '花無十日紅'은 권세나 권력이 오래가지 못함을 비유적으로 쓴다. (宋 楊萬里,《臘前月季》)

학생은 학생답게 공부를 열심히 해야지, 수업시간에 수업과 관련이 없는 다른 일을 해서는 안 된다. 수업 시간에 핸드폰으로 문자 메시지를 보내거나, 전화를 받기 위해 밖으로 나가는 학생들을 자주 본다. 이것은 학생으로서의 기본적 예의가 아니다.

직장인은 직장의 일에 충실해야 한다. 직무 시간 중에 컴퓨터로 주식을 사고팔거나 게임을 하는 경우가 있어서는 안 될 일이다.

자신의 직무에 충실하지 않으면서 그 지위에 있으려 하는 것도 무책임한 행위이다.

나의 책임이 아니라고 해서 남을 함부로 비평하는 경우가 있다. 공개적인 장소에서 다그치듯이 책임 추궁을 하는 경우가 있다. 해결할 뚜렷한 방법도 없으면서, 잘 알지도 못하면서 말꼬리 잡고 비평을 위한 비평을 하는 경우가 있다.

그 위치에 있지 않으면 함부로 말하거나, 이러쿵저러쿵 비난하지 말고, 그 직책에 있는 사람을 믿고 훌륭하게 자신이 맡은 일을 해 낼 수 있도록 도와주는 것이 미덕이다. 우리는 칭찬에 너무 인색하다.

증자曾子도 "군자는 자신의 위치를 벗어나지 않는다"하였다.[1] 군자는 자신이 할 일에만 충실하지 이것저것 구차하게 상관하고 기웃기웃하지 않는다.

공자가 창고에서 물건을 관리하는 '위리委吏'라는 직책을 맡았을 때는 회계하는 일에만 전념하였고, 동물을 관장하는 '승전承田'이라는 직무를 당당하였을 때는 소나 양이 무럭무럭 자라고 살찌게 하는 일에만 신경을 썼다고 한다. 그래서 이를 두고 맹자는 지위가 낮으면서 말만 높은 것은 죄악이고, 조정에 있으면서 도를 행하지 않으면 부끄러운 일이라 하였다.[2] 자신이 그 자리에 있지도 않고 관련도 없는데, 말만 하는 것은 부끄러운 일이라 하였다.

자신의 직책에 맞게 행동하여야 한다. 현재 자신의 맡은 직책도 제대로 처리하지 못하면서 다른 일에만 자꾸 신경 쓰는 사람들이 적지 않다. 학자는 학자답게 학문에 전념하는 것이 첫째인데, 자꾸 외적인 일에만 신경 쓰는 것도 지향할 바가 못 된다.

---

1) 曾子曰: "君子思不出其位."(憲問 14.26) (증자가 말하였다. "군자는 자기의 직위를 벗어나려 하지 않는다.")

2) "位卑而言高, 罪也. 立乎人之本朝而道不行, 恥也." ("직위가 낮은데 말만 고상하게 하는 것은 죄악이고, 남의 조정에 있으면서 도를 행하지 않는 것은 부끄러운 일이다.") (《孟子·萬章下》)

《중용中庸》에 '소위이행素位而行'이란 말이 있다. 현재 처한 지위에 따라 응당히 해야 할 일만 충실히 한다는 말이다. 군자는 자신이 처해 있는 위치에서 마땅히 해야 할 일을 하고, 밖의 것을 추구하지 않으며, 윗자리에 있으면 아랫사람을 무시하지 않고, 아랫자리에 있으면 윗사람에 기대어 출세하려 하지 않는다 했다.

> "군자는 현재 위치에 따라 행하지 그 외의 것을 구하지 않는다.
> 윗자리에 있으면서 아랫사람을 무시하지 않고, 아랫자리에 있으면서 윗사람에 의지하지 않는다."
> "君子素其位而行, 不願乎其外. 在上位不陵下, 在下位不援上."(《中庸》)

'소素'는 '평소平素'나 혹은 '분수에 따르다'는 뜻이고, '소위素位'는 '평소의 위치에 맞게 행한다'는 것이다. '능陵'은 '깔보다'·'능멸凌蔑하다'의 뜻이고, '원援'은 '끌어들이다'·'원조를 받다'의 뜻으로, '원상援上'은 '상관이나 권력 있는 자에게 의지해서 자신의 위치를 높이는 것'을 말한다.

불모기정(不謀其政)

부재기위(不在其位),

관가에 아는 사람 없으면 서럽기는 옛날이나 지금이나 마찬가지다. 서러우면 출세하라. 관계가 없으면 문제해결이 안 된다. 주위에 누구하나 출세하면 덕 한번 볼까 기웃거린다. '비리'와 '비행'의 근원이다.

비행을 하고도 재수가 좋아 그럭저럭 한 두 번 법을 피해간다 해도 영원할 수는 없다. 불안한 부자보다, 가난한 '안빈낙도安貧樂道'가 훨씬 행복하다.

말하기 좋아하는 세상이다. 진실이야 어떠하든 인터넷에서 내몰렸다하면 사람 폐인 되기 쉽다. 확실한 증거도 없으면서, 감정적으로 심한 욕설을 하는 것은 안 된다. 지나가다 생각없이 던진 돌맹이 하나에 개구리의 생명이 왔다갔다하는 것이다.

물론 까맣게 모르고 지날 갈 뻔한 사건이 인터넷을 통해 억울한 누명을 벗는 경우도 있지만, 사건의 전말을 정확하게 파악하지 못하고 감정적으로 비난을 가하여 억울한 희생을 당하는 경우가 더 많다. '부재기위不在其位, 불모기정不謀其政'이다. 나설 일이 아니면 참자. 모르면 전문가에게 맡겨보자. 그들이 좋은 방법을 찾을 수 있을 것이다.

월계화(月季花)

4. 從心所欲 종심소욕

마음 내키는 대로 하다

'종심소욕' 중 '소욕所欲'은 '원하는 바'이고, '심소욕心所欲'은 '마음이 원하는 바'이다. '從'은 '따라서'의 뜻이다. '마음이 원하는 바에 따라서'·'마음대로 하다'·'하고 싶은 대로 하다'는 뜻이다. '(欲)'자는 의미부 '欠(하품 흠, qiàn)'과 소리부 '谷'으로 이루어진 자이다. '(欠)'자를 갑골문은 ''·''으로 쓴다. 크게 입을 버리고 있는 모습 혹은 물건을 보고 탐하는 모습이다. '心'자를 추가하여 '욕慾'자로 쓰기도 한다. 후에 '욕망하다'·'바라다'·'희망하다'로 쓰인다.

스스로 인생을 되돌아보던 공자가 70세가 되었을 때, "하고 싶은 대로 하여도, 어긋남이 없었다"고 하였다.

> 공자가 말하였다.
> "나는 열다섯 살에 학문에 뜻을 두었고, 서른 살에 자립을 하였고, 마흔 살에 미혹되지 않았고, 쉰 살에 천명을 알았고, 예순 살에 귀가 순해졌고, 일흔 살에 하고 싶은 대로 하여도 법도를 어긋나지 않았다."
> 子曰: "吾十有五而志於學, 三十而立, 四十而不惑, 五十而知天命, 六十而耳順, 七十而從心所欲, 不逾榘."(爲政 02.04)

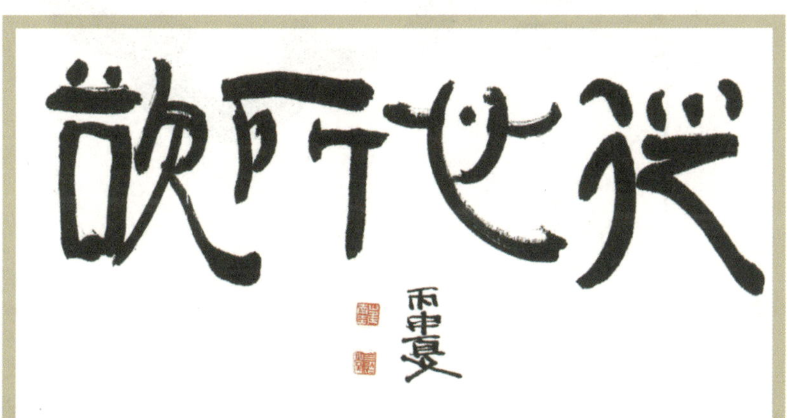

종심소욕(從心所欲)

공자는 "열다섯 살 때 학문에 뜻을 두었고, 서른 살 때는 홀로 설 수 있었고, 마흔 살 때 흔들리지 않았고, 쉰 살 때 자신의 천명에 대하여 알았고, 예순 살 때에는 무엇을 들어도 귀에 거슬리지 않았고, 일흔 살 때에는 하고 싶은 대로 하지만 법도에 어긋나지 않았다"라고 하였다. '踰(넘을 유, yú)'자는 의미부 '辵'와 소리부 '兪'로 이루어진 자로,[1] '추월하여 앞으로 나아가다'의 뜻이며, '넘어서다'·'벗어나다'의 파생어로 쓰인다. 혹은 '踰(넘을 유, yú)'자로 쓰기도 한다. ''(兪)'자는 '亼(삼합 집, jí)'·'月(舟)'·'巜(水)'로 이루어진 자로 '배들이 모여들어 물살을 거슬러 앞으로 나아간다'는 뜻이다. 갑골문은 ''으로 쓰고, 금문은 ''으로 배가 거슬러 올라가는 형상이다.

'矩(곱자 구)'는 혹은 '榘(곱자 구, jǔ)'자로 쓰며, 사람이 큰 곱자를 손에 들고 있는 형상이다. 금문은 곱자의 모양인 '工'과 사람의 모양인 '夫'로 이루어진 ''·''나 혹은 곱자의 모습인 ''으로 쓴다. 곱자의 모양인 '工'은 후에 '巨'로 변하였고, '夫'자는 후에 '矢'로 변하였다. '곱자'라는 뜻에서 '법도'·'규칙'의 뜻으로 파생되어 쓰인다. '불유구不踰矩'는 '규칙에 어긋나지 않음'을 말하는 것이다.

심(心), 종심소욕(從心所欲)

1) "踰, 進也. 從辵, 兪聲." ('추월하여 앞으로 나가다'의 뜻이다. 의미부 '辵'과 소리부 '兪'로 이루어진 자이다.) 《說文》

그래서 지금도 '이입而立'은 30세, '불혹不惑'을 40세, '지명知命'은 50세, '이순耳順'은 60세를 가리킨다.

이외에도 20세를 '약관弱冠', 60세를 '갑자甲子'·'화갑(花甲·華甲)'·'회갑回甲', 70세를 '고희古稀', 80세를 '모질耄耋', 90세를 '태배鮐背', 100세 이상 오래 산 사람을 '인서人瑞' 혹은 '기이期頤'라 한다.

'갑자甲子'는 60 干支의 시작이 '甲子'이기 때문이고, '화갑花甲'은 '화갑자년花甲子年'의 준말이다. '고희古稀'는 두보杜甫가 읊은 〈곡강曲江〉이라는 시 '인생칠십고래희人生七十古來稀'에서 유래하였다.

曲江 杜甫[1]

한 조각 꽃잎이 날아도 봄빛은 줄어 들거늘,
바람에 날리는 수많은 꽃잎들 정녕 사람의 시름 겹게 하노니.
다 지려는 꽃잎이 눈앞 스치는 걸 잠시 바라 볼라치니,
과다한 술 입술에 들이대는 것 싫어하지 말아야지.
강가의 작은 집엔 물총새가 둥지를 틀고,
궁원 옆 높다란 무덤에는 기린 석상도 누었구나.
사물의 이치를 곰곰이 생각하니, 모름지기 놀며 즐겨야 되거늘
어찌 헛된 이름으로 이 몸 얽매이게 하리.[2]

조회에서 돌아오면 날마다 봄옷 저당 잡혀,
매일 매일 강가에서 흠뻑 취해 돌아오나니.
술 빚은 항상 가는 곳이면 모두 있거늘, 인생살이 칠십이 예로부터 드물다했거늘
꽃 잎 사이사이에 나비는 깊이깊이 날아들고, 물을 차는 잠자리 느릿느릿 나네.
풍광에게 말 전하노니, 함께 돌고 돌고 유전하는 것이거늘
잠시나마 즐기는 일 저버리게 하지 말라고.[3]

'모질耄耋' 중 '耄'자는 혹은 '(薹)'로 쓰며, 나이 구십인 노인을 가리키고, '耋'자

1) 두보가 좌습유를 지낼 때, 장안의 동남쪽에 있는 곡강에서 지은 시이다.

2) "一片花飛減却春, 風飄萬點正愁人. 且看欲盡花經眼, 莫厭傷多酒入唇. 江上小堂巢翡翠, 苑邊高冢臥麒麟. 細推物理須行樂, 何用浮榮絆此身."(杜甫, 〈曲江其一〉)

3) "朝回日日典春衣, 每日江頭盡醉歸. 酒債尋常行處有, 人生七十古來稀. 穿花蛺蝶深深見, 點水蜻蜓款款飛. 傳語風光共流轉, 暫時相賞莫相違."(杜甫, 〈曲江其二〉)

는 혹은 '(耋)'로 쓰며, 팔십 세의 노인을 가리킨다. '모질'은 지금은 일반적으로 80세를 말한다.

'태배鮐背'는 '台背'로도 쓰며, 《시경詩經》에서 노인을 '황구태배黃耇鮐背'라고 하였고, '황구黃耇'는 '나이가 들면 머리가 희었다가 다시 노랗게 된다'고 해서 노인을 가리키고, '태배鮐背'는 '사람이 늙으면 등에 복어 껍질 같은 무늬가 생긴다'하는데서 유래되었다.

'인서人瑞'는 '사람이 백년을 살면 가장 상서러운 일'이란 뜻이며, '기이期頤'의 '기期'는 백년 한 세기 주기를 말하고, '(頤)'자는 '(䪿)'자로 쓰며, 원래 '턱'이라는 뜻이나 '살다'라는 뜻으로 한 세기를 살았다는 뜻이다.

나이를 한자 자형으로 설명하는 경우도 있다.

'미수米壽'는 '米'자의 한자구조가 마치 '八'·'十'·'八'과 같다 해서 88세, '희수喜壽'는 '喜'자의 초서 ''가 마치 '七'·'十'·'七'의 형태와 같다 해서 77세를, '백수白壽'는 '白'자는 '백'이라고 하는 '百'자 위에 있는 한 획을 없앴다 해서 99세를, '차수茶壽'는 '茶'자 윗부분 '廿(스물 입)'과 아랫부분이 '八'·'十'·'八'로 되어 있어, 20과 88을 더하면 108이기 때문에 108세를 가리킨다.

이외에도 '강보襁褓'는 돌이 지나지 않는 아이, '해제孩提'는 두세 살 정도의 아이, '시츤始齔'과[1] '초년齠年'은 이를 가는 나이인 7세의 여아나 8세 되는 남아, '유학幼學'은 열 살, '총각總角'과 '수초垂髫'는 더벅머리 총각, '금채金釵'는 12살의 여자, '두구荳蔻'는 13살의 여자, '급계及笄'는 15살의 여자, '벽옥碧玉'은 16살의 여자, '도리桃李'는 20세의 여자, '화신花信'은 24살이 된 여자를 말한다.

'두구荳蔻'는 '두구연화荳蔻年花'라고도 하며 한참 꽃다운 나이를 말한다. '두구'는 원래 식물인 콩의 일종인 '육두구'인데, 문학작품에서는 열서너 살 되는 아리따운 여인으로 비유한다. '두구'의 아름다운 꽃 방울은 여자 나이 열 세 살쯤 때와 같다는 것이다. 두목杜牧은 여인의 아름다움을 이월 초 육두구의 꽃가지로 비유하였다. 두목의 시 〈증별贈別〉은 당시삼백수唐詩三百首에도 수록된 유명한 시이다.

1) '시츤(始齔)' 중의 '齔(이 갈 츤, chèn)'자는 '젖니가 빠지고, 영구치가 난다'라는 뜻으로, 영구치가 나는 시기 쯤의 아이를 가리킨다.

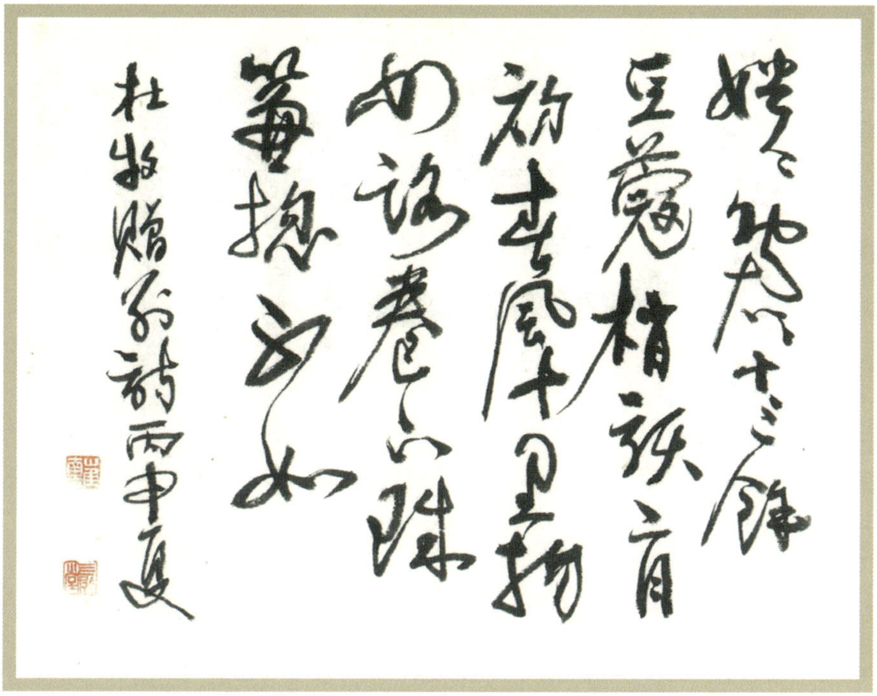

두목(杜牧) 증별(贈別)

〈贈別〉 杜牧

날씬한 몸매 열서너 살 꽃 나이,	娉娉裊裊十三餘,[1]
이월 초 육두구 꽃가지라 할까.	豆蔻梢頭二月初.
양주성 춘풍 십리 네 거리 다 둘러봐도,	春風十里揚州路,
주렴을 들고 보아도 그 모습 따를 자 없네.	卷上珠簾總不如.

나이가 칠십 쯤 되어야 마음 내키는 대로 하여도 전혀 어긋남이 없는가 보다. '지명知命'의 나이에는 아직 이르지 못할 단계이다. 세상사 마음대로 자연스럽게 자기가 하고 싶은 대로 그냥 그대로 한다는 것, 이 얼마나 멋진 일이고 바라는 바인가.

그러나 함부로가 아니라, 육체적 만족을 위한 마음대로가 아니라, 자연스런 행동이 사회 전체와 조화를 이루고 사회 질서에 어긋남이 없어, 다른 사람에게는 오히려 따뜻한 배려가 되고, 항상 만나고 싶고 같이 하고 싶은 그런 사람이다.

1) '娉娉裊裊(빙빙뇨뇨)'는 '하늘하늘하고 아리따운 몸매'를 가리킨다.

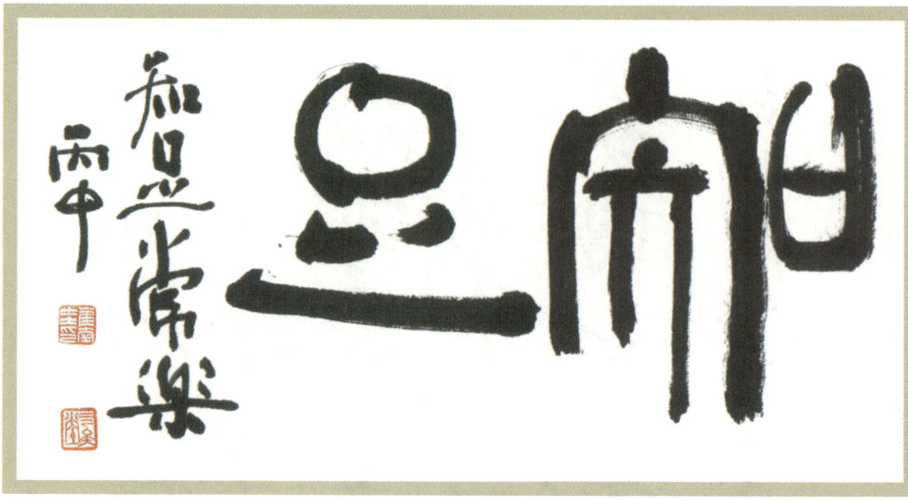

지족(知足)

나이가 많아진다고 해서, 더 중후해지고, 다른 사람에게 도움이 되고, 사회에 필요한 사람이 되는 것은 아닐 것이다.

2026년에는 65세의 인구가 거의 30%에 달한다고 한다. 이쯤이면 인생 70도 인생 중 한창때가 될 것이다. 퇴직하고, 노인이 되어서 어떻게 지낼 것인가에 대해 더 많이 생각해 봐야 할 것이다.

최근 컴퓨터 사이트에는 나이 들어 필요한 'Seven Up'과 '삼지三知'가 유행어이다.

'Seven Up'은 '단정함(clear up)', '경청하기(listen up)', '침묵하기(shut up)', '경쟁력 갖추기(show up)', '옷차림(dress up)', '대접하기(pay up)', '단념하기(give up)' 등 일곱 가지이다. 곧 깨끗하고 단정한 몸가짐, 남의 말 잘 들어 주고, 말 많이 하지 말고, 나를 돋보이게 하는 경쟁력을 갖추고, 때와 장소에 어울리는 옷맵시를 가꾸고, 지갑을 잘 열고, 안되면 깨끗이 포기할 줄 아는 것이다.

'삼지三知'는 자기 분수를 알고(知分), 만족할 줄 알고(知足), 그만 둘 줄 아는 것(知止)이다.

분수를 알고 만족할 줄 알아야(안분지족安分知足), 항상 즐거울 수 있고(지족상락知足常樂), 멈출 줄 알아야(지지知止) 드디어 나 자신에 대한 정체감을 찾을 수 있고 귀착할 수 있는 것이다. 《노자》 중에 '知足'과 '知止'에 대한 내용이 있다.

> 명예와 자신 중 어느 것이 더 소중한가?
> 자신의 몸과 재물 중 어느 것이 더 중요한 것인가?
> 얻는 것과 잃는 것 중 어느 것이 더 해로운 것인가?
> 그래서 지나치게 아끼면 반드시 크게 손실을 입게 되고, 많이 지니고 있으면 반드시 크게 잃게 되는 것이다.
> 그러므로 만족할 줄 알면 욕을 당하지 않고, 멈출 줄 알면 위태롭지 않게 되어, 길이 자신을 보존할 수 있게 된다.[1]
> 죄악 중에서 욕심을 부리는 것보다 더 큰 것이 없으며, 잘못 중 만족할 줄 모르는 것보다 더 큰 것이 없다.
> 그러므로 만족할 줄 아는 만족이, 영원한 만족인 것이다.[2]

그래서 《대학大學》은 "지지知止한 후에 유정有定"이라 하였다.[3] '유정'이란 흔들리지 않는 확고한 신념이며 평정심平靜心이고, 종심소욕하여도 어긋나지 않음이다.

'喜'字

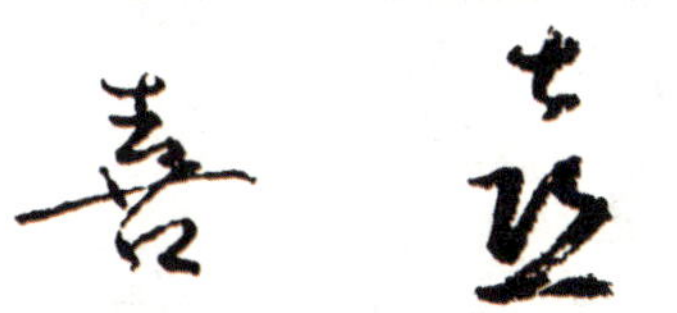

안진경(顔眞卿) 축윤명(祝允明)

육두구肉荳蔻

1) "名與身孰親? 身與貨孰多? 得與亡孰病? 甚愛必大費, 多藏必厚亡. 故知足不辱, 知止不殆, 可以長." (《老子》, 제44장)

2) "罪莫大于可欲, 咎莫大于欲得, 禍莫大於不知足. 故知足之足, 恒足矣." (《老子》, 제46장)

3) "知止而後有定." (《大學》)

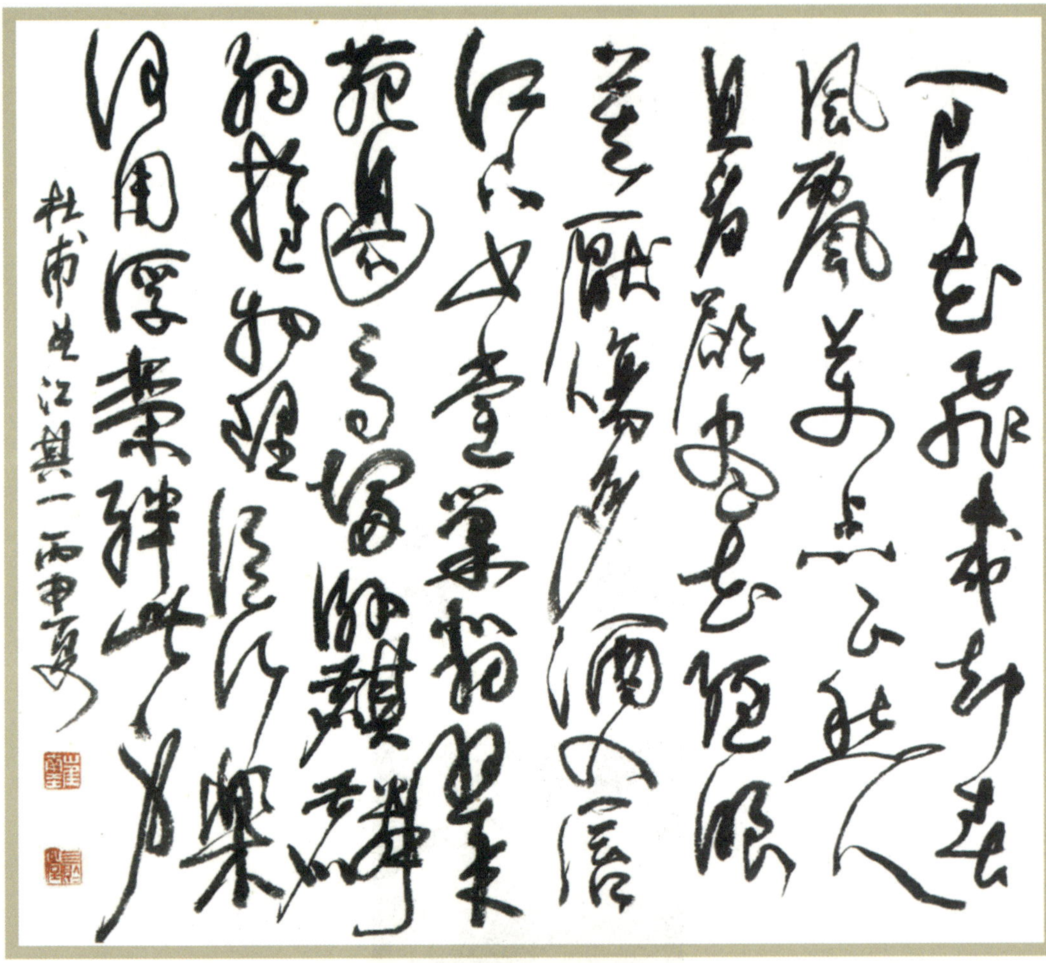

두보(杜甫), 곡강기일(曲江其一)

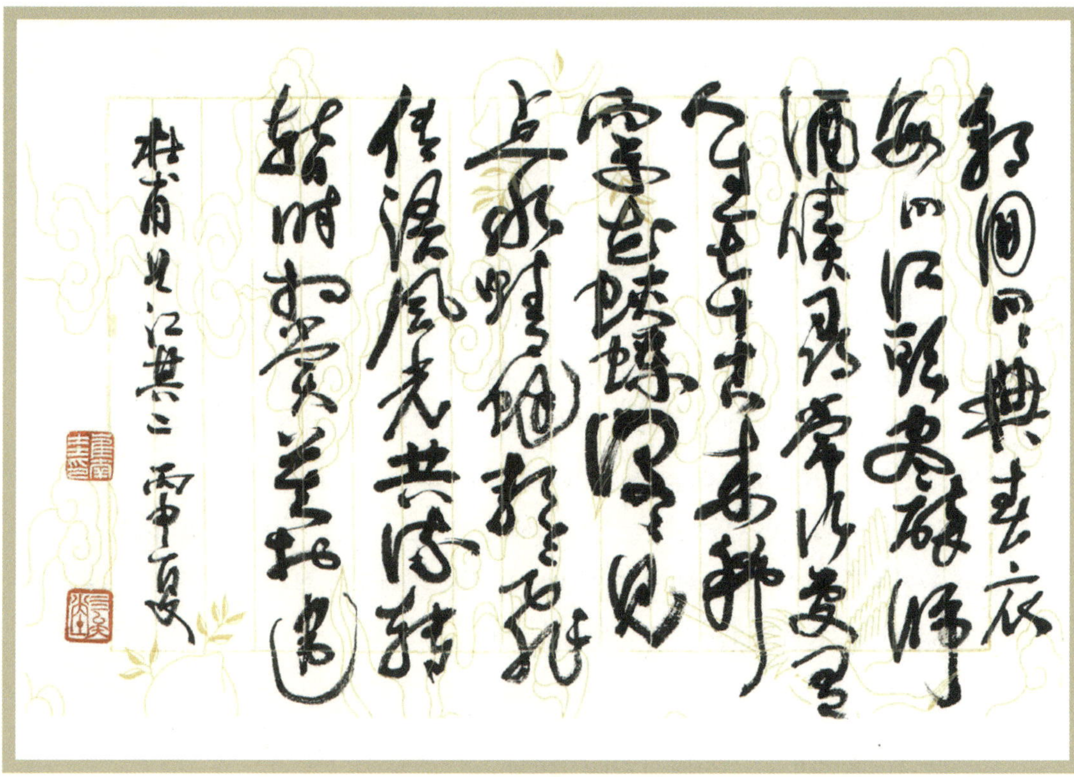

두보(杜甫), 곡강기이(曲江其二)

5. 當仁不讓 당인불양

정당한 일이라면 절대 양보하지 마라

'당인불양'은 원래 '인을 행함은 스승에게도 양보하지 마라'는 '당인불양어사當仁不讓於師'에서 나온 말이다. '(當)'자는 의미부 '田'과 소리부 '尙'으로 이루어진 자로, '논은 항상 값진 것'이나 혹은 '논을 저당 잡히면 그에 상당하는 값을 받을 수 있다'라는 뜻이다. 후에 '당연하다'·'적절하다'라는 뜻으로 쓰인다. '(讓)'자는 의미부 '言'과 소리부 '襄'으로 이루어진 자이다. '(襄)'자는 토양(壤)과 관련이 있는 자이다. '襄(도울 양, xiāng)'자는 의미부 '衣'와 소리부 '㸒'로 이루어진 자로 금문은 ''·''으로 쓴다. 《설문해자》는 '옷을 걷어붙이고 일을 하는 모습'이라 하였다.[1] 금문은 '衣'와 '土'와 '手'와 '농기구로 흙을 파헤치다는 모습'으로 이루어진 자이다. '겉흙을 걷어내고 수분이 촉촉한 땅 속에 씨앗을 심어 자라도록 돕다'라는 뜻에서 '돕다'·'양보하다'·'들어올리다'의 파생어로 쓰인다.

> 공자가 말하였다.
> "인한 것이라면 마땅히 스승에게도 양보하지 않는다."
> 子曰: "當仁, 不讓於師." (衛靈公 15.36)

'당當'은 '해당되다'·'직면하다'의 뜻이고, '양讓'은 '양보하다'의 뜻이다.

내 몸이 상해도 인을 이루라는 살신성인殺身成仁과도 같다.

정당한 일이나 정의를 위해서는 포기하지 말고 용감하게 맞서라는 뜻으로도 쓰인다. 응당히 해야 할 의로운 것을 보고도 그냥 지나친다면 겁쟁이이다.

---

1) "襄, 漢令: 解衣耕謂之襄. 从衣, 㸒聲."(한대의 율령에 의하면 옷을 걷어붙이고 농사 일을 하는 것을 襄이라 한다. 의미부 '衣'와 소리부 '㸒'으로 이루어진 자이다.) (《說文》)

> 공자가 말하였다.
> "자신의 귀신이 아닌데도 제사를 지내는 것은 아첨이다.
> 의로운 일을 보고도 하지 않는 것은 용기가 없는 것이다."
> 子曰: "非其鬼而祭之, 諂也. 見義不爲, 無勇也." (爲政 02.24)

'諂(아첨할 첨, chǎn)'자는 의미부 '言'과 소리부 '臽(함정 함, xiàn)'으로 이루어진 자이다. '말로 함정에 빠지게 하는 것'이란 뜻이다. '(臽)'자를 갑골문은 ''으로 쓰고, 금문은 ''으로 쓴다. 사람이 함정에 빠져있는 모습이다.

자신의 조상이 아닌데도 받들고, 자신의 상관이 아닌데도 그 쪽이 더 권력이 있다 하여 아부하는 것은 정의롭지 못한 행위이다.

자신의 이득이 조금이라도 손해가 나면, 권력에 아부하고 쉽게 타협하는 게 현 세태다. 지식인도 마찬가지다. 경제적 잣대만 들이대면, 무릎을 꿇고 타협한다. 양심이라는 자존심 하나로 자유와 정의를 위하여 시퍼런 칼날에 고개를 꼿꼿이 세웠던 70-80년대의 단칸방 투사들에게 부끄럽고 미안하다.

우리는 배부름과 편안함에 익숙해져 있다. 조금만 배고파도 참지 못한다. 산 넘어 십여 길을 걸어 학교를 갔던 시절은 너무너무 오래 된 이야기다.

경제적 논리에 익숙해진 현 세대는 돈이 가장 큰 옥쇄다. 돈만 들어대면 손아귀에 쥐고 흔들어도 외침이 없다.

공자는 "선비는 가난 속에서 즐거움을 찾아야한다"고 하였다. "지식인이란 배부름을 구하지 않고, 편안한 거처자리를 구하지 않는다."[1] "도에 뜻을 두면서도 나쁜 옷과 나쁜 음식을 부끄럽게 생각하는 선비가 있다면, 이와는 의논할 여지가 없다."[2] "거친 밥을 먹고 물을 마시고 팔베개를 하고 누워도, 즐거움이 그곳에 있다. 의롭지 않게 부자가 되고 명예를 얻는 것은 나에게 뜬 구름과 같다." 공자는 그의 제자 안회를 매우 아꼈다. 한 그릇 밥과 한 표주박의 물만을 마시는 '표음단사瓢飮簞食'하여도 안회는 즐거워하였다.

---

1) 子曰: "君子食無求飽, 居無求安."(學而 01.14) (공자가 말하였다. "군자는 배불리 먹는 것을 구하지 않고, 편한 거처 자리를 구하지 않는 것이다.")

2) 曰: "士志於道, 而恥惡衣惡食者, 未足與議也."(里人 04.09) (공자가 말하였다. "선비가 도에 뜻을 두고서도 나쁜 옷과 나쁜 음식을 부끄럽게 생각한다면, 이와는 논할 여지가 없다.")

> 공자가 말하였다.
> "거친 밥을 먹고 물을 마시고 팔베개를 하고 누워도, 그곳에 또한 즐거움이 있는 것이다. 의롭지 않게 부자가 되고 명예를 얻는 것은 나에게 뜬 구름과 같다."
> 子曰: "飯疏食飮水, 曲肱而枕之, 樂亦在其中矣. 不義而富且貴, 於我如浮雲."(述而 07.16)

> 공자가 말하였다.
> "어질도다, 안회(안연)이여. 광주리에 담은 간단한 식사를 하고 표주박으로 물을 마시고, 누추한 골목에 살아도, 남들을 그 근심을 견뎌내지 못하지만 안회는 그 즐거움을 고치지 않는구나. 어질도다 안연이여!"
> 子曰: "賢哉回也, 一簞食, 一瓢飮, 在陋巷, 人不堪其憂, 回也不改其樂. 賢哉回也."(雍也 06.11)

'食'자는 동사로 쓰이면 '식'으로 읽으나, '먹이다'나 혹은 명사 '밥'의 의미로 쓰이면 '사'로 읽는다. '소사(疏食·蔬食)'나 '단사簞食' 중의 '食'자는 '사'로 읽는다.

바람 솔솔 부는 정자에 앉아 "한 잔 더 먹소 자넨 좀 덜 먹게" 하면서 별 것도 아닌 일에 껄껄 박장대소하는 나였으면 좋겠다.

자존심은 존재의 상징이고, 존재감의 실천이다.
그게 알량한 존심일지라도, 그게 착각일지라도.

드라마 추적자(2012년 7월, 12회 대사) 중에 서회장(박근형 분)이 미친년의 자존심을 이야기 하는 내용이 있다.

> "자존심은 미친년이 머리에 꽂고 있는 꽃과 같다. 시골마을에 꽃 꽂고 다니는 미친년이 얼굴을 만지고 때려도 하하하 웃던 애가 머리에 꽃을 만지면 살쾡이로 변해서 덤비더라. 자기한테 머리의 꽃이 제 몸보다 중요한 거지. 사람들은 머리에 하나씩 꽃을 꽂고 산다. 아무 쓸모없는데도 제 몸보다 중요하다고 착각하고 사는 게 하나씩 꼭 있다."

그 꽃이 우리에게는 정의여야 한다.

'인仁'은 유학儒學에서 가장 중요한 핵심 사상이며, 나라를 다스리거나 사람에게 필요한 가장 근본적인 원칙이다.

'仁'의 고문자는 편방이 '人'과 '二'인 '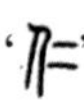'으로 쓰거나, '尸'와 '二'인 '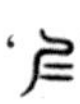'으로 쓰거

나, 혹은 '身'과 '心'인 ''·''으로 쓴다. '人'과 '尸'는 같은 의미이고, '人'와 '二'로 쓰는 것은 사람과 사람의 어짐으로 맺어져야 하고, '身'과 '心'은 사람이 갖추어야 할 몸가짐이 어질어야 한다는 의미이다.

인은 논어에서 '공경(悌)'·'충성(忠)'·'용서(恕)'·'예절(禮)'·'지식(知)'·'용감(勇)'·'공손(恭)'·'관용(寬)'·'믿음(信)'·'민첩(敏)'·'베품(惠)'·'효도(孝)'·'도의(義)'·'사랑(愛)' 등 다양한 내용을 포함한다.

어진 사람은 무엇을 할 수 있을까?

어진 사람만이 예禮를 행할 수 있고, 음악을 즐길 수 있으며, 검소한 생활을 할 수 있고, 오랫동안 즐길 줄 알며, 어짐을 편안히 여기며, 지혜로운 자만이 인을 이롭게 한다.

어진 자만이 사람을 좋아할 수도 미워할 수도 있으며, 어진 사람은 산을 좋아하며, 정적이며, 장수하며, 두려움이 없다. 어진 자는 또한 자신이 서고자 하면 먼저 다른 사람을 세우고, 자신이 통달하고자 하면 남을 먼저 통달시키며, 자기가 원하지 않는 바는 다른 사람에게도 바라지 않는다.

어진 사람은 공손하고 너그러우며 미덥고 민첩하며 은혜롭다. 공손하면 업신여김을 받지 않고, 너그러우면 사람의 마음을 얻고, 믿음이 있으면 사람이 임무를 다하며, 민첩하면 공이 있게 되고, 은혜로우면 족히 남을 부릴 수 있기 때문인 것이다.

공자가 말하였다.
"사람이 인을 행하지 않으면 어떻게 예를 하며, 어떻게 음악을 하겠는가."
子曰: "人而不仁, 如禮何, 如樂何." (八佾 03.03)

공자가 말하였다.
"어질지 못하면 검소한 생활을 오래하지 못하고, 오랫동안 즐길 줄도 모른다.
어진 자만이 어짐을 편안히 여기고, 지혜로운 자만이 인을 이롭게 한다."
"不仁者不可以久處約, 不可以長處樂. 仁者安仁, 知者利仁." (里仁04.02)

"오직 어진 자만이 사람을 좋아할 수도 미워할 수도 있다."
"唯仁者能好人, 能惡人." (里仁 04.02)

공자가 말하였다.
"지자는 물을 좋아하고, 인자는 산을 좋아하며, 지자는 동적이고 인자는 정적이며, 지자는 즐기고 인자는 장수한다."
子曰: "知者樂水, 仁者樂山, 知者動, 仁者靜, 知者樂, 仁者壽." (雍也 06.23)

공자가 말하였다.
지자는 미혹되지 않으며, 인자는 걱정하지 않으며, 용자는 두려워하지 않는다.
子曰: "知者不惑, 仁者不憂, 勇者不懼." (子罕 09.29)

"인자한 사람은 자신이 서고 싶으면 남을 먼저 세우고, 자신이 통달하고자 하면 남을 먼저 통달시킨다. 가까운 자기를 가지고 남의 입장에 비겨 볼 수 있다면 仁을 실천하는 올바른 방법이라고 할 수 있다."
"夫仁者, 己欲立而立人, 己欲達而達人. 能近取譬, 可謂仁之方而已." (雍也 06.30)

공자가 말하였다.
"문을 나서면 큰 손님을 만난 듯하고, 백성에게 일을 시킬 때는 큰 제사를 모시는 것 같이 하여야 한다. 자기가 원하지 않은 바는 다른 사람에게도 바라지 마라. 그러면 나라에 원망이 없고, 집에도 원망이 없다."
子曰: "出門如見大賓, 使民如承大祭, 己所不欲, 勿施於人. 在邦無怨, 在家無怨." (顔淵12.02)

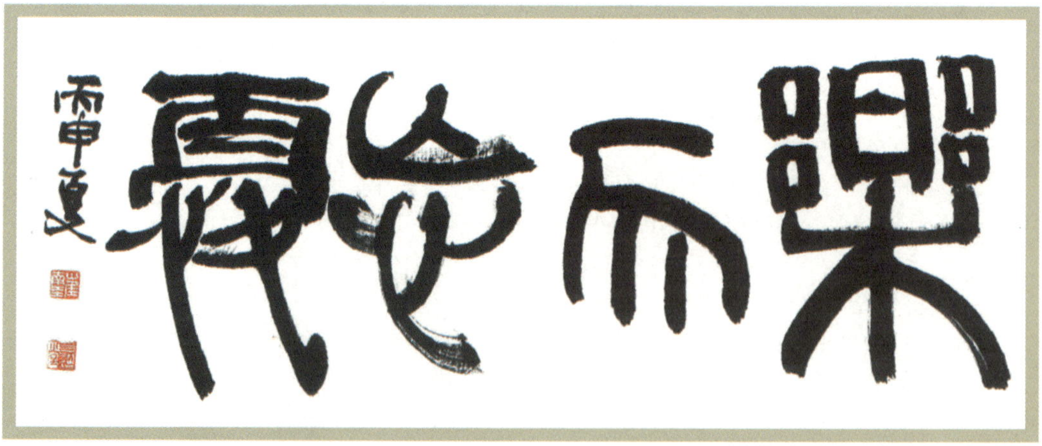

낙이망우(樂以忘憂)

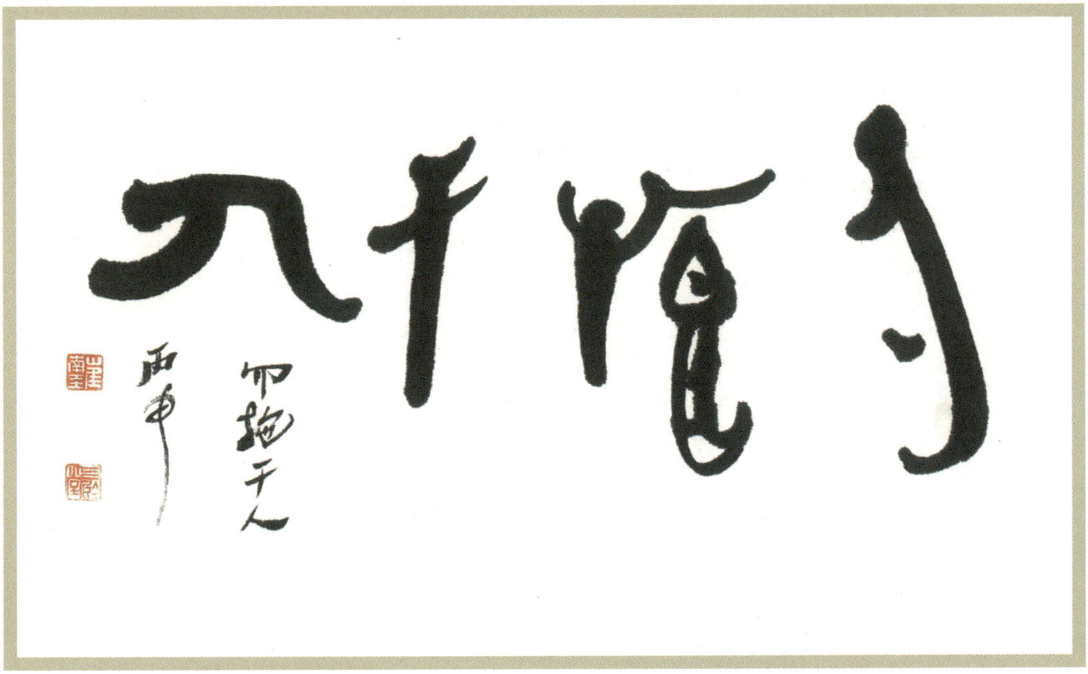

물시어인(勿施於人)

공자가 말하였다.
"공손함, 너그러움, 미더움, 민첩함, 은혜로움을 천하에 행한다면 仁이 된다. 공손하면 업신여김을 받지 않고, 너그러우면 사람의 마음을 얻고, 믿음이 있으면 사람이 임무를 다하며, 민첩하면 공이 있게 되고, 은혜로우면 족히 남을 부릴 수 있다."
曰: "恭, 寬, 信, 敏, 惠. 恭則不侮, 寬則得衆, 信則人任焉, 敏則有功, 惠則足以使人." (陽貨 17.06)

그럼 어진 사람은 어떤 사람일까?

말을 교묘하게 하거나 아첨하지 않으며. 굳세고 꿋꿋하고 질박하고 어눌하지만, 사람을 사랑한다.

공자가 말하였다.
"말을 교묘하게 하고 아첨하는 하는 자는 어진이가 드물다."
子曰: "巧言令色, 鮮矣仁." (良貨 17.17)

공자가 말하였다.
"굳세고 꿋꿋하고 질박하고 어눌한 것이 인에 가깝다."
子曰: "剛毅木訥, 近仁." (子路 13.27)

번지가 인에 대하여 묻자 공자가 말하였다.
"인이란 사람을 사랑하는 것이다."
지에 대하여 물었다.
"사람을 아는 것이다."
樊遲問仁, 子曰: "愛人". 問知, 子曰: "知人". (顔淵 12.22)

어짐을 어떻게 실천해야 하는가?

자기를 극복하고 예禮로 돌아 가야하며, 목숨을 잃는다 해도 인을 이루어야 하며, 인을 위해서는 어느 누구에게도 양보해서는 안 되는 것이다.

강의목납(剛毅木納(訥))

먼저 사람이 되고 난 다음에 공부를 해야 하는 것이며, 인이 있는 곳으로 찾아가서 살아야 하고, 최종 목표는 도에 뜻을 두고, 도덕에 의거하며, 인에 의지해서, 예술에서 노닐 줄 알아야 한다. 학문적으로는 널리 배우고 뜻을 돈독히 하고(박학독지, 博學篤志), 절실하게 묻고 가깝게 생각하는 것(절문근사, 切問近思)이 인을 실천하는 것이다.

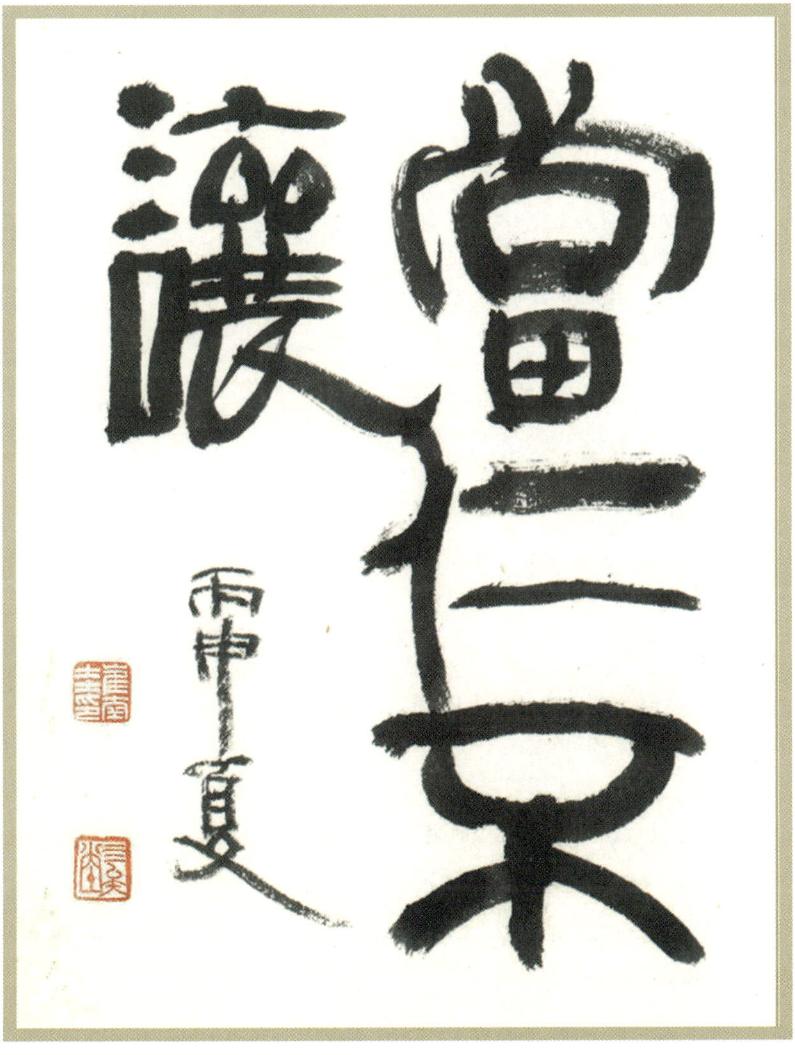

당인불양(當仁不讓)

안연이 인에 대하여 묻자 공자가 말하였다.
"자기를 극복하고 예로 돌아가는 것이 인이다".
顔淵問仁. 子曰: "克己復禮爲仁." (顔淵 12.01)

공자가 말하였다.
"뜻이 있는 선비와 어진 사람은 살고자 하여 인을 해치지 않으며, 자기 몸을 버려서라도 인을 이룬다."
子曰: "志士仁人, 無求生以害仁, 有殺身以成仁." (衛靈公 15.09)

공자가 말하였다.
"인을 실천함에 스승에게도 양보하지 말라."
子曰: "當仁不讓於師." (衛靈公 15.36)

공자가 말하였다.
"제자들은 들어와서는 효도하고 나가서는 공경하고 삼가고 믿음을 주고 두루 널리 사랑하고, 어진 사람과 친하게 지내야 한다. 그리고 난 다음 여력이 있으면 글을 배워라."
子曰: "弟子, 入則孝, 出則悌, 謹而信, 汎愛衆, 親仁, 行有餘力, 則以學文." (學而 01.06)

공자가 말하였다.
"어짐에 사는 것이 좋은 일인데, 어진 일을 행하지 않으니 어찌 지혜롭다고 할 수 있는가."
子曰: "里仁爲美, 擇不處仁, 焉得知." (里仁 04.01)

공자가 말하였다.
"도에 뜻을 두고 덕을 근거로 하며 인에 의지하고 예술에서 노닌다."
子曰: "志於道, 據於德, 依於仁, 游於藝. (述而 07.06)

자하가 말하였다.
"널리 배우고 의지를 돈독히 하고, 절실히 묻고 근사하게 생각하면 인이 그곳에 있다."
子夏曰: "博學而篤志, 切問而近思, 仁在其中矣." (子張 19.06)

심학心學으로 유명한 왕양명王陽明이 당인불양當仁不讓한 실화가 유명하다.

왕양명(王陽明, 守仁, 1472-1528)은 '지행합일론知行合一論'·'심즉리설心卽理說'·'치양지설致良知說'과 '심성론心性論'을 주장한 중국 명나라 최고의 사상가·서예가·군사가·교육자이자 문학가였다.

1506년 34세 때, 명 효종 주우탱朱祐樘이 죽고, 주후조朱厚照가 등극하였다. 당시 왕양명은 병부 주사主事였다.

환관宦官 유근劉瑾은 어린 황제인 제 11대 무종武宗 주후조朱厚照를 끼고 놀아나 큰 권력을 쥐고서 탐관오리를 일삼았다. 그러자 남경南京의 검열관 대선戴銑과 박언미薄彦微 등이 유근劉瑾의 탄핵을 요구하는 상소를 올렸다가 투옥되는 사건이 발생하였다.

닥쳐올 모욕과 수난을 알면서도 왕양명은, 당인불양當仁不讓, 혼자서 상소를 올려 구속된 관리들의 안전과 석방을 요구하였다.

결국 왕양명은 환관宦官 유근劉瑾의 보복으로 공개적으로 벌거벗겨 40대의 태형을 당하고 여러 달 동안 옥에 갇히는 치욕을 당하였다.

유근의 보복이 두려워, 다른 고위 관직자들이 그랬던 것처럼 이에 굴하고 맞서지 않았다면, 왕양명은 아마도 태형보다 더 큰 모욕감을 느꼈을 것이다.

지식인에게 있어 목숨보다 더 중요한건 정의를 실현하는 것이기 때문이다.

인(忎, 仁), 당인불양(當仁不讓)

6. 發憤忘食 발분망식

끼니를 잊고 열심히 노력하라

섭공葉公이 공자의 제자인 자로子路에게 "너의 스승 공자는 어떤 사람이냐"고 묻자 자로는 대답을 못하였다. 그러자 공자는 스스로를 "열심히 노력하여 밥 먹는 것도 잊어버리고, 공부하기가 즐거워 걱정거리를 잊어버리며, 늙어가는 것도 모르는 사람"이라 하였다.

> 섭공이 자로에게 공자에 대해서 묻자 자로는 대답하지 않았다.
> 공자가 말하였다.
> "너는 어찌 그 사람됨이 분발하여 먹는 것도 잊고, 즐거워하여 걱정거리를 잊어버리며, 늙음이 다가오는 것을 알지 못하는 사람일 뿐이라고 말하지 않았는가."
> 葉公問孔子于子路, 子路不對. 子曰: "女奚不曰. 其爲人也, 發憤忘食, 樂以忘憂, 不知老之將至云爾."(述而 07.19)

'발분發憤'은 원래 화를 내거나 끼니를 잊고 노력한다는 뜻이다. 여기에서 '분발奮發'하고 '노력努力'한다는 뜻이다. 어떤 일을 하기 위하여 끼니를 잊을 정도로 힘쓰고 노력함을 말한다. 발분은 분발보다 노력하고 힘쓰는 정도가 조금 더 강하다. 발분은 일종의 열정이다.

'망식忘食'은 끼니를 잊는다는 것이다. 침식을 전폐하는 폐침망식廢寢忘食이다.

공부가 즐거워 늙어가는 것도 모르고, 그것도 모자라 밥 먹을 시간이 없을 정도니 과연 공자다운 열정이다.

이런 열정이 없었다면 지금의 공자가 되지 못했을 것이다.

공자의 삶은 어느 누구 못지않게 파란 만장했다.

공자孔子는 존칭이고, 원래 이름은 '구丘'이며, 자는 중니仲尼이다. 영어로는 'Confucius'이다. BC 551년 9월 28일, 노魯나라 추읍鄒邑 창평향昌平鄕에서 태어나, BC 479년 4월 11일 73세의 나이로 세상을 떠났다. '추읍鄒邑'은 또는 '陬邑'으로도 쓴다. 지금의 산동성山東省 곡부시曲阜市 남신진南辛鎭이다.

공자의 육대조六代祖 할아버지 공보가孔父嘉는 송宋나라 대사마大司馬를 지냈는데, 화보독華父督에게 죽음을 당하자, 그의 아들 자목금보子木金父가 가족을 데리고 노魯나라로 도망쳐 왔다.

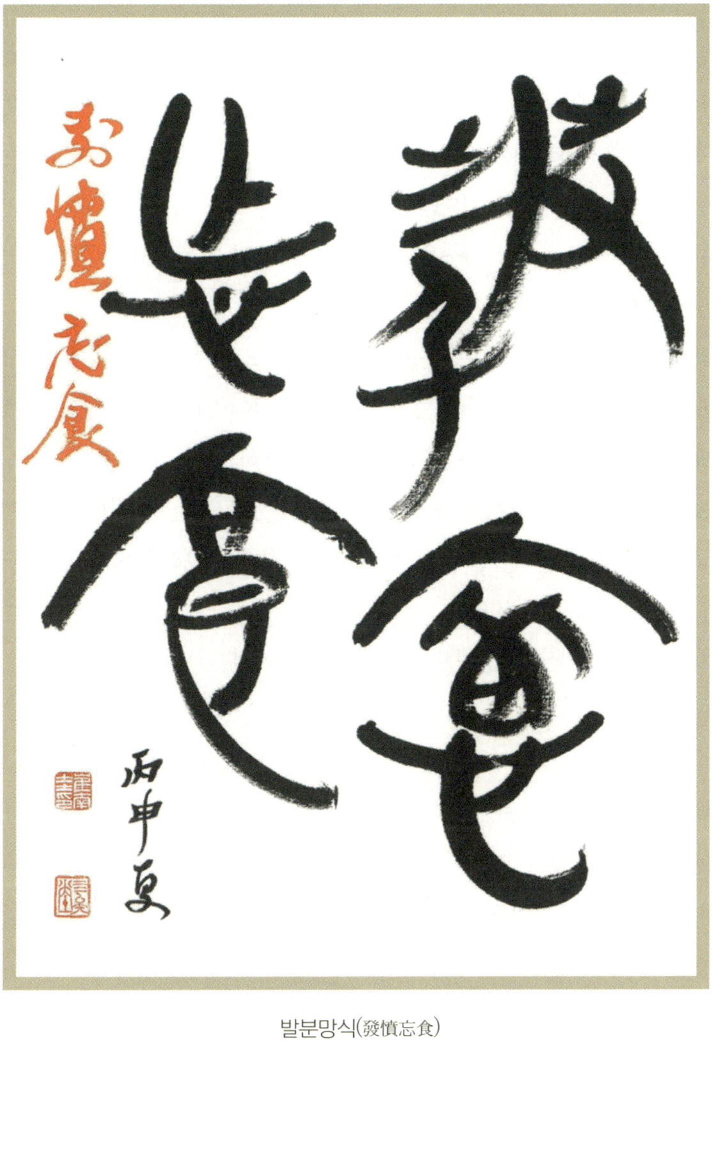

발분망식(發憤忘食)

공자의 아버지 숙량흘叔梁紇이 자목금보의 고손자이다. 숙량흘의 이름에 대해서는 학자마다 의견이 다르지만, 일반적으로 성은 공孔이고, 이름은 흘紇, 숙량叔梁은 자字라고 한다. 숙량흘은 향장鄕長에 해당하는 추읍재鄒邑宰를 지냈다. 기골이 장대하고 힘이 셌다고 한다. 공자도 키가 190㎝ 이상이었다고 하니, 아버지의 유전자를 받았다고 볼 수 있다. 숙량흘이 55세 때, 진晉나라의 연합군과 함께 핍양성逼陽城을 공격하였는데, 핍양군이 꾀를 내어 연합군을 성문 안으로 끌어들인 다음 성문을 내리려 하자 숙량흘이 혼자서 육중한 성문을 밀쳐내 갇힐 뻔한 군사들을 구해 냈다고 한다.

숙량흘이 66세가 되었을 때(혹은 72세 때라고 하기도 한다), 안정재顔征在를 맞아 들여 공자를 낳았다. 숙량흘은 이미 시씨施氏라는 본부인에게서 아홉 명의 딸을 두었고, 소첩과의 사이에서 아들 맹피孟皮를 하나 낳았는데, 절름발이 장애인이었다. 숙량흘에게 공자의 어머니 안정재는 세 번째 여자이며, 공자는 열 한 번 째 되는 자식이다.

사마천司馬遷의 《사기史記》는 숙량흘이 안씨와 야합野合하여 공자를 잉태하였다고 기록하고 있다.[1] 야합에 대하여 구체적인 설명이 없기 때문에 정확하게 알 수 없지만, 세 가지 가능성이 있다.

비 정상적인 혼인이다. 숙량흘은 66세가 넘은 노인이었고, 안씨는 약 15세의 나이 어린 처녀였으니, 약 50세 차이나는 혼인은 정상적이라고 할 수 없었을 것이다.

두 번째는 몰래 사통私通하여 혼인식 없이 잉태하였다는 것이다.

세 번째는 문자 그대로 서로 눈이 맞아 들판에서 몸을 섞었다는 것이다. 훌륭한 아들을 낳고 싶은 간절한 마음이 먼저였겠지만 박력이 넘치는 장군이었다는 점에서 가능성이 없는 것만은 아니다.

《사기》의 주석가들은 첫 번째 주장에 약간의 무게를 두는 것 같다.

공자의 이름 '구丘'는 니구산尼丘山에 기도를 한 후에 낳았고, 머리가 니구산처럼 가운데 부분이 들어가서 붙여진 이름이다. 자 중니仲尼는 두 번 째 아들이라는 '중仲'과 니구산의 '니尼'을 합친 것이다. 니구산을 지금은 니산尼山이라고 한다.

공자가 세 살, 어머니 안정재가 18살 되는 해에 숙량흘이 죽었다. 그래서 어린 시절이 매우 힘들었을 것이다.

---

1) "紇與顔氏女野合而生孔子"(《史記·孔子世家》) (숙량흘은 안징재(顔徵在)와 야합하여 공자를 낳았다.)

공자는 자신이 천한 일들을 잘 하는 것은 어릴 때 가난해서 안 해 본 일이 없기 때문이라 하였다.

> (태재가 자공에게 공자가 다재다능하다는 말을 하였다.)
> 공자가 이 말을 듣고 말하였다.
> "태재가 나를 아는구나! 나는 어렸을 때 매우 가난했기 때문에 많은 천한 일을 할 줄 안다. 군자가 잘하는 일이 많은가? 많지 않다."
> 子問之, 曰: "大宰知我乎! 吾少也賤, 故多能鄙事. 君子多乎哉? 不多也." (子罕 09.06)

어머니는 공자의 나이 17(혹은 24살이라고도 함)살 때 32세의 나이로 요절하였다. 공자는 이때까지 아버지의 무덤을 모르고 있다가 그때서야 사람에게 물어서 합장하였다고 한다.

공자는 19살의 나이에 송나라에서 계관씨亓官氏 집안의 딸과 결혼한 후,[1] 노나라로 돌아와 20살이 된 그 다음해 아들 이鯉를 낳았다. 노나라 군주 노魯 소공昭公이 축하 선물로 큰 잉어 한 마리를 보내왔다. '鯉'자는 잉어 '리(이)'이다. 아들의 이름이 이鯉이고, 자가 백어伯魚인 것은 영광스럽게 받은 선물을 기념하기 위해 지은 이름이다. 이 해에 공자는 노나라의 창고지기인 위리委吏라는 벼슬을 하였고, 그 다음 해 21살 때에는 가축을 기르는 승전리承田吏를 지냈다.

노나라 소공昭公 정권은 당시 계씨季氏, 맹손씨孟孫氏, 숙손씨叔孫氏 등 삼환씨三桓氏의 손에서 놀아났다. 공자가 35세 되던 해에, 소공이 계평자季平子의 무뢰함을 참지 못하여 후씨后氏와 계략을 짜 계씨를 제거하려던 일이 있었다. 이때 삼환씨가 합세하여 반격하자 소공은 제나라로 도망쳤다. 소공은 7년 동안 타국을 떠돌다가 객사하고 말았다. 공자가 42세 되던 해에 소공의 뒤를 정공定公이 이었으나, 실질적인 권한이 하나도 없었고, 계씨의 가신 양호陽虎가 실질적인 권력을 잡고 휘두르자, 후에 계평자의 아들 계환자季桓子가 계략을 써서 몰아냈다. '양호陽虎'는 논어 중의 '양화陽貨'를 가리킨다.

공자는 52세 때 노나라 정공定公을 수행하여 제나라 경공景公과의 협상에 공을 세웠고, 그 후로 국토를 관장하는 사공司空과 나라의 법을 관장하는 사구司寇를 지냈

---

1) '亓官'을 혹은 '丌官' 혹은 '笄官'으로 쓴다. '亓'자의 음에 대하여 학자마다 의견이 달라, '회', '계' 혹은 '기' 등으로 읽는다.

으며, 이후 재상의 일까지 보는 높은 관직을 지냈다. 그러나 공자의 정치적 업적이 날로 유명해지자 제나라는 공자를 제거하기 위하여 정공과 계환자에게 미인을 바쳐 미인계를 썼다. 결국 이들은 미인계에 넘어가 공자를 버렸다.

이후 공자는 제자들과 55세 때부터 열국列國을 떠돌다가, 68세 되던 해에 계환자의 아들 계강자季康子의 초청으로 노나라로 다시 돌아왔다. 그 후로 공자는 경전 편찬과 제자 교육에 전념하다가, 노나라 애공哀公 16년, 73세 노환으로 세상을 떠났다.

공자는 생전에 사랑하는 사람들을 떠나보내는 고통을 겪었다. 69세가 되던 해에 아들 '이鯉'가 50세의 나이로 세상을 떠났고, 그 다음 해에 가장 사랑하던 제자 안연을 먼저 떠나보냈으며, 72세 때에는 자로가 위나라에서 벼슬을 하다가 내란에 휩싸여 죽었다.[1)]

성인군자의 삶 역시 우리와 다를 바 없다. 다른 점이 있다면 '발분망식'하는 노력의 차이다.

공자는 발분하는 제자들은 좋아하였기 때문에 안연을 아꼈고, 낮잠을 자는 재여宰予를 보고 뼈 있는 말을 하였다.

애공이 제자 중에 누가 제일 배우기를 좋아하느냐고 묻자, 공자는 안연이라 하면서 그는 배우기를 좋아하고 노여움을 다른 사람에게 옮기지 않고, 두 번 다시 잘못을 하지 않았는데, 지금은 그가 죽어 배우기 좋아하는 자를 아직 듣지 못했다고 했다. 재여가 어느 날 공부하지 않고 낮잠을 자자 썩은 나무는 조각할 수 없고 똥 묻은 담장은 손질할 수 없다, 썩은 나무와 같은 놈이며 똥 묻은 놈과 같이 쓸모없는 놈이라 하였다.

애공이 물었다.
"제자 중에 누가 제일 배우기를 좋아합니까?"
공자가 말하였다.
"안연이 배우기를 좋아하고 노여움을 다른 사람에게 옮기지 않고, 두 번 다시 잘못을 하지 않았는

---

1) "顔淵死, 子曰: '噫! 天喪予! 天喪予!'"(先進 11.09) (아! 하늘이 나를 망치는 구나. 하늘이 나를 망치는 구나!) "顔淵死, 子哭之慟. 從者曰: '子慟矣.' 曰: '有慟乎. 非夫人之爲慟而誰爲?'"(先進11.10) (안연이 죽자, 공자께서 애통하게 곡하였다. 從者가 말하였다. "선생님께서 통곡하셨습니다" 그러나 공자가 말하였다. "그래 애통하다. 그 사람을 위해서 애통하지 않으면 누구를 위하여 애통하겠는가?")

데, 지금은 그가 죽어 배우기 좋아하는 자를 아직 듣지 못했다."
哀公問: "弟子孰爲好學?" 孔子對曰: "有顔回者好學, 不遷怒, 不貳過, 不幸短命死矣. 今也則亡, 未聞好學者也." (雍也 06.03)

재여가 낮잠을 자자 공자가 말씀하셨다.
"썩은 나무에는 조각할 수 없고, 똥 묻은 담장은 손질할 수 없다. 재여에 대해서 무엇을 꾸짖겠는가?"
공자께서 말씀하셨다.
"처음에 나는 남에 대하여 그의 말을 듣고 그의 행실을 믿었는데, 이제 남에 대하여 그의 말을 듣고 그의 행실을 살피게 되었다. 이것은 재여 때문에 바뀐 것이다."
宰予晝寢. 子曰: "朽木不可雕也, 糞土之墻不可杇也, 於予與何誅!"
子曰: "始吾於人也, 聽其言而信其行, 今吾於人也, 聽其言而觀其行. 於予與改是." (公冶長 5.10)

중국 송(宋) 마원(馬遠)이 그린 공자상(孔子像), 세로 27.7㎝ 가로 23.2㎝, 고궁박물관(故宮博物館) 소장(所藏)

7. 後生可畏 후생가외

후배가 무서운 것이다. 이들을 경외하라

공자는 '우리보다 뒤에 태어난 후배를 경외하여야 한다'고 하였다. 젊은이들이 지금 우리보다 못하리라는 법은 절대 없다.

그럼에도 공자는 "사람이 40, 50이 되었음에도, 내세울 만한 것이 없다면 이런 자는 역시 두려워 할 필요가 없는 사람"이라고 하였다.

> 공자가 말하였다.
> "후생(후에 태어난 자)은 두려울 만하니, 앞으로 태어날 자가 지금보다 못할 줄을 어떻게 알겠는가?
> 그러나 40,50이 되었는데도 알려짐이 없으면 이 또한 두려워할 것이 못된다."
> 子曰: "後生可畏, 焉知來者之不如今也. 四十五十無聞焉, 斯亦不足畏也已." (子罕 09.23)

'후생後生'은 후대에 태어난 사람들, '외畏'는 '두려워하다'나 '경외하다'의 뜻이다.

이 말은 지금 젊은이들이 언제 어떻게 변할지 모르고, 노력하는 후배들이 선배들의 능력을 훨씬 뛰어 넘을 수 있다는 뜻으로 쓰인다.

40, 50 인생을 살았는데도, 어떤 내세울만한 것이 없다면 이 또한 부끄러운 일일 것이다. 이런 사람에게는 후배들이 더욱 두려운 존재가 되니, 열심히 노력하지 않았음을 반성해야 할 것이다.

공자에게는 3000여 명의 제자가 있었다고 하는데, 그 중에 안연(안회)이 아마 가장 '후생가외'한 사람이었을 것이다. 논어 중에는 안연에 관한 칭찬이 곳곳에 남아 있다.

공자는 안연은 앞으로 나아가는 것만 보았지, 한 번도 후퇴하는 것을 보지 못했다고 하였다.[1)]

---

1) "子謂顏淵曰: 惜乎! 吾見其進也, 未見其止也." (子罕 09.21) (공자는 안연을 평가하며 말하였다. "애석하구나. (안연이 일찍 죽어) 나는 그(안연)가 나아가는 것을 보았지, 그가 중지하는 것을 보지 못했다.")

어느 날 공자가 자공에게 "너와 안연 중에 누가 더 나은가" 묻자, 자공은 "안연은 하나를 들으면 열을 알지만('문일지십, 聞一知十'), 자기는 하나를 들으면 겨우 둘을 알 뿐이다"하였다. 공자 자신도 안연보다 못하다 겸손해 하였다.[1] 동료들도 인정하고 공자 자신도 안연보다 못하다 했으니 안연이 얼마나 성실하게 노력하는 사람이었는가는 가히 상상해 볼 수 있다. 게으름을 피우지 않고 스승님 말씀에 따르고자 하였는데,[2] 공자는 사랑하는 제자를 떠나보냈으니 애석하지 않았겠는가?

공자나 자공이 재는 잣대는 우리와는 다를 것이다. 안연은 현인군자였다. 그래서 한 그릇의 간단한 밥과 표주박의 물만도 기꺼이 마실 수 있고, 누추한 집에서 살아도 오히려 이것을 즐길 수 있었다.[3]

논어에는 군자가 경계하여야 할 세 가지와 두려워해야 할 세 가지 있다.

조심해야 할 것은 젊을 때는 혈기가 왕성하여 안정되지 않았으니 색(여자)을 조심하고, 장년이 되었을 때는 혈기가 강하니 남과 싸우는 것을 조심하고, 늙었을 때는 혈기가 쇠약하여 욕심을 부릴 수 있으니 재물을 조심하라 하였다.

> 공자가 말하였다.
> "군자에게는 세 가지 경계해야할 것이 있다.
> 젊었을 때는 혈기가 안정되지 않았으니 여색을 조심하고,
> 장성하였을 때는 혈기가 강하니 남과 다투지 말고,
> 노년이 되어서는 혈기가 쇠약해져 재물을 탐하게 되니 경계할 일이다."
> 孔子曰: "君子有三戒. 少之時, 血氣未定, 戒之在色. 及其壯也, 血氣方剛, 戒之在鬪. 及其老也, 血氣既衰, 戒之在得." (季氏 16.07)

---

1) "子謂子貢曰: '女與回也孰愈?' 對曰: '賜也何敢望回? 回也聞一以知十, 賜也聞一以知二.' 子曰: '弗如也. 吾與女弗如也.'"(公冶長 05.09) (공자가 어느 날 자공에게 물었다. "너와 안연 중에 누가 더 나은가?" 자공이 말하였다. "자공(賜는 이름) 제가 감히 어찌 안연을 우러러 보겠습니까? 연은 하나를 들으면 열을 알지만, 저는 하나를 들으면 둘을 알 뿐입니다" "나도 그보다 못하다" 공자가 말하였다.)

2) "子曰: 語之而不惰者, 其回也與!"(子罕 09.20) (공자가 말하였다. "말해주면 게을리하지 않는 자는 안회뿐일 것이다.")

3) "子曰: 賢哉回也, 一簞食, 一瓢飮, 在陋巷, 人不堪其憂, 回也不改其樂. 賢哉回也."(雍也 6.11) (공자가 말하였다. 어질도다 안회(안연)여. 광주리에 담은 간단한 식사를 하고 표주박의 물을 마시고, 누추한 골목에 살면, 남들은 그 근심을 견뎌내지 못하지만 안회는 그 즐거움을 고치지 않는구나. 어질도다 안연이여!)

계지득(戒之得)

군자가 경외하여야 할 것은 먼저 천명, 두 번째는 고귀한 사람, 세 번째는 성인의 말씀이라 하였다.

> 공자가 말하였다.
> "군자는 세 가지를 두려워하여야 한다.
> 천명을 두려워하여야하고, 대인을 두려워하여야 하고, 성인의 말씀을 두려워하여야 한다.
> 소인은 천명을 알지 못하여 두려워하지 아니하며, 대인을 함부로 대하고, 성인의 말을 업신여긴다."
> 孔子曰: "君子有三畏, 畏天命, 畏大人, 畏聖人之言. 小人不知天命而不畏也, 狎大人, 侮聖人之言." (季氏 16.08)

소인은 천명을 알지 못하기 때문에 하늘이 무서운지 모르고, 훌륭한 사람을 깔보고 경거망동하며, 성인의 말씀을 듣지 않으니 당연히 가치 없는 삶을 살 수 밖에 없다. '대인大人'은 '나보다 나은 사람' 혹은 지위가 높은 '상급자', 나보다 나이가 많은 사람 혹은 선배로 볼 수도 있다.

군자불기(君子不器)

스승의 날, 고교시절 3학년 담임을 하셨던 선생님을 모시고 동창회를 한 적이 있었다. 30여명이 30여년 만에 만났다. 이미 세상을 떠난 친구도 있고, 중풍을 맞아 팔을 제대로 쓰지 못하는 친구도 있었다. 선생님은 성함이 '맹호孟浩'셨는데, 우리는 무서운 호랑이 '맹호猛虎'라고 불렀다. 무서웠던 선생님도 지금은 퇴직을 하시고 집에서 손자 보는 할아버지가 되어 있었다.

반에서 공부 잘 했던 친구는 지금 은행을 그만두고 개인 사업을 하기도 하고, 문과인데 의대에 가서 지금은 병원장을 하고 있기도 하고, 성적도 생활도 제일 말썽이었던 친구가 교수가 된 친구도 있었다.

인생의 결과는 천차만별이다.

학생들을 보는 가장 우선이 되는 표준은 성적이지만, 스포츠 경기가 끝나봐야 알듯 인생도 끝나봐야 안다.

지금 우리 앞의 어린 젊은이들이 후에 어떤 모습으로 우리 앞에 설지 아무도 모른다. 그들이 가진 열정 하나만으로도 우리는 그들을 경외하여야 한다.

40, 50이 되고, 인생의 황혼기에 접어들어 나는 과연 어떻게 살았는가라고 물었을 때, 우리는 부끄러움 없는 삶을 위해 최선을 다했다고 자신있게 말할 수 있어야한다.

공자는 최종 결과를 산을 쌓는 것으로 비유하여, 마지막 한 삼태기가 모자라 산이 완성되지 못하는 경우도 있다. 한 삼태기만 옮기면 꿈을 이룰 수 있는데, 우리는 지금 그 한 삽을 잃고 있는지도 모른다.

> 공자가 말하였다.
> "비유하자면 산을 쌓는 것과 같다.
> 한 삼태기 때문에 산을 이루지 못하기도 하니, 그만두는 것도 내가 그만두는 것이다."
> 子曰: "譬如爲山, 未成一簣, 止, 吾止也."(子罕 09.19)

'후생가외'의 반대말로 '유취미건乳臭未乾'이라는 말이 있다. '아직 젖 냄새 가시지 않은 어리석은 풋내기'라는 말이지만, 어린아이가 호랑이를 무서워할 줄 모른다고 젊은이를 냉시하지 마라. 곧 무서운 호랑이가 되어 언제 공격할지도 모르니.

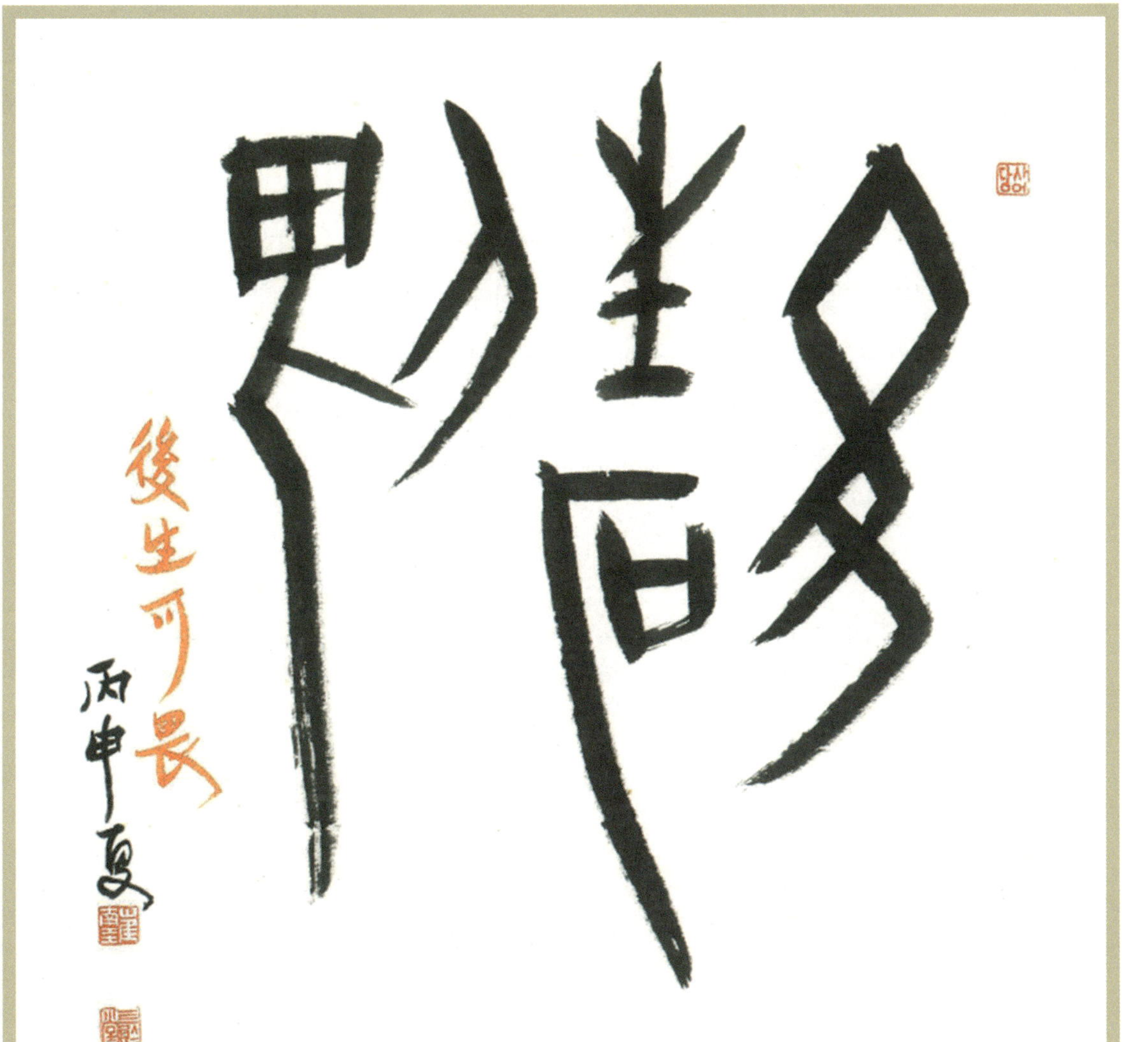

후생가외(後生可畏)

8. 旣往不咎 기왕불구

이미 끝난 일을 가지고 다시 왈가불가하지 마라

'기왕불구'의 '기旣'는 '이미', '왕往'은 '지나간 과거', '구咎'는 '책망하다'의 뜻이다. '이미 지나간 과거의 일을 책망하지 말라'는 뜻이다.

'(咎)'자는 '人'과 소리부 '各'으로 이루어진 자이다. 갑골문은 ''·''으로 쓰고, 금문은 ''으로 쓴다. '人'과 '夊(止)'로 이루어진 형태이다. '다른 사람이 자신이 살고 있는 곳으로 오는 형태'가 아닌가한다. 혹은 '다른 사람이 나에게 와서 침범하는 모습'이 아닌가한다. 후에 '재앙'이나 '근심거리'라는 의미로 쓰인다.

> 애공이 재아에게 사社에 관하여 묻자, 재아는 대답하였다.
> "하후씨는 소나무로써 하였고, 은나라는 측백나무로써 하였고, 주나라는 밤나무로써 하였다. 주나라가 밤나무로 한 것은 백성에게 전율을 느끼게 하기 위한 것이다."
> 공자가 이 말을 듣고 말하였다.
> "이미 이루어진 일은 말하지 않는 것이며, 이미 끝난 일은 다시 말하지 않는 것이며, 이미 지나간 일은 잘못을 다시 꺼내지 않는 것이다."
> 哀公問社于宰我, 宰我對曰:
> "夏后氏以松, 殷人以柏, 周人以栗, 曰: 使民戰栗."
> 子聞之, 曰: "成事不說, 遂事不諫, 旣往不咎." (八佾 03.21)

노나라 군주 애공이 공자의 제자 재아宰我(자아子我, 재여宰予)에게 토지신에게 제사드리는 일에 대해서 묻자, 하나라는 소나무로 하고, 은나라는 측백나무로 하고, 주나라는 밤나무로써 하는데 이는 백성에게 전율戰慄을 느끼게 하기 위한 것이라 대답하였다. 밤나무는 한자로 '율栗'인데, 전율의 '율慄'과 음이 같다.

'(栗)'자는 갑골문은 ''으로 쓴다. 혹은 밤은 가시가 많기 때문에 '慄(두려워할 률, lì)'자와 관련이 있는 것이 아닌가한다.

밤나무(율栗)를 심어 폭력과 위세로 백성에게 공포감을 주는 것, 주나라의 습속을 저급하게 표현하고 비방적으로 표현한 것이 공자는 불만이었다. 주周나라는 공자에게 가장 이상적인 국가관의 표상이다.

> 공자가 말하였다.
> "심하도다 나의 쇠약함이여, 오래되었도다. 내가 다시 주공을 꿈에서 뵙지 못한 것이."[1]
> 子曰: "甚矣吾衰也! 久矣吾不復夢見周公." (述而 07.05)

> 공자가 말하였다.
> "문왕은 천하의 삼분의 이를 차지하고도 은나라를 섬겼다. 따라서 주나라의 덕은 지극한 덕이라고 할 수 있다."
> "三分天下有其二, 以服事殷. 周之德, 其可謂至德也已矣. (泰伯 08.20)

공자는 이 말을 듣고, 화가 나서 "이미 이루어진 일은 따지지 않는 것이며(성사불설成事不說), 이미 끝난 일은 다시 말하지 않으며(수사불간遂事不諫), 이전에 저지른 잘못은 다시 지적하지 않는 것(기왕불구旣往不咎)"이라며 재아의 잘못을 꾸짖었다.

재여는 낮잠을 자다가 공자에게 '썩은 나무 같은 놈'이라고 욕을 먹기도 한 인물이다. 재여는 논어에서 부정적인 측면이 강한 인물이다.

재여가 어느 날 낮잠을 자자, "썩은 나무는 조각할 수 없고, 똥 묻은 담장에는 흙손질을 할 수 없는데 내가 뭘 꾸짖겠는가? 이전에는 사람의 말을 들으면 그의 행실을 믿었는데, 재여를 보고나서, 사람의 말을 들으면 그의 행실을 살펴보았다"라고 공자가 나무랐다. 재여는 달변이었으나, 행위는 그에 미치지 못했던 모양이다.

> 재여가 낮잠을 자자, 공자가 말하였다.
> "썩은 나무는 조각할 수 없고, 똥 묻은 담장에는 흙손질을 할 수 없는데 내가 뭘 꾸짖겠는가?"
> 공자가 말하였다.
> "이전에는 사람의 말을 들으면 그의 행실을 믿었는데, 재여를 보고나서, 사람의 말을 들으면 그의 행실을 살펴보았다. 재여로 인하여 이것을 고치게 되었다."
> 宰予晝寢, 子曰: "朽木不可雕也, 糞土之墻不可杇也, 於予與何誅 ! " 子曰: "始吾於人也, 聽其言而信其行, 今吾於人也, 聽其言而觀其行. 於予與改是."(公冶長 05.10)

---

1) 주공은 희씨姬氏이며 이름은 단旦이다. 주나라 문왕文王의 아들이며 무왕武王의 동생이며 성왕成王의 숙부이다. 노나라의 시조이며 공자의 마음 속에서 가장 존경하는 고대 성인 중의 한 명이다.

'성사불설成事不說'·'수사불간遂事不諫'과 '기왕불구既往不咎'는 공자의 이른바 '삼불三不' 원칙이다. '수사遂事'는 이미 끝마친 일을 말한다.

'성사불설'은 이미 이루어진 일은 다시 말하지 말아야 하고, '수사불간'은 이미 끝나 버린 일을 다시 지적하지 말아야 하고, '기왕불구'는 이미 잘못된 일은 거듭해서 꾸짖어서는 안 된다는 뜻이다.

세 가지 층차적 단계로 보아도 좋을 것이다.

이미 합의를 걸쳐 결정한 일이라면 다시 왈가불가 자기 고집을 부려 따지지 말고, 계획대로 일이 진행되어 그 일이 끝났으면 이랬어야 한다 저랬어야 한다 지적하지 말아야 하며, 결과가 좋지 않게 끝났다고 하더라도 앞날을 모색해야지 비방과 비평만을 늘어놓아서는 안 된다.

남과 다툼이 없을 수 없다. 다투다보면 상대방이 저질렀던 과거의 잘못을 무기로 삼고자 하는 유혹을 느낀다. 하지만 그 무기는 오히려 되돌릴 수 없는 큰 화가 되고 가장 비겁한 사람이 될 수 있다. 단순한 말다툼이 큰 싸움이 되지 않기 위해서는 '기왕불구'의 철칙을 명심해야 한다.

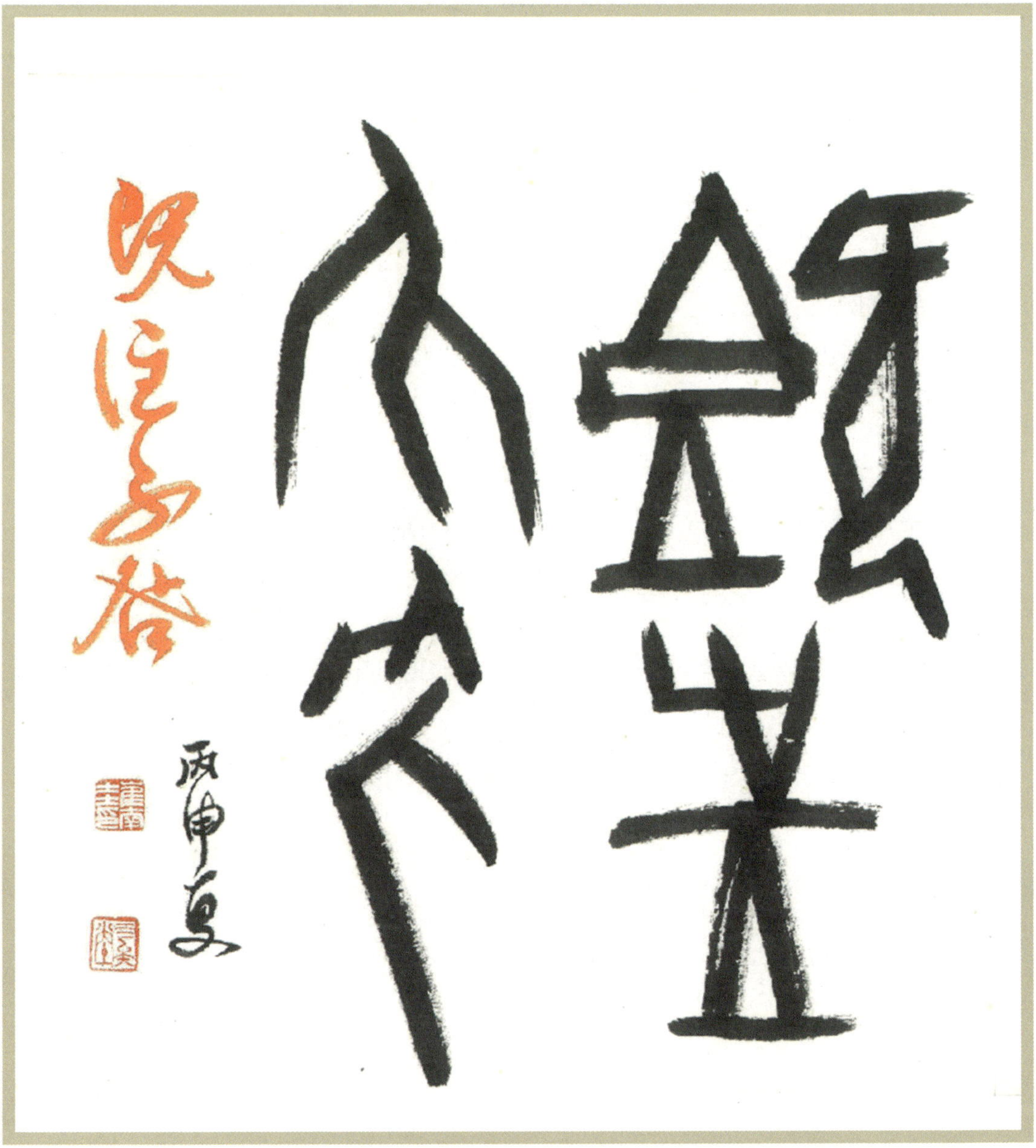

기왕불구(既往不咎)

9. 必先利器 필선리기

장인은 먼저 연장을 잘 다듬는다

'필선리기'는 '물건을 잘 만들려면 먼저 반드시 연장을 날카롭게 다듬어 준비한다'는 뜻이다.

'이利'는 '날카롭게 하다'의 뜻이고, '기器'는 연장을 말한다.

'(利)'는 갑골문은 ''으로 쓰고 금문은 ''으로 쓴다. '날카로운 날이 있는 칼로 벼를 자르는' 모습이다. 혹은 '날이 있는 쟁기'라는 뜻의 '犁(쟁기 려 lí)'가 초문이라고 주장하기도 한다. 《설문해자說文解字》는 고문은 ''으로 쓰는 것으로 보아 '쟁기로 밭을 가는 모습'이라는 뜻도 설득력이 있어 보인다.

논어 〈위령공衛靈公〉편의 '공욕선기사工欲善其事, 필선리기기必先利其器'에서 나온 말이다.

자공子貢이 공자에게 인仁에 대하여 묻자, "장인匠人이 물건을 잘 만들려면 먼저 반드시 연장을 다듬어 날카롭게 하듯이 현명한 자나 인자仁者를 가까이 해야한다"고 하였다.

> 자공이 인에 대하여 묻자 공자가 답하였다.
> "공인이 그 일을 잘 하려면 반드시 먼저 연장을 예리하게 하듯이, 그 나라에 살 때는 그 나라의 대부 중에 현명한 자를 받들고, 그 나라의 선비 중에서 인한 사람을 벗으로 하여야 한다."
> 子貢問爲仁. 子曰: "工欲善其事, 必先利其器. 居是邦也, 事其大夫之賢者, 友其士之仁者." (衛靈公 15.10)

공자가 주장하는 예리한 연장은 환경이다. 즉 환경의 중요성을 역설한 것이다. 환경이 우리를 만들 수도 있고, 변화시킨다. 유유상종類類相從, 끼리끼리 노는 법이다.

맹자의 어머니가 묘지에서 시장으로 다시 학교로 이사한 이유도 환경론을 알았기 때문이다. 증자曾子는 "군자는 글로써 벗을 모으고, 벗으로써 인을 보충한다"하였다.[1]

1) "曾子曰: 君子, 以文會友, 以友輔仁."(顔淵 12.24) (증자는 말하였다. "군자는 글로써 벗을 모으고, 벗으

'근주자적(近朱者赤), 근묵자흑(近墨者黑)'은 주사朱砂를 가까이 하면 붉게 변하고, 먹을 가까이 하면 검게 되는 것이니 주위 환경을 조심하라는 속담이다. 좋은 사람을 가까이 하면 아무래도 좋은 점을 많이 보고 배울 수 있어 자기를 성찰할 수 있고, 나쁜 사람을 가까이 하면 자기도 모르는 사이에 나쁜 일에 마비가 될 수 있다.

학문에 힘쓰는 사람은 '필선이기'로 심신을 닦는 것도 중요한 항목 중에 하나이다. 그래서 퇴계는 "배우는 사람의 공부 중 가장 절실한 것은 심신을 닦는 것"이라 하였다.[1] 공부를 많이 해서 높은 자리에 있는데, 도덕적으로 문제가 있으면 더 큰 일이다.

'필선리기'는 지금은 어떤 일을 하기에 앞서 먼저 철저히 준비하여야 한다는 말로 쓰인다. 칼과 낫이 날카롭지 않으면 주방장이 채소와 고기를 다듬지 못하고, 농부가 풀과 벼를 베지 못한다.

모든 일의 성공 여부는 노력에 있다. 노력하는 자만이 성공의 단 맛을 볼 수 있다. 자기가 쓴 도구를 날카롭게 하는 것은 사전에 철저히 준비하는 노력이다. 노력 없는 성공은 일시적인 행운일 뿐이고, 요행은 오래 가지 못하며, 설사 성공한다 한들 오래 갈 수 없다는 것을 알기 때문에 항상 불안하다.

나에게는 왜 훌륭한 재능을 주시지 않았고, 왜 우리 부모님은 가난한가?

감사하기보다 우리는 원망에 익숙해져 있다. 가진 자와 비교는 비극의 시작이다.

그러나 주위를 둘러보라, 나보다 못나고, 나 보다 좋지 않은 환경을 가진 자가 얼마나 많은가. 행복은 가진 것에 있는 것이 아니라, 만족에 있다.

불평과 불만으로 부정적인 삶은 사는 사람과, 희망과 열정을 가지고 긍정적으로 살아가는 사람이 바라보는 세상은, 하나는 지옥이고 하나는 천당이다.

긍정적인 태도로 먼저 연장을 갈고 닦고 기름치고 노력을 한다면, 이루어지지 않을 일은 하나도 없다. 목표가 무엇이든지 간에.

맹자는 "하늘이 사람에게 큰 임무를 내리려 할 때면 먼저 큰 시련을 준다"하였다. 큰일을 할 사람은 그 일을 감당할 만한 굳은 의지가 필요하기 때문에 심신단련에 필요한 고생을 하게 된다는 것이다.

로서 인을 돕는다"라 하였다.)

1) "學者用工, 莫切於心身."(배우는 사람의 공부 가운데 심신을 닦는 것보다 절실한 일은 없다.) (李退溪)

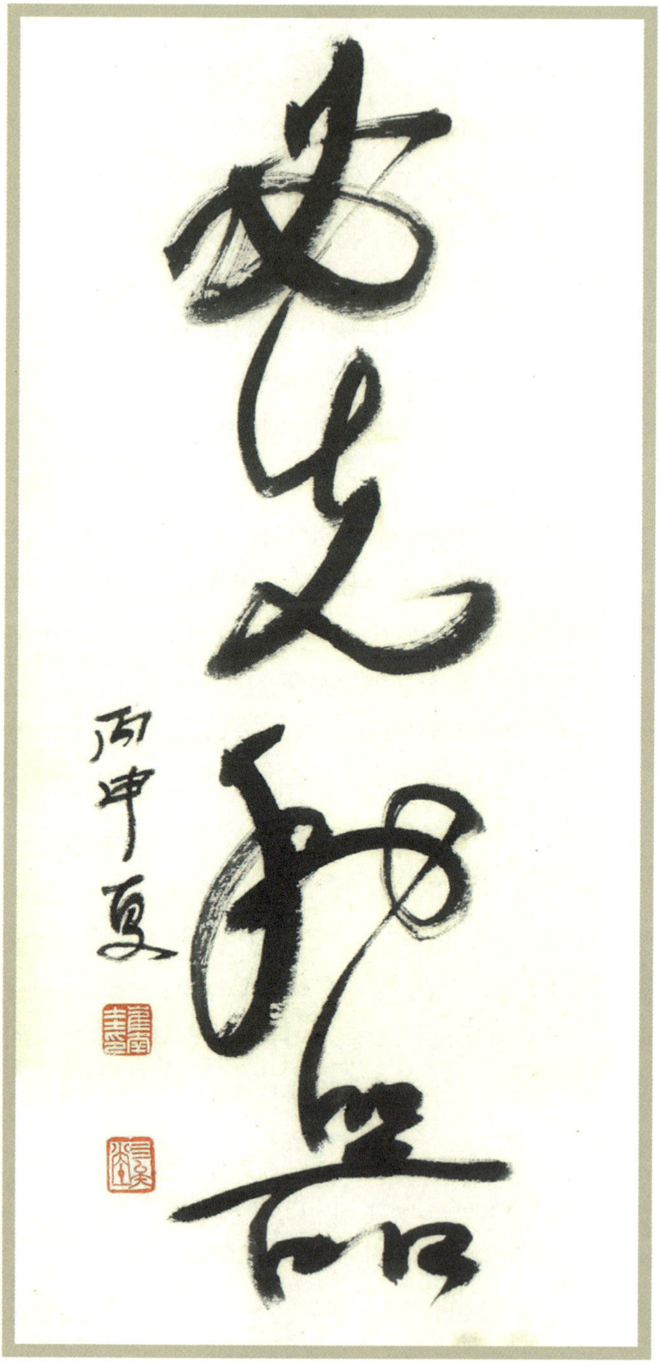

필선리기(必先利器)

"순舜임금 같은 성군聖君도 밭농사를 지었고, 부열傅說은 성벽城壁을 쌓는 일을 하다가 은殷나라의 재상宰相이 되었고, 생선 장수를 하던 교격膠鬲은 문왕에게 발탁되었고, 옥중에 갇혀 있던 관중管仲은 제齊나라 환공桓公을 도와 천하를 제패制霸하였으며, 바닷가에 숨어 살던 가난한 선비 손숙오孫叔敖는 초楚나라 장왕莊王을 도와 천하를 다스렸고, 백리해百里奚는 팔려 다니던 몸이었지만 진秦나라 목공穆公을 도와 천하를 다스렸다는 것이다.

그래서 우환은 살아남을 수 있는 가장 좋은 방법이고, 편안한 안락은 죽음에 이르게 되기 쉽다는 것이다.

맹자가 말하였다.
"순 임금같은 성군도 밭농사에서 발탁되었고, 부열같은 은나라의 재상도 성벽을 쌓는 일을 하다가 등용되었으며, 교격같은 어진 신하도 생선소금장수의 몸으로 문왕에게 발탁 되었고, 제나라 환공을 도와 천하를 제패한 한 관중도 옥중에 갇혀 있던 몸으로 등용되었으며, 초나라 장왕을 도와 천하를 제패한 한 순숙오도 바닷가에 숨어 사는 가난한 선비에서 천거를 받았고, 진나라 목공을 도와 천하를 다스린 백리해는 팔려 다니던 몸이었다.
하늘이 큰 임무를 그 사람에게 내리려 할 때는, 먼저 그 의지를 곤란케 하며, 그 근육과 뼈를 수고롭게 하며, 몸과 살을 굶주리게 하고, 그 몸을 궁핍하게 하며, 그가 하는 일을 어그러뜨리고 어지럽게 한다. 이렇게 함으로써 마음을 분발시키고 성질을 참게 하여, 그 능하지 못한 부분을 증익시키기 위한 것이다.
그래서 사람은 항상 허물이 있은 뒤에 고치는 것이니, 마음에 고달픈 것이 있고 생각에 순조롭지 못한 것이 있은 뒤에 분발하여 일어나는 것이다. 또한 얼굴에 나타나고 소리를 내고 난 다음에 깨닫게 되는 것이다.
나라 안으로는 법도가 있는 사대부 집안과 보필하는 선비가 없으며, 또한 나라 밖으로는 적국과 외환이 없다면 항상 멸망한다. 그래서 사람은 우환이 있으면 살고 안락하면 죽는다는 것을 알게 되는 것이다."
孟子曰: "舜發於畎畝之中, 傅說擧於版筑之間, 膠鬲擧於魚鹽之中, 管夷吾擧於士, 孫叔敖擧於海, 百里奚擧於市. 故天將降大任於是人也, 必先苦其心志, 勞其筋骨, 餓其體膚, 空乏其身, 行拂亂其所爲；所以動心忍性, 曾益其所不能. 人恒過, 然後能改. 困於心, 衡於慮, 而後作. 徵於色, 發於聲, 而後喩. 入則無法家拂士,出則無敵國外患者, 國恒亡. 然後知生於憂患, 而死於安樂也."
(《孟子·告子下》)

역경은 필요 악이다. 현재의 고통 속에서 묵묵히 '필선리기'하면 반드시 나를 필요로 하는 곳이 있을 것이다.

인생이 너무 순탄하면 사는 맛이 없지 않겠는가!

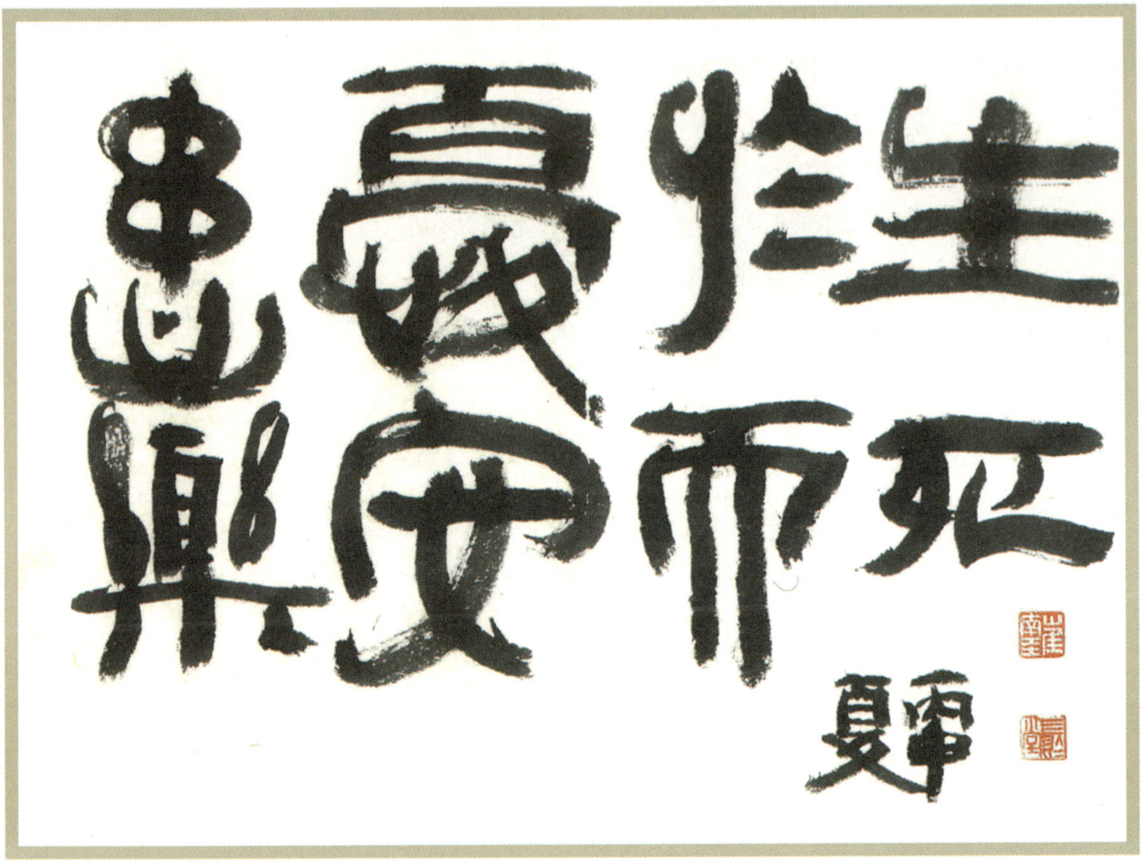

생어우환(生於憂患), 사이안락(死而(於)安樂)

10. 誨人不倦 회인불권

가르치기를 게을리 해서는 안 된다

‘회인불권’은 ‘남을 가르치고 인도하기를 게을리 하지 않는다’는 말이다.

‘회誨’는 ‘남을 가르치고 인도한다’라는 뜻이고, ‘권倦’은 ‘게으르다’ · ‘싫증을 내다’라는 뜻이다. ‘(誨)’자는 의미부 ‘言’과 소리부 ‘每’로 이루어진 자이다. ‘매每’자를 갑골문은 ‘’으로 쓰고, 금문은 ‘’으로 쓴다. 비녀를 꽂은 여성이다. 따라서 ‘誨’는 ‘어머니의 가르침’이라는 뜻이다. ‘倦’자의 소리부 ‘(卷)’자를 금문은 ‘’으로 쓴다. ‘게으름의 문책을 받기 위해 몸을 구부려 앉아 있는’ 모습이다.

공자는 “자신은 묵묵히 그저 배워서 알게 되었고, 또한 배우기를 싫증내지 않으며, 남 인도하기를 게을리 하지 않는다”하였다.

> 공자가 말하였다.
> “묵묵히 배워 알고, 배우기를 싫증내지 않으며, 남을 가르치고 인도하는 것을 게을리 하지 않는 것 이외에 나에게 또 무엇이 있으랴!”
> 子曰: “默而識之, 學而不厭, 誨人不倦, 何有于我哉!” (述而 07.02)

자공이 공자에게 “성인이냐”고 물었다. 공자는 “자신은 성인이 아니기 때문에 성인의 일에 능숙하지 않지만, 배우는 것이 싫증나지 않고, 가르치기를 게을리 하지 않았다”라고 하였다. 자공은 “배움에 싫증이 나지 않는 것은 ‘지혜(智)’이고, 가르치기를 게을리 하지 않는 것은 ‘인仁’한 것인데, 공자가 이 둘을 갖추고 있기 때문에 성인”이라고 하였다.

> 옛날에 자공이 공자에게 물었다.
> “스승님은 성인이십니까?”

공자가 말하였다.
"'성인의 일은 내가 할 수 없지만, 배우는 것이 싫증나지 않으며, 가르치는 것을 게을리하지 않았다'라 하였다."
자공이 말하였다.
"배우는 것에 싫증나지 않는 것은 지智이고, 가르치는 것에 게을리 하지 않는 것은 인仁입니다. 인仁하면서 지혜로우시니 스승님은 이미 성인이십니다." 무릇 성인은 공자도 자처하지 않으신데 이 무슨 말인가?(공손추公孫丑가 맹자에게 성인이냐고 묻자 맹자가 자신은 성인이 아니라는 말)
昔者子貢問於孔子曰: "夫子聖矣乎?" 孔子曰: "聖則吾不能, 我學不厭而敎不倦也." 子貢曰: "學不厭, 智也. 敎不倦, 仁也. 仁且智, 夫子既聖矣." 夫聖, 孔子不居, 是何言也!(《孟子·公孫丑上》)

'묵이식지默而識之'·'학이불염學而不厭'과 '교이불권敎而不倦'은 성인이 갖추어야 할 덕목이다. 이 세 가지를 수양하면, 공자와 같은 위대한 성인에게 까지는 미치지 못하겠지만, 적어도 그 다음의 훌륭한 사람은 될 수 있다.

'묵이식지默而識之' 중의 '識'자의 음은 '식', 뜻은 '알다'라는 의미로 해석하기도 하고, 음을 '지', '기억하다'라는 의미로 풀이하여, 배운 지식을 묵묵히 가슴 속에 간직한다는 뜻으로 보기도 한다.

논어는 '많이 듣고 좋은 것을 골라서 따르며, 많이 듣고 아는 것이 지혜의 두 번째 단계다'라 했다. 이 구절은 '묵이식지'와 관련이 있는 내용으로 이해할 수 있다. 이 중 '識'자 역시 '알다'라는 뜻으로 이해할 수 있기 때문에 여기서는 '알다'라는 의미로 해석하였다.

공자가 말하였다.
"아마도 알지 못하면서 실천하는 자는 있겠지만, 우리들에게는 이러한 것이 없다. 많이 듣고서 그 중 선한 것을 택하여 따르며, 많이 보아서 아는 것이니 지혜로움의 두 번째 단계다."
子曰: "蓋有不知而作之者, 我無是也. 多聞, 擇其善者而從之, 多見而識之, 知之次也." (述而 07.28)

'묵이식지'는 "나보다 훌륭한 사람을 보면 그와 같아지기 위하여 노력하고, 나보다 못한 사람을 만나면 스스로 반성하여 그렇게 되지 않도록 노력하는 것"과도 같다.[1] 이는 서적과 스승의 가르침을 통하여 지혜를 습득하는 것이 아닌 주위 환경을

1) "子曰: 見賢思齊焉, 見不賢而內自省也."(里仁 04.17) (공자가 말하였다. "공자는 어진이의 행동을 보면

통하여 지혜를 넓혀가는 공부에 해당된다.

'학이불염學而不厭'은 인생 역경에 대한 공부, 학문 탐구에 대한 공부, 지혜로운 삶을 위한 공부가 고역이 아닌 즐거움 그 자체인 것을 말한다. 알아 간다는 것, 할 수 없었던 것을 할 수 있게 되었다는 것, 이를 즐길 수 있다는 것이 얼마나 행복한 일인가? 배운다는 것은 정말 행복한 일이다. 그러나 경쟁을 위한 입시 시험이 아니어야 한다. 배움은 행복하게 살아가는 상식을 알려 주는 길이다. 배움은 스트레스가 아니라, 더 즐겁기 위한 방도를 강구하는 것이다.

운동을 배우고, 헬스 크럽에 가서 몸 만드는 것이 남을 이기기 위한 것이고, 몸매를 보여주기 위해서 가꾸는 것이 아니다. 해당하는 규칙과 방식을 배우고, 반복 학습을 통해 숙지의 즐거움을 알고 그로 인해 재미있게 노는 방식을 배우는 것이다. "아는 것은 좋아하는 것만 못하고, 좋아하는 것은 즐기는 것만 못하다"고 하였다.

> 공자가 말하였다.
> "아는 것은 좋아하는 것만 못하고, 좋아하는 것은 즐기는 것만 못하다."
> 子曰: "知之者不如好之者, 好之者不如樂之者." (雍也 06.20)

공자의 제자가 삼천이라니, '회인불권誨人不倦'을 제대로 실천한 셈이다.

사람은 다른 사람에게 충고하기를 좋아한다. 그래서 맹자는 "사람의 잘못은 '호위인사好爲人師', 가르치기를 좋아하는데 있다"고 하였다.[1] 사람은 잘못을 지적하고 충고하고 가르치려 한다. 이는 진정한 가르침이 아니라 상대방에게 상처를 남기는 지적질, 비평이 되기 쉽다. 충고는 반드시 필요하지만 우선은 애정어린 마음의 표현이 먼저여야 한다.

남을 가르친다는 것은 쉬운 일이 아니다. 교단에서 학생들을 가르친다는 것 또한 매우 어려운 일이다. 학생의 지적 욕구를 충분히 만족 시킬 수 있도록 학문을 전달하는 것도 어렵지만, 존경받는 진정한 스승이 되기란 더욱 어렵다.

공자가 "배우는 것과 가르치는 것에 싫증을 내지 않았고 게을리 하지 않았다고는

그와 같아지기 위하여 노력하고, 어질지 못한 자를 보면 그와 같이 행동하지 않기 위하여 스스로 반성해야 한다.")

1) "人之患在好爲人師."(사람의 잘못은 다른 사람의 스승이 되고자 하는데 있다.) (《孟子·離樓上》)

할 수 있다"라고하자, 제자 공서화公西華는 "이것이 바로 제자들이 스승님에 미치치 못하는 점"이라 하였다. 남을 가르친다는 것은 성인과 같은 사람이 하는 매우 어렵고 중요한 일이다. 어렵고 중요하다는 것은 그만큼 값지다는 것이다.

> 공자가 말하였다.
> "성聖과 인仁 같은 것을 내가 어찌 감히 할 수 있겠냐 만은 이를 위하여 노력하는 것을 싫어하지 않고, 다른 사람을 가르치는 것을 게을리 하지 않았다고는 말할 수 있다."
> 공서화가 말하였다.
> "바로 이것이 오직 저희 제자들이 배울 수 없는 점입니다."
> 子曰: "若聖與仁, 則吾豈敢? 抑爲之不厭, 誨人不倦, 則可謂云爾已矣." 公西華曰: "正唯弟子不能學也." (述而 07.34)

'억抑'은 '하지만'의 뜻을 가진 접속사 용법으로 쓰이고, '운이云爾'는 '이러할 뿐이다'의 뜻이고, '이의已矣'는 단정의 어감을 표시하는 어기사이다. '유唯'는 '유惟'나 '유維'와 같은 자로 '……이다'라는 뜻이다.

성인 공자의 가르침과 지금의 우리의 교육과는 큰 차이가 있겠지만, 우리의 교육 역시 의미가 있다.

학문적으로 성과를 이루고 세계적인 큰 인물이 될 수 있도록 하는 학문 탐구의 가르침도 중요하지만, 세상을 살아가면서 남과 더불어 살아가는 겸손을 가르치는 것 또한 게을리 하지 말아야한다. 학생들이 아무데서나 담배를 피우고 담배꽁초를 함부로 버리고, 욕설을 마구하는 모습을 자주 목격하는데도, 요즘 어른들은 별로 관심이 없다. 물론 지적했다가 오히려 낭패를 당할 수도 있겠지만, 좀 더 친근하고 부드럽게 지적한다면 대부분의 젊은이는 수긍을 할 것이다.

교육은 누구에게나 평등한 기회가 주어져야한다. 빈부나 귀천에 상관없이 누구나 평등하게 교육 받을 권리가 있다. 영재만 골라 가르쳐서도 안되고, 선한 사람만 가르치려해서도 절대 안 된다. 오히려 그 반대여야 진정한 교육의 가치가 있을 것이다. 그래서 공자는 교육은 '유교무류有敎無類'라 하였다.[1]

학생은 학교를 근본으로 삼고 믿음을 두어야 한다.

1) "子曰: 有敎無類."(衛靈公 15.39) (공자가 말하였다. "가르침에는 차별이 없어야 한다.")

퇴계 이황은 "학교는 교화의 근본이며 모범을 보이는 곳이며 예의의 근본이고 왕성한 기운이 감도는 곳"이라 하였다.[1] 학생이 선생님을 신뢰하지 않으니 경천동지驚天動地할 사건들이 일어난다. "몰라서 실천하지 못하는 것은 그 사람의 죄가 아니라"고 했다.[2] 그래서 가르치기를 게을리 해서는 안되는 것이다. 사회가 문란할수록 더 가르쳐서 보다 나은 사회가 되도록 하여야 한다.

물방勿放: 방종하지 말라.
물오勿傲: 거만하지 말라.
물다언 勿多言: 말을 많이 하지 말라.
거처공居處恭: 생활할 때 몸가짐을 공손히 하라.
집사경執事敬: 일을 맡으면 공경하라.
여인충與人忠: 남과의 사귐은 정성스레 하라

퇴계退溪가 제자를 가르치는 잠언箴言이다.

그러나 교육은 절대 억압이 아니다. 자율 속에서 학생이 스스로 자신의 길을 걸어갈 수 있도록 안내해주고 선도자적 역할을 해야 한다.

언교言敎보다 신교身敎를 해야 한다. 언교는 말로 가르치는 것이고, 신교는 몸으로 솔선수범하는 것이다. 말보다는 몸으로 솔선수범해야 설득력이 있다.

자녀 교육은 절대 부모님 자신이 만족하기 위한 것이 아니다.

능력을 계발해주고 꿈을 키워주고 행복하게 살 수 있는 방법을 찾아주는 것이다.

부모는 지금 오히려 새싹이 자라지 못하도록 짓누르고 있는 돌멩이 같은 존재가 아닌지 생각해 볼 일이다.

---

1) "學校風化之源, 首善之地, 禮儀之宗, 元氣之寓也."(학교는 교화의 근본이고 모범을 보이는 곳이며 예의의 근본이고 왕성한 기운이 감도는 곳이다.) (李滉, 《退溪先生文集》)

2) "不知而無爲者, 非其人之罪."(몰라서 실천하지 못하는 것은 그 사람의 죄가 아니다.) (李滉, 《退溪先生文集》)

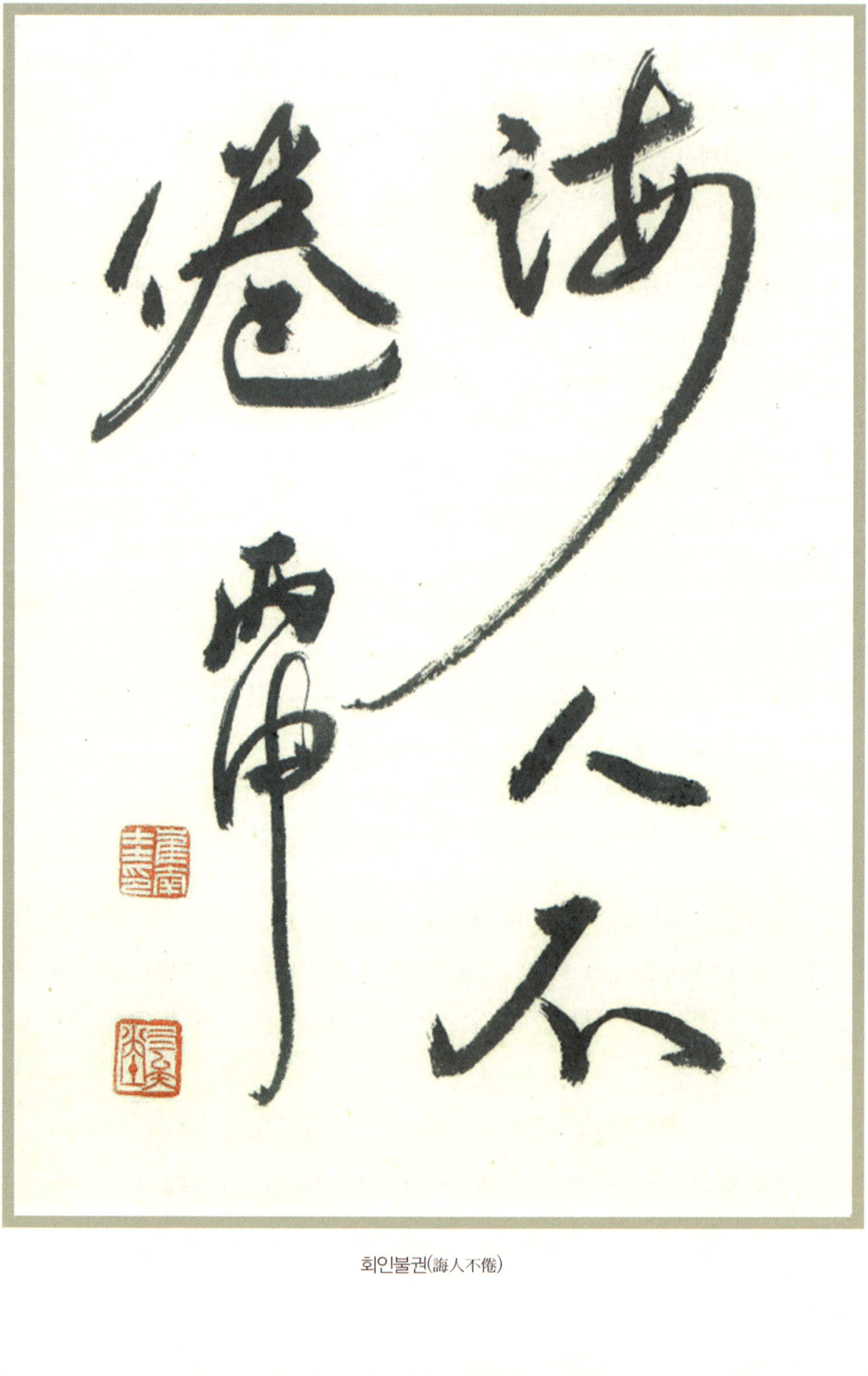

회인불권(誨人不倦)

11. 惠而不費 혜이불비

은혜를 베풀어도 손해날 것은 없다

'혜이불비'는 '남에게 은혜를 베풀어도 비용이 들지 않는다'는 뜻이다. 지금은 '남에게 베풀어라. 돈들 일 아니다'라는 말과 같은 뜻으로 쓰인다.

'혜惠'는 '은혜를 베풀다', '비費'는 '소비하다'의 뜻이다.

'(惠, 은혜 혜, huì)'자는 '心'과 '叀(삼가할 전, zhuān)'로 이루어진 자이다. 고문은 '芔(풀 훼, huǐ,huì)'를 써서 '(蕙)'으로 쓴다. '惠'자를 금문은 ''·''으로 쓴다. '(叀)'자의 고문은 '(峀)'·'(亶)'으로 쓴다. '천을 짤 때 사용하는 베틀 북'이다. '혜慧'는 '베를 짜 때의 세심하게 배려하는 마음'이라는 의미이다.

'(費, 쓸 비, fèi)'자는 '貝'와 소리부 '弗(아닐 불, fú)'로 이루어진 자이다. '재산을 써서 없어짐'을 뜻한다.

공자는 자장子張에게 "정치를 하려면 다섯 가지 미덕을 갖추고, 네 가지 악재(惡材)를 없애라"고 하였다. 다섯 가지 미덕은 은혜를 베푸는 것(혜이불비惠而不費), 원망을 사지 않는 것(노이불원勞而不怨), 탐하지 않는 것(욕이불탐欲而不貪), 교만하지 않는 것(태이불교泰而不驕), 사납지 않는 것(위이불맹威而不猛) 등이다.

네 가지 악재는 학대하는 것(학虐), 포악한 것(폭暴), 해치는 것(적賊), 인색한 것(인吝)이다.

> 자장이 공자에게 물었다. "어떻게 해야 나라를 다스릴 수 있나요?"
> 공자께서 대답하셨다. "다섯 가지 미덕을 존중하고, 네 가지 악재를 없앤다면 정치를 한다고 할 수 있다."
> 장자가 물었다. "다섯 가지 미덕은 무엇입니까?"
> 공자가 말하였다. "첫째, 군자는 은혜를 베풀지만 허비하지 않는 것이다. 둘째, 수고롭게 하여도 원망을 듣지 않는 것이다. 셋째, 하고자 하면서도 탐욕하지 않는 것이다. 넷째, 태연하면서도 교만하지 않는다. 다섯째, 위엄이 있으면서도 사납지 않아야 한다."
> 자장이 물었다. "그렇다면 무엇이 은혜를 베풀고도 허비하지 않는 것입니까?"

공자가 말하였다. “백성들에게 이로운 것이 무언가에 따라서 이롭게 하는데, 은혜롭되 낭비하지 않는 것이 아니고 무엇이겠는가? 마땅히 수고롭게 해야 할 때 수고롭게 하는데 누구를 원망하겠는가? 인에 욕심을 부리고 인을 얻으니 어찌 이게 탐했다고 할 수 있겠는가? 군자는 많거나 적거나 크거나 작거나 관계없이 감히 오만하게 대하는 것이 없으니 이것이 또한 태연하면서도 교만하지 않는 것이 아니겠는가? 군자는 의관을 바르게 하고 시선을 높게 고정함으로서 근엄하니, 사람들이 우러러 보고 두려워하게 되니 이것이 위엄이 있으면서도 사납지 않는 것이 아니겠는가.”

자장이 물었다. “무엇이 네 가지 악재입니까? ”

공자가 말하였다. “미리 가르쳐주지도 않고 잘못을 하면 처벌하는 것은 곧 백성을 학대하는 것이고, 제대로 이끌어 주지 않으면서도 성공하기만을 바라는 것은 포악한 행위이며, 명령을 제때 내리지 않고 기일 안에 완성하라고 하는 것은 백성을 해치는 도적과 같은 행위이고, 백성에게 나누어 주어야 하는 데도 출납에 인색한 것은 인색한 관리 유사有司같은 행위이다.”

子張問孔子曰: “何如斯可以從政矣？”

子曰: “尊五美, 屛四惡, 斯可以從政矣.”

子張曰: “何謂五美？”

子曰: “君子惠而不費, 勞而不怨, 欲而不貪, 泰而不驕, 威而不猛.”

子張曰: “何謂惠而不費？”

子曰: “因民之所利而利之, 斯不亦惠而不費乎？ 擇可勞而勞之, 又誰怨？ 欲仁而得仁, 又焉貪？ 君子無衆寡, 無大小, 無敢慢, 斯不亦泰而不驕乎？ 君子正其衣冠, 尊其瞻視, 儼然人望而畏之, 斯不亦威而不猛乎？”

子張曰: “何謂四惡？”

子曰: “不敎而殺謂之虐, 不戒視成謂之暴, 慢令致期謂之賊, 猶之與人也, 出納之吝謂之有司.” (堯曰 20.02)

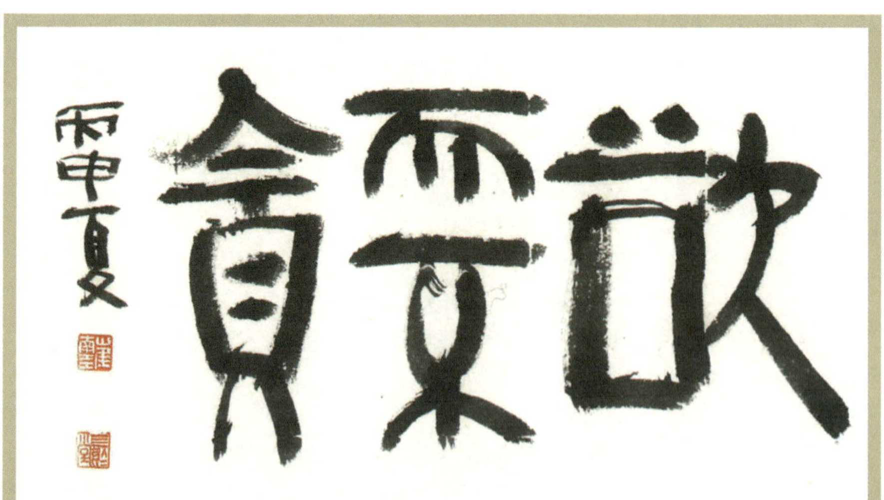

욕이불탐(欲而不貪)

'혜이불비惠而不費'란 백성에게 진정으로 필요하고 그들을 이롭게 하는 것은 백성에게 은혜를 베푸는 것이지, 돈으로만 해결하는 것이 아니기 때문에, 백성에게 베풀어 주고도 비용이 들지 않는 것이다. 백성에게 진정으로 필요하고 그들을 이롭게 하는 것은 재물이 아니라 은혜를 베푸는 것이다. 은혜는 끝없이 베풀어도 비용이 들지 않는 것이다.

백성에게 원망을 사면, 선심성 물량공세를 하거나, 선거 때만 되면 월급을 올려준다거나, 세금을 면제해준다는 등의 물질적 공세로 백성을 우롱하는 것이 정치다. 국민에게 필요한 것은 한두 푼의 푼돈이 아니라, 인간답게 살고, 존경 받고, 서로 신뢰하고 의지하며, 가진 것 없어도 노력하면 행복하게 살 수 있다는 희망과 자존심을 심어 주는 것이다.

백성이 나라를 위하여 열심히 일하고도 원망을 하지 않는 '노이불원勞而不怨'은 나라를 위하여 봉사할 정당한 기준과 약속에 따라 결과를 실행하는 것이기 때문에 불만이란 있을 수 없다는 것이다.

대한민국 남자라면 국방의 의무를 지는 것은 당연한 일이다. 그런데 그 책임이 원망스럽고 한이 되는 것은 부당한 방법으로 책임 질서를 무너뜨린 배신자들 때문이다.

나라가 국방의 의무라는 노동을 시키면서 엄격한 잣대 기준 없이 뇌물과 편법으로, 나만이 고생하게 된다면 어느 누가 원망하지 않겠는가?

인생의 가장 중요한 시기인 20대에, 돈 없고 빽 없어서 초소 앞에 초라히 서서 엄동설한 차가운 밤 쏟아지는 유성만을 하염없이 바라보는 젊은이는 무슨 생각을 하겠는가. 원망뿐 일 것이다.

국방의 의무가 뇌물과 편법으로 공정하게 실행되지 않는다면 인생에서 가장 중요한 시기를 군대에서 보내고 싶은 사람은 하나도 없을 것이다.

욕심을 내지만 탐욕이 아닌 '욕이불탐欲而不貪'이란, 공자는 "인을 하고자 하여 인을 얻으니 탐하지 않았기 때문에 탐욕이 아니라"했다. 인은 어진 것, 좋은 것이다. 좋은 것, 착한 것, 훌륭한 일에 욕심을 부리는 것은 욕심이 아니다. 이런 욕심은 많을수록 좋다. 인仁뿐만 아니라, 재물을 비롯한 인간사 모든 것에도 욕심이 있어야 한다. 그러나 탐욕하면 불행이 시작된다.

혜(惠): 혜이불비(惠而不費)

편안하고 태연한 모습이면서도 교만하지 않은 '태이불교泰而不驕'란, 항상 겸손하여 큰 일이나 작은 일이나, 큰 사람이나 작은 사람에게 교만하지 않으니, 큰 일이 닥쳐도 당황하지 않고 유연하게 대처하여 얼굴에 항상 환한 미소를 짓는 단아한 모습이다. 강한 자에게는 약하고 약한 자에게는 강한 자는, 태연함이란 있을 수 없다. 가장 비겁한 사람은 권력가 앞에서는 두 손이 닳아지도록 아첨하고, 약한 자를 보면 근엄하고 교만해지는 자다.

위엄이 있으면서도 사납지 않은 '위이불맹威而不猛'이란 논어에서는 군자의 외관적 모습을 말한다. 의관을 바르게 하고 시선을 높게 고정하고 당당하면, 사람들이 우러러 보고 존경하게 되며 신뢰감을 갖게 된다. 이러한 모습은 상대방에게 위협을 주어 두려움을 느끼게 하기 위한 것이 절대 아니다. 오히려 외관을 바르게 하고, 행동거지를 분명하고 예의 바르게 하는 것은 상대방을 위한 배려이며, 다른 사람을 존중하는 태도다. 그러나 너무 엄숙하고 근엄하고 딱딱한 모습으로 상대방에게 위압감을 느끼게 해서는 안 된다. 따뜻하고 온화하면서도 진지하고 진솔하게 상대방을 대하고, 아랫사람에게는 위엄이 있으면서도 무섭고 사납지 않으며, 공손하면서도 상대방을 편안하게 해야 한다.

"공자께서는 온화하면서도 엄숙하시고, 위엄이 있으면서도 사납지 않고, 공손하면서도 편안하였다."
"子溫而厲, 威而不猛, 恭而安." (述而 07.38)

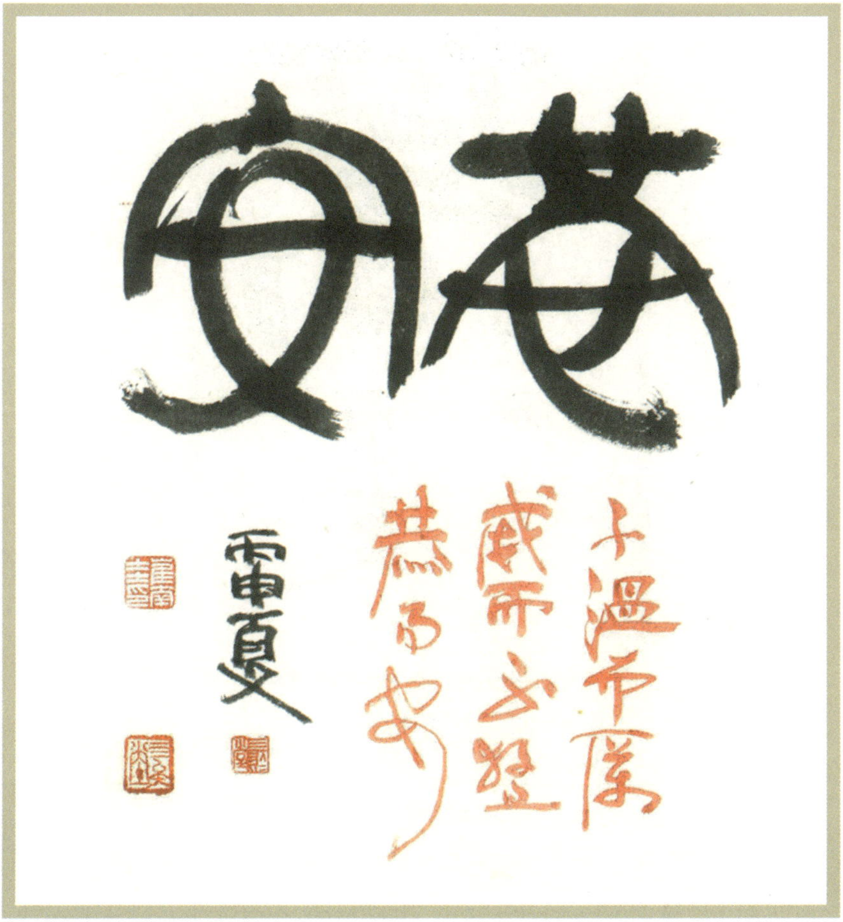

공안(恭安)

온이려(溫而厲)

부모는 자녀에게 직접적인 스승이다. 부모는 집에서 의관을 바르게 하고, 행동거지는 집안 식구에게 모범이 되어야한다. 텔레비전을 시청하거나 책상에 앉아 책을 볼 때, 자세를 바르게 하고, 단정하고 의젓하게 앉아야한다. 소파에 눕거나 바닥에 누워서 시청하면 집중력이 떨어지고, 쉽게 피곤하게 되고, 균형적인 신체 발육에도 도움이 되지 않으니, 자신을 위해서도 삼가할 일이다.

청소년은 신체나 정신이 아직 성장기에 있기 때문에 질풍노도와 같은 시기라서 어디로 튈지 모른다. 잘못도 할 수 있고, 반항도 하고 싶은 때이다. 선생님의 따뜻한 한마디, 부모님의 배려와 이해는 그들이 걸어가는 길고 힘든 여정의 그늘과 쉼터이다.

충고는 사랑이 있으면서 위엄이 있어야한다. 큰 소리 지르고 윽박지르고 신경질적으로 자신의 스트레스를 풀 듯 해서는 안 된다. 나무람도 근엄하고 간단하고 깔끔하게 해야 한다. 즉 '위이불맹威而不猛'은 위엄이 있되 사납게 해서는 안 된다는 말이다.

공자는 위정자가 하지 말아야 할 네 가지를 지적하였다.

첫 번째는 "가르쳐 주지도 않고, 잘못했다고 처벌하는 것"이라고 하였다.[1] 이러한 행위는 '학대虐待'이다. 위정자에게 필요한 것은 백성을 옳은 길로 인도하는 것이다. 법이란 처벌을 하기 위한 올가미가 아니다. 위정자들이 불리한 때 이용하는 정치적 덫이 아니며, 법은 약속이고 더불어 살기 위한 믿음이고 보호막이다.

백성에게 먼저, 왜 인의예지仁義禮智가 필요하고, 법을 왜 지켜야 하는가를 교육하고, 그 약속을 지키지 않아 다른 사람에게 피해를 입혔을 때만 법적 처벌을 받는다는 것을 알려주어야 한다.

'(虐)'자는 호랑이의 발톱이 사람을 노리고 있는 형상이다. 갑골문은 ''·''으로 쓰고, 금문은 ''으로 쓴다. 고문은 '虎'와 '口'로 이루어진 '(虐)'으로 쓴다. '虐'자 중 아랫부분 ''은 호랑이의 발톱 모양이다.

두 번째는 "인도하지도 않고 성과만을 바라는 것이다." 이러한 위정자는 '난폭자'이다.[2] 이러한 왕은 폭군暴君이고, 이러한 정치는 폭정暴政이다.

옛날엔, 농사를 짓는데 농부에게 지금 필요한 것이 무엇이고, 뿌릴 씨앗은 있는지, 가뭄으로 피해는 없는지를 관리 감독하는 것도 위정자가 할 일이었다. 이러한 일을

1) "子曰: 不教而殺謂之虐."(堯曰 20.02) (공자가 말하였다. "미리 가르치지 않으면서 잘 못을 하면 처벌하는 것은 곧 백성을 학대하는 것이다.")

2) "子曰: 不戒視成謂之暴."(堯曰 20.02) (공자가 말하였다. "인도하지도 않고 성과만을 바라는 것은 폭력이다.")

제대로 처리하지 못하면서 높은 세금만을 받아간다면 이는 폭군이다.

인도하고 이끌어 주고 관리 감독하는 것은 국가의 몫이고, 이 이끔에 따라 부응하는 것이 백성이다.

승리는 감독에 의하여 좌우된다 해도 과언이 아니다. 선수만 잘 하면 되는 것이 절대 아니다. 각 개인의 능력도 중요하지만, 그보다 능력을 충분히 발휘할 수 있는 공간을 만들어 주고, 선수들이 유대감을 가지고 움직이게 할 수 있는 전략은 감독의 몫이다. 감독이 제대로 하지 못하면서 선수에게만 승리하기를 바란다면 이는 폭군과도 같다.

‘(暴)’자는 ‘日’·‘出’·‘收’와 ‘米’로 이루어진 자로 햇빛이 내리쬐자 쌀을 내다가 말리는 모습이다. ‘강렬한 햇빛’이란 의미에서 ‘사납다’·‘포악하다’라는 의미로 파생되었다.

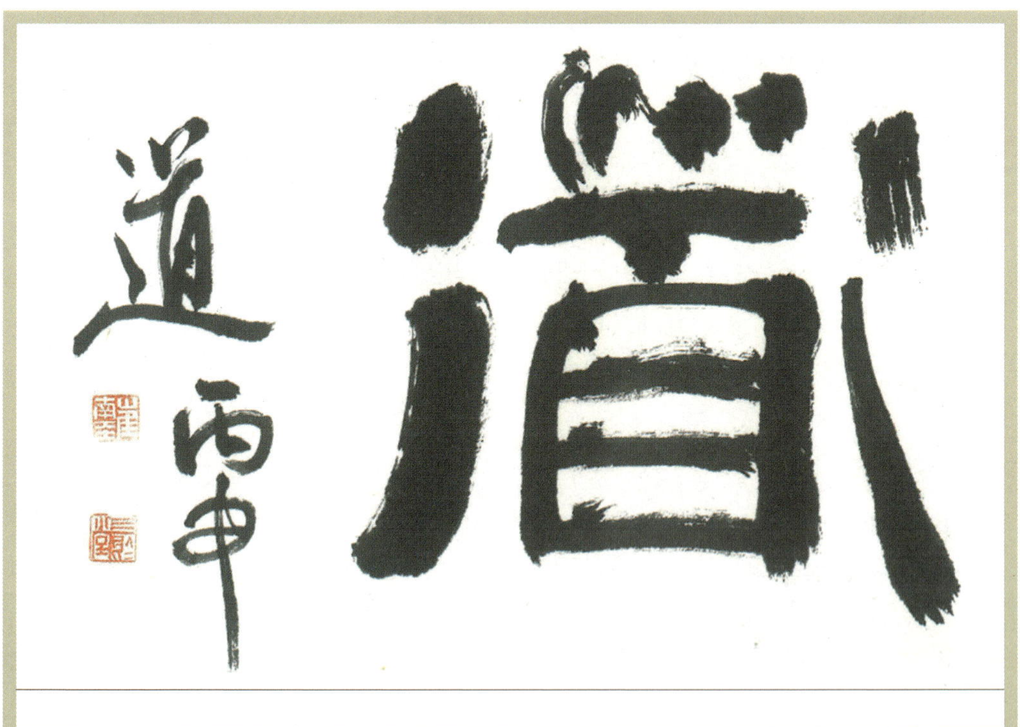

도(道)

세 번째는 "행정을 제대로 실행하지 못하면서 기한 내에 성과를 바라는 것"이다. 이런 행위는 '도적盜賊'과 같다.

'賊(賊)'자는 '賊'자와 같은 자로 '貝'·'刀'와 '戈'로 이루어진 자이다. 무기를 들고 남의 재산(貝)을 빼앗아 가는 모습이다.

새로운 정부가 들어서면 인사가 바뀌고 행정이 바뀐다. 이전 정부의 계획이 좋고 나쁜 선별 없이 철저히 부정되어지는 것이 우리의 현실이다. 내 재임 기간 내에 한 건 올리겠다고 이상한 고집을 부리면서, 백성의 사활을 도박하듯 한다. 그렇게 한들 무슨 성과가 있겠는가.

정치는 물 흐르듯 해야 한다. 백성의 소리가 물이다. 물이 흐르는 데로 따라 가면 된다. 같이 흘러가면 된다. 바위 만나면 손잡고 돌아 나가고, 썩은 물이 있으면 내 물 보태어 맑아지게 하고, 흙탕물이면 조금만 서로 참고 견디면 금세 마실 수가 있다. 그렇게 흘러가야 만이 큰 강이 되어 같이 흘러가게 되고 바다에서 모두 얼싸 안고 만나게 된다.

그런데 이 물을 강제로 틀어막고, 억지로 거꾸로 올라가라 하니, 소용돌이 칠 수 밖에 없다.

넷째는 "백성에게 베풀지 않는 인색"이다. 이와 같은 사람을 '구두쇠'라 한다. '吝(吝)'자는 '口'와 소리부 '文'으로 쓰고, 고문은 '彣(채색 문, wén)을 써서 '[illegible]'으로 쓴다. '애석하고 아쉬워 한탄하다'라는 뜻이거나, '말을 꾸며 변명을 하다'라는 뜻이다. 자신을 위하여 변명하고 꾸며대는 것 역시 탐욕에 해당된다.

나라는 백성을 위해 쓸 때 써야 한다. 굶주리고 상처투성이일 때, 창고를 활짝 열어 백성의 고통을 덜어 주고 감싸 안아주어야 한다. 재임 기간 내에 개인 재산을 축적한 위정자들이 적지 않았다. 이는 구두쇠가 아니라 도적이다.

명심보감明心寶鑑은 덕으로써 남보다 나으면 강하고, 재물로써 남보다 강하면 흉한 것이라했다.[1)]

---

1) "以德勝人則强, 以財勝人則兇." (덕으로써 남을 이기면 강한 사람이지만 재물로 남을 이기는 사람은 흉한 것이다.) (《明心寶鑑》)

혜이불비(惠而不費)

12. 擧一反三 거일반삼

하나를 거론하면 셋을 추론하여라

'거일반삼'은 하나를 거론하면 셋을 미루어 짐작함을 말한다.

'(擧)'자는 '手'와 소리부 '與'로 이루어진 자이다. '(與)'자는 '舁(마주 들 여, yú)'와 '与'로 이루어진 자로 물건을 두 손으로 감싸 받쳐 들고 있는 형상이다. 고문은 '(舁)'으로 쓰고 금문은 ''으로 쓴다. '거擧'자는 손으로 물건을 들어 다른 사람에게 건네주는 뜻이다. 여기에서는 '제기하다'·'거론하다'의 의미이다. '반反'은 '유추하다'·'미루어 짐작하다'는 뜻이다.

공자에게는 세 가지 교육 방침이 있다. 학생에 대한 요구이기도 하다.

만약에 공부하고 싶어 하는 강렬한 욕망이 없으면 가르치기를 시작하지도 않을 것이며, 말로 어떻게 표현할 줄 몰라 고민하고 있지 않으면 말해주지 않을 것이며, 하나를 거론하면 세 개를 미루어 짐작할 줄 모르면 다시 다른 것을 가르치지 않는 것이다.

공자가 말하였다.
"배우고 싶어하는 번민이 없으면 계도하지 않을 것이며, 말로 표현할 줄 몰라 애태우지 않으면 말해주지 않을 것이고, 하나를 거론하였는데 셋을 미루어 짐작하지 않으면 다시 가르치지 않겠다."
子曰: "不憤不啓, 不悱不發, 擧一隅不以三隅反, 則不復也." (述而 07.08)

첫 번째 단계는 배우고자 하는 마음의 열정에 있다.

'불분불계不憤不啓'는 배우겠다는 열분熱憤이 없으면 계도하지 않겠다는 말이다.

'분憤'은 배우고자 하는 욕망이 복받쳐 오름을 말한다.

배움의 기회는 누구에게나 있다. 중요한 것은 배우고자 하는 강렬한 욕망의 필요이다. 욕망이 있고 없음은 결과에 큰 차이가 있다.

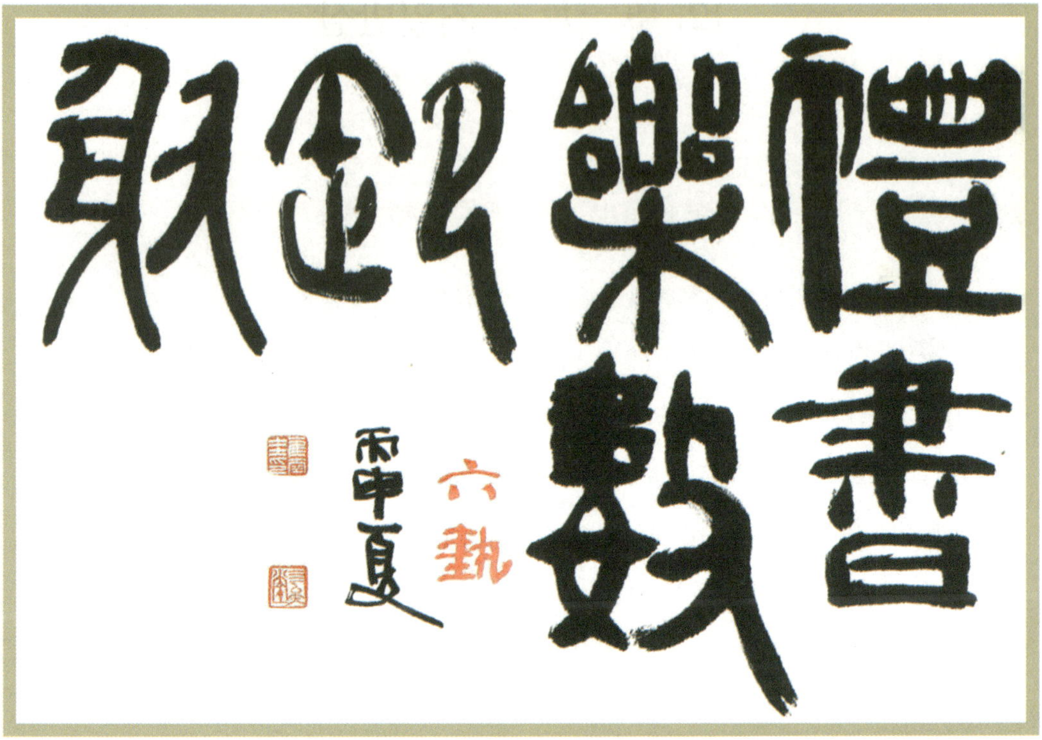

예악어사서수(禮樂御射書數), 육예(六藝)

'계啓'는 '시작하다'·'계도하다'는 말이다.

배움에 욕망이 있는 자만을 가르치겠다는 것이다.

중국 춘추전국시기에, 지도자가 되기 위해서는 필수적으로 배워야할 기본적인 학습과목 육예六藝가 있었다. '예禮'·'악樂'·'사射'·'어御'·'서書'·'수數'의 기예技藝이다.

'예禮'는 사회생활을 하는데 필요한 예절이다. 상喪을 당하였을 때는 상에 필요한 예를 알아야하고, 군대에서는 군대에 필요한 예절, 외교 사절단을 맞이할 때는 그에 맞는 적절한 예절이 필요하다. 뿐만 아니라 일상생활에서 사람과 사람 사이의 일반적인 예의도 배워야 한다.

'악樂'은 음악音樂이다. 악기를 연주할 줄 알아야 하며, 노래를 부를 줄 알아야 하며 무도舞蹈에도 일가견이 있어야 한다.

공자는 거문고의 대가이었고, 순舜 임금의 음악 '소韶'에 대해 진선미를 갖춘 음악이라고 평가를 내렸고,[1] 이 음악을 듣고 도취되어 삼 개월 동안 고기 맛을 몰랐다고 했다.[2]

'사射'는 활 쏘는 기술이다. 군자에게는 다툼이란 없다. 있다면 오직 활쏘기이다. 활쏘기 할 때도 반드시 예절을 갖춘다. 먼저 읍을 하여 예의를 표하고 올라가서 활을 쏘고, 쏘고 난 다음 읍을 하고 내려와 술을 마시는 예가 필요하다. 군자는 이를 통하여 심신을 수양하였다.

> 공자가 말하였다.
> "군자는 다투지 않고, 반드시 활쏘기로 경쟁을 한다. 읍의 예절을 갖추고 올라가며, 내려와서는 술을 마신다. 이 다툼이 군자다운 모습이다."
> 子曰: "君子無所爭, 必也射乎! 揖讓而升, 下而飮, 其爭也君子."(八佾 03.07)

'어御'는 마차를 모는 기술이다. '御()'자는 '어(馭, )'자와 같은 자로 '말을 몰다'는 뜻이다. 갑골문은 '어御'자를 ''으로 쓰고 금문은 ''으로 쓰는데, 사람이 채찍을 들고서 말을 몰아 길을 가는 의미이다.

공자는 수레를 잘 몰았다. 열국을 떠돌 때도 공자가 직접 운전하는 경우가 많았다.

'서書'는 글씨를 아는 것이다.

'수數'는 계산하는 방법이다. 셈을 할 줄 알아야 사회생활을 할 수 있다.

공자는 제자들에게 이러한 기본적인 기예를 가르쳤다. 학생이 만약에 배우고자 하는 진실한 욕망이 없으면 아예 학생으로 받아들이지도 않았다.

두 번째 단계는 배워서 얼마만큼 아는 단계이다. 스승의 말씀을 듣고 뭔가 알 것도 같은데, 그렇다고 해서 일가견을 이룰 만큼 아직은 확실하게 알지 못한다. 머리속에서만 맴돌고, 남에게 확실하게 설명을 해 주지 못하는 단계다. 이게 '불비불발不悱不發'의 단계다

---

1) "子謂《韶》: '盡美矣, 又盡善也.' 謂《武》: '盡美矣, 未盡善也.'"(八佾 03.25) (공자가 소 음악을 평하였다. 아름다움의 극치이며, 선의 극치이다. 무왕의 음악은 아름다움의 극치이나 선의 극치는 아니다.)

2) "子在齊聞《韶》, 三月不知肉味, 曰: '不圖爲樂之至于斯也.'"(述而 07.14)(공자가 제나라에 있을 때, 소 음악을 듣고 삼 개월 동안 고기 맛을 몰랐다. 공자가 말하였다. "음악이라는 것이 이러한 경지에 이르는 것인 줄 생각하지 못했다.")

군자무소쟁(君子無所爭), 필야사호(必也射乎)

'불비불발不悱不發'은 아는 것 같지만 말로 표현해 내지 못하고, 문제를 해결하지 못하여 괴로워하는 모습을 보이지 않으면, 실마리를 제공해 주지 않겠다는 것이다.

'비悱'는 알고 있으면서도 설명해 내지 못하는 것을 말한다. 설익은 과일과 같다. 확실히 알지 못하기 때문에 다른 사람의 질문에 답할 수 없다. 아직은 배운 내용을 자유자재로 응용할 수 없다.

'발發'은 실마리를 제공하여 깨우쳐 주는 것이다. 일침이다. 무릎을 칠 수 있는 일침이다.

일침도 애타는 괴로움이 있어야 혈을 볼 수 있다.

세 번째는 응용의 단계이다. 하나를 알면 이를 응용하여 다른 것들을 추론해 내야 한다. 배운 지식들이 완전히 내 몸에 배이어 자연스럽게 행동으로 융합되어 발산되는 것이다.

날아가는 새를 보고 날아가는 상상을 했기 때문에, 결국 우리는 지금 하늘을 날 수 있는 것이고, 물속을 자유자재로 헤엄치는 고래를 상상했기 때문에 지금은 잠수함을 타고 고래보다 오랫동안 물속에 있을 수 있는 것이다.

과학의 문명은 모두 상상의 결과물이다.

과학과 문학도 마찬가지다.

18세기 영국의 J. 애디슨의 상상은 현실에서 체험하는 현상이나 실재의 부족한 것들을 보다 새롭고 완전하게 할 수 있는 능력이었다.

상상의 효과는 체험이 우리의 의식 속에 남아 있을 때는 그것이 이미지로 나타날 수 있고, 감각의 대상이 없을 때는 여러 가지 체험한 감각들을 종합하여 새로운 이미지로 만들 수 있는 것이다.

낭만주의 문학은 문학의 개인성, 주관성을 강조하고 감성의 지배를 중시한 주관적 표현이며, 개인의 독특한 감정을 중요한 표현방식으로 삼았다. 또한 개인의 주관적 표현은 구체적으로 개인의 상상력에 의존하며, 상상력을 이성에 대치되는 능력, 이성을 초월하여 실재를 드러낼 수 있는 능력으로 보았다. 낭만주의자들은 이성을 통해 이루지 못했던 실재의 발견을 상상을 통해 가능하다고 생각했다.

이 세계의 사물은 모두 그냥 의미 없는 것들이 아니라, 직관을 통해 세계의 본질을 통찰할 수 있는 초월적인 세계의 상징들이다. 따라서 절대적 실재의 발견은 이성의 힘보다도 직관과 영감을 통한 상상으로 가능한 것이다.

인간의 내면 깊숙이 잠재된 의식의 표출은 시인의 자유로운 영감의 발현과 같은 것이다. 시인의 생명은 영감이다.

논어에 '거일반삼擧一反三'과 같은 뜻으로 '문일지십聞一知十'이란 말이 있다. "하나를 들으면 열을 안다"는 뜻으로 안연(안회)을 두고 하는 말이다.[1]

우리의 현실이 하나를 들으면 열을 아는 안회와 같은 군자와 천재만이 필요한 것은 아니다. 우리는 모두 무한한 상상력과 추리력을 가지고 있다. '擧一反三'은 하나를 보고 다른 것을 상상하는 것이다.

1) 子謂子貢曰: "女與回也孰愈？" 對曰: "賜也何敢望回？ 回也聞一以知十, 賜也聞一以知二" 子曰: "弗如也. 吾與女弗如也."(公冶長 05.09) (공자가 자공에게 물었다. "너와 안회는 누가 더 나은가?" 자공이 말하였다. "제가 어찌 감히 안회를 우러러 보겠습니까? 회는 하나를 들으면 열을 알지만 저는 하나를 들으면 둘을 알 따름입니다" 공자가 말하였다. "그렇다. 너나 나나 모두 안회보다 못하다.")

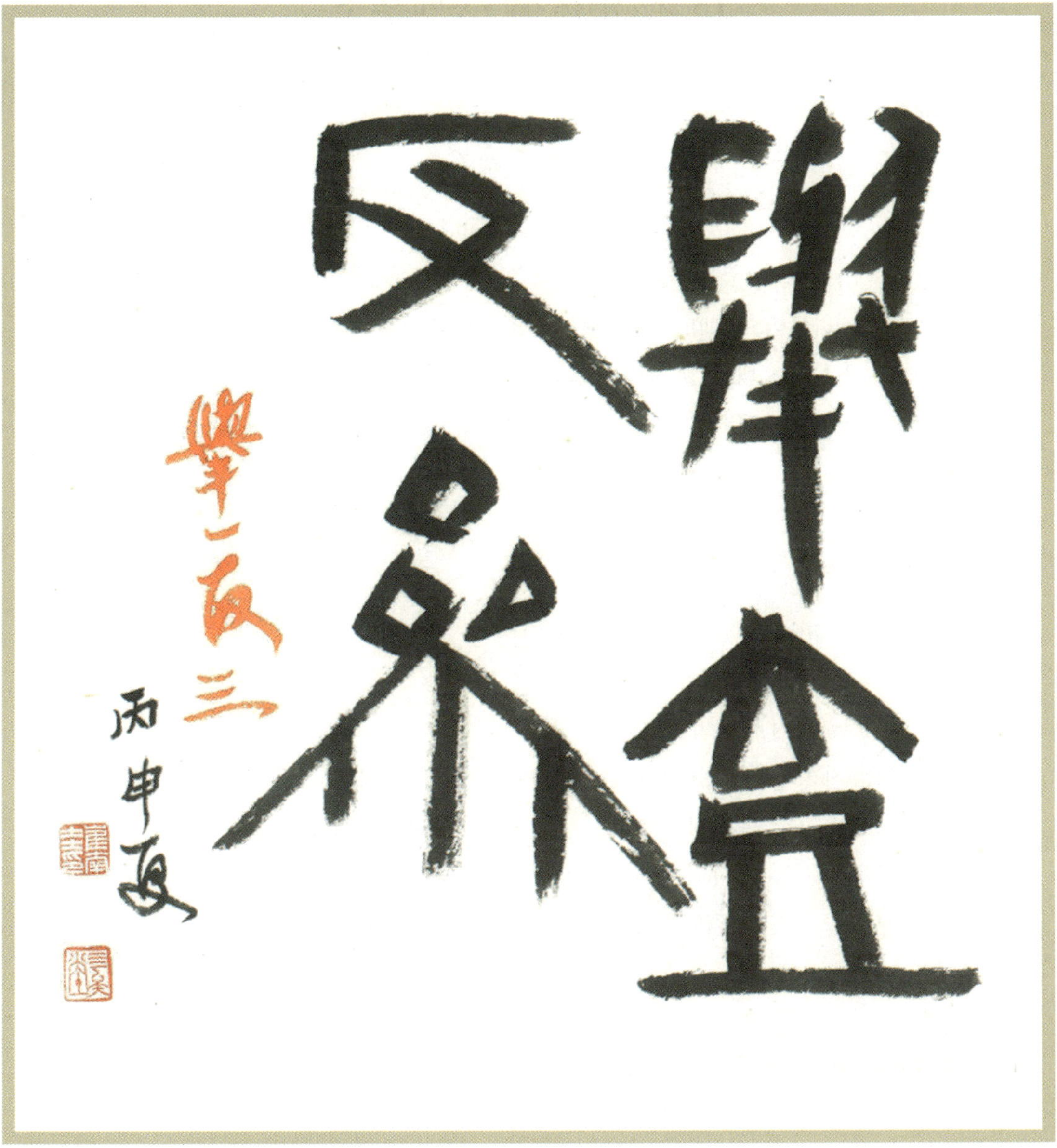

거일반삼(擧一反三)

13. 松柏後凋 송백후조

엄동설한이 되어야 소나무의 푸름을 안다

'송백후조松柏後凋'는 소나무와 측백나무의 잎이 늦게 떨어진다는 뜻이다.

'송松'은 소나무이고, '백柏'은 측백이다. '조凋'는 '잎이 시들다'라는 뜻이다.

어려운 일을 겪어 봐야 그 사람의 됨됨이를 아는 것이다.

공자는 "날씨가 추워지고 나서야 소나무와 측백나무가 뒤에 시드는 것을 알 수 있다"하였다.

> 공자가 말하였다.
> "날이 추워진 연후에야 소나무와 측백나무가 뒤에 시드는 것을 알 수 있다."
> 子曰: "歲寒, 然後知松柏之後凋." (子罕 09.28)

소나무는 군자의 나무이다.

김정희의 세한도歲寒圖는 소나무를 통해 군자를 상상하였고,[1] 조맹견趙孟堅의 '세한삼우도歲寒三友圖'는 군자를 소나무, 대나무, 매화에 비유하였다.

세한삼우歲寒三友는 세한에도 변치않는 송松, 죽竹, 매梅를 가리킨다. 이들은 군자의 나무이고, 고상한 인격의 상징이며, 충정忠貞의 상징이다.

평상시에는, 누구나 좋은 이웃이고 친구이다. 그러나 일단 어려운 일이 있어 도움을 청하면 자신의 일처럼 돕고 나서기란 쉬운 일이 아니다.

순자荀子 역시 군자를 소나무와 측백나무에 비교하여 "춥지 않으면 이들의 절개를 모르고, 군자란 하루도 올바른 도'에서 벗어나는 법이 없는 것인데, 어려운 일에

---

1) 세한도歲寒圖는 김정희가 1844년(현종 10년) 제자 이상적의 의리에 보답하기 위해 그려준 그림이다. '歲寒然後, 知松柏之後凋'를 주제로 삼아 겨울 추위 속에 소나무가 청청하게 서 있는 모습을 담았다. 황한荒寒과 적막寂寞 속에 네그루의 소나무가 고고하게 서 있고, 그 사이에 초옥 한 채가 인적 없이 들어 앉아 있다. 텅 빈 공간은 쓸쓸함과 비움의 미학이며 작자의 심정이기도 하다.

김정희(金正喜), 세한도(歲寒圖)

부딪쳐 봐야 군자를 알아 볼 수 있다"고 하였다.[1]

주희朱熹는 "궁해봐야 그 사람의 절개를 알 수 있고, 난세 때 충신을 알 수 있다"고 하였다.[2]

기쁨을 같이 나누고, 슬픔을 함께하는 몇몇의 진정한 벗이 있다는 것은 행복한 일이다.

공자는 "사귀어서 득이 되는 벗 셋이 있고, 해가 되는 벗 셋이 있다"하였다. 유익한 벗 셋을 익자삼우益者三友라 한다.

> 공자가 말하였다.
> "유익한 벗 셋이 있고 해가 되는 벗 셋이 있다.
> 정직한 벗을 사귀고, 믿음이 있는 벗을 사귀고, 견문이 있는 벗을 사귀면 이롭다. 편벽적인 사람을 사귀고, 너무 부드러운 사람을 사귀고, 아첨을 잘 하는 친구를 사귀면 해가 된다."
> 孔子曰: "益者三友, 損者三友. 友直, 友諒, 友多聞, 益矣. 友便辟, 友善柔, 友便佞, 損矣." (季氏 16.04)

첫 번째는 정직(直)한 벗을 사귀는 것이다. 직直은 행동거지가 바르고 곧은 사람을

1) "歲不寒無以知松柏, 事不難無以見君子無日不在是."(세한이 되지 않으면 송백의 절개를 알 수 없고, 어려운 일이 없으면 군자가 하루도 올바른 도에서 벗어나지 않고 있음을 보지 못하는 것이다.) (《荀子 ·大略》)

2) "士窮見節義, 世亂認忠臣."(선비가 궁해져야 절개를 볼 수 있고, 난세가 되어야 충신임을 알 수 있다.) (朱熹, 《論語集注》)

가리킨다. 어떤 어려움이 닥쳐도 변치않는 송백松柏과 같은 마음을 지닌 사람이다.

두 번째는 진솔(諒)한 벗을 사귀는 것이다. '양諒'은 '믿음이 있는 진솔한 친구'이다. '諒'자는 편방이 '言'이다. 언행에 믿음이 가면서 거짓말을 하지 않는 사람을 말한다.

세 번째는 학식이 있는 친구를 사귀는 것이다. '다문多聞'은 들은 바가 많고 공부를 열심히 하는 벗이다.

증자는 좋은 벗이 되기 위하여 하루에 세 가지를 반성하였다. "일은 충직하게 했는가('충忠'), 친구에게 믿음을 주었는가('신信'), 공부를 열심히 하였는가('습習')"이다.

직(直)

증자가 말하였다.
"나는 날마다 내 자신을 세 가지 방면에서 반성하였다. 다른 사람의 일을 하는데 진실되지 않았는가? 벗과 사귐에 진솔하지 않았는가? 전수받은 것을 익히지 않았는가?"
曾子曰: "吾日三省吾身. 爲人謀而不忠乎? 與朋友交而不信乎? 傳不習乎?" (學而 01.04)

'충忠'자는 마음(心)에 중심(中)을 잡는 것이다. 어떤 것에도 치우치지 않는 중용中庸이고, 변치 않는 마음이다. 정직한 마음이다. 공자의 도를 한마디로 축약한다면 '충忠'과 '서恕'라 하였다. '恕'는 마음(心)이 상대방과 같아지는(如) 마음, 즉 용서하는 마음이다.

공자가 말하였다.
"삼參(참, 증자)아, 나의 도는 하나로 꿰뚫을 수 있다."
"예 그렇습니다." 증자가 재빨리 대답하였다.
공자께서 나가시자 문인들이 물었다. "무슨 말씀입니까?"
증자가 말하였다. "스승의 도는 충忠과 서恕일 뿐이다."
子曰: "參乎, 吾道一以貫之." 曾子曰: "唯." 子出, 門人問曰: "何謂也?" 曾子曰: "夫子之道, 忠恕而已矣." (里仁 04.15)

사귀어서 손해가 되는 벗 셋을 '손자삼우損者三友'라 한다.

첫째는 한쪽으로 치우쳐 공정하지 못한 '편벽便辟(편벽偏僻)'한 친구를 사귀는 것이다. "군자는 끼리끼리 패거리로 편당하지 않고,"[1] "남과 갈등하지 않고 조화를 이루지만 남의 의견에 무조건 따르지는 않는다. 그러나 소인은 이익만을 추구하기 때문에 이익이 있는 곳이면 항상 뜻을 같이 할 것 같지만, 이익이 되지 않으면 갈등하고 화합을 하지 못하는 것이다."[2]

두 번째는 겉으로는 친절하고 부드러우나 실질적으로 성의가 없는 벗을 사귀는 것이다. '선유善柔'의 '선'은 '매우'·'잘', '柔'는 '부드럽다'·'따르다'의 뜻으로, 부드럽게

1) 曰: "吾聞君子不黨, 君子亦黨乎?" (述而 07.31) (사패司敗가 무마기巫馬期에게 읍하고 나아가) 물었다. "군자는 편당하지 않는다고 들었는데, 군자도 편당합니까?")

2) 曰: "君子和而不同, 小人同而不和." (子路 13.23) (공자가 말하였다. "군자는 남과 갈등하지 않고 화합을 하되 남과 똑 같이 행동하지는 않으며, 소인은 이익을 같이 하는 사람끼리 같이하나 조화를 이루지 못한다.")

남을 잘 따르는 것을 말한다.

세 번째는 아첨을 잘하고 말은 잘하나 실속이 없는 사람을 사귀는 것이다. '편녕便佞'의 '편便'은 '익숙하게 잘하다'이고, '영佞'은 '아첨하다'는 뜻이다.

'말은 어눌하여 잘하지 못하지만, 행동은 민첩하게 하여야한다.' 말은 청산유수처럼 잘하지만 행동이 전혀 받혀주지 않는 사람들이 많다. 이러한 사람은 익우益友가 될 수 없다. 말만 번지르하게 하는 사람 중에 인仁한 사람은 없다하였다.[1] 명심보감明心寶鑑은 술이나 음식을 먹을 때는 형이니 아우니 하고 친하게 지냈던 친구가 천명이나 되어도, 위급한 환난을 당했을 때 도와주는 친구를 한 사람 구하기도 힘들다고 했다.[2]

그럼 나는 변함없는 친구인가? 유익한 벗인가?

송宋 조맹견趙孟堅, 《세한삼우도歲寒三友圖》

1) "子曰: 君子欲訥于言而敏于行."(里仁 04.24) (공자가 말하였다. "군자는 말은 어눌하지만 행동은 민첩하게 하고자 한다.") "子曰: 巧言令色, 鮮矣仁."(學而 17.17) (공자가 말하였다. "말을 교묘하게 하고 얼굴색을 꾸미는 자 중에 인한 자는 드물다.")

2) "酒食弟兄千個有, 急難之時一個無." ("술이나 음식을 먹을 때는 형이니 아우니 하는 친구가 천명이나 되나, 위급한 환난을 당했을 때는 한 사람 구하기도 힘들다.") (《明心寶鑑》)

중국 남북조 시대 시인 범운范雲(451~503)은 〈영한송시詠寒松詩〉에서 "수려한 나뭇가지 겹겹의 은하수를 닦아내고, 촘촘한 잎사귀 천지를 가리우네. 매서운 바람에 굳은 절개 알 수 있고, 눈 덮인 소나무 곧은 마음 알겠네"라 하여 높은 산에 우뚝 솟은 소나무의 고고한 모습과 절개를 노래하였다.

〈영한송시詠寒松詩〉 범운范雲

수려한 나뭇가지 겹겹의 은하수를 닦아내고,	修條拂層漢,
촘촘한 잎사귀 천지를 가리우네.	密葉障天潯.
매서운 바람에 굳은 절개 알 수 있고,	凌風知勁節,
눈 덮인 소나무 곧은 마음 알겠네.	負雪見貞心.

고고한 인격자 군자는 진성眞誠·정직正直·무사無私·충용忠勇·지혜智慧·선량善良·자비慈悲·관용寬容·인내忍耐의 품성을 지니고 있다. 소나무 역시 이러한 군자의 형상이다. 공자의 행실의 표준인 온溫·양良·공恭·검儉·양讓을 지니고 있다.

자공이 말하였다.
"선생님께서는 온화하고, 선량하고, 공손하고, 검약하고, 겸양함으로써 얻으신 것이니 다른 사람이 구하는 것과 다릅니다."
子貢曰: "夫子溫·良·恭·儉·讓以得之. 夫子之求之也, 其諸異乎人之求之與?" (學而 01.10)

명대明代 왕양명王陽明(왕수인王守仁)은 세한삼우歲寒三友 중 '죽竹'을 네 가지 면에서 군자와 같다 하였다.

줄기 가운데가 비어있고 움직이지 않는 것은 그의 본질이 소통가능하고 정온함(德)이고, 모양이 곧고 사철 내내 푸른 것은 위엄과 성실성의 지구력(操)을 갖추고 있고, 날씨에 반응하고 어떤 기후에나 어울리는 것은 때에 적절한 유연성(時)이고, 바람이 불면 대나무는 조화롭게 소리를 내고 마치 대유大儒들이 모인 듯 함께 바람에 흔들리지만, 바람이 자면 머리에 관을 쓰고 양손에 명패를 든 채 대궐의 양측에서 기다리는 여왕의 시녀들처럼 꼿꼿한 자세로 똑바로 서있으니 이는 거동의 두 측면(容)을 지니고 있다하였다.

그래서 왕양명은 군자를 상징하는 대나무 앞에서 7일 동안 앉아 격물치지格物致知의 진리를 깨닫고자 하였고 결국은 병을 얻어 철수하고 말았지만, 이는 '지행합일知

行合一'이라는 학설을 주장하게 된 일련의 수련과정이기도 하다.

아래 작품은 왕희지王羲之의《난정집서蘭亭集序》의 일부 내용이다.

> 이곳에는 높은 산과 큰 고개 그리고 무성한 숲과 긴 대나무가 있고, 맑게 흐르는 물과 급류가 있어 좌우 경치를 비춰준다. 흐르는 물을 끌어 들여 구불구불한 작은 도랑을 만들어 흐르는 물에 잔을 띄우고 모두 순서대로 앉았다. 거문고와 퉁소의 성대함은 없지만 한 잔 술에 시 한 수를 읊으니 마음 속 그윽한 정 나타내기 족하다. 오늘은 날씨가 맑고 공기가 신선한데 바람도 화창하게 불어 마음이 상쾌하다. 고개 들어 넓고 넓은 하늘을 바라다보고 고개 숙여 모든 만물이 번성하는 것을 살펴본다. 여러 아름다운 것을 두루 살펴보니 마음이 확 트인다. 눈과 귀로 마음껏 보고 들을 수 있으니 참으로 즐거운 일이도다. 무릇 사람이 한 시대를 함께 떠돌며 마음에 품은 바를 가지고, 실내에서 이야기도 하고 혹은 마음이 향하는 곳에 몰두하여 정신계에서 노닐기도 한다.[1]

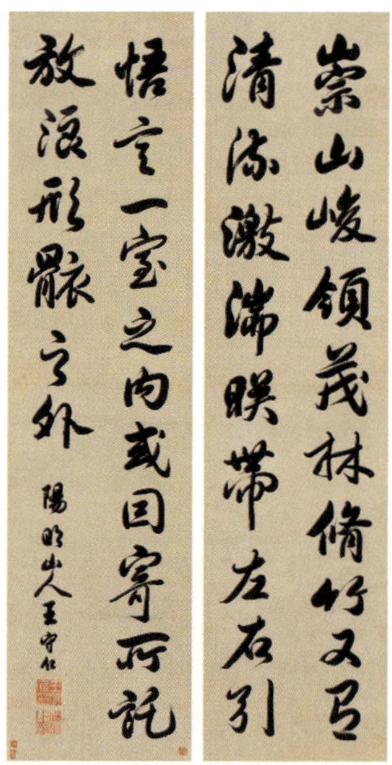

왕양명王陽明의 서예작품, 난정집서蘭亭集序의 일부

1) "崇山峻嶺, 茂林修竹, 又有清流激湍, 映帶左右, 引以爲流觴曲水, 列坐其次. 雖無絲竹管弦之盛, 一觴一咏, 亦足以暢叙幽情. 是日也, 天朗氣清, 惠風和暢. 仰觀宇宙之大, 俯察品類之盛, 所以游目騁懷, 足以極視聽之娛, 信可樂也. 夫人之相與, 俯仰一世. 或取諸懷抱, 悟言一室之內, 或因寄所托, 放浪形骸之外."(王羲之,《蘭亭集序》)

송백(松柏), 송백후조(松柏後凋)

14. 勿施於人 물시어인

내가 하기 싫은 일은 남에게도 시키지 마라

'기소불욕己所不欲이면, 물시어인勿施於人하라'는 말은 '내가 바라지 않는 것은 남에게 행하지 말라'는 것이다.

논어는 특히 '충忠'과 '서恕'를 강조하였다. 충과 서는 모두 '인'의 실천이다.

'물시어인'은 남을 배려하는 마음 '서'이다.

'(恕)'자는 '心'과 '如'로 이루어진 자이다. '여如'는 '같다'라는 뜻이다. '서(恕)'는 '남과 같아지려는 마음'이다.

'(施, 베풀 시, shī)'자는 '실시하다'라는 뜻이다. '㫃(언)'과 소리부 '也'로 이루어진 자이다. '也'는 '它'와 같은 자이다. '它'자를 갑골문은 ''·''으로 쓴다. 뱀과 같은 파충류의 모습이다. '깃발 아래에 대중들이 모여 범죄자의 죄를 벌하며 공포하다'는 뜻이다. '施'와 '它'는 고대 음성이 서로 통한다. 이 자는 후에 '공포하다'·'실행하다'라는 뜻으로 쓰인다. 갑골문은 '(㐌攴, 㐌攵)'자로 쓴다. 뱀을 때려 잡는 모습이다.

자공이 일생동안 가슴 속에 새기고 실천해야 할 일을 한마디로 말씀해 주시라고 하자, 공자는 '서恕' 한 자로 요약할 수 있고, 이를 풀어서 말하면 내가 원하지 않는 바는 남에게도 바라지 않는 것'이라 하였다.

> 자공이 물었다.
> "한 마디 말로써 종신토록 행할 만한 것이 있습니까?"
> 공자가 말하였다.
> "그것은 '서恕'이다. 자기가 하기 싫은 것은 남에게 요구하지 않는 것이다."
> 子貢問曰: "有一言而可以終身行之者乎?" 子曰: "其恕乎! 己所不欲, 勿施於人." (衛靈公 15.24)

중궁仲弓 염冉이 인仁에 대하여 묻자, 공자는 "밖에 나가서 사람을 만나면 큰 손님을 대하듯 정중하게 대하고, 백성을 부릴 때에는 큰 제사를 대하듯 정중히 하고, 자신이 원하지 않는 바는 다른 사람에게 요구하지 않는 것이며, 또한 나라 사람들이 원망하지 않도록 하고, 집안사람들도 원망하지 않도록 하는 것이다"라 하였다.

중궁이 인에 대하여 묻자, 공자가 말하였다.
"문을 나서면 큰 손님을 맞이하듯 하고, 백성에게 일을 시킬 때에는 큰 제사를 받들 듯 하고, 내가 원하지 않는 바는 남에게 시키지 말아야하는 것이다. 또한 나라 사람들이 원망하지 않도록 하여야 하며, 집안사람이 원망하지 않도록 하는 것이다."
仲弓問仁, 子曰: "出門如見大賓, 使民如承大祭. 己所不欲, 勿施于人. 在邦無怨, 在家無怨." (顏淵 12.02)

정치를 하는 위정자가 가장 먼저 갖추어야 할 것도 백성을 사랑하는 마음이다. 사람에 대한 연민, 백성에 대한 연민, 상대의 입장에서 생각해 보는 '恕'가 필요하다.

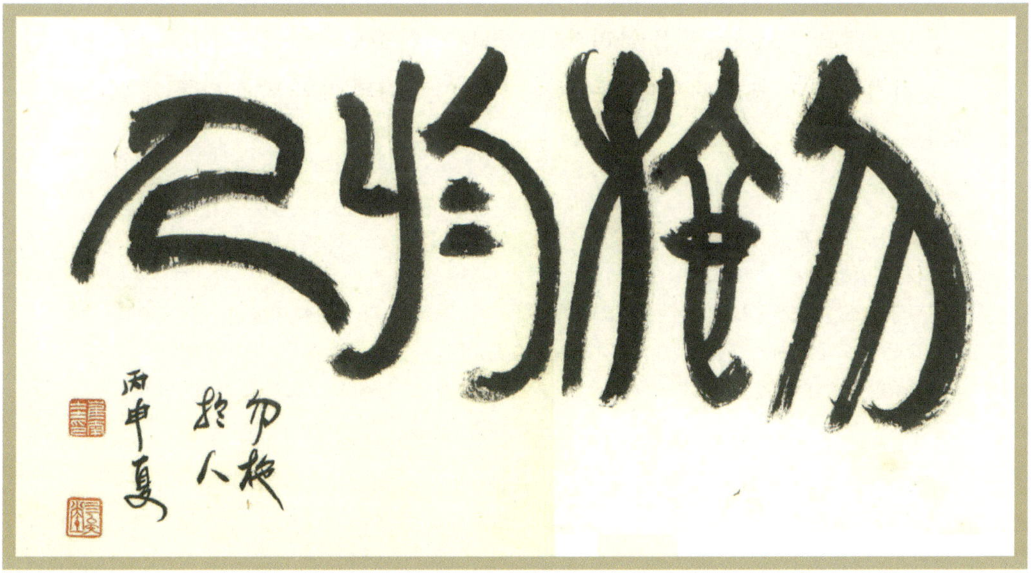

물시어인(勿施於人)

사람은 매우 이기적인 동물이다. 나 아니면 안 되고, 내가 하는 일은 옳고, 다른 사람의 일은 부당하니 당연히 비평을 받아야한다고 생각한다.

지금은 옛날보다 문명이 진보했고, 문화의 수준이 높아졌고, 교육을 더 받았으니, 더 예의 바르고, 더 남을 배려하는 지혜로운 사회가 되었어야 마땅하다.

그런데 이와는 반대로 문명이 발달하면 할수록 사람들은 더욱 개인적이고 이기적으로 변해간다. 이를 '합리주의'로 포장하기 때문에, 가장 과학적이고 현대 생활에 맞는 가장 실질적인 방법인 줄 안다.

갈수록 정이 없고, 사랑이 없고, '인仁'이 없다.

'인'은 사람을 사랑하는 것이고, '지혜'란 사람을 재대로 인식하는 것이다.

> 번지가 인에 대하여 묻자, 공자가 말하였다.
> "사람을 사랑하는 것이다."
> 지혜에 대하여 물었다.
> "사람을 알아보는 것이다."
> 樊遲問仁. 子曰: "愛人." 問智, 子曰: "知人." (顔淵 12.22)

부모님에게 용돈만 드리고 나서 효도했다고 생각한다.

공자는 부모님 모시는 것을 물리적으로 하는 것이 효인 줄 아는 사람들에게 개와 말도 자기 새끼 키울 줄은 알며, 존경하는 마음이 없다면 개와 말과 다를 게 없다고 했다.

> 자유가 공자에게 효에 대하여 물었다.
> 공자가 말하였다.
> "지금의 효는 부모님을 모시는 것을 효라고 한다. 개와 말 역시 자기 자식 키울 줄 아는 것이다. 모시기만 하고 존경하는 마음이 없다면 개와 말과 다를 바 뭐가 있는가?"
> 子游問孝, 子曰: "今之孝者, 是謂能養. 至於犬馬, 皆能有養, 不敬, 何以別乎?" (爲政 02.07)

논어는 마음의 정을 가르치는 지혜서이다.

버스나 지하철에서 나이 드신 분을 보면 자리를 양보하는 것이 당연했던 시대가 있었다. 우리는 지금 노약석이라는 공간을 만들어 놓고 귀찮은 고민을 깨끗이 해결하였다. 좀 과장해서 말한다면, 자리를 마련해 주었으니, 앉던 말건 그건 우리가 알 바가 아니라는 것이다. 당신네들이 알아서 나이를 물어 서열을 정해서 앉고, 우리가 있는 쪽으로 와서 귀찮게만 하지 않으면 된다는 발상에서 시작되었는지도 모른다.

점점 우리 뇌리 속에서 양보라는 배려가 마비되어 가고 있다.

오토바이를 타고 음식물을 배달하는 배달원 중에는, 헬멧도 쓰지 않고, 신호도 지키지 않고, 굉음을 내며 과속으로 질주하는 경우가 많다.

운전 중 차 창 밖으로 담배 꽁초를 버리는 운전자도 많다.

신호를 지키지 않고, 방향등도 켜지 않고 무작정 끼어드는 운전자가 많다.

주차를 할 때도 자기 편리한대로만 한다.

나는 다른 사람들을 불편하게 한 적은 없는가? 나는 성인군자인가? 나는 이 사회에서 꼭 필요한 사람인가? 한번쯤은 반문하여 스스로 성찰할 필요가 있다.

내 자신에게는 엄격하게, 다른 사람에게는 가볍게 요구하면, 원망하는 마음은 없어진다고 했다.

> 공자가 말하였다.
> "자책하기를 두터이 하고 남에게 요구하기를 가벼이 하면 원망을 멀리할 수 있다."
> 子曰: "躬自厚而薄責於人, 則遠怨矣."(衛靈公 15.15)

그래서 논어에서는 "잘못이 있으면 자기 탓이지, 남을 탓하지 않는다"고 했다. 이를 실천하기란 참 어려운 일이다. 자공이 "남이 나에게 하는 것이 싫으면, 나도 남에게 요구하지 않겠다"하자, 공자는 "이는 네 능력 밖의 일이다"라 했다.

> 공자가 말하였다.
> "군자는 자기에게서 구하고, 소인은 남에게서 구한다."
> 子曰: "君子求諸己, 小人求諸人." (衛靈公 15.21)

> 자공이 말하였다.
> "남이 나에게 가하는 것이 싫은 것은 나도 남에게 요구하지 않겠습니다."
> 공자가 말하였다.
>
> "자공(사賜)아! 이는 네가 미칠 바가 아니다."
> 子貢: "我不欲人之加諸我也, 吾亦欲無加諸人." 子曰: "賜也. 非爾所及也."(公冶長 05.12)

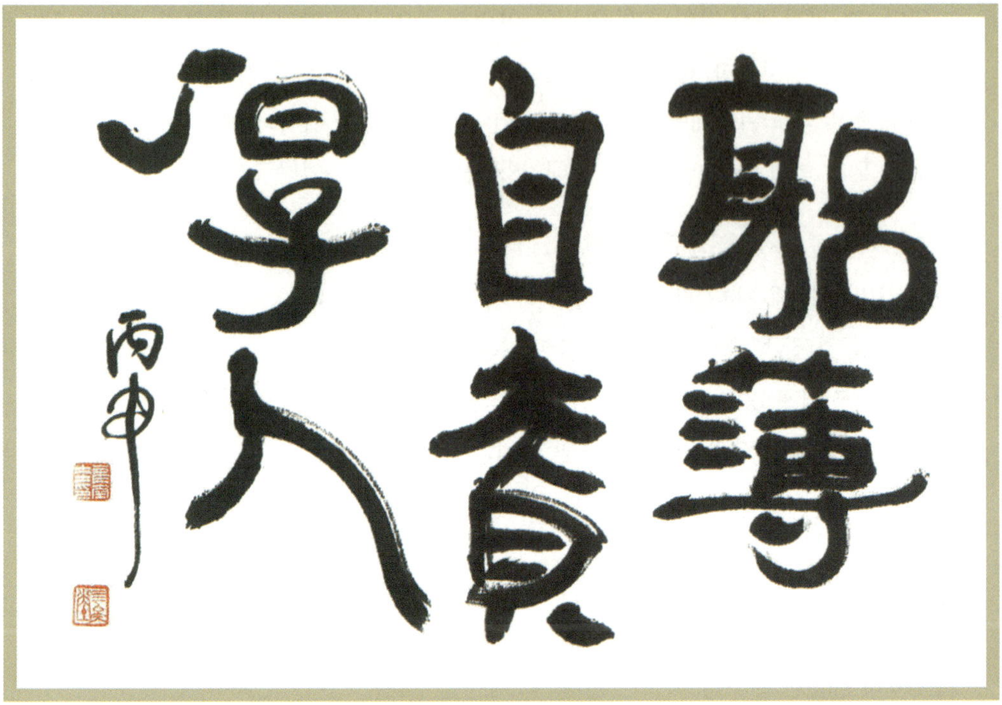

궁자후박책인(躬自厚薄責人)

'입장 바꿔 생각하는 것'은 참으로 어려운 일인가 보다. 공자의 자제들도 실천하기 어려운 일을, 하물며 우리 같은 일반인이 실천하기는 얼마나 어렵겠는가?

《여씨춘추呂氏春秋》는 나라를 다스리고, 인재를 구할 때도 '마음의 정'으로 하여야 한다 했다.

다른 사람을 문책할 때는 인정으로 하고, 자신을 반성할 때는 도리道理로 해야한다. 인정으로 해야 쉽게 사람을 얻을 수 있고, 도리가 무엇인가로 자신을 반성하여야 잘못을 저지르지 않고, 행실이 바로 잡히는 것이다.

> 군자는 다른 사람을 문책할 때 인정을 가지고 하며, 자신을 문책할 때는 의리로 한다. 다른 사람을 인정을 가지고 문책한다면 쉽게 만족할 수 있고, 쉽게 만족할 수 있으면 사람을 얻을 수 있다. 스스로 의리를 가지고 문책한다면 잘못을 저지르기 어렵고 잘못을 저지르기 어려우면 행실이 바로 잡힌다.[1)]

1) "故君子責人則以仁, 自責則以義. 責人以仁則易足, 易足則得人, 自責以義則難爲非, 難爲非則行飾." (《呂氏春秋·擧難》)

15. 仰之彌高 앙지미고

스승은 우러러보면 볼수록 더욱 존경스러운 대상이다

'앙지미고'는 우러러 볼수록 더욱 높게 보인다는 뜻으로 안회顔回(안연顔淵)가 스승 공자를 두고 한 말이다.

'仰(우러를 앙, yǎng)'은 '우러러보다'의 뜻이고, '彌(두루 미, mí)'는 '더욱 더'라는 부사적 의미이다. 인격적 학문적으로 높은 경지를 지니고 존경할 만한 사람을 일컫는다.

안연은 공자의 높은 성인의 경지를 감탄하고 선생님처럼 되고자 열심히 노력하였다.

안연에게 있어 스승 공자는 우러러 볼수록 더욱 높고, 도대체 어떤 분인가 꿰뚫어 분석하고자 하면 할수록 더욱 단단해지고 견고해 지는 것 같았다. 또 앞에 서 있는 것 같았는데, 신출귀몰하듯 어느새 뒤에 있어 종잡을 수가 없었고, 가르칠 때는 부드럽게 잘 인도해 주고, 학문적으로 지식을 넓혀 주고, 예禮로써 행동거지를 바르게 해 주니, 포기하고 그만 둘까 싶어도 그만 둘 수 없게 만들었다. 일생동안 있는 재주 다하여 이제 혼자서 능히 설수 있다고 생각했는데, 그래도 스승을 따르고자할 때는 아직도 어디서 어떻게 할 줄 몰랐다.

> 안연은 한숨을 쉬며 탄식하여 말하였다.
> "우러러 볼수록 더욱 높아지고, 뚫을수록 더욱 견고해 지고, 쳐다보면 앞에 있는 듯한데, 어느덧 뒤에 있다. 선생님께서는 부드럽게 남을 잘 인도해 주시어, 나를 넓혀 주시기를 문으로써 하시고, 나를 절제하시기를 예로써 하시니, 그만 두고자 해도 그만 둘 수 없네. 힘껏 내 재주 다하여 이제 능히 설 수 있다고 생각했는데도 아직도 스승을 따르고자하나 말미암을 데가 없네."
> 顔淵喟然嘆曰: "仰之彌高, 鑽之彌堅, 瞻之在前, 忽焉在後. 夫子循循然善誘人, 博我以文, 約我以禮, 欲罷不能. 旣竭吾才, 如有所立卓爾. 雖欲從之, 末由也已." (子罕 09.11)

얼마나 아름다운 이야기인가? 교단에 서는 선생이 얼마나 듣고 싶어하는 부러운 말인가. 공자를 '사표師表'라 한다. 세상 모든 사람으로부터 존경을 받고 귀감이 되는 스승이다.

남에게 묻는 겸손한 습관 때문에 오히려 남에게 비아냥 거리는 말을 듣기도 하고, 상가 집 개 같다고 놀림도 받았지만, 적어도 유교권에서 만은 지금까지도 여전히 최고의 성인이다. 공자도 때어날 때부터 모든 것을 알고 태어난 사람은 아니다. 다만 우리보다 부지런하고 열심히 배운 결과이다.

> 정鄭나라 사람이 자공子貢에게 알려 주었다.
> "동쪽 성문 밖에서 한 사람을 봤는데, 이마는 요임금님과 비슷하고, 목 부위는 고요皐陶와 같고, 어깨는 자산子産과 같은데, 허리 아래로는 우임금님의 삼촌三寸에 미치지 못한다. 그런데 마치 상가 집의 개처럼 초췌하더군요."[1)]

> 공자가 말했다.
> "나는 나면서부터 알았던 사람이 아니다. 옛 것을 좋아하여 부지런히 배워서 이룬 것이다."
> 子曰, "我非生而知之者, 好古敏以求之者也."(述而 07.20)

우리는 아직 안연처럼 공자를 우러러 볼만한 수준에도 미치지 못하지만, 훌륭한 스승이 되고자 하는 목표는 가질 수 있다. 그런데 오히려 공자에게 부러운 건 높은 성인의 경지보다 많은 제자들이 있었다는 것이다. 스승에게 있어 가장 큰 복은 믿고 따르는 제자가 많은 것이다.

스승을 무조건 따르라는 것이 아니다. 안회 역시 예스맨만은 아니었다.

공자는 안연이 한번도 말을 어긴 적이 없고 너무나 착실하여 바보가 아닌가 해서, 몰래 사생활이 어떤가 살펴보았던 모양이다. 어긋남이 없이 꼼꼼이 배웠던 내용을 그대로 실천하는 것을 보고 그때서야 예스맨이 아니라는 것을 알았다.

> 공자가 말하였다.
> "내가 회와 더불어 이야기 하였는데, 종일토록 어기지 아니하여 바보인 줄 알았다. 그런데 물러나서 사생활을 살펴보니 충분히 배운 내용을 실천하고 있으니 회는 어리석은 사람이 아니었다."
> 子曰: "吾與回言, 終日不違, 如愚. 退而省其私, 亦足以發, 回也不愚." (爲政 02.09)

1) "東門有人, 其顙似堯, 其項類皐陶, 其肩類子産, 然自要以下不及禹三寸, 累累若喪家之狗." (《史記·孔子世家》)

맹자는 군자에게 세 가지 기쁨이 있는데, 그것은 임금님과 같은 높은 자리에 앉는 것이 아니다.

부모님이 생존해 계시고, 형제들 다 편안한 것이 첫 번째 기쁨이라 했다. 이보다 더 큰 기쁨이 어디 있겠는가.

하늘을 우러러 부끄럽지 않게 사는 것이 두 번째 기쁨이다. 부끄러움이 없으니 얼마나 떳떳하고 편안하겠는가.

세 번째는 훌륭한 제자를 가르치는 것이다.

> 맹자는 말하였다.
> "군자에게는 세 가지 즐거움이 있다. 천하에 왕 노릇하는 것은 포함되지 않는다.
> 부모가 모두 생존해 계시고 형제가 무고한 것이 첫 번째 즐거움이다.
> 우러러 하늘에 부끄럽지 않고, 굽어 아래를 살펴보아 남에게 부끄럽지 않은 것이 두 번째이다.
> 천하의 영재를 얻어 교육하는 것이 세 번째 즐거움이다.
> 군자에게는 이 세 가지 즐거움이 있는데, 왕 노릇하는 것은 포함되지 않는다."
> 孟子曰: "君子有三樂, 而王天下不與存焉. 父母俱存, 兄弟無故, 一樂也. 仰不愧於天, 俯不怍於人, 二樂也. 得天下英才而教育之, 三樂也. 君子有三樂, 而王天下不與存焉." (《孟子·盡心上》)

학생을 가르친다는 것은 매우 값진 일이고 즐거운 일이다.

스승은 스승답게 되기 위하여 부단한 노력을 해야 한다. 지식과 지혜도 중요하지만, 언행 역시 항상 단정하고 타의 모범이 되어야 한다.

이에 못지않게 학생의 태도 역시 중요하다.

스승이 '앙지미고仰之彌高', 바라볼수록 가장 훌륭한 분이라는 것을 알아야 한다.

요즘 학교는 교육의 장으로써의 제 역할을 충분히 하지 못하고 있다. 가장 큰 원인은 학생이 선생을 존경하지 않기 때문이다. 선생이 아무리 못낫다 해도 학생보다는 낫다. 선생은 학생보다 먼저 그 길을 갔기 때문이다. 선생의 경험만 들어도 힘든 세상 버텨낼 수 있다.

공자는 "제자에게 공부·행위·참마음·믿음, 네 가지를 가르쳤다."[1] 학교는 공부, 학식만 가르치는 곳은 아니다. 행동거지를 배워야 하고, 참 마음을 배워야하고, 신뢰

1) "子以四教, 文行忠信."(述而 07.25) (공자는 네 가지를 가르쳤다. 文과 行과 忠과 信이었다.)

를 배워야 한다. 공부만 잘 하려면 집에서 혼자 줄줄 외워도 된다. 학교는 삶의 가치를 익히는 곳이다.

가르침을 간섭으로 여기고, 충고를 잔소리로 생각하고, 규율을 자유의 억압이라 생각하니, 뭘 배우겠는가.

자식 성적이 쑥쑥 올라가고 훌륭한 인재로 키우려면 먼저, 가정·교육기관,·정부에서 선생을 존경하는 것부터 가르쳐야 한다.

선생이 학생에게 폭력을 당하고, 서로 고소하고 고발하니 이 얼마나 통곡할 일인가.

정부와 학교가 당장 나서서 캠페인을 벌여라.

깔끔한 글씨로 '앙지미고仰之彌高'라는 글을 써서 교실의 가장 중요한 곳에 걸어두었으면 한다.

앙지미고(仰之彌高)

16. 過猶不及 과유불급

지나침은 미치지 못하는 것과 같다

'과過'는 '지나치다'의 뜻이고, '유猶'는 '같다'는 뜻이다. '(及)'자를 갑골문은 ''·''으로 쓰고, 금문은 ''·'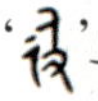'으로 쓴다. '사람을 따라 잡다'라는 뜻이다.

재산도 명예도 지나치면 좋지 않다. 적당해야 한다.

논어에서는 누가 더 나은가에 대한 물음과 대답이 있다.

자공이 "자장子張(사師)과 자하子夏(상商) 중 누가 더 나은 사람이냐"고 묻자, 공자는 "자장은 지나침이 있고, 자하는 미치지 못함이 있다"고 하였다. "그렇다면 자장이 더 낫냐"고 자공이 다시 묻자, 공자는 "지나친 것은 미치지 못한 것과 같다"라고 하였다.

> 자공이 물었다.
> "사(자장)와 상(자하) 중 누가 더 낫습니까?"
> 공자가 말하였다.
> "사는 지나치고, 상은 미치지 못한다."
> 자공이 말하였다.
> "그렇다면 사가 더 낫습니까?"
> 공자가 말하였다.
> "지나친 것은 미치지 못하는 것과 같다."
> 子貢問: "師與商也孰賢?" 子曰: "師也過, 商也不及." 曰: "然則師愈與?" 子曰: "過猶不及."(先進 11.16)

자장과 자하 모두 성인에 해당되는 공자의 훌륭하고 현명한 제자였는데, 자장의 지나침은 무엇이고, 자하가 미치지 못한 것은 무엇인가.[1] '愈(나을 유, yù)'는 '낫다'·'뛰

1) "子張才高意廣而好爲苟難, 故常過中. 子夏篤信謹守而規模狹隘, 故常不及." ("자장은 재주있고 큰 뜻을 가진 자이였으나, 구차하고 어려운 일 하기 좋아했으므로 중도에서 벗어남이 있었고, 자하는 굳게 믿고 엄수하였지만 협소하여 항상 미치지 못하였다"했다.) (朱熹,《論語集註》) 그러나 이러한 주장은 자장

어나다'·'훌륭하다'는 뜻이다. '逾'자나 '踰'자, '俞(兪)'자는 모두 '배가 물결을 거스러 올라가다'는 뜻이다. '넘어서다'는 파생 의미로 쓰인다.

공자는 이 문장 뒤에서 자장을 다른 제자와 함께 평가하면서, 자장은 '辟(허물 벽)' 한 사람이라 하였다. '벽辟'은 '편벽(便辟, 偏僻)'이라는 뜻이다.[1)]

> "시柴(자고子羔)는 어리석고, 증삼曾參은 노둔하고, 사師(자장子張)는 치우치고, 유由(자로子路)는 거칠다."
> "柴也愚, 參也魯, 師也辟, 由也喭." (先進 11.18)

'喭(거칠 안 yàn,ān)'자는 '거칠다'는 뜻이다.

자장은 다른 제자들의 비평에도 아랑곳하지 않고 그 사람의 됨됨이와 상관없이 친구들과 교류하였다. 자장은 '존현용중尊賢容衆'을 주장하였고,[2)] 자장을 사람 사귀기를 좋아하는 사람이라하여 '고지선교자(古之善交者)'라 부르기도 한다.[3)] 또한 매우 용맹하여 '충신忠信'의 모델이 되었고, 호방한 성격에 사소한 일에는 그다지 신경 쓰지 않았으며, 외관에도 신경을 쓰지 않아 의관이 정제하지 않았다한다.

자하子夏는 예禮를 중시하여, 공자가 말한 '자기보다 못한 친구를 사귀지 않는다'는 주장을 받아들여,[4)] 친구를 구별하여 사귀고, 군자는 근엄하고 엄격할 것을 주장하였다.[5)] 그러나 이러한 사귐은 제한적이고 편협적일 수 밖에 없다.

이러한 내용으로 보아, '과'와 '불급'은 성격적인 차이로, 친구를 사귀는 태도에서 둘의 차이가 잘 드러난다.

과 자하의 실질적인 평가와 맞지 않기 때문에 취하지 않기로 한다.

1) "辟, 便辟也. 謂習於容止, 少誠實也."('벽(辟)'은 한쪽으로 치우치는 편벽의 의미이다. 용모는 잘 꾸미나 성실성이 부족함을 말한다.) (朱熹, 《論語集註》)

2) '尊賢容衆'은 '어진이를 존경하고 뭇 사람을 포용한다'의 뜻이다.

3) '古之善交者'는 '옛날에 친구 사귀기 좋아하는 자'라는 뜻이다.

4) "子曰: 君子不重, 則不威, 學則不固. 主忠信. 無友不如己者, 過則勿憚改."(學而 01.08) (공자가 말하였다. "군자는 신중하지 않으면 위엄이 없고, 배우되 고루하지 않으며, 충과 신을 중시하여 자기만 못한 자를 벗하지 말며 고치기를 꺼리지 말아야 한다.")

5) "子夏曰: 君子有三變. 望之儼然, 卽之也溫, 聽其言也厲."(子張 19.09) (자하가 말하였다. "군자는 세가지 변하는 것이 있다. 바라보면 근엄하고, 대면하면 따뜻하고, 말을 들어 보면 엄격하다.)

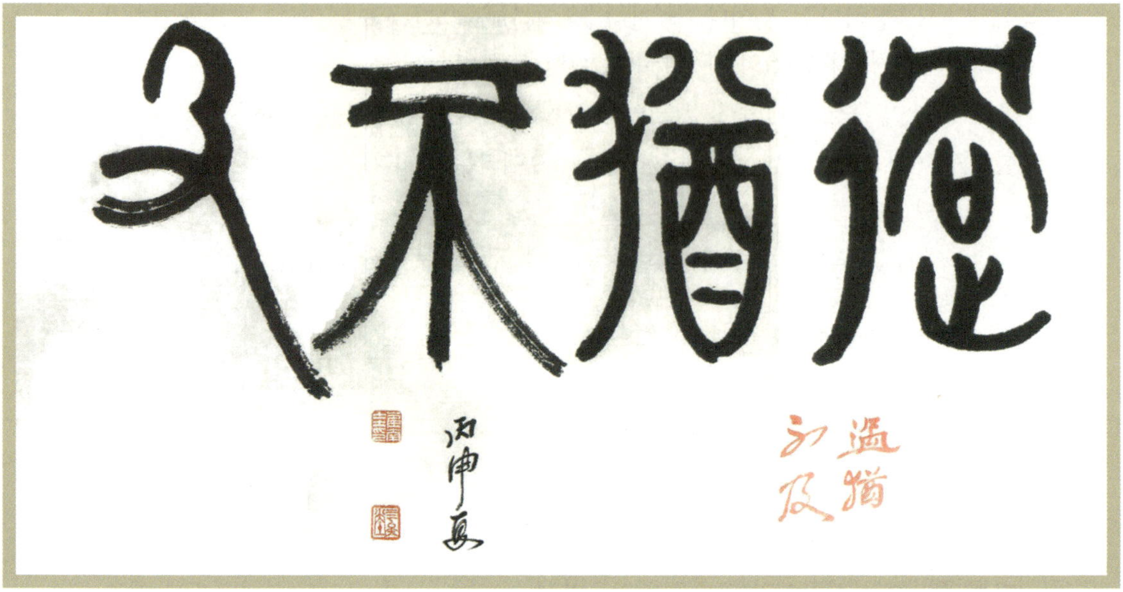

과유불급(過猶不及)

어느 날 자하의 문하생이 자장에게 사귀는 것에 대하여 물었다.
"너의 스승 자하는 어떻게 이야기 하시던가?"
"사귈만한 사람은 사귀고 그렇지 못할 사람은 거절하라 하셨습니다."
자장이 말하였다.
"내가 알기는 그렇지 않다.
"군자는 어진 이를 존중하고 뭇 사람을 포용하며, 잘하는 이는 칭찬해주고, 못하는 이가 있으면 가엾게 여긴다고 들었다. 내가 크게 어질다면 용납하지 못할 것이 어디 있으며, 내가 어질지 못하면 남이 나를 거절할 것이다. 어찌 내가 다른 사람을 거절하겠는가?"
子夏之門人問交于子張. 子張曰: "子夏云何?" 對曰: "子夏曰: '可者與之, 其不可者拒之.'" 子張曰: "異乎吾所聞: 君子尊賢而容衆, 嘉善而矜不能. 我之大賢與, 于人何所不容? 我之不賢與, 人將拒我, 如之何其拒人也?" (子張 19.03)

남과 교류하는데도 분명한 구별이 있어야 할 것이다. 사악한 사람을 사귀지 말고 멀리해야 할 것이다. 그렇다고 해서 자기에게 이익이 되는 친구만을 가려서 사귀는 것 또한 좋지 않다. 상대방이 가난하다고 사귀지 않고, 좋은 사람인데 좀 우둔하다고 멀리해서도 안 된다. 공자는 상황에 따라 가르친다. 지나치게 강한 사람에게는 약하라 하고, 약한 사람은 강하라 한다. 자기보다 못한 사람을 사귀지 말라는 것은 인격적으로 문제가 있는 사람을 구별없이 사귀는 제자에 대한 충고이다.

'과유불급'은 적절해야지 지나쳐서는 안 된다는 말이다. 어디에도 편벽되지 않고 지나침이 없는 것이 중용中庸이다.

'모자라는 것'도 좋지 않지만, '과'는 욕심이다. 모든 일의 화근은 욕심에서 시작된다.

과하여 망신을 당하는 경우를 종종 본다. 좀 더 높은 자리에 앉으려다 자신의 과오가 들어나기도 하고, 높은 자리에 앉아 있을 때 돈에 눈이 멀어 쇠고랑을 차기도 한다.

가난과 부유의 차이는 가진 것이 아니라 마음이다. "부자인 사람과 비교하면 당연히 자신이 가난할 것이고, 가난한 사람과 비교하면 넘쳐 날 것이다."[1)]

노자老子는 "만족하면 부유해지고 마음이 편안하면 고귀해지며, 만족하면 욕을 당하지 않고, 멈출 줄 알면 위험한 일을 당하지 않고 오래도록 자신을 돌볼 수 있다" 했다.

> "스스로를 이기면 강한 자이고, 만족을 아는 사람은 부유하다."
> "그러므로 만족할 줄 알면 욕을 당하지 않으며, 그칠 줄 알면 위태롭지 않고 오래도록 자신을 보존할 수 있다."[2)]

---

1) "比上不足, 比下有餘."(위와 비교하면 부족하고, 아래와 비교하면 넘쳐난다.) (중국속담)

2) "自勝者剛, 知足者富."(《老子》33章) "故知足不辱, 知止不殆, 可以長久."(《老子》44章)

과유불급(過猶不及)

17. 臨事而懼 임사이구

신중하고 조심스럽게 일에 임하라

'임사이구' 중의 '臨(임할 임, lín)은 일에 '임하다'·'대하다'·'처리하다'의 뜻이다. '(臨)'자는 '臥(엎드릴 와, wò)'와 소리부 '品'으로 이루어진 자이며, 금문은 '目'·'人'·'品'으로 이루어진 ''·''으로 쓴다. 따라서 '(臥)' 중의 '臣'은 원래 '目'이 변형된 형태이다. '臨'자는 사람이 눈으로 위에서 물건을 살펴보는 형상이다. 후에 '대하다'·'다스리다' 등의 뜻으로 쓰인다.

'(懼)'자는 '心'과 소리부 '瞿(볼 구, qú, jù)'로 이루어진 자이다. 고문은 '(愳)'으로 쓴다. 두 눈을 부릅뜨고 두려워하는 모습이다. '瞿'자는 '隹'와 소리부 '䀠(두리번거릴 구)'로 이루어진 자이며, 원래는 '눈이 커다란 부엉이'의 모습이다. 후에 '두려워하다'라는 파생어로 쓰인다. '구懼'는 '두려워하다'·'조심하다'의 뜻으로 '신중하고 계획적으로 일을 처리하라'는 것이다.

자로가 스승 공자에게 "삼군을 통솔하게 된다면 누구와 함께 하겠냐"고 묻자, "호랑이를 맨손으로 잡고, 황하를 맨 몸으로 건너는 무모한 자가 아니라, '임사이구'하고 계획을 잘 도모하는 자와 함께 하겠다"고 하였다.

> 공자가 안연에게 말하였다.
> "써 주면 행하고 버리면 감추어 드러내지 않음을 행할 줄 아는 자는 너와 나뿐이구나."
> 자로가 말하였다.
> "선생님께서 삼군을 통솔하신다면 누구와 함께 하시겠습니까?"
> 공자가 말하였다.
> "맨손으로 호랑이를 잡고, 맨 몸으로 황하를 건너려다 죽어도 후회함이 없는 자와 함께 하지 않겠다. 일에 임하면 반드시 두려워하고 계책을 잘 세워 성공을 거둘 수 있는 자와 함께 하겠다."
> 子謂顔淵曰, "用之則行, 舍之則藏, 唯我與爾有是夫!" 子路曰: "子行三軍, 則誰與?" 子曰: "暴虎馮河, 死而無悔者, 吾不與也. 必也臨事而懼, 好謀而成者也." (述而 07.11)

일을 할 때는 신중하고 조심하고 계획적이어야 성공할 수 있다. 자신의 용맹과 힘만 믿고 만용을 부리는 자는 실패한다.

삼국지 중의 마속馬謖은 부하들의 말을 듣지 않고 험준한 계곡에 진을 쳤다가 사마의司馬懿 군대의 물을 끊고 불을 지르는 계략에 빠져 대패하였다. 읍참마속泣斬馬謖, 마속은 사십도 채우지 못하고 죽었다.[1]

총명한 사람이 그 총명함만을 믿고 일을 그르치는 경우가 적지 않다.

총명한 마속은 젊었을 때 발탁되어 제갈량에게 총애를 받았고, 병서에 능통했다고 스스로 자부하였다. 그런 그가 가장 기본적인 진지구축 하나를 재대로 못하여 촉나라가 패망의 길로 접어들게 되는 결정적인 계기를 제공했다.

제갈량도 책임이 크다. 유비가 "마속은 재주가 세간의 평을 따라가지 못하니 중히 쓰지 말라" 유언했는데, 실전경험이 부족한 마속을 중요한 가정街亭 전투의 주장으로 투입했으니, 그 결과는 당연한 것이었다. 그래서 일찍이 유비劉備는 마속을 두고 "실천보다 말이 앞서니 크게 써서는 안 된다"라 평했었다.[2]

논어 중에 '임사이구'와 비슷한 말로 '삼사이후행三思而後行'이 있다. 혹은 줄여서 '삼사이행三思而行'이라 한다.

논어에서 계문자季文子가 너무 심사숙고하기 때문에 "세 번 생각하지 말고 두 번이면 된다"고 공자가 평한 내용에서 유래한 말이다.[3] 계문자는 행보行父이고, 시호는 문文이다. 노魯나라의 문공文公·선공宣公·성공成公·양공襄公 4대에 걸쳐 재상을 지낸 훌륭한 인재였다. 계문자 같이 훌륭한 사람은 세 번까지 숙고할 필요없이 두 번이면 충분하다고 이해하기도 하고, 지나치게 신중하면 오히려 우유부단해지니 두 번이면 충분하다고 계문자를 비평하는 말로 이해하기도 한다.

'삼사이행三思而行'은 현재는 경거망동하지 않고 심사숙고한 후 신중하게 일을 처리하다는 뜻으로 쓰인다. 삼사이행은 행동으로 실천하는 것만을 가리키는 것은 아니다. 짧은 한마디의 말이 사람을 죽일 수도 있고 살릴 수도 있다.

---

1) '읍참마속泣斬馬謖'은 '눈물을 흘리며 마속을 참하다'의 뜻이다.

2) "言過其實, 不可大用."(《三國志·蜀書》)

3) "季文子三思而後行. 子聞之, 曰: '再, 斯可矣.'" (公冶長 05.20) (계문자가 세 번 생각한 뒤에야 행하였다. 이 말을 듣고 공자가 말하였다. "두 번이면 될 것이다.")

“사람을 이롭게 하는 말은 따뜻하기가 솜과 같고 천금과 같지만, 사람을 해치는 말을 날카롭기가 가시와 같고 사람의 가슴을 도려내는 칼과 같다.”라 하였다.

> 사람을 이롭게 하는 말은 따뜻하기가 솜털과 같고, 사람을 해치는 말은 날카롭기가 가시와 같다. 짧은 한 마디 말이 사람을 이롭게 하는 것은 무게로는 천금에 해당되고, 간단한 말 한 마디가 사람을 해치는 것은 칼로 살점을 도려내는 것과 같은 아픔이다. 입은 사람을 해치는 도끼요, 말은 혀를 베는 칼이다. 입을 닫고 혀를 깊이 감추면 어느 곳에서나 든든하게 편안하게 거처할 수 있다.[1]

말 한마디가 천냥 빚을 갚는다. 우리 민족은 칭찬에 인색하다. 칭찬을 입에 달고 살아야한다. 아부와 칭찬은 분명히 다르다. 칭찬은 진실이 담긴 그 사람에 대한 긍정이자 배려이다.

즉흥적으로 일을 처리해서는 안 된다. 사적인 일도 그렇지만, 국민 전체의 생존과 결부된 국가정책은 더욱 그렇다. 국가 정책을 발표하고, 국민의 눈치를 슬슬 보다가 아니다 싶으면 철회하는, ‘아니면 말고’라는 식은 절대 안 된다. 단기적으로 자신의 임기 내에 뭔가를 해야겠다는 식의 실적 쌓기가 아니라, 장기적인 계획을 가지고 두려운 마음으로 심사숙고하여야 한다.

당장을 보지 마라. 뚝딱뚝딱 임시방편으로 짓는 비닐하우스나 콘테이너 집이 아니라, 거센 태풍과 지진에도 흔들리지 않는 철옹성을 지어야한다.

공자는 “사람이 먼 헤아림이 없으면 반드시 가까운 곳에서 근심이 생긴다”고 하였다.[2] 우리나라 위정자들은 한결같이 끝이 별로 좋지 않다. 앞 선배가 금방 국민 앞에서 지탄을 받았는데도, 그 전철을 그대로 또 밟는다. 이는 당장의 이익만을 취하고, 진정한 이득이 무엇인가를 모르기 때문이다.

공자는 자신의 꿈이 세 가지임을 밝혔다.

“나이든 사람들에게는 편안한 삶을 누릴 수 있도록 해주고, 가까이 지내는 친구들과는 서로 신뢰하고 믿으며, 젊은이들에게 꿈을 꿀 수 있도록 하는 것이다.”

---

1) “利人之言, 暖如綿絲. 傷人之語, 利如荊棘. 一言半句, 重値千金. 一語傷人, 痛如刀割. 口是傷人斧, 唇是割舌刀. 閉口深藏舌, 安身處處牢.”(《明心寶鑑·言語篇》)

2) 子曰: “人無遠慮, 必有近憂.”(衛靈公 15.12) (공자가 말하였다. “사람이 먼 헤아림이 없으면 반드시 가까운 근심이 있다.”)

공자가 말하였다.
"늙은이는 편안해 질 수 있도록 해주고, 친구는 미더워질 수 있도록 해 주고, 젊은이는 꿈을 꾸도록 해 주겠다."
子曰: "老者安之, 朋友信之, 少者懷之." (公冶長 05.26)

국민이 바라는 위정자는 바로 이 세 가지면 아주 족하다. 근심 걱정 없이 편안한 노후를 보낼 수 있고, 중년들에게는 신뢰와 믿음을 가지고 각자의 생업에 종사할 수 있도록 하고, 젊은이들에게는 미래에 대한 꿈과 희망을 주면 되는 것이다.

'임사이구'는 매사에 '전전긍긍戰戰兢兢'하고 '여리박빙如履薄氷'하며 '여임심연如臨深淵'하는 것과 같다. '전전긍긍'은 전쟁에 임하듯 매우 조심하여 두려워하는 마음을 갖는 것이고, '여리박빙'은 '얇은 얼음 위를 걷는 것과 같이' 조심스럽게 행동하는 것이고, '여임심연'은 깊은 연못가에 서 있듯 두려워하는 마음을 가리킨다. 매사에 '임사이구'하고, '전전긍긍'하고, '여리박빙'하고, '여임심연'한다면 이 세상 실패할 일은 하나도 없을 것이다.[1)]

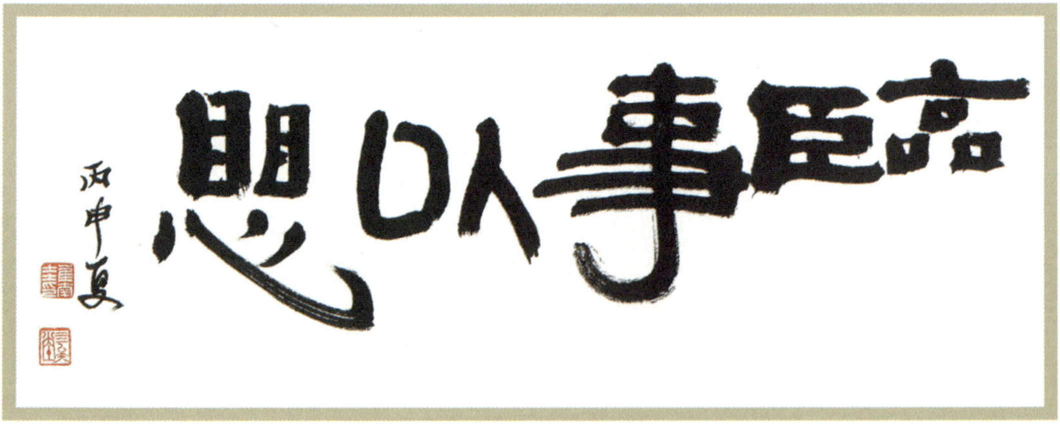

임사이구(臨事而懼)

1) 曾子有疾, 召門弟子曰: "啓予足! 啓予手! 詩云: '戰戰兢兢, 如臨深淵, 如履薄氷.' 而今而後, 吾知免夫! 小子!"(泰伯 08.03) (曾子께서 병환이 나셔서 제자들을 부르시고 말하였다. "내 발을 펴고 내 손을 펴라. 《시경詩經》에 '두려워하고 조심함이 깊은 물가에 나서 있는 것과도 같고, 엷은 얼음을 밟고 있는 것과도 같다.'고 하였는데, 이제는 내가 그런 데서 해방되게 되었음을 알겠다, 얘들아")

18. 文質彬彬 문질빈빈

외관은 아름답게 내면은 진실되게 하여, 참된 조화를 이루어야 한다

'문질빈빈'은 외관의 아름다움과 내면의 미가 서로 잘 어울리는 모양을 말한다. '문文'은 '문紋'자와 같은 뜻으로 외부적인 무늬를 말하는 것이고, '질質'은 내적인 본질을 가리킨다. '빈彬'은 '밝게 빛난다'는 뜻이다.

공자는 "본 바탕이 외관을 넘어서면 꾸밈이 없어 거칠어지고, 외관이 바탕을 이기면 호화스럽기 때문에 외관과 바탕이 어울려야 군자답다"고 하였다.

> 공자가 말하였다.
> "바탕이 외관을 넘어서면 거칠어지고, 외관이 바탕을 이기면 호화스럽다. 따라서 외관과 바탕이 어울린 후에야 군자라 할 수 있다."
> 子曰: "質勝文則野, 文勝質則史, 文質彬彬, 然後君子." (雍也 06.18)

'史'는 사관이 역사를 쓸 때 수식을 잘 한다는 뜻에서 외관을 잘 꾸미는 호화스러움을 말한다. 본질만 너무 강조하다보면 꾸밈이 없어 거칠고 차갑고 냉정하여 엄숙주의가 되기 쉽다. 그렇다고 본질은 없으면서 외부만 화려하게 꾸미게 된다면 형식적이고 가식적이고 너무 가벼워 보일 것이다.

굳이 비유하자면, 아름다운 무늬와 형태를 갖춘 질 좋은 옥과 같다 할 수 있을 것이다. 옥은 인의예지신仁義禮智信의 미덕美德을 지니고 있다하여 군자로 비유되기도 한다. 옥은 따뜻하면서도 윤택하기 때문에 인자(仁)하다. 인자는 남을 배려하고 따뜻한 마음의 소유자이다.

옥은 치밀하면서도 까실까실하기 때문에 지혜(智)롭다. 지혜로운 자는 '거일반삼(하나를 거론하면 셋을 유추함)'하고 '문일지십(聞一知十, 하나를 들으면 열을 암)하여 사려가 깊고 주밀하다.

옥은 청렴하면서도 꺽이지 않기 때문에 의리(義)가 있다. 군자는 청렴하고 정의에 의연하다.

옥은 옷깃에 늘어뜨려 있으니 예의(禮)를 갖춘 것이다. 위에 고고하게 서있지 않고 밑으로 드리워져 있는 것은 자기를 낮추는 겸양이며, 외관을 꾸며주니 예절을 갖추는 것이다.

옥은 광채를 내고 안과 밖이 서로 통하니 믿음(信)이 있다. 옥은 티가 있어도 감추지 않고 그대로 외부에 드러내니 이는 자신의 결점을 숨기지 않고 밖으로 드러내는 것으로 믿음이 간다.

> 공자가 말하였다.
> "예전에 군자의 덕을 옥에 비유하였다. 따뜻하고 윤택한 것은 인이며, 치밀하면서도 까실까실한 것은 지혜이며, 청렴하면서도 꺽이지 않는 것은 의이며, 드리워서 떨어지는 듯한 것은 예이며, 두드리면 그 소리가 맑고 길며 끝마칠 때에는 쨍하는 소리가 나는 것은 즐거움이며, 옥의 티가 옥의 광채를 덮지 못하고 광채가 옥의 티를 덮지 못하는 것은 충성이며, 광채가 나고 안과 밖이 서로 통하는 것은 신의이며, 기운이 흰 무지개와 같은 것은 하늘과 같은 것이며, 정신이 산과 물에 나타나는 것은 땅이며, 규장珪璋이 특별히 통달한 것은 덕이며, 천하의 모든 사람이 귀하게 여기는 것은 도이다. 《시경》은 '군자를 생각하니 그 따뜻함이 옥과 같다'하였다. 그렇기 때문에 옥을 군자가 특별히 귀하게 여기는 것이다."[1)]

문질빈빈은 사람으로 말하자면, 된 사람이자 든 사람이고 난 사람이다. 이 모두를 두루 갖춘 사람을 말한다.

된 사람은 사람 됨됨이가 된 인격적 수양을 갖춘 사람이고, 든 사람은 학문적으로 지식이나 지혜를 두루 갖춘 사람이고, 난 사람은 영웅호걸과 같은 걸출한 인물을 말할 수 있다.

잘 생기고, 인품도 훌륭하고, 머리도 좋고, 능력도 빼어나고, 부유하면서, 운동도 잘하고, 이런 모든 것을 다 갖추고 세상에 태어났다면 얼마나 좋겠는가. 너나 나 우

---

1) "孔子曰: '夫昔者君子比德于玉, 溫潤而澤, 仁也. 縝密以栗, 智也. 廉而不劌, 義也. 垂之如墜, 禮也. 叩之其聲淸越而長, 其終則詘然, 樂矣. 瑕不掩瑜, 瑜不掩瑕, 忠也. 孚尹旁達, 信也. 氣如白虹, 天也. 精神見于山川, 地也. 珪璋特達, 德也. 天下莫不貴者, 道也.《詩》云: '言念君子, 溫其如玉.' 故君子貴之也.'"(《孔子家語·問玉》)

리 모두가 바라는 바이다.

그러나 신은 다행히도 한 사람에게 이 모든 것을 주시지 않았다. 하느님은 노력을 통하는 자가 이를 소유하도록 하였다.

아무리 머리가 좋아도 노력하지 않으면, 우둔하지만 노력하는 자에 미치지 못하고, 아무리 운동신경이 좋다하여도 열심히 밤낮없이 노력하는 사람을 이길 수 없다. 이는 진리다.

좋은 사람이 되기 위해 노력만 하면 얼마든지 인격으로 훌륭한 사람이 될 수 있고, 열심히 노력하면 학문적으로 뛰어난 지식인이 될 수 있고, 나라를 위해 정의를 위해 '당인불양(當仁不讓, 정당한 일이라면 절대 양보하지 않음)'하면 영웅호걸이 될 수 있다. 문질빈빈함은 닿을 수 없는 성인군자만의 몫이 아니라 우리들 자신의 몫이다.

문질빈빈(文質彬彬)

19. 患其不能 환기불능

나의 능력이 되지 않을까를 걱정하라

‘환기불능’ 중 ‘환患’은 ‘걱정하다’·‘근심하다’의 의미이고, ‘기其’는 인칭대사로 ‘나’·‘자기’를 가리키고, ‘불능不能’은 ‘능력이 없다’는 뜻이다.

‘(患)’자는 혹은 ‘(闂)’이나 ‘(悹)’으로 쓴다. ‘毌(貫)’·‘閂(빗장 산, shuān)’·‘[illegible](申)’은 모두 ‘걱정거리(우환)가 마음에 주렁주렁 달려있거나’, ‘마음이 문 안에 갇혀 있듯 답답한 우환이 있거나’, ‘마음에 우환이 되풀이 된다’라는 뜻이다.

‘환기불능患其不能’은 ‘자기가 능력이 없음을 걱정하다’는 말이다.

공자는 “남이 자기를 알아주지 않음을 걱정하지 말고, 자기의 능력이 없거나 혹은 자기가 남을 알아주지 못함을 걱정하라”하였다. 이와 대동소이한 내용이 논어에 아래와 같은 구절이 있다.

> 공자가 말하였다.
> “남이 자기를 알아주지 않음을 걱정하지 말고, 자기의 능력이 없음을 걱정하라.”
> 子曰: “不患人之不己知, 患其不能也.”(憲問 14.30)

> 공자가 말하였다.
> “남이 자기를 알아주지 않음을 걱정하지 말고, 내가 남을 모를까를 걱정하라.”
> 子曰: “不患人之不己知, 患不知人也. (學而 01.16)

> 공자가 말하였다.
> “군자는 자신이 능력이 없음을 걱정하는 것이지, 남이 자기를 알아주지 않음을 걱정하지 않는다.”
> 子曰: 君子病無能焉, 不病人之不己知也. (衛靈公 15.19)

> 공자가 말하였다.
> “지위가 없음을 걱정하지 말고, 어떻게 설 것인가를 걱정하라. 어느 누구도 자기를 알아주지 않을까 걱정하지 말고, 남이 나를 알아줄 만하게 되기를 추구하라.”
> 子曰: “不患無位, 患所以立. 不患莫己知, 求爲可知也.”(里仁 04.14)

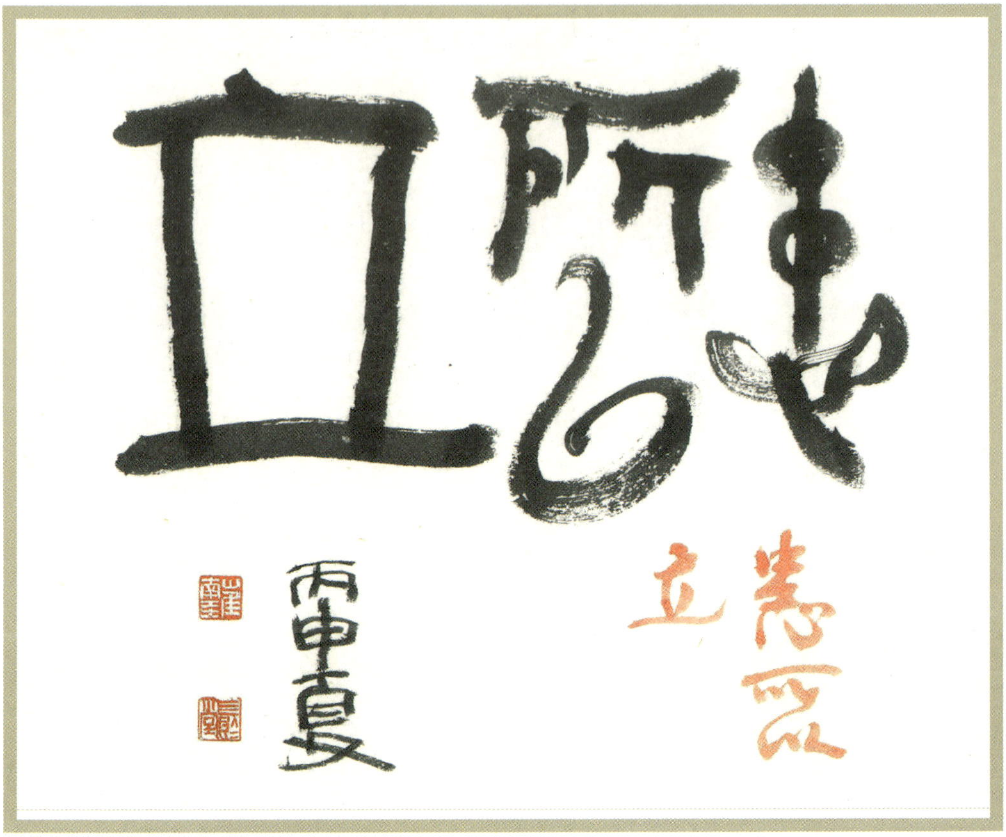

환소이립(患所以立)

'병病'자는 '환患'자와 같은 뜻이다.

'위位'는 지위나 자리를 가리킨다. '소이所以'는 '방법'이라는 뜻이다. '막莫'은 '어느 누구도 ~하지 않다'는 뜻이다. '가지可知'는 '알려지게 되는 것'이고, '위가지爲可知'는 '알려지게 되는 것을 갖추다'의 뜻이다.

공자의 가르침 중 이러한 내용이 많은 것은 당시 공자의 주장이 받아들여지지 않는 시대적 배경과도 밀접한 관계가 있었을 것이다.

초나라의 미치광이 접여가 공자 앞을 지나가면서 지금의 위정자들은 위험한 인물들이니 그만두고 은둔하라고 충고하였다.

> 초나라의 광인인 접여가 공자 앞을 노래하며 지나가면서 말하였다.
> "봉이여, 봉이여. 어찌 (봉황의) 덕을 쇠퇴하게 하는가? 지나간 것은 돌이킬 수는 없겠지만, 오는 것은 아직 늦지 않았다네. 그만 둘지어다. 오늘날의 정치에 종사하는 자들은 위험하다."
> 공자가 내려서서 그와 말하려 하였지만, 종종 걸음으로 피하는 바람에 그와 이야기 할 수 없었다.
> 楚狂接輿歌而過孔子曰: "鳳兮鳳兮! 何德之衰? 往者不可諫, 來者猶可追. 已而已而! 今之從政者殆而!" 孔子下, 欲與之言. 趨而辟之, 不得與之言. (微子 18.05)

나루터를 찾는 공자 일행에게 밭을 갈던 장저와 걸닉이 자로에게 "천하를 바꾼다는 너의 스승 공자가 나루터하나 모르는가"하고 비꼬았다. 또 "온 천하에 혼탁한 물이 도도하게 흐르니 마음에 안 드는 위정자를 피하여 이 나라 저 나라로 돌아다니는 공자와 함께 세상을 바꾸려 하지 말고, 차라리 속된 세상 자체를 피하여 은거하는 사람을 따르는 것이 더 낫지 않겠는가"하였다. 이 말을 들은 공자는 "천하에 도가 있으면 은둔하고 싶지만 천하에 도가 없어 이를 바로 잡기 위하여 세상 사람들과 함께 살 수 밖에 없다"고 하였다.

> 장저와 걸닉이 나란히 서서 밭을 가는데 공자가 그들을 지나가게 되어 자로로 하여금 나루터가 어디에 있는지 물어보게 했다.
> 장저가 말하였다. "저 수레에서 말 고삐를 잡고 있는 사람은 누구인가?"
> 자로가 말하였다. "공구입니다."
> "노나라의 공구요?"
> "네 그렇습니다."
> "그는 나루터를 알고 있음에 틀림없소."
> 걸닉에게 묻자, 걸닉은 말하였다. "그대는 누구시오?"
> "네. 중유입니다."
> "노나라 공구의 제자요?"
> "네, 그렇습니다."
> "온 천하에 혼탁한 물이 도도하게 흐르니 누구와 함께 그것을 뒤바꾼단 말이오. 마음에 안 드는 위정자를 피하여 이 나라 저 나라로 돌아다니는 공자를 따르느니 차라리 속된 세상 자체를 피하여 은거하는 사람을 따르는 것이 더 낫지 않겠는가?"
> 말을 마친 후, 쉬지 않고 곰방메로 흙덩이를 부수어 씨앗에 흙을 덮어나갔다.
> 자로가 돌아와서 이야기하자 스승은 실의 젖은 얼굴로 말하였다.

"새나 짐승과 함께 살 수 없을진대 내가 이 백성들과 함께하지 않고 누구와 함께하겠는가? 천하에 도가 있으면 나는 세상을 바로잡는 일에 참여하지 않을 것이다."
長沮桀溺耦而耕, 孔子過之, 使子路問津焉. 長沮曰, "夫執輿者爲誰?" 子路曰: "爲孔丘." 曰: "是魯孔丘與?" 曰: "是也." 曰: "是知津矣." 問於桀溺. 桀溺曰: "子爲誰?" 曰: "爲仲由." 曰: "是魯孔丘之徒與?" 對曰: "然." 曰: "滔滔者天下皆是也, 而誰以易之? 且而與其從辟人之士也, 豈若從辟世之士哉?" 耰而不輟. 子路行以告. 夫子憮然曰: "鳥獸不可與同羣, 吾非斯人之徒與而誰與? 天下有道, 丘不與易也." (微子 18.06)

제자 중에는 정치적 포부를 가지고 있으나, 위정자들이 자신을 알아주지 않는다고 불만을 표시하는 자들도 있었을 것이다.

어느 날 공자가 자로子路·증석曾晳·염유冉有와 공서화公西華에게 "너희들이 자기를 알아주지 않는다고 하는데, 만약에 어떤 사람이 너희들을 알아준다면 무엇을 하겠느냐"라 물었다. '나를 알아주지 않는다'는 '불오지야不吾知也'로 쓴다. '오吾'는 '나'라는 인칭대사이다.

자로는 "천승지국으로 큰 나라들 사이에 끼여 있어 군사적 침략을 받고, 기근까지 발생한다 해도, 이 나라를 다스리게 된다면 삼년 뒤에는 백성들이 용기가 있고 도의를 알게 만들겠다"고 하였다.

염유(求)는 "사방 육칠십 리 혹은 오륙십 리 되는 지역을 다스린다면, 삼 년 만에 그 지역 백성들을 풍족하게 만들 수 있으며, 예악禮樂은 군자가 나타나기를 기다리겠다"라 하였다.

공서화(적赤)는 "종묘에서의 제사나 제후들의 회동에 현단과 장보관을 착용하고 작은 보좌관 노릇을 하고 싶다"고 하였다.

증석(점點)은 "늦은 봄에 봄옷을 잘 차려입고 갓을 쓴 어른 대여섯 명 및 아이들 예닐곱 명과 함께 기수沂水에서 세수하고 무우舞雩에서 바람을 쐰 다음 노래를 읊조리며 돌아오겠다"고 하였다.

어느 날, 자로·증석·염유와 공서화가 공자와 함께 앉아있을 때, 공자가 말하였다.
"내가 너희들보다 나이가 많다고 생각하지만 너희들은 그렇게 생각하지 말라. 평소에 너희들이 자기를 알아주지 않는다고 하는데, 만약에 어떤 사람이 너희들을 알아준다면 무엇을 하겠느냐."

자로가 경솔하게 말하였다.

"천승지국으로 큰 나라들 사이에 끼여 있어 군사적 침략을 받고 뒤이어 기근까지 발생한다 해도 다스리게 된다면 삼년 뒤에 그 나라 백성들이 용기가 있고 도의를 알게 만들겠습니다." 공자가 비웃었다.

염유(구求)가 대답하였다.

"사방 육칠십 리 혹은 오륙십 리 되는 지역을 다스린다면 삼 년 만에 그 지역 백성들을 풍족하게 만들 수 있으며, 예악 같은 것은 군자가 나타나기를 기다리겠습니다."

"공서화(적赤), 너는 어떠하냐?" 공서화가 대답하였다.

"제가 능하다고 말하는 것이 아니라 배우기를 원합니다. 종묘에서의 제사나 제후들의 회동에 현단과 장보관을 착용하고 작은 보좌관 노릇을 하고 싶습니다."

"증석(점點)아, 너는 어떠냐?" 증석은 비파를 타는 것을 늦추어 멈춘 다음 일어나 대답하였다. "저는 세 제자들이 이야기 한 것과 다릅니다."

"무엇이 어떠냐? 또한 각기 자기의 뜻을 말해보는 것인데."

"늦은 봄에 봄옷을 잘 차려입고 갓을 쓴 어른 대여섯 명 및 아이들 예닐곱 명과 함께 기수에서 세수하고 무우에서 바람을 쐰 다음 노래를 읊조리며 돌아오겠습니다."

공자께서 '와'하고 찬탄하며 말하였다. "나는 점의 말에 찬성한다."

세 사람이 나가자 증석이 뒤로 처졌다.

증석이 말하였다. "저 세 사람의 말은 어떻습니까?".

"이 또한 각자 자기 생각을 말해 본 것이다." 공자가 말하였다.

"선생님께서 왜 유의 말을 듣고 웃으셨습니까?"

"예로써 나라를 다스리는 것인데 그의 말이 겸양하지 않기 때문에 웃었다."

"유독 구가 이야기한 것만은 나라를 다스리는 일이 아닙니까?"

"사방 육칠십리나 오륙십 리가 되면서 나라가 아닌 것은 어디서 보겠느냐?"

"유독 적이 이야기한 것만은 나라를 다스리는 일이 아닙니까?"

"종묘와 회동이 제후국의 일이 아니고 무엇이겠느냐? 적의 일이 작은 것이라면 누구 일이 큰 것이라 할 수 있겠느냐?"

子路曾晳冉有公西華侍坐. 子曰: "以吾一日長乎爾, 毋吾以也. 居則曰, 不吾知也! 如或知爾, 則何以哉?" 子路率爾而對曰: "千乘之國, 攝乎大國之間, 加之以師旅, 因之以饑饉, 由也爲之, 比及三年, 可使有勇, 且知方也." 夫子哂之. "求! 爾何如?" 對曰: "方六七十, 如五六十, 求也爲之, 比及三年, 可使足民. 如其禮樂, 以俟君子." "赤! 爾何如?" 對曰: "非曰能之, 願學焉. 宗廟之事, 如會同, 端章甫, 願爲小相焉." "點! 爾何如?" 鼓瑟希, 鏗爾, 舍瑟而作, 對曰: "異乎三子者之撰." 子曰, "何傷乎? 亦各言其志也." 曰: "莫春者, 春服旣成, 冠者五六人, 童子六七人, 浴乎沂, 風乎舞雩, 詠而歸." 夫子喟然歎曰: "吾與點也!" 三子者出, 曾晳後. 曾晳曰: "夫三子者之言何如?" 子曰: "亦各言其志也已矣." 曰: "夫子何哂由也?" 曰: "爲國以禮, 其言不讓, 是故哂之." "唯求則非邦也與?" "安見方六七十如五六十而非邦也者?" "唯赤則非邦也與?" "宗廟會同, 非諸侯而何? 赤也爲之小, 孰能爲之大?" (先進 11.24)

어쩌면 당연하겠지만 공자는 증석에게 찬성표를 던진다.

'환기불능患其不能'은 당시 제자들이 제후국 군주들이 자기를 알아주지 않는다고 울분을 표시하니까, 불만하기보다 먼저 자기 자신이 그 자리에 설 수 있는 능력을 갖추도록 노력하고, 자기 자신이 상대방을 제대로 잘 알고 있는지 반성하라는 공자의 가르침이다.

논어의 첫 구문에서 군자란 "알아주지 않아도 노여워하지 않는 사람"이라 하였다.[1] 즉 '부지불온不知不慍'은 '나를 모른다해도 화를 내지 않는다'는 말이다. 남이 나를 알아주지 않는다 하여도 묵묵히 자기자리에서 제 역할을 하기란 예나 지금이나 어려웠던가 보다.

지금도 많은 사람들이 한 자리 하기 위해 줄을 서고 있다. 자리에 앉기 전에 먼저 헤아려봐야 할 것은 내가 그 자리에 앉을 수 있는 사람인가를 냉정하게 객관적으로 평가를 하여야 할 것이다.

환기불능(患其不能)

1) "人不知而不慍, 不亦君子乎?" (學而 01.01)

20. 任重道遠 임중도원

임무는 막중하고 가야할 길은 멀다

'임중도원任重道遠' 중의 '임任'은 '책임'·'부담'이고, '중重'은 '무겁다'이고, '도道'는 '길'이며, '원遠'은 '멀다'라는 뜻이다.

부담을 느끼고 실현해야할 주요 '책임'이 논어에서는 '인仁'이나, 지금은 일반적인 모든 일을 가리킨다. '맡겨진 임무는 무겁고 실천할 길은 어렵고 아득하다'는 뜻이다.

논어에서 증자는 "선비는 도량이 넓고 뜻이 굳세지 않으면 안 되는데, 이는 책임이 막중하고 갈 길이 멀기 때문이고, 인을 실현하는 것이 책임이기 때문에 책임이 막중하다"하였다.

> 증자가 말하였다.
> "선비는 도량이 넓고 의지가 굳지 않으면 안 된다. 이는 책임감이 막중하고 갈 길은 멀기 때문이다. 인을 실천하는 것이 자기의 임무이기 때문에 막중하지 않겠는가? 죽은 뒤에야 이를 그만둘 수 있으니 또한 멀지 않겠는가?"
> 曾子曰: "士不可以不弘毅, 任重而道遠. 仁以爲己任, 不亦重乎? 死而後已, 不亦遠乎?" (泰伯 08.07)

성인聖人에게 있어 책임은 '인'이나, 우리에게는 '목표'이고 '꿈'이다. '꿈'은 '희망'이다. '희망'이 없다는 것은 죽음과 같다. 만약에 꿈이 없다고 한다면, 골인점없이 달리는 마라토너와 같다.

한 발 한 발 힘들게 내딛는 오르막길을 골인점이 없이 달릴 수 있겠는가. 희망이 있기 때문에 인생의 긴 여정을 힘 드는 줄 모르고 열심히 끝까지 달리는 것이다.

생명이 끝나가는 노파가 있었다. 아들이 노파의 임종을 보기 위해 외국에서 오는 중이었다. 영국에서 배를 타고 일주일이 걸려야 집에 도착할 수 있다. 노파는 마지

도(道)

막으로 한번만 더 아들의 얼굴을 보겠다는 일념으로 한 가닥 숨을 유지하였다. 이제 눈을 뜰 수 있는 기력도 없었으나, 아들이 돌아와 노파의 손을 잡자 숨이 멈췄다. 아들에 대한 사무친 그리움이 노파의 생명을 일주일 더 유지하게 한 것이다.

어느 한 절실한 기독교인이 심한 교통사고로 의식을 잃은 채 몇일 동안이나 깨어나지 못하고 있었다. 의사는 이 정도의 부상이면 회복이 불가능하다고 하였다. 그러나 그는 하나님을 위하여 해야 할 일이 있다고 굳게 믿고 있었다. 그리고 하나님이 자신을 보호해 줄 것이라고 굳게 믿었다. 굳은 신념이 그를 일으켜 세웠고, 그 후 오랜 세월 동안 선교사로 활동하였다. 담당 의사는 장기가 심하게 손상되어 정상적인 활동을 할 수 없음에도 별 탈없이 오랜 기간 동안을 살아가는 그 신자를 과학적으로 이해할 수 없었다. 이 경이로움이 바로 신념이자 꿈이다.

우리 모두에게는 모두 각자의 꿈이 있다. 내 인생의 운명을 바꿀 만한 큰 꿈이 있다. 그래서 사소한 일로 남을 미워하고 시기하고, 자그마한 실수로 가슴 아파하는 작은 가슴이 아니다.

꿈을 향하여 앞으로 전진하기 위해서는 넓은 도량과 굳센 의지가 필요하다. 즉 '홍의弘毅'해야한다. '홍弘'은 도량이 넓고 크며, '의毅'는 굳세고 강한 의지이다.

홍의(弘毅)

사소한 일로 남과 다투지 마라. 큰 가슴을 가진 '홍의弘毅'한 사람이 어찌 사소한 일로 마음 아파하는가. 저 앞에 우리를 기다리는 목표가 있는데, 갈 길이 먼 우리가 아이들 같은 싸움이나 하고 있다면 이 얼마나 우스운 일인가!

두보는 높은 태산에 올라보니 다른 산들이 작음을 알 수 있다고 하였다.

> "태산은 어떠하던가? 제나라와 노나라에 걸쳐서 푸르른 모습이 끝이 없도다.
> 조물주는 신령스럽고 빼어난 기운을 모아 놓았네. 산의 앞쪽과 뒤쪽은 밤과 새벽을 갈라 놓았네.
> 층층의 구름이 생겨나서 마음이 깨끗이 씻겨지고, 눈을 뜨니 돌아가는 새가 보인다.
> 산 꼭대기에 올라선다면 한 눈으로 작은 뭇 산들을 볼 수 있겠네."[1]

태산에 올라보니 그 높다하던 산들도 작아 보이는 것이다. 언덕에 올라서면 평지가 보일 것이고, 뒷동산에 올라가면 마을이 보일 뿐이지만, 천왕봉에 올라서면 뭇 산과 발아래 구름이 펼쳐질 것이다.

---

1) "岱宗夫如何, 齊魯青未了. 造化鍾神秀, 陰陽割昏曉. 蕩胸生層雲, 決眦入歸鳥. 會當凌絶頂, 一覽衆山小."(杜甫, 〈望嶽〉)

나의 목표가 백 미터이면 백 미터만 갈 수 있지만, 천 미터이면 천 미터, 만 미터이면 만 미터를 갈 수 있는 것이다.

꿈을 크게 멀리 잡아라.

아무리 멀어도 뚜벅뚜벅 소 걸음으로 평상심을 잃지 않고 걸어가면 된다.

"아름드리 큰 나무도 조그마한 싹에서 자랐고, 9층의 높은 누대도 한 줌의 흙에서 시작되었으며, 천리 길도 한 발자국을 내 딛는데서 부터 시작되었다. 끝머리를 신중히 하기를 시작할 때와 같이 하면 실패하는 일이 없다." 노자가 한 말이다.

> "한 아름의 큰 나무도 터럭끝 만한 싹으로부터 생겨난 것이고, 9층의 누대도 한 줌의 흙을 쌓는데서 부터 세워진 것이며, 천리길도 한 발자국을 내딛는데서 부터 가게 되는 것이다. ……거의 성공할 단계에서 실패를 하는데, 끝머리를 신중히 하기를 시작할 때와 같이 하면 곧 일에 실패하는 일이 없게 될 것이다."[1]

2002년 우리가 외쳤던 '꿈은 이루어진다'를 한자어로 '유지자사경성有志者事竟成'이라 한다.[2] 뜻이 있는 자는 반드시 성공한다.

지금의 어려움은 큰 짐을 짊어지고 멀리 가기 위한 필수적인 과정이다.

"하늘이 큰 임무를 맡기려 하면, 그 사람의 심지를 먼저 불편하게 하고 몸을 피곤하게 하며, 굶주리고 궁핍하게 하고, 하는 일을 어그러뜨리고 어지럽힌다"하였다. 이것은 그 사람을 분발시키고자 하며, 인내력을 갖게 하고, 부족한 부분을 채워주기 위한 것이다. 사람이 우환이 있어야 살아남을 수 있고, 편안하면 생명력을 가질 수 없다.[3]

---

1) "合抱之木, 生于毫末; 九層之臺, 起于累土; 千里之行, 始于足下. ……常于幾成而敗之. 愼終如始, 則無敗事." (《老子》 64章)

2) "有志者事竟成." (뜻이 있으면 일은 이루어진다.) (《後漢書》)

3) "故天將降大任於是人也, 必先苦其心志, 勞其筋骨, 餓其體膚, 空乏其身, 行拂亂其所爲, 所以動心忍性, 曾益其所不能. 人恒過, 然後能改. 困於心, 衡於慮, 而後作. 徵於色, 發於聲, 而後喩. 入則無法家拂士, 出則無敵國外患者, 國恒亡. 然後知生於憂患, 而死於安樂也." (그러므로 하늘에서 그러한 사람들에게 큰일을 맡기는 임무를 내리려면 반드시 먼저 그들의 심지心志를 괴롭히고, 그들의 근골筋骨을 수고롭게 하고, 그들의 육체를 굶주리게 하고, 그들 자신에게 아무것도 없게 하여서, 그들의 하는 것이 그들이 해야 할 일과는 어긋나게 만드는데, 그것은 마음을 움직이고 자기의 성질을 참아서 그들이 해내

맹자가 한 말이다.

지금의 역경은 한 걸음 더 앞으로 나가기 위한 디딤돌이다.

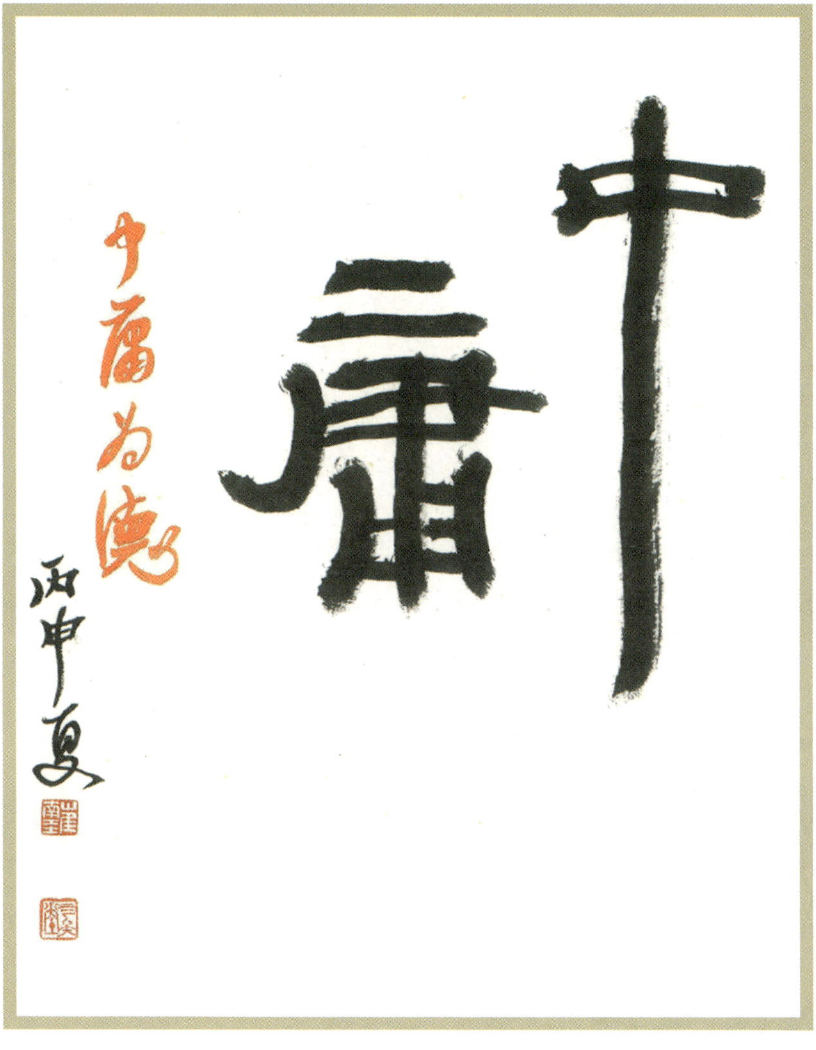

중용(中庸), 중용위덕(中庸爲德)

지 못하던 일을 더 많이 할 수 있게 해주기 위해서이다. 사람들은 언제나 과오를 저지르고 난 후에야 고칠 수 있고, 마음속으로 번민하고 생각으로 달아 보고난 후에야 하고, 안색으로 나타내고 음성으로 발하고 난 후에야 안다. 들어가면 법도法度있는 세가世家와 보필輔弼하는 선비가 없고, 나가면 적국과 우환이 없다면 그런 나라는 언제든 멸망한다. 그렇게 되고난 후에야 우환 속에서는 살고 안락 속에서는 망한다는 것을 알게 된다.) (《孟子·告子下 》)

21. 怨天尤人 원천우인

하늘을 원망하고 사람을 탓하다

'원천우인怨天尤人'의 '원怨'은 '원망하다', '우尤'는 '과실'·'잘못'·'비난하다'·'탓하다'의 뜻이다. '하늘을 원망하고 사람을 탓하다'는 뜻이다.

'(怨)'자를 고문은 '(㖵)'으로 쓴다. '怨'자 중의 소리부 '夗'은 원래 고문 중의 '口'·'㔾(卩)'이 와전된 것이 아닌가 한다. '㖵'자는 '꿇어 앉아 꾸지람을 듣는 모습'이다. 후에 '원망하다'의 파생어로 쓰인다. 전국戰國시기 초楚나라 문자는 ''·''으로 쓴다. '사람이 다른 사람의 말을 듣고 있는 모습'이 더 잘 표현되고 있다.

어느 날 공자는 자신을 알아주는 사람은 없고 오직 하늘만이 안다고 한탄하면서, "자신은 하늘을 원망하지도 않고 남을 탓하지도 않으며, 하찮은 것부터 배워서 수준 높은 것까지 이루었다"고 하였다.

> 공자가 말하였다. "나를 아는 사람이 없구나."
> 자공이 물었다. "어째서 선생님을 아는 사람이 없습니까?"
> 공자가 말하였다.
> "나는 하늘을 원망하지 않고, 남을 탓하지 않으며, 하찮은 것에서부터 배워서 수준 높은 것에 이르나니 나를 아는 사람은 하늘이구나."
> 子曰: "莫我知也夫!" 子貢曰: "何爲其莫知子也?" 子曰: "不怨天, 不尤人. 下學而上達, 知我者其天乎!" (憲問 14.35)

'원천우인怨天尤人'은 공자 자신은 "하늘을 원망해본적도 없고, 남을 탓해 본적도 없다"는 말에서 유래하였다. 공자가 일생동안 자신의 신념을 관철시키기 위하여 노력하였지만, 정치적으로 그의 주장이 받아들여지지 않는 것에 대한 일종의 푸념이다.

공자도 나이 50이 되어서야 지천명知天命하였으니, 천명을 안다는 것은 매우 힘든 일인가 보다.

우리는 종종 자신의 운명을 한탄한다. 가진 자는 가진 자대로, 없는 자는 없는 대로 자신의 운명이 순탄하지 않다고 원망한다. 잘 하면 제 탓이고, 잘못되면 조상 탓이다.

이미 나에게 주어진 운명을 거역하면서 살려고 한다.

"하늘의 뜻을 따르는 자는 생존하고, 하늘의 뜻을 거슬리는 자는 멸망한다." 맹자가 한 말이다.[1)]

순리대로 살아가는 것이 하늘의 뜻대로 사는 것이다.

있는 그대로 자연 그대로 살아가면 되는데, 이를 거스르고 역행하고 파괴하기 때문에 시비가 생기고 문제가 생기는 것이다.

위정자들이 백성의 소리를 듣지 않고 거역하는 것은 천명을 따르지 않는 것이다. 나라가 시끄럽고 혼란스러운 것은 소인배들이 백성들 위에서 위세를 부리고 교묘한 명분을 앞세워 자신의 이득을 취하려 들기 때문이다.

'우인尤人'은 남의 탓으로 돌리는 것이다.

공자는 "군자는 자기 탓을 하지만, 소인은 남 탓을 한다"하였고,[2)] "자신을 엄중하게 책망하고 남은 가볍게 책망하면 남으로부터 원망을 멀리할 수 있다"고하였다.[3)]

남의 탓으로 돌리는 것은 일종의 책임회피이다. 자신이 잘못할 때는 당연한 듯이 행동하고 남이 잘못하면 죽이기라도 할 듯이 책망한다. 남을 용서할 줄 모르는 사람이 대부분 남으로부터 용서 받기를 좋아한다.

중국 원나라 왕운王惲이 《옥당가화玉堂嘉話》에서 "대장부라면 남을 용서하기는 해도 남에게 용서받으려고는 하지마라"하였다.[4)]

맹자는 "자신의 행위에 만족스런 결과를 얻지 못하면 그 잘못의 원인을 자신에게서 찾아야 한다"하였다.

1) "順天者存, 逆天者亡." (하늘을 따르는 자는 살고, 하늘을 거슬리는 자는 죽는다.) (《孟子·離婁上》)

2) "子曰: '君子求諸己, 小人求諸人.'"(衛靈公 15.21)

3) "子曰: '躬自厚, 而薄責於人, 則怨遠矣.'" (衛靈公 15.15)

4) "大丈夫當容人, 勿爲人所容." (元, 王惲, 《玉堂嘉話》)

맹자가 말하였다.

"남을 사랑했는데도 친해지지 않으면 자신이 베푼 인애(仁愛)가 어떠했는지 반성하고, 남을 다스렸을 때 관리가 잘 되지 않는다면 자신이 지혜로운지 반성하고, 남에게 예의를 갖추었는데도 반응이 좋지 않으면 자기의 공경심을 반성하여야 한다. 또한 자신의 행위에 만족스러운 결과를 얻지 못하면, 모두 자기에게서 그 원인을 찾아야 한다. 자기 자신이 바르면 천하가 곧 자기에게로 돌아오는 것이다. 《시경》에 이르기를 '길이 천명에 배합할 것을 생각함이 스스로 많은 복을 구하는 길이다'라 하였다."

"愛人不親, 反其仁. 治人不治, 反其智. 禮人不答, 反其敬. 行有不得者皆反求諸己, 其身正而天下歸之. 《詩》云: '永言配命, 自求多福.'"(《孟子·離婁上》)

문제는 남에게 있는 것이 아니라, 나 자신에게 있다.

남을 책망하고 비평할 때, 상대방이 그럼 너는? 하고 되물었을 때, 그래 나는 잘했다고 자신 있게 대답할 수 있을 때가 몇 번이나 되던가? 아마 거의 없을 것이다. 상대방이 설사 잘못했다 해도 비난보다 따뜻한 한마디가 오히려 상대방을 더 가슴 뜨끔하게 할지도 모른다. 용서보다 더 무서운 채찍은 없다.

덕(德)

한 청년의 이야기다.

형은 항상 일등이었고, 부모님의 사랑을 독차지 하였다.

자신은 부모님의 관심 밖이었고, 학교에서는 문제아였다. 집이 밉고 학교가 싫어 가난한 집에서 어렵게 마련한 형의 대학 등록금을 훔쳐 가출하였다. 여기저기 떠돌다가 집에 돌아와 보니, 형은 대학을 포기하고 직급이 낮은 공무원이 되어 있었다.

형은 무릎을 꿇은 동생을 일으켜 세우며, '돌아왔으면 됐다'라며 등을 두들겨 주었고, 부모 역시 따뜻하게 맞이해 주었다. 차라리 욕설이라도 퍼붓고 때리기라도 하면 속이 후련하였겠지만, 더욱 가슴이 메어지는 듯했다.

그 후 청년은 다시 공부를 시작하였고, 후에 큰 회사의 사장이 되었다.

가난은 죄도 아니고, 운명도 아니다. 하늘을 원망할 일은 더욱이 아니다. 어떻게 사느냐의 문제다.

재산 싸움에 형제간에 싸우고 이간질하고 원수같이 지내는 것보다, 누추한 집에 살아도 형제간에 우애하면서 얼마든지 더 행복하게 잘 살 수 있는 것이다.

공자가 동이東夷에 가서 살고 싶어 하였다.

"그곳은 누추한 땅인데 어떻게 사시려 합니까?" 어떤 사람이 물었다.

"동이는 경제적으로 뒤떨어진 누추한 땅이지만 도덕적으로 예禮를 실현할 수 있는 곳이다. 군자가 사는데 어찌 누추하다하겠는가?"[1] 공자의 대답이다.

공자는 삶의 질을 강조하였다.

잘 살고 못사는 것은 금전을 얼마만큼 가지고 있느냐가 아니라, 어떻게 사느냐가 더 중요하다.

산은 높아서 명산이 아니라 신선이 살고 있기 때문에 명산인 것이고, 물이 깊지 않아도 용龍이 살기 때문에 영수靈水인 것이다. 아래는 유우석劉禹錫의 〈누실명陋室銘〉 중 한 구절이다.

---

1) "子欲居九夷. 或曰: '陋, 如之何?' 子曰: '君子居之, 何陋之有?'" (子罕 09.14)

"산이 높지 않아도 신선이 있으면 명산이요.
물이 깊지 않아도 용이 있으면 영수라지.
이곳은 비록 누추한 집이나 오직 나의 덕은 향기롭다네."[1)]

궁자후박책인(躬自厚薄責人)

1) "山不在高, 有仙則名. 水不在深, 有龍則靈. 斯是陋室, 惟吾德馨."(唐, 劉禹錫, 〈陋室銘〉)

22. 欲速不達 욕속부달

성급하게 이루려 하면 목적에 다다를 수 없다

'욕속부달'은 '성급하게 목표를 달성하려고 하면 오히려 목표에 도달할 수 없다'는 말이다.

자하子夏가 거보莒父의 읍재邑宰가 되었을 때 정치에 대한 물음에 공자의 대답이다.
"속히 달성하려고 하지 말고 조그만 이득을 보려고 하지 말라. 속히 달성하려고 하면 오히려 실패할 수 있고, 자그마한 이득에 집착하면 큰일을 이룰 수 없다."

> 자하가 거보의 읍재가 되어 정치에 대하여 물었다.
> 공자가 말하였다.
> "속히 하려고 하지 말고, 조그만 이익을 보지 말아야한다. 속히 하려고 하면 도달하지 못하고, 조그만 이익을 추구하면 큰일을 이룰 수 없다."
> 子夏爲莒父宰, 問政. 子曰: "無欲速, 無見小利. 欲速, 則不達, 見小利, 則大事不成."(子路 13.17)

부실공사의 원인은 업자의 농간으로 자재가 재대로 사용되지 않는 경우가 가장 큰 원인이지만, 또 하나의 중요한 이유는 빨리 일을 마치려는 '욕속欲速' 때문이다.

7,80대에서 90년 사이에 경제부흥의 붐을 타고 건설 사업이 한창일 때, 1995년에 삼풍백화점이 무너져서 500여 명이라는 사상자를 냈고, 1994년에 성수대교가 무너져 30여명이 숨지는 대형사고를 우리는 아직도 기억하고 있다.

전쟁을 겪고, 가난에서 벗어나기 위한 몸부림이었을 수도 있겠지만 그렇다고 사람의 목숨을 담보로 하는 빨리빨리의 속전속결은 절대 있어서는 안 된다.

'와행우보蝸行牛步'라는 말이 있다. '와蝸'는 달팽이를 가리킨다. 달팽이와 소의 걸음걸이 같이 매우 느리게 걸어가는 것을 말한다.

느림은 오히려 좋은 점이 많다. 여행 할 때에도 여러 곳을 눈도장만 찍지 말고, 천천히 둘러봐야 그곳의 향취를 더 느낄 수 있다.

계획을 너무 타이트하게 잡지 말고 시간을 두고 천천히 진행할 수 있어야 일에 보람도 느낄 수 있고 일을 즐길 수 있으며, 일이 제대로 이루어진다.

천천히 가자. 쉬었다 가자. 가다가 그늘이 있으면, 짐을 내려놓고 촌부가 건네 준 물 한 바가지가 얼마나 단맛인지 고마운 일인지 느껴라. 길가에 피어난 작은 들꽃을 보자. 화려한 꽃보다 작고 소박한 꽃의 아름다움을 느껴라. 고개를 들어 저 들판을 보고 산의 푸르름을 보고 한가하게 떠있는 하얀 구름을 바라 보아라.

백성을 위한 정치는 더욱더 장기적인 계획이 필요하다. 당장의 과시용으로 포장할 작은 성과나 자신의 임기 내에 끝마치려 하는 욕심이 아닌 진정으로 나라를 위해 심사숙고한 장기적 계획이어야 한다.

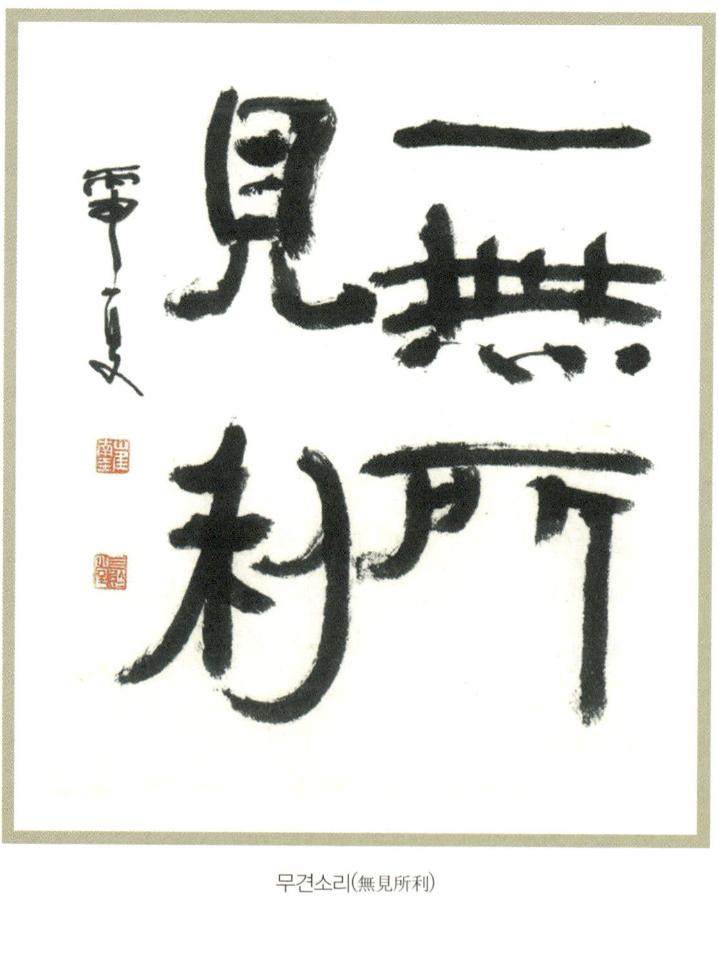

무견소리(無見所利)

나라의 주인이 바뀌면 전직 대통령의 모든 것을 부정하고, 이미 상당한 진전이 있는 일들마저 무조건 취소하려 한다. 이 얼마나 시간 낭비이며, 경제적 낭비인가?

시샘과 질투가 아니라, 진정으로 나라를 걱정하는 마음으로 냉정하게 생각하여 좋은 방향으로 시정하면서 지속적으로 발전시켜 보다 효율적으로 결말을 맺을 수 있도록 해야 한다.

각 시대마다 문제점이 있다. 없을 수 없다. 농부는 농부대로 상인은 상인대로 아픔이 있다. 아픔이 있을 때, 이러한 문제들을 해결해 줄 수 있는 정치가나 지식인을 갈망한다. 자신의 정치 이념을 실현하기 위하여, 끼리끼리의 정당을 위하여, 개인의 목적을 위하는 이러한 기존의 정치가에 염증을 느끼면, 국민들은 우리 목전의 문제들을 해결해 줄 것 같은 현명한 정치가에게로 눈을 돌리는 것이다.

많은 위정자들은 자신이 제일이고, 국가를 가장 잘 이끌어 갈 수 있는 인물이고, 내가 아니면 안 된다고 하는 오만으로 마음이 흐려져 있어 역사의 흐름을 인식하지 못한다.

국민인 우리가 바라는 건, 당장의 눈앞에 던져 주는 눈가림용 사탕이 아니라, 밥그릇 챙기기 위하여 보여주는 꼼수의 성과 부풀리기가 아니라, 정치가와 백성이 한마음 한 뜻이 되어 미래 지향적인 바람직한 사회의 건설을 위하여 노력하는 것이다.

> 자공이 정치에 관하여 물었다.
> 공자가 말하였다.
> "식량을 흡족하게 하고, 군비를 흡족하게 하고, 백성들로 하여금 믿게 하는 것이다."
> "나라를 다스리는데 있어, 식량과 군사와 백성의 신뢰 중에서 부득이 하게 한 가지를 버려야 한다면 우선 무엇을 버려야 합니까?"
> "군대를 버려야 한다." 공자가 말하였다.
> "반드시 한 가지를 버리지 않으면 안 된다면 남은 두 가지 가운데에서 무엇을 먼저 버려야 합니까?"
> "식량을 버려라. 옛날부터 죽음이란 모든 사람에게 다 있어 왔다. 국민들이 위정자를 믿지 않으면 정치를 해나갈 수 없는 것이다." 공자의 대답이다.
> 子貢問政. 子曰: "足食, 足兵, 民信之矣." 子貢曰: "必不得已而去, 於斯三者何先?"
> 曰: "去兵." 子貢曰: "必不得已而去, 於斯二者何先?" 曰: "去食. 自古皆有死, 民無信不立." (顔淵 12.07)

배고픔보다는 더 중요한 것은 신뢰이다.

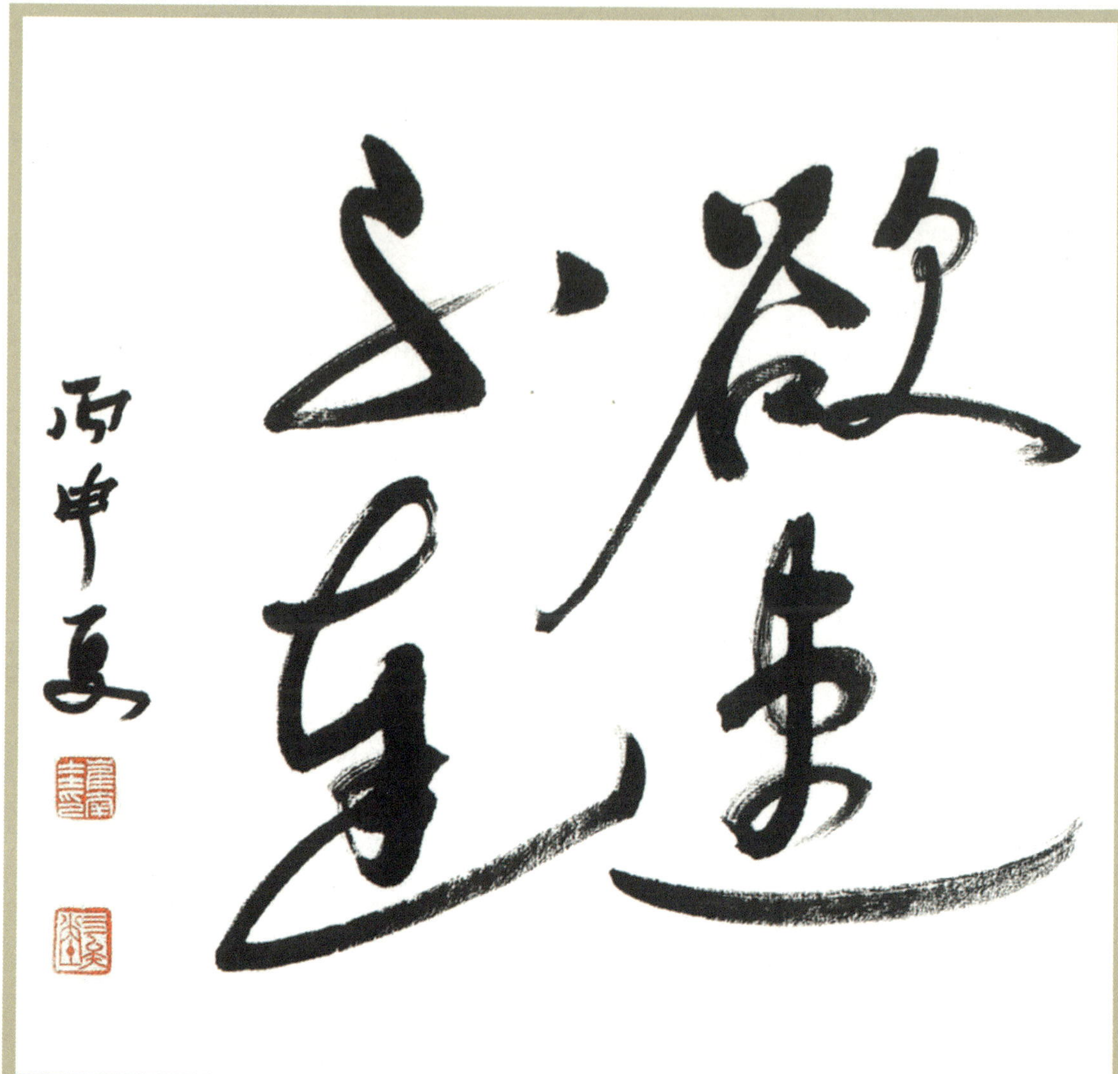

욕속부달(欲速不達)

23. 逝者如斯 서자여사

인생은 흘러가는 물과 같다

'서자여사'는 '가는 것이 이것(강물)과 같다'라는 말이다.

'서逝'는 '가다', '여如'은 '마치 ~과 같다', '사斯'는 '흘러가는 강물'을 가리키는 대사로 '이것'이라는 뜻이다.

> 공자가 냇가에 서서 흘러가는 강물을 보고 한탄하였다.
> "흘러가는 것이 이와 같구나, 밤낮으로 쉬지 않고 흘러가는 구나!"
> 子在川上曰: "逝者如斯夫! 不舍晝夜." (子罕 09.17)

위의 구절은 흘러가는 세월의 덧없음을 한탄한 내용으로, 혹은 세월은 물과 같이 빨리 지나가니 시간을 아껴야한다거나, 혹은 강물이 끊임없이 흘러가듯 심신을 위하여 멈춤 없이 수양하여야 한다는 뜻으로 이해한다.

앞 뒤 문장이 없으니 공자의 정확한 뜻을 알 수가 없다.

흘러가는 강물은 과거 현재 미래가 자연의 질서에 따라 순환되어지는 것이다. 지금 우리 눈앞에 있는 강물은 저 앞에서 흘러왔고, 현재 강물이 흘러가면 과거가 되듯이, 봄 여름 가을 겨울 자연의 질서가 유기적으로 순환되는 것과 같다.

우리의 인생 역시 흘러가는 강물이다. 지금은 현재이지만, 이전엔 알 수 없었던 미래였고, 곧 과거가 되어 사라지는 자연 질서의 일련의 과정이다.

현재가 과거가 되어야 하는데, 영원히 현재이기를 바라는 욕망과 착각 때문에, 불로장생을 추구하다가 오히려 약물남용으로 단명하기도 하고, 영원히 소유할 수 있다고 착각하는 탐욕을 부리기도 한다.

"흐르는 물이 썩지 않고, 문지도리가 좀을 먹지 않는 것은 쉬지 않고 움직이기 때문이라" 하였다.[1] 인간의 생명 역시 흐르는 물과 같다. 흘러가지 않고 이 세상에 영원히 머물러 있으면 신진대사가 되지 않으며 그러면 사회는 고인물처럼 썩는다. 천수가 다 하면 다음 세대를 위해 미련없이 기꺼이 떠나가야 한다. 신구 교체가 활발하게 진행되어야 사회가 건강하고 발전적이다.

소동파蘇東坡는 적벽부赤壁賦에서 '서자여사逝者如斯'를 강물과 달에 비유하면서 변하지 않는 영원한 자연의 질서로 보았다.

흐르는 강물이 '서자여사逝者如斯'하지만, 다 흘러가버린 적이 없고, 달이 차고지는 것이 같지만 끝내 사라지거나 줄어드는 법이 없는 것이다. 변하는 쪽에서 보면 천지도 일순간이 못되지만, 변하지 않는 쪽에서 보면 만물과 내가 다함이 없는 것이다. 아래는 소동파蘇東坡 〈적벽부赤壁賦〉의 한 구절이다.

> 객은 또한 저 강물과 달을 아는가? 흐르는 강물이 이처럼 흘러가지만, 일찍이 다 흘러가 버린 적이 없고, 달이 차고지는 것이 저와 같지만 끝내 사라지거나 줄어드는 법이 없다. 변하는 쪽에서 보면 천지도 일순간이 못되지만, 변하지 않는 쪽에서 보면 만물과 내가 다함이 없는 것이다.[2]

소동파의 낙관적이고 긍정적인 생각이 좋다.

인간은 이기적인 동물이다. 자신이 죽으면 이 세상이 모두 끝나는 것으로 안다. 지금 세상이 내 것인 줄만 안다. 과거의 선인들이 우리에게 물려주었듯이, 우리도 깨끗이 한 세상 잘 쓰고, 고스란히 다음세대에게 자리를 내 주어야한다. 꽃 한 포기, 깨끗한 공기, 아름다운 강산, 대자연 모든 것이 내 것 만이 아니다.

미래 세대가 이 세상이라는 공간으로 곧 들어오려고 문 앞에서 기다리고 있는데, 방안 곳곳이 구질구질하게 청소도 하지 않고 비어준다면, 얼마나 파렴치한 일인가.

물은 너무나 흔하기 때문에 고마움을 종종 잊고 살고, 특별한 맛이 없는 담담함 때문에 좋지 않는 의미로 쓰일 때가 있다.

---

1) "流水不腐, 戶樞不蠹, 動也." (《呂氏春秋·盡數》)

2) "客亦知夫水與月乎? 逝者如斯, 而未嘗往也. 盈虛者如彼, 而卒莫消長也. 蓋將自其變者而觀之, 而天地曾不能一瞬, 自其不變者而觀之, 則物於我皆無盡也."(蘇東坡, 〈赤壁賦〉)

내가 물인가? 내가 봉인가라는 뜻이다.

물 쓰듯 하다.

물은 많은 미덕美德을 지니고 있다하였다.

자공이 공자에게 군자들이 큰 강물을 보면 유심하게 바라보는 이유를 묻자, "물은 덕德·의義·도道·용勇·법法·정正·찰察·선화善化와 같은 미덕을 지니고 있기 때문"이라 하였다. 아래는 《공자가어孔子家語》의 내용이다.

> 공자가 동쪽으로 흘러가는 강물을 바라보고 있었다.
> 자공이 물었다.
> "군자들이 큰 강물을 보면 유심하게 바라보는데, 그 이유는 무엇입니까?"
> 공자가 대답하였다.
> "쉬지 않고 흘러가며 두루 미치며, 모든 생물을 길러 주면서도 그 덕德을 자랑하지 않기 때문에 물은 덕을 지닌 것과 같다. 낮은 곳으로 흘러가면서도 반드시 그 이치를 따르니 이것은 의리(의義)를 지니고 있는 것과 같다. 또 넓고 넓은 것이 굽히고 도도하게 흘러 다하는 때가 없으니 도道를 지닌 것과 같다. 백 길이나 되는 골짜기를 돌아가면서도 두려워하지 않으니 용맹(용勇)스러운 것과 같다. 양이 많아지면 반드시 평평해지니 법法과 같은 특정을 지닌 것과 같다. 아무리 가득 차더라도 기울어지지 않으니 정직(정正)을 지닌 것과 같다. 곱고 가늘고 미세한 것까지 통하니 명찰(찰察)한 것과 같고, 근원을 떠나서 동쪽으로만 가는 것은 마치 의지(지志)를 지닌 것과 같고, 나아가기도 하고 들어가기도 하여 만물이 깨끗해지니 변화(선화善化)무쌍한 것과 같다. 물의 덕이 이와 같은 까닭에 군자는 물을 만나면 반드시 오래 보게 되는 것이다."[1)]

쉬지 않고 흘러가며 모든 생물을 길러 주면서도 자랑하지 않으니 덕德을 지녔다.

낮은 곳으로 흘러가는 이치를 따르니 의리(의義)를 지녔다.

도도하게 흘러 다하는 때가 없으니 도道를 지녔다.

백 길이나 되는 골짜기를 돌아가면서도 두려워하지 않으니 용맹(용勇)하다.

양이 많아지면 반드시 평평해지니 법法과 같은 특정을 지녔다.

아무리 가득 차더라도 기울어지지 않으니 정직(정正)을 지녔다.

곱고 가늘고 미세한 것까지 통하니 명찰(찰察)한 것과 같다.

---

1) 孔子觀於東流之水. 子貢問曰: "君子所見大水必觀焉, 何也?" 孔子對曰: "以其不息, 且遍, 與諸生而不爲也, 夫水似乎德. 其流也則卑下倨邑, 必修其理, 此似義. 浩浩乎無屈盡之期, 此似道. 流行赴百仞之嵠而不懼, 此似勇. 至量必平之, 此似法. 盛而不求概, 此似正. 綽約微達, 此似察, 發源必東, 此似志. 以出以入, 萬物就以化絜, 此似善化也. 水之德有若此, 是故君子見必觀焉." (《孔子家語·三恕》)

근원을 떠나서 동쪽으로만 가는 것은 의지(지志)가 있다.

나아가기도 하고 들어가기도 하여 만물이 깨끗해지니 변화(선화善化)무쌍한 것이다.

노자 역시 물의 예찬론자다. 최고의 선善은 물과 같다하여 '상선약수上善若水'라 하였다.

"물은 그 선함이 만물을 이롭게 해주면서도 다투지 아니하고, 여러 사람이 싫어하는 낮은 위치에 처하기 때문에 도道와 가깝다"라 하였다.

> "최상의 선이란 물과 같은 것이다. 물의 선은 만물을 이롭게 하지만 다투지 아니하고, 여러 사람들이 싫어하는 낮은 위치에 처신하기 때문에 도에 가깝다할 수 있다."[1]

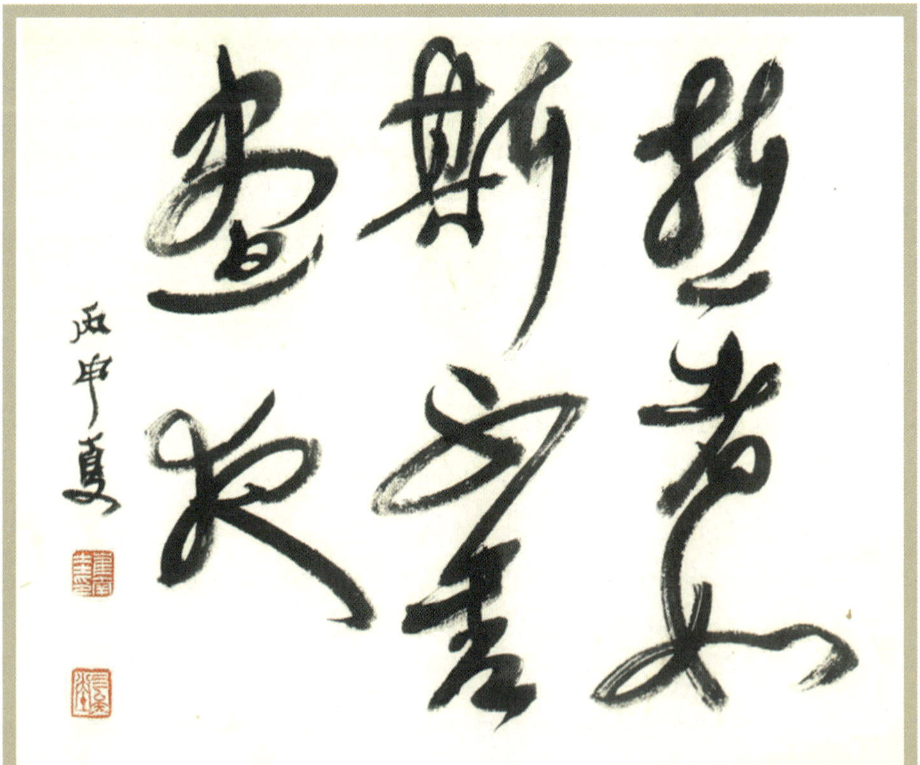

서자여사, 불사주야(逝者如斯, 不舍晝夜)

1) "上善若水, 水善, 利萬物而不爭, 處衆人之所惡. 故幾於道." (《老子》 8章)

24. 色厲內荏 색려내임

속과 겉이 다른 사람이 되지 마라

'색려내임'은 겉으론 용감한 척 하지만, 사실상 겁쟁이거나, 또한 겉과 속이 다른 표리부동表裏不同한 사람을 가리키기도 한다.

'색色'은 '안색'이나 상대방을 대하는 '외형적인 태도'이고, '여厲'는 '사납다'·'심하다', '내內'는 '속 마음'이나 '실질적인 행동거지 혹은 태도', '임荏'은 식물 '들깨'를 가리키거나 '부드러운 모양'을 뜻한다.

외모는 다부지지만 마음은 무르거나 겉으로는 강해 보이지만 사실상 나약한 겁쟁이라는 뜻이다.

논어에서 '색려내임'은 자격도 없는 사람이 자리를 차지하고 있으면서, 자기의 무능함을 감추기 위해 얼굴빛은 위엄이 있지만 마음은 조마조마하고 있음을 말한다. 또는 당시 위정자들이 엄숙하고 위엄있는 태도로 백성을 대하나 사실상 내심은 나약하기 그지없는 도둑과 같은 자라고 풍자하기도 한다.

> 공자가 말하였다.
> "얼굴빛은 위엄이 있으나 마음이 나약한 것은 소인배에 비유하자면, 벽을 뚫고 담은 넘는 도적과 같은 것이다."
> 子曰: "色厲而內荏, 譬諸小人, 其猶穿窬之盜也與!" (陽貨 17.12)

'색려내임'은 우리가 잘 알고 있는 사자성어 '호가호위狐假虎威'·'표리부동表裏不同'·'구시심비口是心非'와 비슷한 말이다.

'호가호위'는 여우가 호랑이의 힘을 빌려 거만하게 잘난 체하며 경솔하게 행동한다는 뜻으로, 남의 권세를 빌려 위세를 부림을 비유하는 말이다.

‘표리부동’은 겉과 속이 다른, 마음이 음흉함을 말한다.

‘구시심비’는 말로는 옳다하면서 마음속으로는 그르게 여기는 것으로, 말로는 예스(yes)를 하면서 마음속으로 부정하는, 겉과 속이 다름을 말한다.

약자 앞에서는 강하고 강자 앞에서는 약해지는 사람이 되서는 안 된다. 진정으로 정의를 실현하려면 강자에게는 강하게 약자는 오히려 감싸고 보살펴줘야 한다.

약한 자는 괴롭히고, 강한 자 앞에서는 한 없이 굽실대는 자를 공자는 가장 큰 욕설인 ‘도적놈’이라고 했다.

지금은 없어졌지만 이전에, 불량배들이 ‘자릿세’라 하면서 포장마차나 노점상에게서 돈을 빼앗고 행패를 부리면서도 경찰이나 상관에게는 비겁한 저자세를 취하곤 했다. 이러한 행위는 사람을 버젓이 앞에 두고 물건을 훔쳐가는 도둑과 같다.

대통령의 친인척 비리가 끊임없이 터져 나온다. 즉 ‘호가호위’하여 개인의 이익을 취한다. 권력에 빌붙어서, 그 권력을 이용하여 부당하게 자신의 재물을 늘리려 한다. 당장은 모두를 속일 것 같지만, 멀지 않아 꼭 들통이 난다. 바르게 행사되지 않은 권력이란 오래 가지 못한다는 것이 진리다. 다음 권력에 의하여 자연스럽게 뒤집히게 된다.

“욕심이 많으면 심신이 상하게 되고, 재물이 많으면 재물에 몸이 얽매여 근심걱정이 생기게 된다.”[1] “청빈낙도淸貧樂道하면 항상 즐겁고 행복해지지만 부정한 방법으로 얻은 부는, 재산을 늘리기는 커녕 근심걱정만 늘어나는 것이다.”[2]

보기엔 대단한 사람인 줄 알았더니 아무것도 아니라는 말을 듣는 것보다, 자신의 진실한 모습을 보여주는 것이 솔직담백하고 보기 좋다.

“알면 안다고 하고, 모르면 모른다고 하는 것이 아는 것”이 듯,[3] 아는 척하려다가 오히려 거짓말을 하게 되고, 어색한 행동을 하게 되어 인격적으로 손상을 입게 된다.

사람은 남에게 잘 보이기 위하여 꾸미기를 좋아한다.

---

1) “欲多傷神, 財多累身.” (중국속담)

2) “淸貧常樂, 濁富多憂.” (《周禮》)

3) “知之爲知之, 不知爲不知, 是知也.”(爲政 02.17)

몸치장은 남을 배려하는 일종의 예의범절일 수도 있으나 지나치면 남의 눈살을 찌푸리게 한다.

꾸밈 중에서 자신에게 직접적인 피해가 오는 것은 지식에 대한 위장이다.[1] 모르면서 아는 척하는 것은 상대방이 금방 알게 되어 오히려 인격적으로 의심을 받게 된다.

'색려내임'한 사람은 남에게 잘 보이려고 그럴 듯하게 꾸며대고 알랑거리는 '교언영색巧言令色'을 잘하고, 권모술수에 뛰어나다.

'외유내강外柔內剛'은 겉으로는 부드럽고 순하나 속은 곧고 꿋꿋한 사람을 말한다.

한두 번 대해 보면 그 사람이 '외유내강'형인지, '색려내임'형인지 바로 알 수 있다.

아부는 듣는 사람도 좋아하지 않는다.

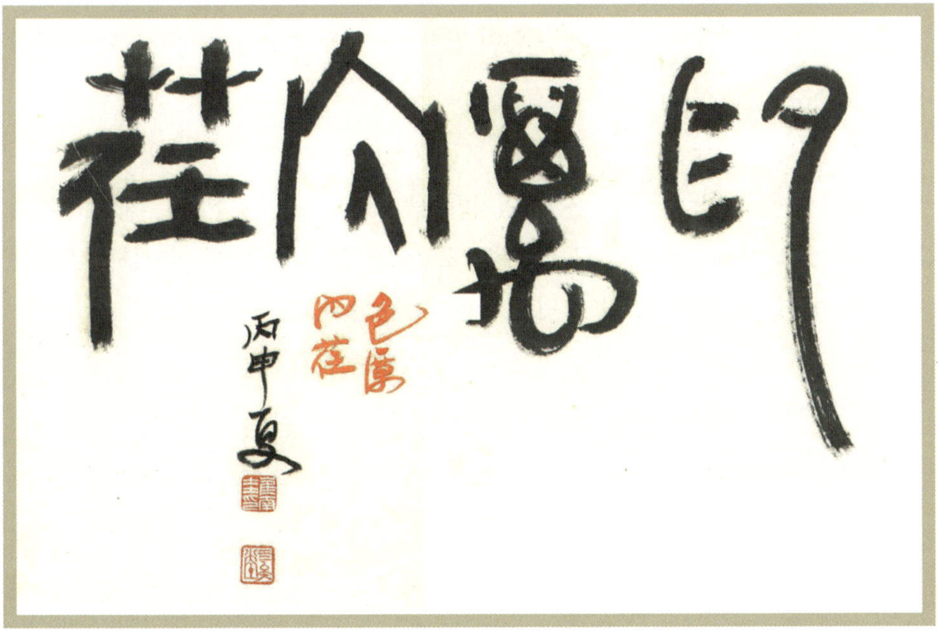

색려내임(色厲內荏)

1) 子曰: "巧言令色, 鮮矣仁."(學而 01.03)·(陽貨 17.17) (공자가 말하였다. "말을 잘 꾸미고 알랑거리는 자 중에 인한 자가 드물다.")

25. 不可奪志 불가탈지

용기와 꿈을 꺾어서는 안 된다

희망과 용기를 잃지 마라.
의지가 상실된다면 죽은 목숨과 같다.
승패의 좌우는 자신감에 있다.

'불가탈지'는 자신의 의지를 빼앗겨서는 안 된다는 뜻이다. '불가不可'는 '할 수 없다'는 뜻이고, '탈奪'은 '탈취하다'·'빼앗다'이고, '지志'는 '의지'나 '자신의 뜻'을 말한다. '(奪)'자를 금문은 ''·''으로 쓴다. '새가 날아갈까 봐 천으로 덮어놓고 손으로 잡고 있는 형상'이다. '도망가다'·'잃어버리다'라는 의미가 파생되었고, 다시 '빼앗다'라는 의미로 파생되었다.

공자는 "군대의 장수는 빼앗을 수 있지만, 설사 필부라도 그 의지를 빼앗을 수 없다"라 하였다. 바꾸어 말하면 군대가 장수를 잃는 것보다 사람이 의지를 상실하는 것이 더 심각한 일이라는 것이다. 의지가 꺾어서는 안 된다는 뜻이다.

> 공자가 말하였다.
> "군대의 장수를 빼앗을 수 있지만, 설사 필부라도 그 의지를 빼앗을 수 없다."
> "子曰: 三軍要奪帥也, 匹夫不可奪志也."(子罕 09.26)

무너진 갱이나 건물에서 인간의 한계를 극복하고 구조된 사람들의 공통점이 있다. 그들에게는 살수 있다는 희망의 의지가 있었다. "살 수 있다고 믿었습니다."

할 수 있다는 의지, 곧 자신감이다.

스포츠에서 자신감은 매우 중요하다. 자신감이 없으면 몸이 긴장하기 때문에 스윙을 제대로 할 수 없다. 매끄럽고 부드럽지 못하기 때문에 좋은 공을 칠 수 없다. 자신감이 없으면 움직임이 둔해진다.

행복은 자신감 있는 삶에 있다. 내 자신의 삶을 살고, 나만의 길을 가도 후회하지 않겠다는 신념이 있어야 한다. 자신의 삶을 살지 못한 사람, 다른 사람의 기대에 부응하기 위해서만 살아온 사람은 성공을 해도 성취감을 느끼지 못한다. 자신감 있는 사람은 실패를 해도 크게 낙심하지 않는다. 자신있게 자신의 삶을 살았기 때문에 후회하지 않는다.

거만하고 오만함을 자신감으로 착각하는 경우가 있다. '나는 다른 사람 신경 안 써'라며 막무가내로 행동하며 마치 자신감을 가지고, 자신의 삶을 살기 때문이라고 착각하는 경우가 있다. 남을 배려하지 않는 오만한 행동은 사회의 악이 된다. 이런 사람은 다른 사람과 어울릴 수 없기 때문에 혼자 살 수 밖에 없다.

사람에게 희망과 의지가 없다면, 삶은 가치가 없게 된다. 하루하루 살아가는 것이 고통일 것이다.

목적지도 없이 왜 길을 걸어가는 줄도 모르면서 뜨거운 사막을 가고 있다고 생각해보라.

젊음은 아름답다. 청년의 아름다움은 실패의 아름다움에 있고 에너지의 아름다움에 있다하였다. 소년은 물보라 같은 꿈이 있어 아름다움답다 하였다. 젊음은 실패가 있어도 다시 일어설 수 있는 의지와 꿈이 있기 때문에 아름다운 것이다.

젊음에 너무 집착하면 노년은 추해진다.

노년이 추한 것은 젊음에 집착하기 때문이고 형태에 얽매이기 때문이다. 중년의 추함은 제대로 알지도 못하면서 아는 척 하는 것에 있다. 젊음의 추함, 청년의 추함은 건방과 오만함에 있다. 소년의 추함, 그것은 어른인척 행세하는 어색함이다. (열등감을 자신감으로 바꾸는 심리학 중에서, 가토 다이조 지음/이정환 옮김)

큰 목표를 정하고 당당하게 걸어라. 당당하고 자신감 있는 모습이 가장 멋진 모습이다. 자신감이 없으면 어깨부터 움츠리게 된다. 하는 일은 효율이 떨어지고 진전이 없다.

강한 자신감을 가져라. 나는 할 수 있다는 자신감. 긴 레이스를 견딜 수 있는 큰 힘이다.

고난 없는 축복은 없다.

"4년 전에는 죽기 살기로 해서 졌어요. 지금은 죽기로 해서 이겼어요. 그게 답입니다."

2012년 런던 올림픽에서 유도 금메달을 획득한 김재범 선수가 한 말이다.

"고난의 운명을 지고, 역사의 능선을 타고, 이 밤도 허우적거리며 가야만 하는 겨레가 있다. 고지가 바로 저긴데 예서 말 수는 없다. 넘어지고 깨어지고라도 한 조각 심장만 남거들랑 부둥켜 안고 가야만 하는 겨레가 있다." 학창시절에 외웠던 이은상의 '고지가 바로 저긴데'의 시 귀이다.

"더 멀리 보려면 한 층 더 올라가야 하듯이(욕궁천리목欲窮千里目, 갱상일층루更上一層樓)," 목적을 달성하기 위해서는 더 많은 노력을 하여야 한다.

지(志), 불가탈지(不可奪志)

〈등관작루登鸛雀樓〉(당唐 왕지환王之渙)

저녁 해 산 넘어 사라지고, 白日依山盡,
황하는 아득한 바다로 흘러드네. 黃河入海流.
눈 보이는 끝까지 천리를 보자면, 欲窮千里目,
한 층을 더 높이 올라야 하네. 更上一層樓.

산을 내려오는 등산객이 올라가는 등산객에게 '안녕하세요. 다 왔습니다'라고 한다. 우리는 빈말인 줄 알면서 올라갈 수 있는 힘과 의지를 얻는다. 주위사람에게 한마디, '고지가 바로 저깁니다. 다 왔습니다'.

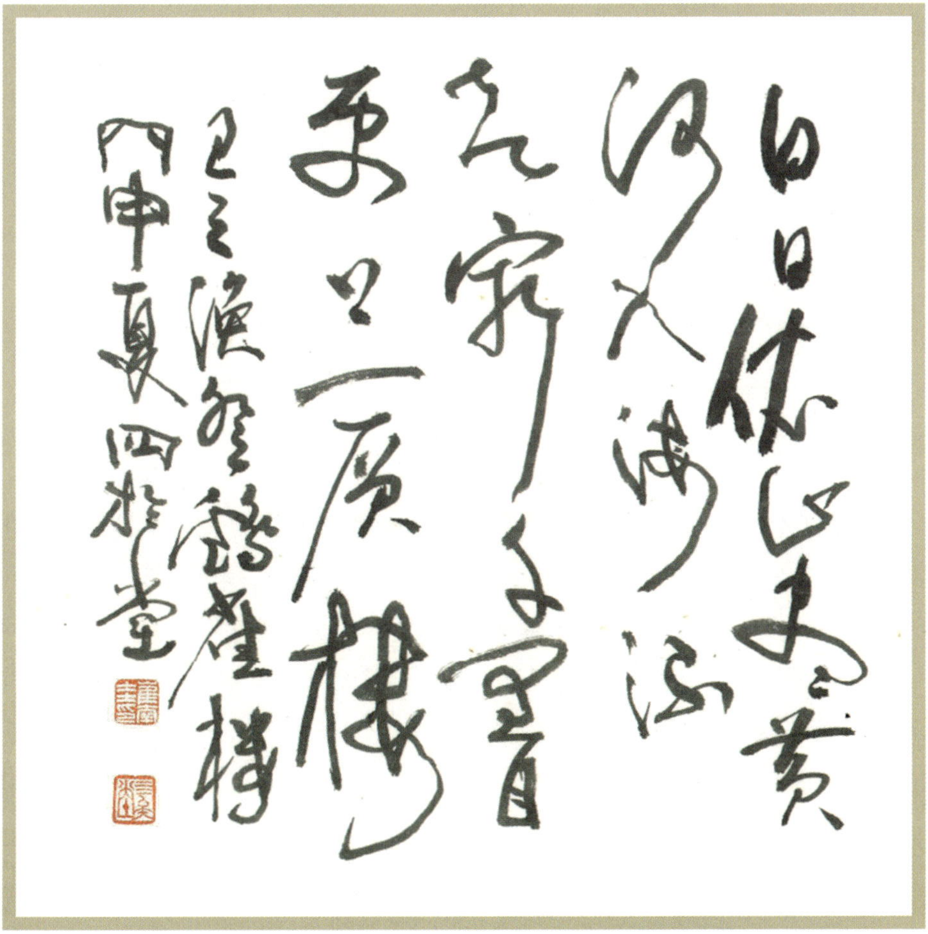

왕지환(王之渙), 등관작루(登鸛雀樓)

26. 以直報怨 이직보원

원한을 정직함으로 갚아라

예수는 "원수를 사랑하라"고 하였다.
부처는 "중생에게 자비를 베풀라"고 하였다.

그렇다면 공자는 원수를 어떻게 대하라 했을까?
"원한怨恨은 정직正直함으로, 덕德은 덕德으로 갚으라"하였다.

'이직보원以直報怨' 중 '이以'는 '~으로써', '직直'은 '정직', '보報'는 '보답하다', '원怨'은 '원한'·'원수'의 뜻이다.

어느 날 어떤 사람이 공자에게 물었다.
"어떤 사람이 원한을 은덕으로 갚으라 했는데, 어떻습니까?"
공자가 말하였다.
"무엇으로써 은덕에 보답하겠는가?
정직함으로 원수에 보답하고, 은덕은 은덕으로 보답하는 것이니라."
或曰: "以德報怨, 何如?' 子曰: "何以報德? 以直報怨, 以德報德." (憲問 14.34)

'이덕보원以德報怨', '원한을 은덕으로 갚으라'는 말은 노자가 한 말이다.

"하지 않음(無爲)을 행하고, 일을 하지 않음(無事)을 하고, 맛 없음을 맛보아야 한다. 작은 것을 큰 것으로 여기고 큰 것은 작은 것으로 여기며, 덕망으로 원한을 갚아야한다. 어려운 일은 그것이 쉬울 때 처리하고, 큰일은 그것이 작을 때 처리하여야 한다. 이는 천하의 어려운 일은 반드시 쉬운 일에서 생겨나고, 천하의 큰일은 반드시 작은 일에서 생겨나기 때문이다. 그래서 성인은 큰일을 하지 않고도 큰일을 완성할 수 있는 것이다."

"하지 않음(無爲)을 행하고, 일을 하지 않음(無事)을 하고 맛 없음을 맛보아야 한다.
작은 것을 큰 것으로 여기고 큰 것은 작은 것으로 여기며 덕망으로 원한을 갚아야한다.
어려운 일은 그것이 쉬울 때 처리하고 큰일은 그것이 작을 때 처리하여야 한다.
이는 천하의 어려운 일은 반드시 쉬운 일에서 생겨나고 천하의 큰일은 반드시 작은 일에서 생겨나기 때문이다.
그래서 성인은 큰일을 하지 않고도 큰일을 완성할 수 있는 것이다."[1)]

노자는 "덕으로써 원수를 갚으라"고 하였는데, 공자는 "정직함이나 의리로써 보답하라"고 하였다. 노자의 생각은 예수와 석가와 같으나 공자의 견해는 좀 다르다.

정직이란 올바름이다. 의리란 합리적인 것이다. 무조건 은덕으로 원수를 사랑하는 것이 아니라, 실질적인 상황에 맞게 대응하라는 것이다. 만약에 아무런 이유없이 막대한 잘못을 저지른 원수는 그 시대 그 상황에 맞게 합리적으로 처리하면 된다는 것이다. 구약성서에 나오는 "눈에는 눈 이에는 이"가 아니라,[2)] 형법에 맞게 한다고 할 수 있다.

"군자는 덕을 그리워하고 소인은 영토를 넓히고자 하며, 군자는 형법을 그리워하고 소인은 혜택 받기만을 좋아한다"라 하였다.

"군자는 덕을 그리워하고 소인은 땅을 그리워 하며, 군자는 형법을 그리워하고 소인은 은혜를 그리워한다."
子曰: "君子懷德, 小人懷土. 君子懷刑, 小人懷惠." (里仁 04.11)

군자는 잘못을 저지르면 그에 따라 정당한 법적 처벌을 받으려 하지만, 소인은 잘못을 저지르고도 이를 어떻게 피해갈까를 고민하여 인맥을 대고 뇌물을 써서 법망을 벗어나려 한다.

논어의 "무엇으로써 은덕에 보답하겠는가?"라는 구절을 "그렇다면 은덕은 무엇으로 갚겠는가"와 연계시켜 '덕德'은 '덕'으로 갚으면 되고, '직直'은 의리의 정직함이 아니라, '한 만큼 그대로 정직하게'로 해석하여 '눈에는 눈 이에는 이'로 이해하기도 한다. 원수가 한 대로 그대로 하라.

그러나 이러한 이해는 논어의 정서와 맞지 않다.

공자는 "인仁한 자는 능히 남을 좋아할 수도 있고 미워할 수도 있다"고 하였다.[3)] 성인도 남을 좋아하고 미워할 수 있다.

---

1) "爲無爲, 事無事, 味無味. 大小多少, 報怨以德. 圖難於其易, 爲大於其細, 天下難事, 必作於易, 天下大事, 必作於細. 是以聖人終不爲大, 故能成其大."(《老子》 63 章)

2) "以眼還眼, 以牙還牙." (《구약성서》)

3) 子曰: "惟仁者, 能好人, 能惡人."(里仁 04.03)

회덕(懷德)

무조건적인 용서와 사랑은 오히려 죄의식은 무디어지게 할 수 있다. 상대방이 피해를 당했을 때 얼마나 고통스러운 것인가 인식을 할 수 있도록 적절한 조치를 취해야 한다.

공자는 "덕 있는 사람은 외롭지 않으며, 반드시 이를 지지하는 이웃이 있다"하였다.[1] 덕이 있는 사람은 기꺼이 이웃을 껴안고 배려하기 때문에 주위에 사람이 많이 모여든다.

덕이 있는 사람은 남이 잘 되도록 노력하는데, 주위에 사람이 모여들지 않겠는가?

공자가 말하였다.
"군자는 남의 아름다움을 이루어주고 남의 나쁜 점은 이루어지지 않게 하지만, 소인은 이와 반대다."
子曰: "君子成人之美, 不成人之惡. 小人反是." (顔淵 12.16)

---

1) 子曰: "德不孤, 必有鄰."(里仁 04.25) (공자가 말하였다. "덕 있는 사람은 외롭지 않다. 반드시 이웃이 있다")

혜(惠), 혜이불비(惠而不費)

공자는 남을 대할 때 온화(溫)·선량(良)·공경(恭)·검약(儉)과 겸양(讓)으로 대했다.

> 자금이 자공에게 물었다. "공자 선생님께서 어떤 나라에 도착하면 그 나라의 정치에 관하여 듣게 되는데 이것은 공자 선생님께서 요구하신 것입니까. 아니면 그 나라가 선생님에게 자진해서 들려 드리는 것입니까?"
> 자공이 말하였다.
> "선생님께서는 온화하고, 선량하고, 공손하고, 검약하고, 겸양함으로써 얻으신 것이니 아마도 다른 사람이 구하는 것과 다릅니다."
> 子禽問於子貢曰: "夫子至於是邦也, 必聞其政, 求之與, 抑與之與?"
> 子貢曰: "夫子溫 良 恭 儉 讓以得之. 夫子之求之也, 其諸異乎人之求之與?" (學而 01.10)

공자는 다른 사람과의 접근법이 다르다. 아첨을 하거나 뇌물을 주어서 가까이 다가가는 것이 아니다. 오만하고 거만한 것이 아니라, 남을 따뜻하게 배려해주고 높이 세우기 때문에 나를 더 따뜻하게 대해주고 더 높여 주는 것이다.

공자는 타인을 대하는 태도를 각별히 하였다.

"상복을 입고 있는 상주를 만났을 때, 예모와 예복을 입은 관리를 만나거나, 혹은 장님을 만났을 때는 비록 나이가 어리더라도 반드시 일어났고, 지나갈 때는 종종걸음으로 지나갔다."[1)]

상복을 입은 상주를 만나면 슬픔을 같이 하고파 자리에서 일어나 위로하고, 나라 일을 돌보는 관리를 만나면 존경하는 마음에 자리에서 일어나 그들의 노고에 감사하였고, 장님을 만나면 일어나 자리를 인도하고 길을 인도하였으며, 또한 그들의 앞을 지나갈 때는 그들에게 방해가 되지 않기 위하여 종종걸음으로 빨리 지나갔다.

'음덕양보陰德陽報',[2)] 덕을 베풀면 그 덕은 두 배 세 배로 되돌아온다. 내가 존경하는데 남이 나를 존경하지 않겠는가? 남을 배려하면 오히려 내가 편해지는 것이다.

제 2차 세계대전 당시 나치 수용소에서 갇혔던 시몬 비젠탈이란 사람에게 부상당해 하루하루 죽기를 기다리는 젊은 SS 대원(카를)이 자신이 저지른 잔인무도한 유대인 학살을 낱낱이 털어 놓고자 하였다. 끔찍한 범죄에 대한 죄의식을 죽기 전에 털어 놓음으로써 편히 죽을 수 있도록 용서를 받고자 한 것이다.

> 더 나아가 학살이 끝 난 후에, 과연 그 희생자가 될 뻔한 사람이 좀 전까지만 해도 불구대천의 원수였던 다른 사람들과 평화롭게 어울려 살 수 있겠는가? 과연 용서의 한계란 무엇일까? 그것은 종교적이거나 세속적인 차원에서의 참회만으로도 가능한 것일까? 누군가를 용서하되 결코 잊지 않는다는 것이 가능할까? 어떻게 해야 희생자들 각자가 과거와 화해하며, 그 과정에서 각자의 인간성과 윤리를 사수 할 수 있을까?(《해바라기·서문》, 시몬 비젠탈 지음, 박중시 옮김, 뜨인돌, 2005 초판)

이랬을 때 우리는 그를 동정할 것인가, 심판할 것인가, 침묵할 것인가, 진실을 말할 것인가?

공자는 이직보원以直報怨, 진실을 말하는 것을 택했다.

---

1) "子見齊衰(자최)者, 冕衣裳者與瞽者, 見之, 雖少, 必作. 過之, 必趨."(子罕 09.10)

2) ("남이 모르게 덕행을 쌓으면, 후에 그 보답을 저절로 받게 된다.")

직(直), 이직보원(以直報怨)

27. 患得患失 환득환실

있으면 있어서 걱정하고, 없으면 없어서 걱정한다

'환득환실'의 '환患'은 '걱정하다', '득得'은 '얻다', '실失'은 '잃다'의 뜻이다. '(患 근심 환, huàn)'자는 혹은 '([illegible])'이나 '([illegible])'으로 쓴다. '毌(貫)'·'閂(빗장 산, shuān)'·'(申)'은 모두 '걱정거리(우환)가 마음에 주렁주렁 달려있거나', '마음이 문 안에 갇혀 있듯 답답한 우환이 있거나', '마음에 우환이 되풀이 된다'라는 뜻이다. '(失)'자는 의미부 '手'와 소리부 '乙'로 이루어진 자이다. 손에서 '乙(새 을, yǐ)'을 놓쳐버리다는 뜻이다. '잃다'라는 파생어로 쓰인다.

'환득환실'은 '얻는 것을 걱정하고 잃는 것을 걱정한다'는 뜻이다.

논어에서는 나라를 섬기는 일에 대한 내용이지만, 지금은 모든 일에 있어 있으면 있는 대로 걱정, 없으면 없는 대로 노심초사勞心焦思함을 가리킨다.

능력이 없는 비천한 사람은, 자리에 급급하기 때문에 자리를 얻기 전에는 자리를 얻지 못할까봐 걱정하고, 자리를 얻고 나면 능력이 없기 때문에 그 자리를 잃을 까봐 전전긍긍한다. 또한 만약에 그 자리를 잃을까 걱정하는 일이 있게 되면, 잃지 않기 위해서 별짓을 다하는 것이다.

> 공자가 말하였다.
> "비루한 사람과 함께 임금을 섬기는 일을 할 수 있는가? 벼슬을 얻기 전에는 얻을 것을 걱정하고, 이를 얻고 나서는 잃을까봐 걱정한다. 만약에 자리를 잃을까 걱정이 되면 못하는 짓이 없게 된다."
> 子曰: "鄙夫可與事君也與哉? 其未得之也, 患[不]得之. 既得之, 患失之. 苟患失之, 無所不至矣."
> (陽貨 17.15)[1]

1) '患[不]得之' 중 '[不]'자는 있거나 없는 자로 보기도 한다. 만약에 있는 자로 보면, '얻지 못할까봐 걱정하

사람은 이해득실이 있으면 마음의 평정심을 잃게 된다.

중국 고대에 활의 신사神射(활의 신) 후예后羿가 있었다. 어떤 동작 어떤 자세에서든지 백발백중이었다. 하나라 왕이 이 소문을 듣고 직접 눈으로 확인하고 싶었다.

경쟁자가 없다고 방심하지 마시오. 만약에 과녁의 중심을 맞추면 황금 2만냥을 하사할 것이오, 그렇지 않으면 1천호의 봉지를 삭감하겠소.

후예는 한 발도 적중하지 못했다.

하나라 왕은 크게 실망하고, 천하의 명사수라고 하지 않았던가? 그리고 2만냥을 상금으로 주겠다고 하지 않았는가 상금이 싫단 말인가?

백발백중 명사수가 틀림없습니다. 이전에 제가 직접 눈으로 확인한 적이 있습니다. 평상심을 잃으면 신사神射도 평정심을 잃는 것입니다. 상금과 봉지가 걸려 있는데 어느 누가 흔들리지 않겠습니까? 신하가 말하였다.

심사숙고와 '환득환실'과는 다르다. 심사숙고는 일의 전후 상황을 분석하여 신중하게 처리함을 말하고, 환득환실은 일을 처리하기 전에도 노심초사하고, 일을 마친 후에도 초조하고 불안해하고 걱정하는 것을 말한다.

가난이 지겹던 사람이 열심히 노력하여 창업을 하여 상당한 돈을 벌었다. 그러나 그는 상당히 풍족해졌음에도 불구하고, 평안해지기는 커녕 망하면 어쩔까, 도둑이 들면 어쩔까, 온갖 걱정에 스트레스가 만만치 않았다. 결국 그로 인해 쓰러진 사람을 주위에서 볼 수 있다.

2009년 영국의 신경제재단(New Economics Foundation)에서 세계의 행복지수(Happy Planet Index, HPI)를 발표하였는데, 코스타리카가 1위, 도미니카 공화국이 2위, 자메이카가 3위, 우리나라는 68위였다. 행복은 가진 것이 있고 없음에 있는 것이 아니라 '지족상락(知足常樂)'에 있다.[1] 행복지수는 비록 경제수준이 낮지만 순박하고 만족한 삶을 사는 민족이 훨씬 높다.

있어도 행복하지 않다면 차라리 없는 것보다 못하다.

분수를 알고 무리한 욕심을 내지 않으면 충분히 즐거운 삶을 누릴 수 있다.

다'로 해석할 수 있다.

1) "知足常樂."(만족할 줄 알면 늘 즐거울 수 있다.) (《老子》)

복권을 사서 일확천금을 얻은 사람이 왜 더 불행해질까. 가지고 누리는 방법을 모르기 때문이다. 돈을 쓸 줄 모르기 때문이다. 갑자기 졸부가 되었기 때문에, 걱정만 하지 해결할 수 있는 지혜가 없기 때문이다.

사냥꾼들이 원숭이를 사냥할 때, 바위틈에 조그만 구멍을 뚫고 원숭이가 좋아하는 땅콩을 넣어 놓는다. 원숭이는 손으로 땅콩을 한 줌 잡고, 사냥꾼이 다가가도 땅콩을 손에서 놓지 않아 그 틈에서 손을 뺄 수 없어 잡히게 된다. 원숭이는 땅콩 한 줌의 욕심 때문에 자신의 목숨을 잃는다.

원숭이만 어리석은가, 인간도 마찬가지다.

톨스토이의 《사람에게는 얼마만큼의 땅이 필요한가》라는 작품이 있다. 주인공 파흠은 하루 동안 돌아다니며 표시만 하면 그 땅이 자신의 땅이 될 수 있는 기회가 있었다. 피흠은 더 많은 땅을 차지하고 싶어 너무 멀리까지 갔다가 지쳐서 죽게 되고, 그가 차지하게 되는 땅은 결국 제 몸 하나 누울 2미터도 안 되는 구덩이었다.

공자는 "한 그릇의 밥과 한 바가지 물로 배를 채워도 자족하며 자신의 삶을 즐겁게 살아가는 안연에게 감탄한 것이다."[1] 욕심없는 마음이 가장 부자스럽게 사는 최상의 방법이다.

1) "子曰: 賢哉回也, 一簞食, 一瓢飲, 在陋巷, 人不堪其憂, 回也不改其樂. 賢哉回也."(雍也 06.11) (공자가 말하였다. "훌륭하도다 회(回)는. 한 그릇의 밥과 한 바가지의 물로 가난한 마을에서 살면 다른 사람들은 그 근심을 견디지 못한다. 그런데 안회는 그렇게 살면서도 자신의 즐거움을 바꾸지 않으니 훌륭하도다 회야.")

환득환실(患得患失)

28. 死而後已 사이후이

죽을 때까지 노력하라

‘사이후이’는 ‘죽은 후에야 그만 둔다’는 뜻이다. 죽을 때까지 최선을 다한다는 뜻이다.

‘(死)’자는 ‘歹(뼈 알, è)’와 ‘匕(人)’으로 이루어진 자로 ‘죽은 사람을 참배하다’는 뜻이다. 후에 ‘죽다’·‘죽음’의 뜻으로 파생되었다.

‘이후而後’는 ‘이후以後’과 같은 뜻이고, ‘已(이)’는 ‘그만두다’·‘그치다’의 뜻이다. ‘(後)’자는 혹은 ‘(逡)’으로 쓴다. ‘彳(行, 辵)’·‘幺(糸)’·‘夊’으로 이루어진 자이다. ‘발을 새끼줄로 묶어 앞으로 나아가지 못하게 하다’는 뜻이다. ‘늦다’·‘뒤’ 등의 파생으로 쓰인다. 갑골문은 ‘幺(糸)’와 ‘夊’로 이루어진 ‘’으로 쓴다.

‘사이후이’는 논어에서 증자曾子가 ‘인仁’을 실천하기 위하여 최선을 다해야 한다는 의미로 쓰인다.

> 증자가 말하였다.
> “선비는 반드시 도량이 넓고 의지가 굳어야한다. 그것은 임무가 막중하고 갈 길이 멀기 때문이다.
> 인의 실천을 자신의 임무로 삼기 때문에 책임이 막중하지 않겠는가?
> 죽은 후에야 그만 둘 수 있으니 갈 길이 멀지 않겠는가?”
> 曾子曰: “士不可以不弘毅, 任重而道遠. 仁以爲己任, 不亦重乎? 死而後已, 不亦遠乎?” (泰伯 08.07)

‘인仁’을 실천하고 덕을 밝히는 것이 도道이다. 인을 깨우친다는 것은 유가儒家에 있는 지상최고의 목표이다.

그래서 공자는 “아침에 도를 깨우치면 저녁에 죽어도 좋다”하였다.[1]

전쟁터에서는 죽기로 싸워야 살아남을 수 있다.

---

1) 子曰: “朝聞道, 夕死可矣.”(里仁 04.08)

이순신李舜臣과 《오자병서吳子兵書》에서는 "죽기로 작정하면 반드시 살 것이고 살기로 작정하면 반드시 죽을 것이다"라 하였다.[1)]

죽음이 무서워 벌벌 떨며 적군에 응전하지 못한다면 이 전쟁은 필패必敗다.

제갈량은 삼가 온 힘을 다하다가 죽은 뒤에야 그만둘 것이라며, '국궁진췌鞠躬盡瘁, 사이후이死而後已'라 하였다.

> "모든 일이 이러해서 예측하기 어렵습니다. 신은 나라를 위하여 온 힘을 다하다가 죽은 뒤에야 그만둘 것입니다. 일의 성공과 실패, 이익과 손해에 대해서는 신이 예측할 수 있는 일이 아닙니다."[2)]

'국궁진췌鞠躬盡瘁'는 '자신의 모든 것을 다 바친다'이다.

'국鞠'은 '삼가 몸을 굽히다', '궁躬'은 '몸'·'자신'으로, '국궁鞠躬'은 '삼가 자신의 몸을 굽혀 공손하게'의 뜻이다.

'진盡'은 '사력을 다하다'이며, '췌瘁'는 '몸이 여위어 지다'로, '진췌盡瘁'는 '몸이 여위어 질 정도로 사력을 다하다'의 뜻이다.

2012년 7월 24일 오후2시에 이명박 대통령은 '대국민 사과'에서 국정 현안에 최대한 집중하겠다는 의지로 '사이후이하겠다'고 밝혔다.

"근자에 제 가까운 주변과 집안에서 불미스런 일들이 일어나 국민 여러분께 큰 심려 끼쳐 드린 점을 고개 숙여 사과드린다. 제 가까이에서 참으로 실망을 금치 못하는 일들이 일어났으니 생각할수록 억장이 무너져 내리고 차마 고개를 들 수 없다. 인제 와서 누구를 탓할 수 있겠나. 모두가 제 불찰이다. 어떤 죄책도 달게 받아들이겠다. …… 오직 겸허한 마음가짐과 사이후이死而後已의 각오로 더욱 성심을 다해 일하겠다."

친형인 이상득 전 의원이 구속되기 직전에 기습적으로 발표한 사과문이다.

최선을 다하겠다는 뜻으로 '사이후이'라는 사자성어를 썼겠지만, 어쩐지 마음에 들지 않는다.

---

1) "必死卽生, 必生卽死."("죽고자 하면 살고, 살고자 하면 죽는다.") (李舜臣). "必死則生, 幸生則死"(죽고자 하면 살고 살 수 있을까, 요행을 바라면 죽는다.) (吳起, 《吳子兵書》)

2) "凡事如是, 難可逆見. 臣鞠躬盡瘁, 死而後已. 至於成敗利鈍, 非臣之明所能逆睹也." (諸葛亮, 〈後出師表〉)

"소인은 용서를 받기를 좋아하지만, 군자는 법대로 하는 법이다."[1]

우선 '사死'자, 죽음이란 단어가 있어 마음에 들지 않는다. 죽음이란 멸망과 파괴를 뜻한다. 국가의 운명과도 같은 중요한 사안을 결정하는 위정자가 파멸의 단어, '사死'를 썼다는 것이 자꾸 마음에 걸린다.

또한 전 위정자의 죽음이 떠올라서 싫다.

또한 죽기 이전까지는 어떤 식으로든지 계속해서 국정에 관여하겠다는 건가!

나라를 위하는 마음을 어찌 제갈량과 비교하겠는가. 출사표를 읽어봐라. 구구절절 가슴 속 깊은 곳에서 사무쳐 올라오는 진심어린 충성심으로 가득 차 있다.

"신이 명을 받은 이래로 이른 아침부터 늦은 밤까지 근심하고 힘써 일하며, 선제(유비劉備)께서 맡기신 임무를 이루지 못해 선제의 밝은 은총을 훼손시킬까 두려워했습니다."[2]

그래서 차라리 삼가 겸손하게 최선을 다해 열심히 일하겠다는 '국궁진췌鞠躬盡瘁'라는 단어를 쓰는 것이 훨씬 어울린다.

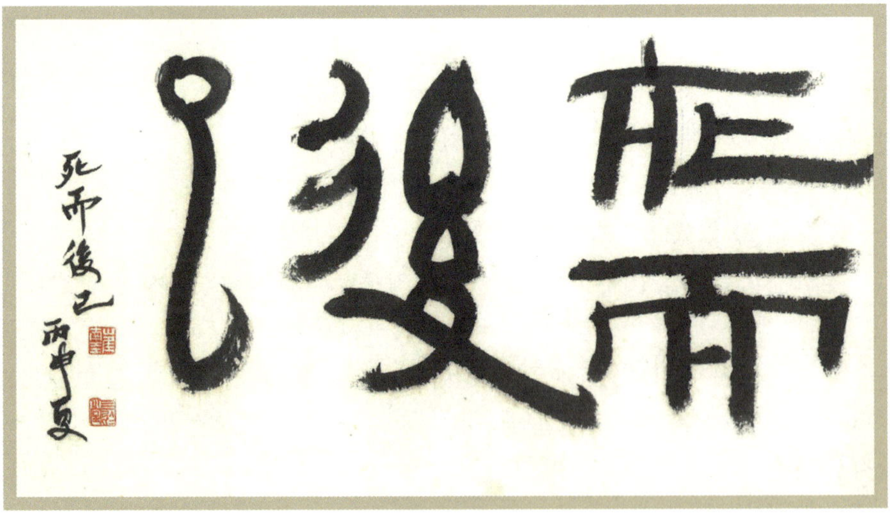

사이후이(死而後已)

1) "君子懷德, 小人懷土. 君子懷刑, 小人懷惠."(里仁 04.11) (군자는 덕을 생각하지만 소인은 땅을 생각하고, 군자는 법대로 하고자 하나, 소인은 혜택 받기만을 원한다.)

2) "受命以來, 夙夜憂嘆, 恐托付不效, 以傷先帝之明." (諸葛亮, 〈前出師表〉)

29. 見賢思齊 견현사제

나보다 나은 사람을 닮고자 하라

'견현사제'는 현인을 보면 그와 같아지기를 생각한다는 뜻이다.

'견현'은 '현명하고 어진 자를 대면하다'의 뜻이다. '(賢, 어질 현, xián)'은 혹은 '貝'를 생략하고 '臣'과 '手(又)'를 써서 '臤'자로 쓰기도 한다. '신하 혹은 노비를 잘 관리하는 것'을 뜻하고, 후에 '貝'를 추가하여 '재산'도 잘 관리함을 의미한다. 금문은 ''으로 쓴다.

'사思'는 '생각하다', '제齊'는 '같다'·'가지런하다'로 '사제思齊'는 '나란히 될 것을 생각하다'의 뜻이다. '(思, 생각할 사, sī,sāi)'자는 '心'과 '囟(정수리 신, xìn,xín)'으로 이루어진 자로 '머리로 생각하다'는 뜻이다. '田'은 '囟'이 변형된 형태이다. '(齊)'자를 갑골문은 ''으로 금문은 ''으로 쓴다. 곡물(작물)이 나란히 서 있는 모습이다.

공자는 "어진 이의 행동을 보면 그와 같아지기를 바라고, 어질지 못한 자의 행동을 보면 마음속으로 스스로 반성해야 한다"하였다.

> 공자가 말하였다.
> "어진 이의 행동을 보고는 그와 같아지기를 생각하고 어질지 못한 행동을 보면은 속으로 자신을 돌아본다."
> 子曰: "見賢思齊焉, 見不賢而內自省也." (里仁 04.17)

현명한 사람을 보면 내 자신도 그 사람과 같이 훌륭한 사람이 되겠다고 생각하고, 만약에 어질지 못한 사람을 보면 나는 어떤 사람인가 반성해야 한다. 어질지 못한 자를 만나면 '반면교사反面敎師'[1]의 효과로 삼을 수 있으며, '타산지석他山之石'이 되

1) '반면교사反面敎師'는 본이 되지 않는 남의 말이나 행동이 도리어 자신의 인격을 수양하는 데 도움을 주는 경우를 이르는 말이다.

는 것이다.[1)]

"혼자 배우고 친구가 없으면 견문이 좁아지고 학식이 천박"해지기 때문에,[2)] "군자는 친구들과 함께 토론을 하고 학습을 한다"하였다.[3)]

친구를 사귀는 방법은 어렵지 않다. 벗에게 믿음을 주고, 벗을 공경하면 된다.

"현인을 존경하고 미색을 경시하고, 정성을 다하여 부모님을 섬기고, 몸을 바쳐 임금님을 받들며, 친구와 교제할 때 언행에 믿음을 줄 수 있다면, 이런 사람이 배운 사람"이라 하였다.

> 자하(복상卜商)가 말하였다.
> "현인을 존경하고 미색을 경시하고, 정성을 다하여 부모님을 섬기고, 몸을 바쳐 군주를 섬기고, 친구와 교제할 때 언행에 믿음이 있다면, 비록 배우지 않았다하더라도 나는 반드시 그를 배운 사람이라 평하겠다."
> 子夏曰: "賢賢易色, 事父母能竭其力, 事君能致其身, 與朋友交, 言而有信, 雖曰未學, 吾必謂之學矣." (學而 01.07)

우리에게는 여러 벗들이 있다.

> 석우石友: 돌과 같이 변치 않는 벗.
> 사우死友: 죽어도 변치 않는 벗.
> 지우摯友: 의기가 투합하고 지향하는 바가 같은 친구. 진실한 벗.[4)]
> 소우素友: 꾸밈이 없는 진실한 소박한 친구. 오래 된 옛 벗.
> 손우損友: 사귀어서 곤란한 지경에 이르거나 이롭지 못한 벗.
> 쟁우諍友: 솔직하게 직언하는 벗.
> 익우益友: 도움이 되는 벗. 이로운 벗.
> 맹우盟友: 맹약을 맺은 벗.
> 문우文友: 시문으로 사귄 글 벗.
> 밀우密友: 매우 친한 가까운 벗.
> 규우閨友: 은밀한 밀담을 나누는 벗.

---

1) '它(他)山之石'은 '它山之石, 可以攻玉'에서 나온 말이다. "남의 산에 있는 돌이라도 나의 옥을 다듬는 데에 사용이 된다"는 뜻으로, 다른 사람의 하찮은 언행 또는 허물과 실패까지도 자신을 수양하는 데 도움이 된다는 말이다. (《詩經·小雅·鶴鳴》)

2) "獨學而無友, 則孤陋寡聞." (혼자 배우고 친구가 없으면 견문이 좁아지고 학식이 천박해진다.) (《禮記·學記》)

3) "君子以朋友講習." (《周易·兌卦·象傳》)

4) '摯'자는 '두 손으로 꼭 잡다'는 뜻에서 파생되어 '지극하다'·'돈독하다'는 뜻으로 쓰인다.

필우筆友: 서신을 나누는 벗.
항우恒友: 변치 않는 영원한 벗.
망년지교忘年之交: 나이를 가리지 않고 벗으로 사귐 혹은 벗.
망형지교忘形之交: 남녀 상관없이 사귐 혹은 벗.
군자지교君子之交: 군자의 사귐.
막역지교莫逆之交: 서로 뜻이 맞고 허물없는 친한 사귐 혹은 벗.
문경지교刎頸之交: 서로 죽음을 대신할 수 있는 막역한 사귐 혹은 벗.[1]
저구지교杵臼之交: 귀천을 구별하지 않는 사귐.[2]
빈천지교貧賤之交: 가난하고 어려울 때 가까이 사귐 혹은 벗.
포의지교布衣之交: 벼슬에 나아가기 전의 사귐 혹은 벗.
환난지교患難之交: 고난을 같이 한 사귐 혹은 벗.
지교至交: 가장 친한 벗.
세교世交: 2대 이상의 교분. 대대로 교분이 있는 사람이나 집안.
고교故交: 오래 사귄 벗.
일면지교一面之交: 한두 번 만난 사귐 혹은 벗.
시도교市道交: 상인들처럼 이해관계에 의한 교제.
소인지교小人之交: 소인배들의 사귐
지교知交: 나를 알아주는 절친한 벗.
금란지교金蘭之交: 형제같은 절친한 사귐 혹은 벗.
죽마지교竹馬之交: 죽마고우竹馬故友, 어릴 때부터 놀며 자란 친한 벗.
재세지교再世之交: 부자 양대에 걸친 사귐.
금석지교金石之交: 금석과 같은 절질한 사귐 혹은 벗.
평석지교平昔之交: 옛날에 사귄 벗.
폐부지교肺腑之交: 진심으로 사귄 벗.
시문지교詩文之交: 시문을 논하는 사귐 혹은 벗.
관교款交: 깊게 사귐 혹은 벗.[3]

나는 어떤 친구인가? 나는 혹시 '손우損友'가 아닐까? 친구에게 도움이 되지 못하고 손해만 끼치는 귀찮은 친구. 가슴에 손을 대고 냉정하게 생각해 볼 일이다.

그런데 매사에 조심하며 실수를 하지 않으며, 남을 존경하고 예의를 갖추면, 천하에 있는 모든 사람이 나의 벗이고 형제인 것이다.

사마우司馬牛가 형제들이 뿔뿔이 사방으로 흩어져 같이 있지 못하게 되자, 다른 사람은 모두 형제가 있는데, 나만 형제가 없다고 걱정스러워 하자 자사가 말하였다.

1) '문경刎頸'은 '목을 자르다'는 뜻이다. 목이 잘리어도 변치 않는 친구를 말한다.
2) '저구杵臼'는 '절굿공이와 절구통'이란 뜻으로, 절구질을 하는 사람을 친구로 삼다는 뜻에서 유래되었다.
3) '款정성 관, kuǎn)'은 '정성을 다하다'는 뜻이다.

사마우司馬牛가 걱정하면 말하였다. "다른 사람은 모두 형제가 있는데 나만 형제가 없다."
자하가 말하였다.
"내가 들으니, 생과 사는 천명에 달려 있는 것이고, 부귀는 하늘에 달려 있는 것이다. 군자는 매사에 경건한 마음으로 조심하면서 실수를 하지 않으며, 남을 존경하고 예의를 갖추면, 천하에 있는 모든 사람이 나의 벗이고 형제인 것이다. 군자가 어찌 형제 없음을 걱정하는가?"
司馬牛憂曰: "人皆有兄弟, 我獨亡." 子夏曰: "商聞之矣. 死生有命, 富貴在天. 君子敬而無失, 與人恭而有禮, 四海之內, 皆兄弟也. 君子何患乎無兄弟也?"(顔淵 12.05)

마음만 열면 모두 친구인걸, 마음을 닫기 때문은 너는 내편이 아니고 친구가 아닌 것이다.

소식蘇軾(1036-1101)은 아버지 소순蘇洵, 동생 소철蘇轍과 함께 중국 송대宋代의 천재 문학가이자 예술가였다. '인이위기임(仁以爲己任, 인을 실천하는 것이 자신의 임무)'로 삼았던 당당한 군자들처럼, 소식 역시 소인배들의 질투와 당시의 황제 신종神宗, 왕안석王安石 변법變法과의 거침없는 충돌로 일생을 유배생활로 보냈다. 소식은 '당인불양當仁不讓', '호연지기浩然之氣'의 호쾌한 정정당당한 성격이라 약한 자에게는 한없이 약했으나, 강한자의 불의에 '살신성인殺身成仁'하여 죽음의 고비를 몇 번이나 넘겼지만, 자신이 맡은 지역을 가장 잘 다스리고 백성이 가장 그리워한 중국 정치가 중의 한 명이기도 하다.

소식은 호쾌한 성격에 친구 사귀기를 매우 좋아하였다. "위로는 옥황상제와 사귀고, 아래로는 빈민가의 거지까지도 사귈 수 있다"라는 친구 사귐에, 내성적인 동생 소철蘇轍이 몸조심할 것을 권하자 "이게 나의 단점이기도 하지만, 이 세상에 나쁜 사람이 하나도 없더라"라 했다.

소식은 현인이 아니고 품행이 좋지 않더라도 이에 상관없이 모든 사람들과 매우 즐겁게 교류하였다.
"나는 위로는 옥황상제와 함께 할 수 있고, 아래로는 빈민가의 거지들과 함께 놀수 있다." 소식이 말했다.
동생 소철은 성격이 내성적이어서 친구를 가려서 사귀었다. 동생 소철이 형 소식에게 가려서 친구를 사귈 것을 권하자, 소식이 대답했다.
"내가 보기에는 천하에 좋지 않은 사람이 하나도 없더라. 하지만 어쨌든 이게 내 단점이다."[1)]

그래서 소식의 부인 왕씨王氏(왕불王弗)는 손님이 왔다가면 병풍 뒤에서 듣고 있다

1) "蘇子瞻汎愛天下士, 無賢不肖, 歡如也. 嘗言: '上可陪玉皇上帝, 下可以陪卑田院丐兒.' 子由晦默少許可, 嘗戒子瞻擇友. 子瞻曰: '眼前見天下無一個不好人, 此乃一病.'(宋, 高文虎, 《蓼花洲閑錄》)

가, "자신의 의견을 말하지 않으니 의지가 굳지 않은 사람일 것이고, 아부를 하니 필요할 때만 사귈 것이고 필요치 않으면 금방 돌아설 것이며, 남을 비방하기를 좋아하니 시기심이 많은 사람"이라고 소식 대신 사람을 평가해 주었다.

> 내가 봉상현 관아에서 관직 일을 보고 있을 때 처가 따라와 있었는데, 밖에서 일어난 모든 일들은 자세히 물어 보곤 하였다.
> "부모와 멀리 떨어져 있으니 모든 일을 신중하게 처리하지 않으면 안 될 것입니다."
> 아버님께서 분부하신 말씀으로, 상황에 따라 나를 매일 주의시키고 환기시켜주었다.
> 내가 외부 객실에서 손님과 나누는 대화를 병풍 뒤에서 듣고 선, 안으로 들어가면 반복해서 말하였다.
> "그 사람은 이것도 저것도 아닌 주관없는 사람입니다. 당신의 비위를 맞추기만 하는데, 이런 사람과 의견을 나눈들 무슨 소용이 있겠습니까?"
> 한번은 어떤 사람이 방문하여 나와 좋은 친구가 되기 원하였다.
> "아마 이 사람과는 오래 가지 못할 것입니다. 이렇게 빨리 쉽게 친해지는 친구는 당신을 배반하고 헤어지는 것도 아마 빠를 것입니다."
> 후에 정말 이와 같았다.[1)]

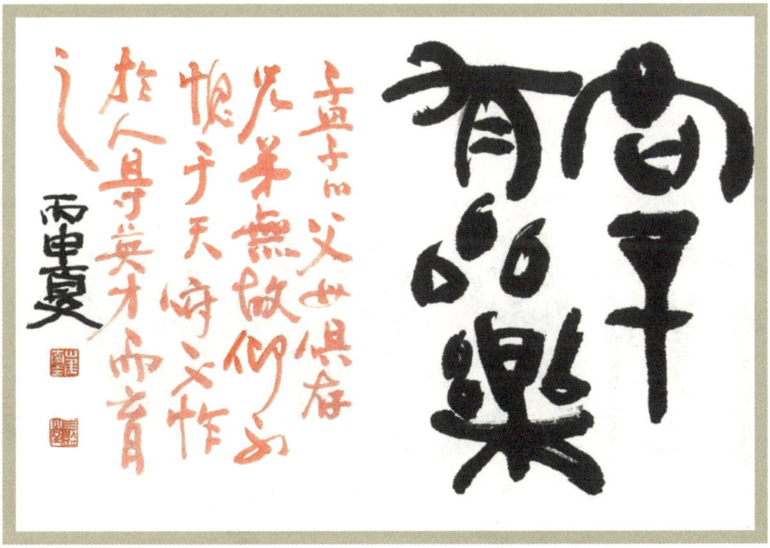

군자유삼락(君子有三樂)

1) 從軾官于鳳翔, 軾有所爲于外, 君未嘗不問知其詳. 曰: "子去親遠, 不可以不愼" 日以先君之所以戒軾者相語也. 軾與客言于外, 君立屛間聽之, 退必反覆其言曰: "某人也, 言輒持兩端, 惟子意之所向, 子何用與是人言?" 有來求與軾親厚甚者, 君曰: "恐不能久. 其與人銳, 其去人必速" 已而果然. (蘇軾, 〈亡妻王氏墓志銘〉)

천진난만한 사람은 복잡한 사회생활에 종종 속임을 당할 수도 있겠지만, 이해득실에 따라 친구를 사귀다면 얼마나 답답하겠는가. 군자는 '군이부당(群而不黨, 두루 같이 하지 끼리끼리 놀지 않는다)'라 하였다.

소식은 '하늘을 우러러 한 점의 부끄러움이 없고, 땅을 굽어 남에게 부끄럽지 않으'니, 이 세상 어느 하나 품지 못할 것이 없었을 것이다. 그래서 '매사에 경건한 마음으로 친구를 존중하고 아끼고 예의를 갖추면, 천하에 있는 모든 사람이 나의 벗이고 형제인 것이다'. 소식은 부처님의 눈이니 부처님만 보였을 것이다.

맹자는 말하였다.
"군자에게는 세 가지 즐거움이 있다. 천하에 왕 노릇하는 것은 포함되지 않는다.
부모가 모두 생존해 계시고 형제가 무고한 것이 첫 번째 즐거움이다.
우러러 하늘에 부끄럽지 않고, 굽어 아래를 살펴보아 남에게 부끄럽지 않은 것이 두 번째이다.
천하의 영재를 얻어 교육하는 것이 세 번째 즐거움이다.
군자에게는 이 세 가지 즐거움이 있는데, 왕 노릇하는 것은 포함되지 않는다."
孟子曰: "君子有三樂, 而王天下不與存焉. 父母俱存, 兄弟無故, 一樂也. 仰不愧於天, 俯不怍於人, 二樂也. 得天下英才而教育之, 三樂也. 君子有三樂, 而王天下不與存焉." (《孟子·盡心上》)

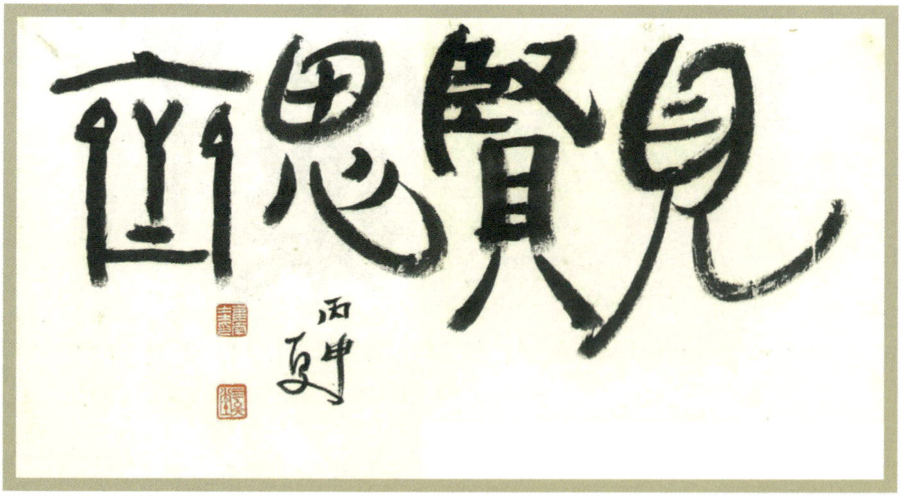

견현사제(見賢思齊)

30. 溫故知新 온고지신

배운 것은 복습하고, 새로운 지식을 추구하라

'온고지신'은 귀가 닳도록 들어온 말이다. '옛 것은 복습하고 새로운 것은 배우다'라는 뜻이다.

'온溫'은 '복습하다', '고故'는 '이전에 배운 것', '지신知新'은 '새로운 것을 알다'의 뜻이다. '(溫)'자는 의미부 '水'와 소리부 '𥁕'으로 이루어진 자이다. '𥁕'자는 그릇(皿)에 밥을 담아 '囚(죄수 수, qiú)'에게 먹여주니 온정을 베푸는 것이다.[1] '(故)'자는 '古'와 '攴(칠 복, pū,pǔ)'으로 이루어진 자로 '옛것을 다루다'는 뜻이다. '온고'는 '이전에 다루었던 것을 지속적으로 물을 데우듯 계속해서 반복함'을 말한다. '(新)'은 의미부 '斤'·'木'과 소리부 '辛'으로 이루어진 자이다. 갑골문은 ''·''·''으로 쓰고, ''·''으로 쓴다. 도끼로 '나무(땔나무)'를 자른다는 뜻이다. ''은 원래 나무 토막의 모양인데, 음이 '辛'과 비슷하기 때문에 소리부 '辛'으로 변형된 것이다. '新'은 '나무를 자르다'에서 파생되어 '나무를 잘라 새로운 것을 만들다'는 뜻으로 쓰이게 되었고, 후에 '새롭다'는 의미로 쓰인다.

이전에 배운 내용을 익히고, 이를 통하여 새로운 지식을 알아가는 것을 말한다.

'온고지신'하면 스승이 될 수 있다하였다.

> 공자가 말하였다.
> "옛 것을 파악하고 새로운 것을 알면 스승이 될 수 있다."
> 子曰: "溫故而知新, 可以爲師矣." (爲政 02.11)

'온고'는 논어 첫 구절에, "배우고 수시로 그것을 복습하는 것은 기쁜 일"이라 한 의미와 같다.[2] 배운 것을 복습한다는 것은 스승님의 가르침을 실천하고 응용하여 새

---

1) "𥁕, 仁也. 從皿, 以食囚也."('𥁕'은 '어짐을 베푸는 것이다'. 그릇(皿)이 의미부이며, 그릇에 담아 죄수에게 음식을 먹이는 뜻이다.) (《說文》)

2) "學而時習之, 不亦說乎." (學而 01.01)

로운 것을 추구하기 위한 발판을 마련하는 것이다.

공자는 "배우기만 하고 사고를 하지 않으면 학문이 체계를 이루지 못하고, 사색만 하고 배우지 않으면 오류나 독단에 빠질 위험이 있다"하였다.[1]

배우고 사고한다는 것은 배운 것을 복습하고 이를 정리화하고 체계화하여 완전히 자신의 것으로 확립화하는 것을 말한다. 배운다는 것은 선인들이 오랜 세월에 걸쳐 연마한 훌륭한 경험을 자신이 간접 경험하는 것이다. 이 경험에는 고통의 눈물과 세월의 아픔이 녹아있다. 이러한 경험을 배우지 않으면서 가슴으로 받아 들이지 않고 머리로만 생각하기 때문에 아집과 독단에 빠지기 쉽다.

'절차탁마切磋琢磨'는 《시경詩經 · 위풍衛風》의 '기수淇水의 물굽이(기오淇澳)'라는 싯구에 나오는 말이다.

> "기수의 물굽이를 바라보니 푸른 대나무가 우거져 있네. 훌륭하신 우리 님이여. 깍고 다듬고 쪼고 간 듯하시네."
> "瞻彼淇奧, 綠竹猗猗. 有匪君子, 如切如磋, 如琢如磨." (《詩經 · 衛風 · 淇澳》)

뼈나 뿔로 물건을 만드는 사람들이 톱으로 자를 때나 대패로 밀 때처럼 정성스럽게 학문을 연마하고, 옥이나 돌로 물건을 만드는 사람들이 망치로 쫄 때나 모래로 갈 때처럼 정성껏 수양을 해야 한다는 뜻이다.

'절차탁마切磋琢磨'해야 '지신知新', 새로운 것을 알 수 있는 있는 것이다.

> 자공이 스승 공자에게 여쭈었다.
> "가난하면서도 아첨하지 않고 부유하면서도 교만하지 않으면 어떠합니까?"
> "괜찮다. 하지만 가난하면서도 즐거워하며, 부유하면서도 예절을 갖춘 것보다는 못하다."
> "그렇다면 《시경》에 자른 것 같고, 간 것 같고, 쫀 것 같고, 닦은 것 같다라고 했는데, 바로 이를 두고 하는 말인가요?" 자공이 말하였다.
> "그렇다. 이제 너와 시경을 이야기 할 수 있겠구나.
> 너에게 지나간 일을 알려 주었더니 앞으로 올 것을 아는 구나."
> 子貢曰: "貧而無諂, 富而無驕, 何如？" 子曰: "可也. 未若貧而樂, 富而好禮者也." 子貢曰: "《詩》云, '如切如磋, 如琢如磨, 其斯之謂與？" 子曰: "賜也！ 始可與言《詩》已矣, 告諸往而知來者." (學而 01.15)

---

1) "子曰: '學而不思則罔, 思而不學則殆.'"(爲政 02.15) (공자가 말하였다. "배우되 생각하지 않으면 막막하게 되고, 생각만 하고 배우지 않으면 위태롭다.") '罔'은 '惘(멍할 망, wǎng)'자와 같은 의미로 알지 못하여 멍하고 답답한 상태를 말한다.

'고저왕이지래자告諸往而知來者'는 곧 사자성어 '고왕지래告往知來'로 즉 '어떤 사실을 알려주니 다른 것을 유추해서 안다'는 것이다. 어떤 한 사건을 통하여 다른 사물의 발생과 결과, 같음과 다름을 알 수 있음을 말한다.

'고왕지래告往知來'는 '거일반삼擧一反三'과 같다.

'거일반삼', 즉 하나를 거론하면 세 개를 미루어 유추하는 것이다. 공자는 '지신知新'하지 않는 자는 학생으로 받아들이지 않았다. 이런 사람은 앞으로 스승이 될 수 있는 자격이 없기 때문이다.

만약에 "공부하고 싶어 하는 강렬한 욕망이 없으면 가르치기를 시작하지도 않을 것이며, 말로 어떻게 표현할 줄 몰라 괴로워하고 있지 않으면 말해주지 않을 것이며, 하나를 거론하면 세 개를 미루어 짐작할 줄 모르면 다시 다른 것을 가르치지 않을 것이다."[1)]

어떤 사람이 스승이 될 수 있는가.

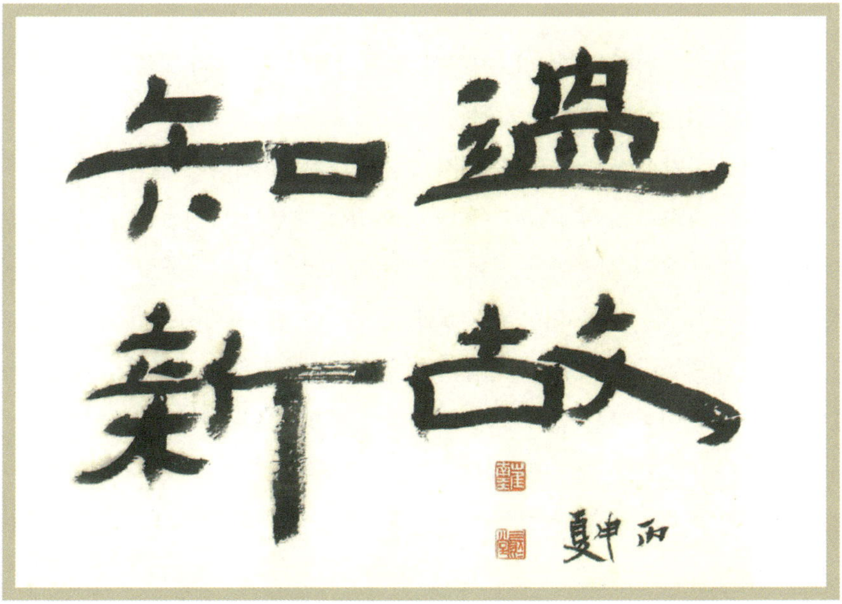

온고지신(溫故知新)

1) 子曰: "不憤不啓, 不悱不發, 擧一隅, 不以三隅反, 則不復也."(述而 07.08)

한유韓愈는 나이와 선후배에 관계없이 나보다 먼저 도리를 깨달은 사람이면 된다 하였다.

"나보다 앞에 태어나도 그 도리를 들음이 진실로 나보다 먼저이면 나는 그를 좇아 스승으로 삼겠다. 나보다 후에 태어났더라도 나보다 먼저 도를 깨달았다면, 그를 좇아 스승으로 삼겠다. 나는 도리를 스승으로 삼고 있으니 어찌 나이가 많고 적음에 개의하겠는가. 그래서 귀천과 연배를 가리지 않으며, 도리가 있는 곳에 스승이 있는 것이다."[1)]

"'공자는 세 사람 가운데 반드시 스승이 있다'하였다. 그러므로 제자가 반드시 스승만 못한 것이 아니고, 스승이 반드시 제자보다 현명한 것도 아니다. 다만 도리를 깨닫는데는 선후가 있고 기술의 전공에 따라 스승을 삼으면 되는 것이다."[2)]

'지신'은 변화와 창조와 혁신이다. 변화와 창조와 혁신이 없으면 흐르지 않는 물과 같다. 개인과 조직이 발전하기 위해서는 변화와 혁신이 중요하다.

젊은이의 상상과 도전은 꿈에서 변화하고 창조되어지고 혁신되어지는 것이다.

어른의 고정관념이 젊은이의 걸림돌이 되어서는 안 된다.

21세기는 디지털 전쟁시대이다. 변화와 창조와 혁신을 하지 않으면 회사가 부도나고 도태된다. 혁신만이 세계를 지배한다.

스티브 잡스는 자신이 만든 '애플'에서 쫓겨났다가 그 회사가 위기에 빠진 뒤에야 돌아왔다. 그는 애플이 구색 맞추기에 내놓은 제품 대부분의 생산을 중단하고, 애플의 부활은 디지털 음악 시장이라고 확신했다. 디지털 음원을 재생할 수 있는 아이팟의 용량과 기술적 특징보다 외형적 특성에 집착했다. 하얀 이어폰이 꽂힌 아이팟을 들고 있는 것만으로 무언가 멋진 사람이 된 듯한 착각을 불러일으키는 것이 잡스의 목표였다. 잡스는 아이팟을 월마트 같은 대형 유통망에 납품하지 않았다. 그것이 진열대에 놓여 다른 MP3플레이어와 비교되는 순간, 아이팟이 똑같은 싸구려로 전락할 것이라는 생각 때문이었다. 아이팟을 전시하는 애플 매장은 고급 자동차 매장처

1) "生乎吾前, 其聞道也, 固先乎吾, 吾從而師之. 生乎吾後, 其聞道也, 亦先乎吾, 吾從而師之. 吾師道也, 夫庸知其年之先後生於吾乎? 是故無貴無賤, 無長無少, 道之所存, 師之所存也." (韓愈, 〈師說〉)

2) "孔子曰: '三人行, 則必有我師.' 是故弟子不必不如師, 師不必賢於弟子, 聞道有先後, 術業有專攻, 如是而已."(韓愈, 〈師說〉)

럼 꾸며졌다. 소비자들은 잡스의 뜻대로 움직였다. 마이크로소프트 엑셀을 사용하거나 구글 검색엔진을 사용한다고 멋져 보이지는 않는다. 그러나 아이팟을 들으면 멋져 보인다고 소비자들이 느끼기 시작했다. 아이팟, 아이팟 미니, 아이팟 나노 등이 잇달아 인기를 끌었다.

아이팟의 판매가 정점에 오르기도 전, 잡스는 '지신知新'적인 안목으로 새 사업을 은밀히 구상하고 있었다. 모두 잡스를 비웃었지만, 잡스는 노키아, 모토로라등 거인이 자리잡고 있던 휴대폰 시장에 뛰어들었다. "핸드폰은 PC와 다르다"라는 이유에서였다. 잡스는 직원들을 미치기 직전까지 닦달했다. 잡스의 혁신은 '터치'였다. 그는 아이폰에 단 하나의 버튼만을 원했고, 이외의 모든 것은 '터치'였다. 잡스 이전엔 그 누구도 인터넷을 손으로 어루만질 수 있다는 아이디어를 내지 못했다. 소비자들은 다시 한번 열광했다. 태평양 건너편에서도 밤을 새면서 섬세하게 연출된 잡스의 신제품 발표회를 기다리는 팬이 생겼고, 애플 신제품이 출시되는 날 새벽부터 줄을 서는 풍경은 흔하게 볼 수 있게 되었다. (《디지털 워》, 찰스아서 지음, 이콘, 경향신문 2012년 8월 4일 16면 〈책과 삶〉 인용)

혁신은 남의 시선을 의식하고 두려워해서는 안 된다. 확신이 서면 과감히 실천으로 옮겨야 한다.

실천하지 않으면 생각만 하고 배우지 않는 것이며, 배우되 생각하지 않는 것이다. 혁신적인 창조는 남의 동감을 사기 어렵다. '구색 맞추기' 식으로 내놓는 일반적인 제품은 일시적으로 비평과 비판을 피할 수 있을지 몰라도 결국은 세계적인 기업과 어깨를 나란히 할 수 없고 도태되고 만다.

논어를 비롯한 고전은 절대 고리타분하고 낡은 문화가 아니다. 현대 사회의 상황에 맞는 시기적절한 '온고지신'의 생활지침서이다.

그래서 맹자는 공자를 가리켜, "시기 상황에 맞게 적절하게 행동하는 자이며 모든 학문을 모아서 조화를 시킨 집대성集大成한 자"라 하였다. 공자는 오케스트라 연주의 훌륭한 지휘자와 같다. 고전음악과 현대 음악를 조화시키고, 관악기·현악기·타악기를 멋들어지게 하모니시켜 그때 그때 상황에 맞는 아름다운 음악을 완성시킨 자이다. 그래서 2500년이 지난 지금도 공자의 여운은 여전하다.

"공자는 성인 중에서 시기 상황에 맞게 행동하는 분이시며, 집대성한 분이다.
집대성이란 금속 악기로 소리를 내기 시작하고 옥으로 만든 악기로 가락을 거두어 들이는 것과 같다. 금속 악기의 소리는 가락의 시작이고, 옥으로 만든 악기 음은 가락을 마무리하는 것과 같다. 시작의 음은 지혜로움을 가지는 일이고, 마무리하는 음은 성스러움을 가지고 하는 일이다.
지혜란 예를 들면, 공교로움과 같은 것이다. 성스러움이란 예를 들어, 힘이 있는 것과 같다.
백보의 거리에서 활을 쏠 때, 화살이 과녁에 까지 이르는 것은 너의 힘 때문이지만, 적중하는 것은 너의 힘 때문이 아닌 것과 같다."
"孔子, 聖之時者也. 孔子之謂集大成. 集大成也者, 金聲而玉振之也. 金聲也者, 始條理也. 玉振之也者, 終條理也. 始條理者, 智之事也. 終條理者, 聖之事也. 智, 譬則巧也. 聖, 譬則力也. 由射於百步之外也. 其至, 爾力也. 其中, 非爾力也."(《孟子·萬章下》)

중국中國 곡부曲阜 공묘孔廟의 금성옥진방金聲玉振坊

중국中國 곡부曲阜 공묘孔廟의 성시문聖時門

집대성(集大成)

31. 言過其行 언과기행

말이 행동을 앞서지 말라

‘언言’은 ‘말을 하다’, ‘과過’는 ‘넘어서다’, ‘기행其行’은 ‘그 행위’의 뜻이다. ‘언과기행’은 자신의 말이 행동을 넘어서는 것을 말한다. 즉 ‘언행일치言行一致’하지 못함이다. ‘(過)’자는 의미부 ‘辶(辵)’과 소리부 ‘咼’로 이루어진 자이며, ‘咼’자는 ‘剮(바를 과, guǎ)’와 같은 자이다. ‘뼈를 발라낸다’는 뜻이다. ‘과過’자는 ‘길을 가다가 넘어져 뼈가 다치다’는 의미와 관련이 있다. ‘過’자는 또한 ‘’로 쓰기도 한다. ‘過’자를 갑골문과 금문은 ‘辵(辶)’·‘止’와 ‘咼’로 이루어진 ‘’·‘’으로 쓰고, 전국戰國시기 초간은 ‘辵’과 소리부 ‘化’로 이루어진 ‘(𨑨)’으로 쓴다. ‘(行)’자는 갑골문은 ‘’로 쓴다. 원래는 ‘네거리 길’의 모습이고, 후에 사람의 행동거지와 관련된 의미로 쓰인다.

공자는 군자는 ‘자신의 말이 행동을 능가하는 것(언과기행言過其行)’을 ‘치恥(부끄럽게 여긴다)’라 하였다.

> 공자가 말하였다.
> “군자는 자신의 말이 자신의 행동을 넘어서는 것을 부끄럽게 여긴다.”
> 子曰: “君子恥其言而過其行.”(憲問 14.27)

혹은 “치기언이과기행恥其言而過其行” 구절을 ‘그 말하는 것을 부끄럽게 여겨야 하고, 그 행하는 바를 여유있게 해야한다’라고 해석하기도 한다. 즉 ‘치기언恥其言’과 ‘과기행過其行’을 댓구 구절로 보면, ‘이而’자를 ‘그리고’·‘또한’이라는 접속사接續詞로 보기도 한다. 그러나 ‘이而’자를 구조조사構造助詞 ‘지之’로 쓰기도 하고, ‘그 말(기언其言)’이 ‘과기행過其行’을 수식하고 ‘치恥’자를 전체 동사로 보는 것이 전체적인 내용 이해에 무리가 없기 때문에, ‘자신의 말이 자신의 행동을 넘어서는 것을 부끄럽게 여긴다’로 해석하기로 한다. 이는 공자가 강조한 “말하는 것은 어눌하지만 행동은 민첩해야한다”는 ‘눌언민행訥言敏行’과 일맥상통한다.

우리는 말만하고 행동으로 옮기지 못하는, 약속을 지키지 못하는 경우가 종종 있다. 자신과의 약속, 가족과의 약속, 친구와의 약속, 국가가 국민들에게 한 약속 등등. 약속은 천차만별이지만 약속은 지켜져야 한다. 지키지 못할 약속은 차라리 하지 않는 것이 낫다.

약속이란 경중의 차이는 있지만, 대부분 어려운 일을 실천으로 옮기려는 일종의 상호간의 다짐이기 때문에 실천하기가 쉽지 않은 경우가 많다.

당장의 난관을 무마하려 거짓말 하고, 자신의 목적을 위하여 허울 좋은 가면을 씌워 수없이 말 바꾸기를 한다. 그때는 그랬는데 지금은 상황이 변했다·시대가 그렇다·어쩔 수 없다라는 등 자신의 욕심 채우기에 끊임없이 변신하는 정치꾼들이 있다. 자신이 원하는 목적만 이루면 그만이라는 꾼들은 오래가지 못한다. 이러한 꾼들은 대부분이 지금 자신이 차지하고 있는 욕심의 자리를 잃을까봐 거짓말을 하는 비루한 소인배이다. 공자는 "이런 자와는 公事를 함께 하기 어렵다고 하였다. 이런 자는 자신이 얻고자 하는 자리를 얻지 못할 때는 얻지 못할까봐 전전긍긍하고, 얻고 나서는 그 자리를 잃을까봐 전전긍긍하여 별별 짓을 다한다"하였다.'[1] 별짓을 다하니, 그 결과는 수치스럽다.

말은 천금같이 무겁게 해야 한다.
공자는 "말은 어눌하듯이 하고, 행동은 재빨리 서둘러하라"했다.

공자는 말하였다.
"군자는 말에는 더디고 실천에는 민첩하고자 한다."
子曰: "君子欲訥於言而敏於行."(里仁 04.24)

군자는 말은 신중하고 조심스럽게 하려 노력하고(욕欲), 행동으로 옮기기 위하여 노력한다(욕欲)고 하였다. 즉 '눌언민행訥言敏行'하도록 노력하라고 하였다. "말은 오

1) 子曰: "鄙夫可與事君也與哉? 其未得之也, 患得之. 旣得之, 患失之. 苟患失之, 無所不至矣."(공자는 말하였다. "비루한 사람과 군주를 모실 수 있을까? 이러한 사람은 아직 얻지 못하였을 때, 얻으려고 걱정하고, 얻고 나면 잃을까봐 걱정한다. 진실로 잃을까봐 걱정하면 못하는 짓이 없을 것이다.") (陽貨 17.15) '患得之'는 '患不得之'를 잘못 쓴 것으로 이해하여, '아직 얻지 못하였을 때는 얻지 못한 것을 걱정하다'로 해석하기도 한다.

히려 쉽게 할 수 있기 때문에 빨리 경솔하게 하지 말고 천천히 더듬거리듯 하고, 행동으로 옮기는 실천은 어렵기 때문에 민첩하게 행동으로 옮길 수 있도록 노력하라"는 말이다.[1)]

'(訥, 말 더듬을 눌, nè)'자는 '言'과 '內'로 이루어진 자로 '말은 마음속에 담아두고 쉽게 밖으로 내 놓지 말라'는 의미가 담겨있다. 즉 '말을 경솔하게 하지 말고 천천히 하다'는 뜻이다.

'(敏, 재빠를 민, mǐn)'은 '攴(攵)'과 소리부 '每'로 이루어진 자이다. '(每)'자는 갑골문은 ''·''으로 쓰고, 금문은 ''·''으로 쓴다. '비녀를 꽂은 여인'의 모습이다. 어머니는 자식에 대한 변함없는 사랑의 의미이기 때문에 '언제나'·'매번'이란 뜻이 있다. 따라서 '민敏'자는 어머니가 매를 들고 교육을 실시하는 모습으로, 자식이 영민하게 행동하여 '민첩하게 실천하도록 하는 뜻'이 담겨 있다.

모택동毛澤東은 하자진賀子珍 사이에 낳은 딸 이름을 이민李敏(1936 生)이라 하였고, 강청江靑 사이에 낳은 딸을 '이눌李訥(1940 生)'이라 지었다. 논어의 '눌언민행'을 따서 만든 이름이다. 모택동이 중국 연안延安에 있을 때, 가명으로 이득승李得勝이라 불렀기 때문에 이李씨의 성씨를 따른 것이다.

말한다는 것, 정말 어려운 일이다.

중국 속담에, '언다필실言多必失' 즉 말이 많으면 반드시 실수가 생기기 마련이고, '화종구출禍從口出' 즉 화禍(불행, 재화)는 입에서 나온다 하였다.

한번 가면 돌아오지 않는 것이 세 가지가 있는데, 그것은 '말'과 '화살'과 흘러가는 '세월'이라 하였다. 한번 내뱉은 말은 다시 수습하기가 쉽지 않다. 내뱉은 말은 엎질러진 물과 같다. '복수난수覆水難收'는 '엎질러진 물은 다시 담기 어렵다'는 말이다. '복覆'은 '엎질러지다', '난難'은 '어렵다', '수收'는 '담다'·'수습하다'의 뜻으로, '복수覆水'는 '엎질러진 물', '난수難收'는 '다시 담기 어렵다.'

한漢나라 무제武帝 때 승상인 주매신朱買臣은 '복수난수覆水難收'란 이야기로 유명하다. 주매신은 가난하여 굶기를 밥 먹듯이 하였으나, 식량을 구할 생각은커녕 매일

1) "放言易, 故欲訥. 力行難, 故欲敏." (말하는 것은 쉽기 때문에 경솔하게 하지 않으려 하고, 행동으로 실천하기는 어렵기 때문에 민첩하게 실천하려 노력하는 것이다.) (朱熹,《四書集注》)

책만 읽자, 아내가 그를 두고 떠나갔다. 후에 주매신이 장원급제하여 회계會稽의 태수太守가 되어 부임하는 차에, 고향을 지나가게 되었는데 이전의 부인이 주매신을 알아보고 용서를 빌고 다시 아내로 받아들이기를 청했다. 그러자 주매신은 물 한 동이를 땅에 뿌리고 난 뒤 부인에게 "물을 다시 물동이에 담으면 아내로 다시 맞이 하겠다"했다. 엎질러진 물을 다시 주워 담지 못한다.

'복수난수'는 헤어진 부부가 다시 화합하기 어렵다는 말이나, 저질러진 일은 수습하기가 쉽지 않다는 말로 쓰이지만, 입 밖으로 한 말은 다시 말 바꾸기가 쉽지 않다는 말로도 쓰인다. 이와 비슷한 사자성어四字成語는 '사마난추駟馬難追'와 '사불급설駟不及舌'이 있다. '말이 입 밖을 나가면 사두마차도 따라 잡지 못한다'는 말이다. '사마駟馬'는 '네 필의 말'이고 '난추難追'는 '쫓기가 어렵다'는 뜻이다. '불급不及'은 '미치지 못하다'라는 뜻이고, '불급설不及舌'은 '혀에서 나온 말을 따라 잡지 못하다'라는 의미이다.

'칭찬 한마디는 고래도 춤을 추게 한다' 하지 않았는가. 칭찬하는 말은 돈 들일 일 아니다. 칭찬은 '혜이불비惠而不費'이다. '은혜를 베풀고도 자신의 것은 전혀 소모되지 않는 것'이 칭찬이다. 우리 민족은 칭찬에 인색하다. 칭찬하면 배가 아픈 게 우리다. 칭찬도 습관이다. 계속하다보면 늘 것이다.

우리 속담에 '아' 다르고 '어' 다르다했다.

우리는 이놈의 '입' 때문에 다 된 밥에 코 빠트리고, 일을 그릇치고 마는 경우가 종종 있다. 심지어 목숨을 잃기도 한다.

양수楊脩(175 219)는 '계륵鷄肋'이라는 말 때문에 조조에게 목숨을 잃었다.

조조와 유비가 한중漢中을 놓고 치열한 공방전을 펼칠 때, 조조는 유비에게 번번이 패하고 후퇴하여 더 이상 전진을 못하고 식량도 떨어져 더욱 초조해져 갔다. 사심에 잠겨 저녁을 먹고 있는데, 저녁밥으로 닭 갈비탕이 나왔다. 마침 하후돈夏候惇이 "오늘 암호는 무엇으로 할까요?"라고 묻자, 조조는 먹고 있던 닭갈비탕을 보고, "계륵鷄肋이다."라고 할 뿐 아무 말이 없었다. 그러자 하후돈은 밖의 병사들에게 "오늘의 암호는 계륵이다."라고 말하자, 병사들은 그 뜻을 알 수 없어 수군대자, 양수가 나서 "닭갈비는 버리기는 아까우나 먹을 것이 없는 것이다. 승상께서는 이 한중을 유비에게 내주기는 아깝지만 이득이 없으니 철수하라라는 뜻으로 암호를 계륵이라 정한 것이오."라 하였다. 그 다음날 양수의 말 대로 철수 명령이 내려졌다. 조조가 자신의 속마음이 드러난 것이 몹시 불쾌해 양수를 참하였다고 하는 설도 있고, 혹은 조조가 한중에서 돌아온 후 몇 달 후에 군기를 누설했다는 죄목으로 양수를 처형했다고 하는 설도 있지만, 하여튼 분명한 것은 양수가 자신의 재능만을 믿고 입 조심하지 않아 목숨을 잃은 것이다.

《명심보감》은 "혀는 불행과 재난을 낳는 문이고, 자신을 멸망시키는 도끼다"라 하였다.[1)]

새해 첫날, 우리는 자신과 혹은 가족과 많은 약속을 한다. 다짐했던 약속, 담배는 끊었던가, 술은 줄였던가, 운동은 얼마나 했던가.

약속의 내용은, 대부분 자신이 부족한 점을 개선하거나, 나쁜 습관을 없애는 다짐이기 때문에 어렵다. 말이 많다보면 실수하기 마련이다. 침묵은 금이다. 말 적게 하는 약속을 하고 싶다. 어렵겠지만.

---

1) "口舌者, 禍患之門, 滅身之斧也."(혀는 재난과 불행의 문이고, 자신을 멸하는 도끼다.) (《明心寶鑑》)

언과기행(言過其行)

32. 君子不器 군자불기

군자는 한 그릇으로만 사용되지 않는다

'군자불기'는 간단한 네 자로 된 문장이고 전후 문맥을 참고할 수 없기 때문에 해석이 쉽지 않다.

曰: "君子不器."(爲政 2.12)

'(器)'자는 원래 '네 개의 그릇(口)'과 '犬'으로 이루어진 자이다. 그릇은 고대에 중요한 생활도구이기 때문에 개가 특별히 이를 지키고 있는 것이다. 금문은 '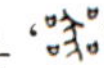'으로 쓴다.

논어에서 '기器'자는 '그릇'[1]·'날카로운 도구'[2]·'도량'[3], 동사의 용법으로 '적절한 기물로 사용하다'의 뜻으로 쓰인다.[4] 본 구절에서 '不器'는 '단순하게 하나의 역할 만을 하는 기물이 아니다'는 동사의 용법으로 쓰인다.[5]

이기동李基東《논어강설論語講說》은 "군자는 그릇처럼 살지 아니한다"라 하였다. 부가적으로 "그릇은 특정한 형태를 가지고 있고, 그 형태에 맞는 역할만을 하는 것

---

1) 子貢問曰, "賜也何如?" 子曰: "女, 器也" 曰: "何器也?" 曰: "瑚璉也."(公冶長 5.04) (자공이 "저를 어떻게 생각하십니까?"하고 여쭈어 보자, 공자는 말하였다. "너는 그릇이다" "무슨 그릇입니까?" "瑚璉이다") '瑚璉(호련)'이란 서직(黍稷)을 담는 제기이다.

2) 子貢問爲仁. 子曰: "工欲善其事, 必先利其器. 居是邦也, 事其大夫之賢者, 友其士之仁者."(衛靈公 15.10) (자공이 인을 행하는 일에 관해서 여쭈어 보았다. 공자는 말하였다. "공인이 그 일을 잘 하려고 하면 먼저 그 연장을 날카롭게 해야 한다. 어떤 한 나라에 살면 그 나라의 대부 중의 현량한 사람을 섬기고 그 나라의 사士 중의 인자한 사람을 벗으로 삼아라.")

3) 子曰: "管仲之器小哉!"(八佾 3.22) (공자가 말하였다. "관중의 그릇이 작다") 관중은 제齊나라 대부. 이름은 이오夷吾, 중仲은 자字이다. 관경중管敬仲이라고도 불렀는데 경敬은 그의 시호(諡號)이다. 환공桓公을 도와 패업을 성취시켜 주었다. 공자는 관중의 공적은 높이 평가하나 그 인간성은 높이 평가하지 않았다.

4) 楊伯俊,《論語譯註》,〈論語詞典〉, 305쪽 참고.

5) 楊伯俊,《論語譯註》, 17 쪽. "不像器皿一般."(그릇과 같지 않다.)

이다. 자신의 육체를 주체로 하여 자신의 삶을 영위하는 사람은 소인小人이고, 천명天命을 주체로 하여 만물 전체와 조화되는 삶을 영위하는 사람은 군자이다."라 설명하였다.[1)]

주희朱熹는 "용기容器는 각각 그 용도에만 적합하여 서로 통용될 수 없는 것이다. 덕을 이룬 선비는 체통體統이 갖추어지지 않음이 없으므로, 그 사용됨이 두루 미치지 않음이 없으니, 다만 한 재주 한 기예技藝만 갖추고 있는 것이 아니다"[2)]라 하였다.

만약 문자 그대로 해석한다면, '군자는 용기容器가 아니다'라 해석할 수 있다. 용기처럼 남에 의하여 피동적으로 쓰여지는 딱딱한 비생명체가 아니라, 의식적 생명 양심 도덕 시비판단과 이상을 지닌 군자와 같아야 한다는 것이다.

'군자불기君子不器'는 논어의 〈위정爲政〉편에 나오는 말이다. 따라서 '위정爲政'과 관련이 있는 내용일 수도 있고, 혹은 이 바로 앞 구절인 '온고지신溫故知新'[3)]에 관한 내용이나, 다음 구절인 '선행후종先行後從'[4)]과 관련이 있을 수도 있다.

남회근南懷瑾은 《논어별재論語別裁》에서 본 구절을 '위정爲政'과 관련시켜 설명하였다. "'爲政(나라를 다스리다)'을 하기 위해서는 모든 것을 통달한 재능을 갖추고 있어야 한다. 모든 것을 통달한 재능이란 즉 모든 것을 잘 안다는 뜻이다. '불기不器'는 어떤 하나만을 아는 정형적인 인물이 아니라는 뜻이다. 나라를 다스리는 '위정자爲政者'는 옛날이나 지금을 막론하고 동서고금 모두를 통달하여야 한다."라 하고, 그래서 "'군자불기君子不器'를 〈위정爲政〉편에 삽입하여 나라를 다스릴 때의 필요함을 설명하였다. '윤문윤무允文允武'[5)]하여야 하는 것이 곧 '군자불기君子不器'에 관한 설명이다."라 하였다.[6)]

---

1) 《論語講說》, 성균관대학교출판부.

2) 朱熹, 《論語集註》: "器者, 各適其用而不能相通. 成德之士, 體無不具, 故用無不周, 非特爲一才一藝而已."

3) 子曰: "溫故而知新, 可以爲師矣."(爲政 02.11) (공자가 말하였다. "옛 것을 잊지 않고 새 것을 알면, 스승이 될 수 있다.")

4) 子貢問君子. 子曰: "先行其言而後從之."(爲政 02.13) (자공이 군자에 대하여 묻자, 공자가 대답하였다. "먼저 그 말한 것을 실행하고 그 뒤에 말이 행동을 따르게 하는 것이다.")

5) '允文允武'는 '문예와 무예가 모두 뛰어남을 이르는 말'로 《詩經·魯頌·泮水》에 나오는 말이다.

6) "因爲'爲政'要通才, 通才就要樣樣懂. '不器'就是並不成爲某一個定型的人, 一個爲政的人, 就要上下古今中外無所不通." "所以君子不器放在〈爲政〉篇, 就是說明爲政在這方面的道理, 換句話說: '允文允

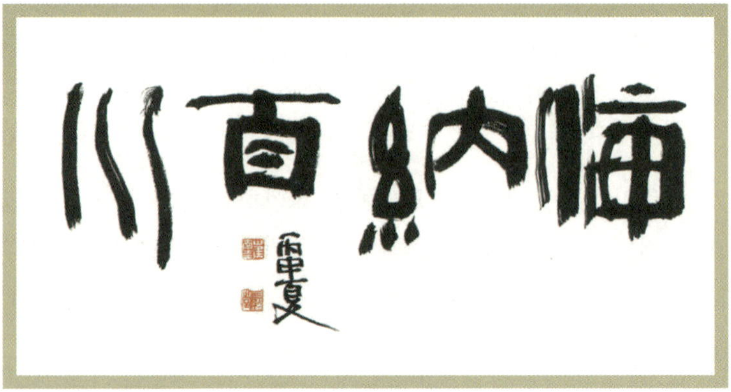

해납백천(海納百川)

'온고지신溫故知新'의 뜻은 동서고금을 막론하고 모든 것에 통달함을 말하는 것으로 위정자가 갖추어야 할 소질과 능력을 가리키고, '선행후종先行後從'의 뜻은 말한 것을 반드시 실천해야 하고 말이 행동을 앞서지 않는다는 군자의 도덕적 소양, 실천 행동 행식이다.

따라서 '군자불기君子不器'는 예를 들어, '소주 잔' 하나로만 쓰이는 인물이 아니라, 때에 따라서는 '장 종지'나 '사발', '항아리'가 되어 모든 것을 섭렵할 수 있는 능력을 갖추고 있어야 한다는 의미로 해석할 수 있다. '불기'는 '바다와 같은 큰 그릇'이 되어야 함을 말한다. '해납백천海納百川', 바다는 모든 산하의 강물을 다 받아들이고, '해불양수海不讓水', 바다는 모든 강물을 사양하지 않고 모두 받아들이고, '후덕재물厚德載物', 후한 덕을 지녀 세상의 만물을 모두 포옹할 수 있는 가슴을 가져야한다.

나라를 다스리는 자는 일반 백성보다 훨씬 뛰어난 능력을 갖추고 있어야 한다. 그래야 한 국가 사회에서 발생하는 일들을 능수능란하게 처리하여 백성의 질고를 치유할 수 있다. 사회의 지도자가 되기 위해서는 끊임없는 자기 성찰과 다양한 스펙을 쌓아야 한다. 취업이 참으로 어렵다. 이전에는 대학만 나와도 먹고 살았는데, 현대사회는 정교한 기술과 높은 수준의 국제적 스펙이 필요하여 쉽지 않다. 그래서 공무원이나 혹은 회사원 같은 고정된 직업만을 고집할 필요가 없을 것 같다. 직업도 개성화의 시대이다. 현재 중국에서 '창업創業'이란 말이 유행이다. 물론 중국뿐만 아니라 세계적인 현상이다.

武', 也便是君子不器的說明." (南懷瑾, 《論語別裁》)

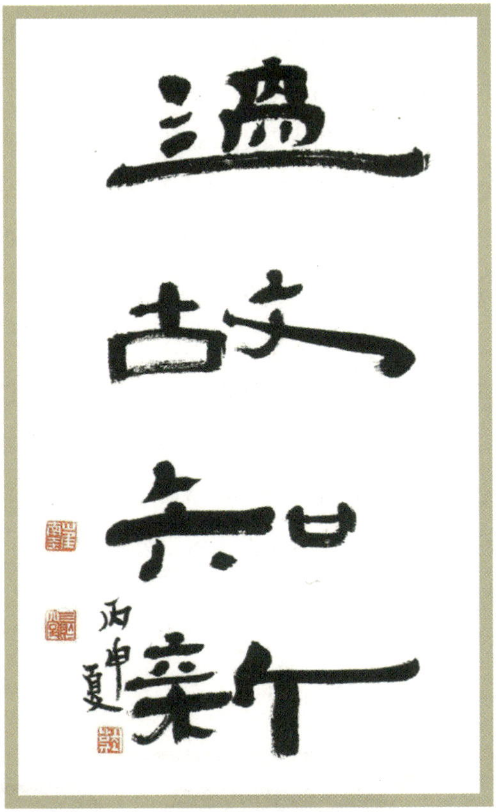

온고지신(溫故知新)

인생역전의 신화를 일궈낸 중국 아리파파(아리파파집단阿里巴巴集團, Alibaba Group)의 그룹 회장 잭마(본명: 마운馬雲)는 우리에게 익숙한 이름이 되었다. 그는 항주杭州 사범대학을 졸업하고 월급생활을 하다가 인터넷의 문외한이었던 그가 우연한 기회에 미국을 방문한 계기로 아리파파 사이트를 창업하였다. B2C(business to customer, 기업과 소비자 간 상거래) 전자상거래 사이트인 아리파파 이후 C2C(customer to customer, 소비자와 소비자 간 상거래) 전자상거래 사이트인 '타오빠오(도보淘寶)'를 설립하여 전세계 최고의 온라인 쇼핑물을 장악하였다. 그는 소자본 사업자들의 창업의 꿈을 실현시켜 중국 전자상거래 산업이 폭발적으로 성장해 가면서 소규모 판매자를 브랜드 또한 기업으로 탈바꿈 시키는 기적을 만들어 냈다.

마윈은 일류대학을 나오지도 않았고, 고등학교 입학시험은 두 번, 대학 입학 시험은 세 번을 치러 가까스로 대학을 다닐 수 있었다. 마윈은 창업을 시작하는 젊은이에게 이런 말을 한다. "사람들에게 한 번도 인정받지 못한 나 자신도 사업에 성공하였습니다. 제가 성공했기에 나는 청년 창업자들의 80%는 꼭 성공할 것이라고 믿습니다." 청화대 졸업식에서 이런 말을 했다. "지금은 혼돈의 시대입니다. 이 시대를 보면 의혹과 불신으로 가득 차 있습니다. 이 대단히 혼란스런 시대에 진입한 여러분을 진심으로 환영합니다. 혼돈은 변혁을 의미합니다. 오늘의 마윈은 30년전 중국의 변화 덕분입니다."[1)]

마윈을 성공하게 할 수 있었던 것은 빼알(白乾兒) 잔 같은 조그만 그릇에 만족하지 않았다는데 있다. 세상을 담을 수 있는 큰 항아리 통이어야 한다. 혼돈의 시대는 오히려 성공의 시대이다. 자신을 너무 현재의 위치에서만 생각하지 마라. 우리에게는 무한한 도전의 공간과 언젠가는 세상을 바꿀만한 열정이 있다. 창의성 있는 창업에 도전하라.

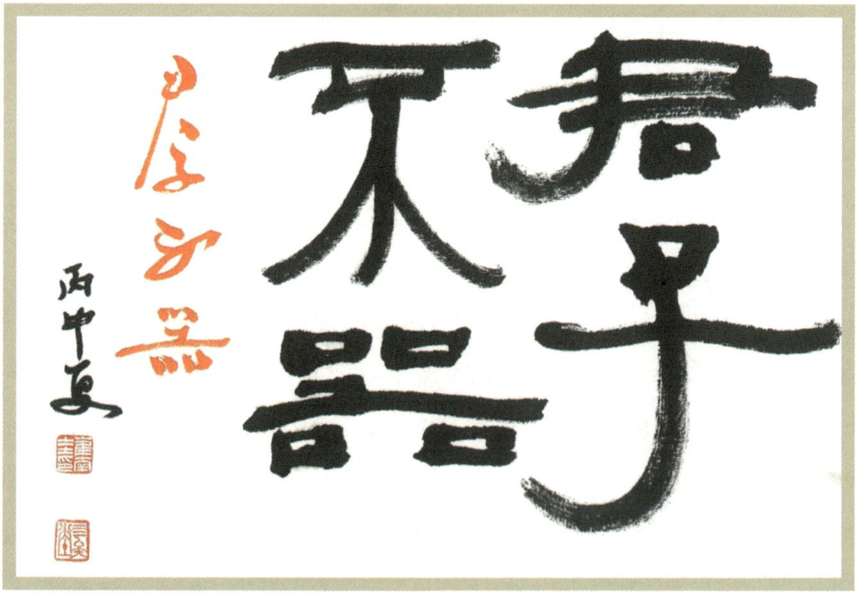

군자불기(君子不器)

1) 'http://blog.naver.com/PostList.nhn?blogId=buyshanghai'에서 인용.

33. 三思而行 삼사이행

세 번 생각하고 행하다

'삼사三思'는 어떤 일에 대하여 여러 번 생각하며 심사숙고함을 말한다. '삼사이행三思而行'은 심사숙고하고 난 다음 행동하라는 뜻이다.

'思(생각할 사, sī,sāi)'자를 전서는 ''으로 쓰고, 금문은 ''으로 쓴다. '心'과 '囟(정수리 신, xìn,xín)'으로 이루어진 자이다. '정수리'는 곧 '머리'에 해당된다. 마음과 머리로 생각한다는 뜻이다.

공자는 계문자가 세 차례씩 생각하고 난 후에 일을 실행하곤 한다는 말을 듣고, "두 번 생각하면 됐지 세 번까지 생각할 필요없다"고 하였다.

> 계문자는 세 차례씩 생각한 후에 행하곤 하였다. 공자가 듣고 "두 번 생각하면 된다."라 하였다.
> "季文子三思而後行. 子聞之, 曰: '再, 斯可矣.'(公冶長 5.20)

계문자季文子는 계손씨季孫氏로 '문자文子'는 그의 시호이고 이름은 행보行父이다. 계문자는 노魯 나라 문공文公, 선공宣公, 성공成公, 양공襄公 등 4대에 걸쳐 벼슬한 명재상으로 신중하여 앞일을 잘 생각하고 행동한 사람이었다. 계문자는 심사숙고한 사람이었기 때문에, 논어의 본 구절은 다른 사람들처럼 세 번까지 심사숙고할 필요없이 두 번만 생각하면 된다는 뜻으로 이해한다. 혹은 생각보다는 실천이 중요하기 때문에 생각만 하지 말고 바로 실천을 중요시 하라는 뜻으로 이해하기도 한다.

'삼사三思' 중의 '三'은 '재삼', '거듭', '자주'라는 부사어이다.
'삼사三思'는 또한 '세 가지' 중요하게 생각해야할 것이라는 의미로도 쓰인다.

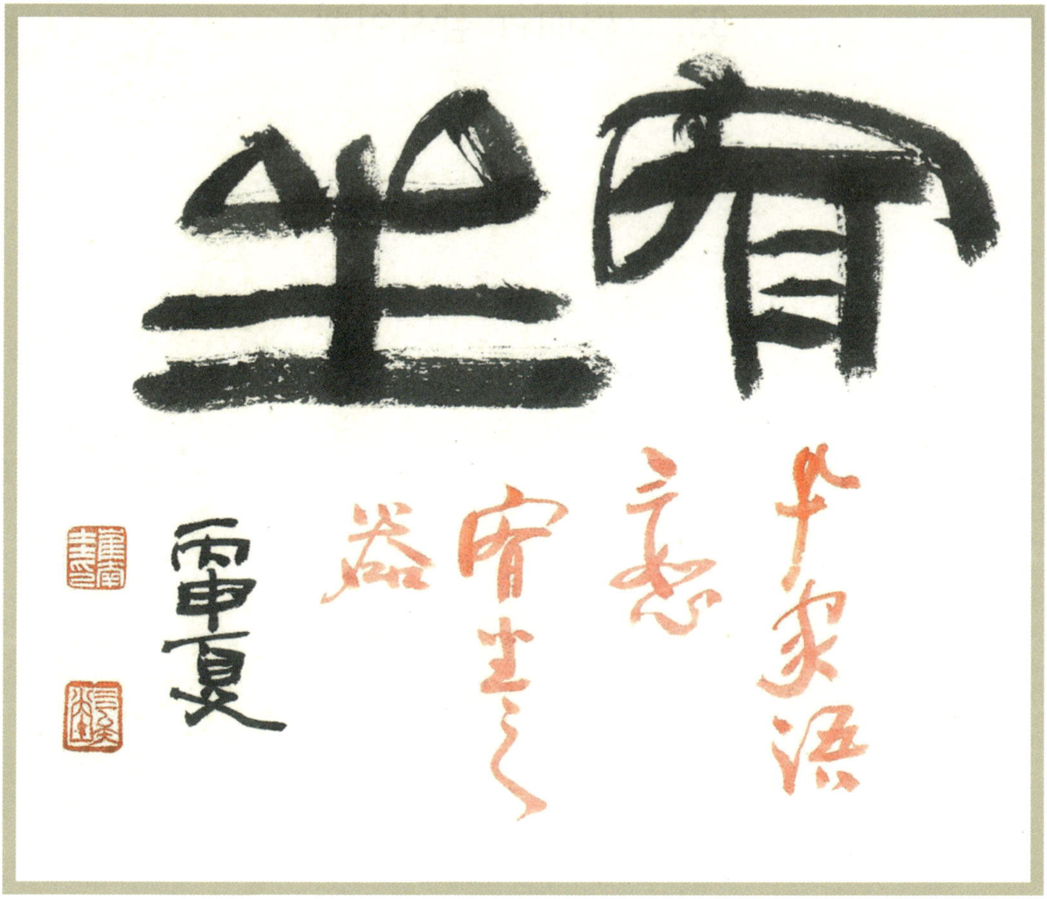

유좌(宥坐)

옛날 선비들이 자신을 되돌아보고 반성하는 유좌지기宥坐之器라는 물건이 있었다. 항상 곁에 두어 마음을 추스리는 그릇이다. 공자가 노나라 환공의 사당에 들어갔을 때 기울어진 그릇인 유좌宥坐를 보고 말하였다. "유좌宥坐라는 그릇은 속을 비워두면 기울어지고 중간쯤 채워 놓으면 반듯하게 되고 가득 채우면 자빠지게 된다고 들었다. 그런 까닭에 현명한 군주는 이 그릇이 지극히 교훈이 된다하여 언제든지 자기가 앉아 있는 곁에 두었다고 한다."[1] 자로가 물었다. "가득 차고서도 유지할 도

1) 孔子曰 : "吾聞宥坐之器, 虛則欹, 中則正, 滿則覆, 明君以爲至誡, 故常置之于坐側."(《孔子家語·三恕》)

리는 없습니까?" 공자가 말하였다. "아무리 총명하고 지혜가 있다할지라도 자기 몸을 지키기 위해서는 어리석은 것처럼 해야 하며, 아무리 공로를 천하에 끼쳤다 하더라도 자기 몸을 지키기 위해서는 양보해야 하며, 아무리 용맹함이 세상에 떨친다 할지라도 자기 몸을 지키기 위해서는 두려워하는 듯해야 하며, 아무리 재산이 사해를 모두 차지했다 하더라도 자기 몸을 지키기 위해서는 검소하게 해야 한다. 이것이 이른바 겸손하게 자기 몸을 덜고 또 덜어야 하는 도리이다."[1)]

가득 차고도 넘어지지 않으려면 공자는 '겸손'하고, '양보'할 것, '두려워하는 마음', '검소'할 것을 권하고 있다.

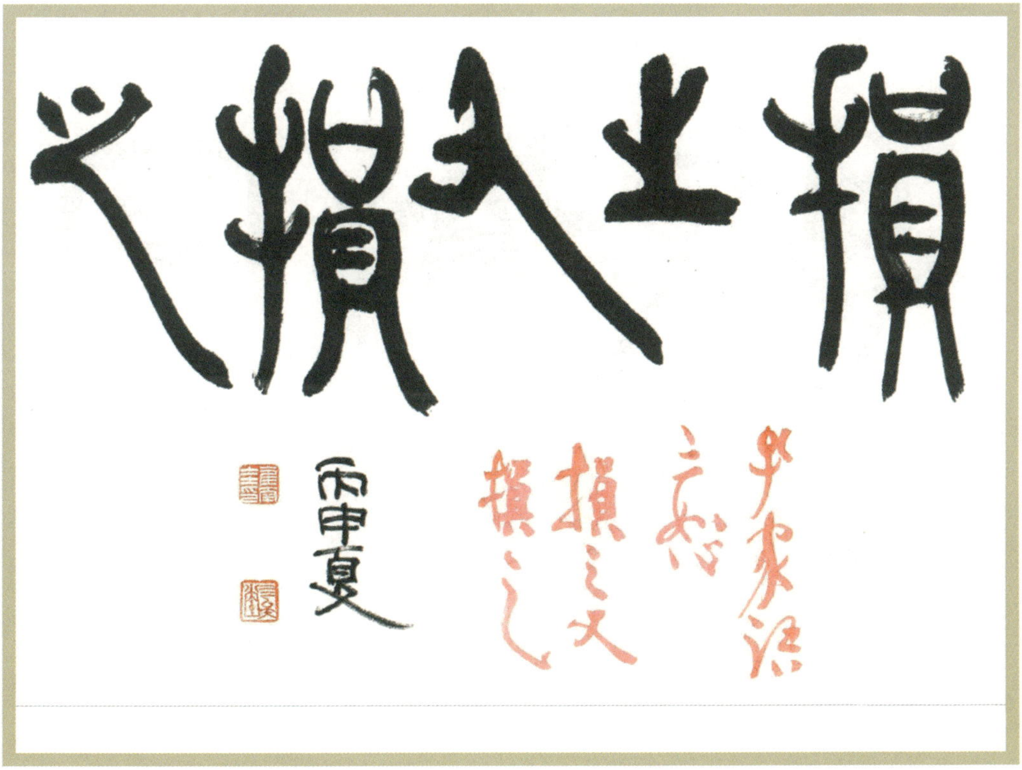

손지우손지(損之又損之)

1) 子曰: "聰明睿智, 守之以愚. 功被天下, 守之以讓. 勇力振世, 守之以怯. 富有四海, 守之以謙. 此所謂損之又損之之道也." (《孔子家語·三恕》)

공자는 군자에게는 '삼사三思'가 있다하였다. "젊었을 때 배워두지 않으면 성인이 되어도 능력이 없게 되고, 늙도록 자식을 가르치지 않으면 죽어도 사모하는 사람이 없게 되고, 재물이 있어도 이것을 남에게 베풀지 않으면 자기가 궁해도 남이 구원해 주지 않게 되기 때문에, 군자는 젊어서는 학문에 힘쓰는 것이며, 늙어서는 그 죽을 때의 일을 생각해서 가르치기를 힘쓰며, 재물이 있을 때는 곤궁할 때를 생각해서 남을 구제하기를 힘쓴다"하였다.[1)]

현재는 '삼사이행三思而行'은 행동으로 옮기기 전에 신중히 생각하고 검토한 연후에 실천하라는 뜻으로 쓰인다. 징검다리를 건너가듯이 심사숙고한다면 실패할 일을 훨씬 적어질 것이다.

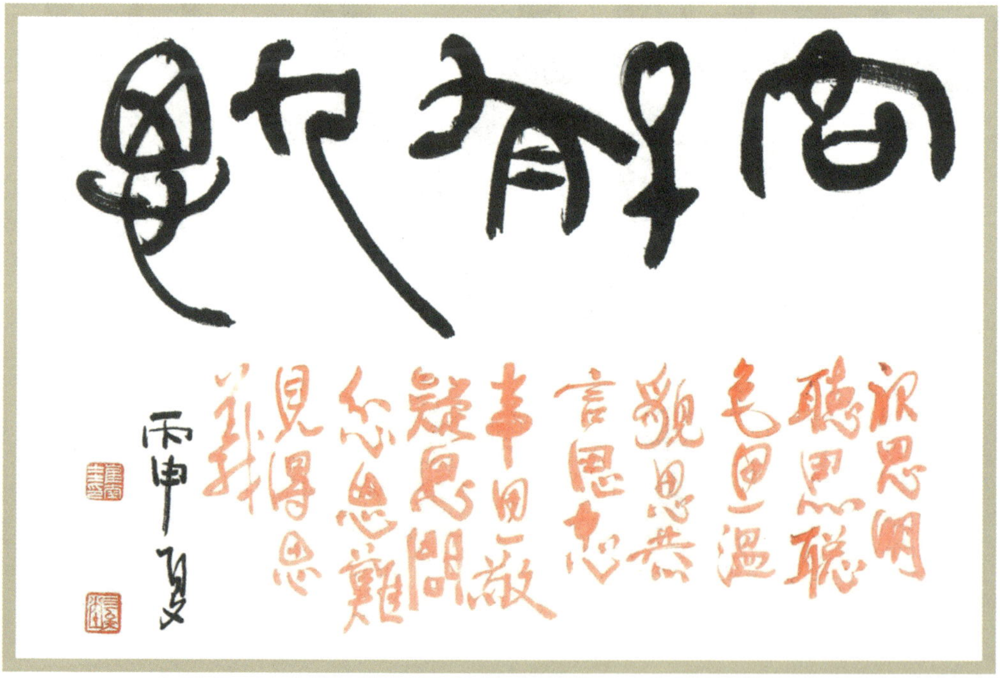

군자유구사(君子有九思)

1) "君子有三思, 不可不察也. 少而不學, 長無能也. 老而不教, 死莫之思也. 有而不施, 窮莫之救也. 故君子少思其長則務學, 老思其死則務教, 有思其窮則務施." (《孔子家語·三恕》)

우리같이 평범한 인간이 어찌 계문자처럼 신중하고 완벽하게 행동할 수 있겠는가? 인생은 실패와 후회 투성이다.

이외에도 공자는 "군자는 아홉 가지를 생각해야(구사九思) 한다"하였다.

> 孔子가 말하였다.
> "군자에게는 생각하는 일이 아홉 가지가 있다. 보는 데는 뚜렷이 보기를 생각하고, 듣는 데는 똑똑하게 듣기를 생각하고, 안색에는 부드럽기를 생각하고, 용모에는 공손하기를 생각하고, 말에는 성실하기를 생각하고, 일에는 조심하기를 생각하고, 의심나는 것에는 묻기를 생각하고, 화가 날 적에는 어려운 일을 당할 것을 생각하고, 이득이 있을 것을 알면 그것이 의義로운가를 생각한다."
> 孔子曰: "君子有九思, 視思明, 聽思聰, 色思溫, 貌思恭, 言思忠, 事思敬, 疑思問, 忿思難, 見得思義."(季氏 16.10)

생각하지 않고 홧김에 무심결에 한 말 때문에 후회한 일이 한 두 번이 아니다. 한 번 만 더 생각하고 언행을 했더라면 남과 다툴 일도 없고 밤새 잠 못 이루고 후회하는 일은 없을 것이다.

세상에 꼭 '삼사이행三思而行' 해야 할 일이 있다.

자살은 자기 자신에 대한 부정이지만, 주위사람에게는 더 큰 상처를 남긴다.

우리나라가 8년째 OECD 국가 중 자살율 세계 1위 국가이다.

'자살다리'라고 불리우는 서울 마포대교 난간에 삶의 희망을 일깨우는 스토리텔링형 메시지 전달 시스템이 설치되었다고 한다. 다리 중간 상류 측 전망대에는 황동재질의 '한번만 더'라는 동상이 설치되어 있다. 자살은 한번만 더 생각하면 막을 수 있단다. 일시적으로 감정을 통제하기 힘이 든다면, 행동을 하기 전에 단지 한번 만이라도 넓고 넓은 푸른 하늘을 한 번 우러러 보아라. 얼마나 아름답고 넓고 푸른 세상이랴. 저 넓고 넓은 비단결 같은 솜털 하늘이 나 하나 정도쯤 안아주지 못하겠는가? 그 당시에는 죽을 것 같은 충격이었으나 지나고 나면 아무것도 아니다. 죽음보다 더 큰 슬픔은 이 세상에 없다. 한 번 더 생각해 보자. 지금 이 순간도 나보다 외롭고 슬프고 불행한 사람이 훨씬 많다는 것을 잊지 말아야한다.

미국 샌프란시스코의 명물 금문교에서 투신 직전에 제지당한 사람들은 놀랍게도 투신하지 못 한 사람의 94%가 잘 살거나 자연사했다고 한다. 뛰어내리려는 순간 한

번만 더 생각하면 대다수가 더 이상 죽음을 결행하지 않는다는 것이다.

3가지 심리 조건이 합쳐져야 자살한다고 한다. 첫째는 사회적으로 고립되었다고 느끼는 마음이다. 자살을 결심한 사람 또는 상처가 큰 사람의 말을 들어주는 것만으로도 사회적으로 고립감을 덜어줄 수 있다. 조용히 진심어린 마음으로 이야기를 들어주는 것이 효과적이라고 한다. '죽을 용기가 있으면 그런 자세로 살아라'라는 조언은 오히려 마음에 더 큰 충격을 줄 수 있다고 한다.

둘째는 타인에게 짐이 된다는 부담감을 가진다는 것이다.

셋째는 두려움이 없는 마음, 즉 고통에 대한 내성을 가지고 있다는 것이다. 이 3가지 심리 조건 중 단 하나라도 부족하면 절대 자살하지 않는다고 한다.

정부는 출산 정책도 중요하지만, 산 사람들이 어떻게 하면 더욱 편안하게 잘 살수 있는지에 더 많은 관심을 가져야 한다. 정부가 직접 나서 '자살방지 대책 위원회'라도 마련하여 심각하게 대처했으면 한다.

삼사이행(三思而行)

34. 先行後從 선행후종

먼저 행하고 난 다음 말하라

자공이 공자에게 군자에 대하여 물었다. 공자는 "말보다 먼저 실천을 하고 그런 후에야 말을 하라"고 하였다. 이 중 '말보다 실천'이 '선행후종'이다. '말이 행동을 앞서는 것을 부끄럽게 여긴다'는 '언과기행言過其行'과 비슷한 말이다.

> 자공이 군자에 관해서 물었다.
> 공자가 말하였다.
> "그는 할 말을 먼저 실행하고 나서 그것을 말하느니라."
> 子貢問君子. 子曰: "先行其言而後從之."(爲政 2.13)

논어의 원문 "선행기언이후종지先行其言而後從之" 구절에 대하여 다양한 해석을 한다.

① '그리고 난 뒤에 그들을 이끌다.' '다른 사람으로 하여금 자기를 따르게 하다.[1]
② 다시 말을 꺼내야한다.[2]
③ 행한 후에 말이 따른다.[3]

"선행기언이후종지先行其言而後從之" 구절은 "선행기언先行其言, 이후종지而後從之"로 읽을 수 있다. '이후而後'는 '이후以後'의 뜻으로 '이而'는 시간을 표시하는 접속사이다.

'(從)'자를 갑골문은 '彳(行)'과 '从'으로 이루어진 ''으로 쓰고, 금문은 '从'이나

---

1) 유종목, 《논어의 문법적 이해》, 문학과 지성사, 58 쪽.
2) "對於你要說的話, 先實行了, 再說出來."(당신이 하고자 하는 말은 먼저 실행을 하고, 그런 다음에 말을 한다.) 楊伯俊, 《論語譯註》, 17 쪽.
3) 이기동, 《논어강설》, 성균관대 출판사, 90 쪽.

혹은 '辵'과 '从'로 이루어진 ''·''으로 쓴다. 길 위를 사람이 다른 한 사람을 따라 가는 모습이다.

'종지從之' 중의 '지之'자는 앞의 '기언其言'을 가리키는 것으로 보거나, 혹은 자신(군자)을 가리키는 것으로 보기도 한다. 본 구절은 공자가 군자의 '언행일치言行一致'를 강조한 내용이기 때문에 바로 앞의 '其言'으로 볼 수 있다.[1] 공자는 "말이 언행을 앞서는 것을 치욕스럽게 생각"하였고,[2] "말을 교묘하게 하거나 아부를 잘하는 사람 중에 인자仁者는 드물다"하였고,[3] 타락한 사회에서만이 말을 그럴싸하게 꾸미고 아부를 해야 만이 살아갈 수 있는 것이다.

> 공자가 말하였다.
> "축타처럼 뛰어난 언변이 없으면서 송조처럼 아름다운 외모만 있다면 오늘날과 같은 난세에서 화를 면하기 어렵다.
> 子曰: "不有祝鮀之佞, 而有宋朝之美, 難乎免於今之世矣."(雍也 06.16)

축타祝鮀는 위衛나라 대부로 자가 자어子魚이다. 종묘에서 제사를 지낼 때 축문을 읽는 축관의 관직을 지냈기 때문에 축타라 하였다. 축타는 말 재주가 뛰어나 소릉昭陵에서 제후들이 회합을 할 때 채蔡나라를 위나라보다 위에 두려고 하자 위나라의 시조始祖 강숙康叔을 내세워 위나라를 상위에 둘 수 있도록 하는데 성공하였다한다. 공자는 그의 이러한 언변능력을 높이 평가한 것이다. 송조宋朝는 송나라의 공자로 이름이 조朝이다. 위나라 대부로 있을 때 양공襄公의 부인 선강宣姜과 영공靈公의 부인 남자南子와 사통한 적이 있다한다.

오히려 요즘 같이 어려운 세상, 정직이 통하지 않는 사회에서는 교언巧言이나 영색令色을 해서 남에게 잘 보여야만이 살아갈 수 있다는 말이다.

하지만 그 궁극적인 뜻이 모두 같다. 먼저 몸소 솔선수범하고 난 다음에 백성들을

1) "君子做事在說話前, 然後才照他做的說."(錢穆, 《論語新解》, 42쪽.) (군자는 실행하는 것을 말하는 것보다 먼저 하고, 그런 연후에 그가 행한 일에 따라 말을 한다.)

2) 子曰: "君子恥其言而過其行."(憲問 14.27) (군자는 자기가 말한 것이 실행하는 것보다 지나치는 것을 부끄러워한다.)

3) 子曰: "巧言令色, 鮮矣仁!"(學而 1.03)

설복하라는 말이다. 말보다는 실천을 강조한 말이다.

안회가 어느 날 소인의 말과 군자의 말을 구별하기 힘들다고 스승님에게 자문한다. 그러자 공자는 "군자는 행동이 말보다 먼저 앞서고 소인은 다만 혀로만 말을 하고 실천을 하지 않는다"하였다. 또한 "군자의 말은 도의적인 일을 서로 권하기 때문에 물러나서도 사랑을 하게 되고, 소인은 혼란을 야기시키는 일을 서로 좋아하기 때문에 물러가면 서로 헐뜯고 미워하게 된다"고 하였다.[1)]

'선행후종先行後從'이 행동을 강조한다해서 무조건 먼저 실행을 하고 난 다음 그 결과만을 보고하는 식은 절대로 안 될 것이다. 실천에는 '도의(義)'가 있어야 한다. 정의로움, 남을 위하는 마음을 먼저 가져야 한다. 집정자 중에는 자신에게 권력이 주어졌다 해서 특권으로 남용하여 시퍼런 칼을 휘두르는 '갑질'하는 경우를 종종 보게 된다.

송宋나라 때 성리학자 정이程頤는 '지선행후知先行後'를 강조하였다.[2)] 즉 정확한 '앎'이 먼저이고, 그런 다음에 힘써 실천해야 한다했다. 주희朱熹는 이를 '치지致知, (사물의 이치를 깨닫는 경지)'와 '역행力行'으로 표현하였다. 《대학大學》에서 말하자면, '격물格物'과 '치지致知'는 '선지先知'의 단계이고 '성의誠意'·'정심正心'·'수신修身'·'제가齊家'·'치국治國'·'평천하平天下'는 '후행後行'의 단계이다.[3)] 《중용中庸》에서는 '박학博學'·'심문審問'·'신사愼思'·'명변明辨'이 '선지先知'의 단계이고, '독행篤行'이 '후행後行'의 단계이다.

---

1) "顔回問於孔子曰: 小人之言有同乎? 君子者不可不察也. 孔子曰: 君子以行言, 小人以舌言, 故君子爲義之上相疾也, 退而相愛, 小人於爲亂之上相愛也, 退而相惡."(안회가 말했다. "소인의 말도 군자의 말과 같은 것이 있사오니 그것을 자세히 살펴보지 않을 수 없습니다" 공자가 이렇게 말했다. "군자는 행동으로 말을 대신하고 소인은 다만 혀로만 말을 한다. 까닭에 군자는 의리에 대해서 서로 힘써 권하기 때문에 물러가서도 서로 사랑하게 되며, 소인은 어지러운 일을 서로 사랑하기 때문에 물러가면 서로 미워하게 되는 것이다.) (《孔子家語·顔回》)

2) "君子之學, 必先明諸心, 知所養, 然後力行以求至, 所謂自明而誠也."(程頤, 《顔子所好何學論》)

3) "古之欲明明德於天下者, 先治其國, 欲治其國者, 先齊其家, 欲齊其家者, 先修其身, 欲修其身者, 先正其心, 欲正其心者, 先誠其意, 欲誠其意者, 先致其知, 致知在格物." (옛날의 광명한 덕을 천하에 밝히려고 한 사람은 먼저 자기의 나라를 다스렸고, 자기의 나라를 다스리려고 한 사람은 먼저 자기의 집을 정돈하였고, 자기의 집을 정돈하려고 한 사람은 먼저 자신의 德을 닦았다. 자기 자신의 덕을 닦으려고 한 사람은 먼저 자기의 마음을 바로잡았다. 자기의 마음을 바로잡으려고 한 사람은 먼저 자기의 생각을 성실하게 하였다. 자기의 생각을 성실하게 하려고 한 사람은 먼저 자기의 지혜를 넓혀 앎에 이르고, 지혜를 넓혀 앎에 이르는 것은 사물의 이치를 究明하는 데 달렸다.) (《大學》)

> (성실하여지려고 하는 사람은 선한 것을 택해서 그것을 고집하는 사람으로) 널리 배우고, 자세히 묻고, 조심스럽게 생각하고, 분명하게 판별하고, 독실하게 행한다. 그리고 배우지 않을 수는 있을지언정 배우게 되면 능숙해지지 않고서는 그만두어버리지 않고, 묻지 않을 수는 있을지언정 묻게 되면 알지 않고서는 그만두지 않고, 생각하지 않을 수는 있을지언정 생각하게 되면 터득하지 않고서는 그만두지 않고, 판별하지 않을 수는 있을지언정 판별하게 되면 분명해지지 않으면 그만두지 않고, 행하지 않을 수는 있을지언정 행하게 되면 독실해지지 않으면 그만두어버리지 않는다. 남이 한 번 해서 잘하게 되면 자기는 백 번을 하고, 남이 열 번 해서 잘하게 되면 자기는 천 번을 한다. 이 방법을 잘 해낸다면 우매한 사람이라 하더라도 반드시 총명해질 것이고, 유약한 사람이라 하더라도 반드시 굳세어질 것이다.
>
> "博學之, 審問之, 愼思之, 明辨之, 篤行之. 有弗學, 學之弗能, 弗措也; 有弗問, 問之弗知, 弗措也; 有弗思, 思之弗得, 弗措也; 有弗辨, 辨之弗明, 弗措也, 有弗行, 行之弗篤, 弗措也. 人一能之己百之, 人十能之己千之. 果能此道矣, 雖愚必明, 雖柔必强."(《中庸》)

이러한 철학적 논제가 옳은가 그른가는 우리가 논할 문제가 아니다. 다만 행동에 앞서 먼저 실천 방향을 정확히 인식하고 '是非'를 판단한 다음 신중하게 행동하는 마음 철학이 필요하다.

'4대 강 사업'·'설악산 케이블카 설치'나 혹은 '남북통일' 등의 정책을 집정자들이 반드시 신중히 심사숙고하여 접근하여야 한다. 어떤 방식이 옳은 것인가, 누구를 위한 것인가 등등 먼저 분명히 인식하고 뚜렷한 방향을 설정한 다음 실천으로 옮겨야한다. 그렇지 않으면 다음 세대 내내 원망 혹은 훨씬 많은 후유증이 발생할 수도 있다.

말은 차라리 우둔하게 하고 행동은 민첩하게 하여야 한다. 즉 '눌언민행訥言敏行' 해야 한다. 말만하고 행동으로 실천하지 못할 바엔 아예 말을 하지 말아야한다. 말 많으면 오히려 실수만 하게 된다. 재난은 입에서 나오고(화종구출禍從口出), 말이 많으면 반드시 실수를 하게 된다(언다필실言多必失)라 하였다. 이미 자신의 계획을 대내외에 선포했으면 이를 반드시 실천하도록 하고, 자신이 없을 때에는 먼저 해보고 그 실천 여부를 말하는 '선행후종'하는 것이 '언과기실言過其實'하는 것보다 오히려 낫다.

선행후종(先行後從)

35. 行不由徑 행불유경

군자는 지름길로 가지 않는다

'徑(지름길 경, jìng)'자는 '지름길'이란 뜻으로 정당한 길이 아닌 약삭빠른 길이라는 뜻이다. '由(말미암을 유 yóu)'는 '~통하여'라는 뜻이다. '(徑)'자는 '彳(行)'과 소리부 '巠'으로 이루어진 자인데, '(巠)'자는 '經'자와 같은 의미로 '베틀'의 형상이며, 고문은 '(坙)'으로 쓴다. 고문은 사람이 베틀의 날실을 다루고 있는 형상이다. '베틀'의 실과 같이 곧바로 갈수 있는 길이 바로 지름길이다.

'행불유경'은 길을 가도 지름길로 가지 않는다는 뜻으로 쓰인다. 이익을 위하여, 출세를 위하여, 자신의 이득을 취하기 위해, 정상적인 길이 아닌 지름길을 택하여 이득을 꾀하려 하지 않는다는 의미로 쓰인다.

자유子游[1]가 무성武城의 읍재邑宰가 되었을 때 공자가 "인재를 얻었느냐"고 묻자, "담대멸명澹臺滅明[2]이란 사람이 있는데, 이는 행동이 구차하지 않고 공무가 아니면 자신의 방에 온 일이 없는 사람"이라 하였다. 즉 담대멸명은 행동이 광명정대光明正大한 사람이다.

> 자유가 무성의 읍재가 되었을 때, 공자가 "너는 인재를 얻었느냐?"하고 말씀하셨다. 자유가 말하였다. "담대멸명이라는 사람이 있사온데 이 사람은 행동이 구차하지 않사오며, 공무가 아니면 제 방에 온 일이 없습니다."
> 子游爲武城宰. 子曰: "女得人焉耳乎?" 曰: "有澹臺滅明者, 行不由徑, 非公事, 未嘗至於偃之室也."(雍也 6.14)

공자는 일찍이 "부자가 되는 것과 명예를 가지는 것이 모든 사람들이 원하는 것이나 만약에 정당한 방법으로 얻은 것이 아니라면 그것을 가지지 않겠다"하였고,

---

1) 자유子游는 오吳나라 사람으로 공자의 제자 언언言偃을 가리킨다.

2) '담대멸명澹臺滅明'은 노나라 무성武城사람. 담대澹臺가 성이고, 멸명滅明이 이름이다. 공자의 제자로 자는 자우子羽이고, 공자보다 39세 어리다.

행불유경(行不由徑)

"가난이나 빈천은 사람들이 모두 싫어하는 것이기는 하나 정당한 방법으로 이를 없애려고 한다면 나는 굳이 빈천이나 가난을 없애려 하지 않겠다"라 하였다.[1)]

부귀를 피하지 말라는 것은 절대 아니다. 사회가 안정되어 정당한 노력을 하면 그 댓가로 부귀를 가질 수 있는 세상인데도, 만약에 게으르고 노력하지 않아 가난하거나 봉록을 취할 수 없는 지위에 있다면 이 또한 자신에 대한 죄악이다.

문제는 뒷거래를 하거나 정당치 않은 범법犯法으로 부귀를 취하기 때문이다. 현 사회에서 반드시 가장 빨리 없애야할 사회 최대 악은 사과박스 돈거래나 권력 남용으로 부당한 이득을 취하는 좀 벌레 같은 존재이다.

공자가 살았던 당시는 부당한 방법으로 부귀를 취하는 경우가 더 많았을런지도 모른다. 그래서 특별히 강조하기를, 자신의 재능才能이나 정당한 격식을 갖춘 적당한 방법에 의해 얻는 것이 아니며, 떳떳하지 못하게 아부와 아첨하여 얻는 것이라면 그런 부귀富貴는 누리지 않겠다 하였고, 빈천貧賤한 생활은 누구나 다 싫어하는 것이기는 하나 만약에 자기의 재능이나 노력으로 빈천貧賤에서 벗어나지 않고 부당하게 벗어나려 한다면 차라리 빈천한 삶을 택하겠다는 것이다.

---

1) "子曰: 富與貴, 是人之所欲也, 不以其道得之, 不處也. 貧與賤, 是人之所惡也, 不以其道得之, 不去也. 君子去仁, 惡乎成名? 君子無終食之間違仁, 造次必於是, 顚沛必於是."(里仁 04.06) (부富와 귀貴는 사람들이 바라는 것이기는 하나 정당한 방법으로 얻은 것이 아니라면 거기에 머물러 있지 않는다. 빈貧과 천賤은 사람들이 싫어하는 것이기는 하나 정당한 방법으로 얻은 것이 아니라면 거기서 떠나가지 않는다. 군자가 인자仁慈함을 버리면 어떻게 명예를 이룩할 것인가? 군자는 식사를 끝내는 동안에도 인자함을 어기는 일이 없는 것으로, 황급할 때에도 반드시 그 것을 유지하고 곤경에 처해서도 반드시 그것을 유지한다.) 두 번째 '不以其道得之' 구절 중의 '得'은 제거하다는 '去'로 해석할 수 있다.

옛날 중국 속담에 "군자는 허황되게 함부로 행동하지 않고 행위는 반드시 바르게 한다라"하였고,[1] "군자는 행동을 할 때 도의를 생각하고, 물을 마실 때 그 근원을 생각한다"라 하였다.[2]

학창시절 교과서에서 실린 로버트 프로스트 '가지 않는 길(The Road Not Taken)'이라는 시를 즐겨 외우고 다녔던 기억이 난다.[3]

노란 숲 속에
두 갈래의 길이 있었습니다.
나는 두 길을 다 가보지 못하는 것을 안타깝게 생각하면서,
오랫동안 서서 한 길이 굽어 꺾여 내려간 데까지
바라다볼 수 있는 데까지 멀리 바라다보았습니다.
그리고는 똑같이
아름다운 다른 길을 택했습니다.
그 길에는 풀이 더 있고 사람이 걸은 자취가 적어,
아마 더 걸어야 될 길이라고 나는 생각했었던 게지요
……
훗날에 훗날에 나는 어디에선가 한 숨을 쉬며 이야기 할 것입니다.
숲속에 두 갈래 길이 있었다고
그 중 나는 사람이 적게 간 길을 택하였다고
그리고 그것 때문에 모든 것이 달라졌다고.

남이 가지 않은 길을 간다는 것은 더 멀고 험할지도 모른다. 그 길을 아는 사람이 없기 때문에. 누구나 간 평범한 길이 아닌, 성공할지도 모를 길이지만 새로움에 도전하며 끊임없이 노력하는 인생만큼 더 아름답고 멋진 인생은 없다. 그래야 늙음이 오는 것을 모른다. 공자는 자신은 "매사에 노력 분발하여 끼니도 잊고, 그 즐거움에 근심조차 없으며 늙어 가는 줄도 모르는 늙은이"라 하였다.[4]

---

1) "君子不虛行, 行必有正."

2) "君子行則思其道, 飮必思其源."

3) 로버트 프로스트(Robert Frost, 1874-1963), 미국의 시인. 소박한 농민과 자연을 노래해 현대 미국 시인 중 가장 순수한 고전적 시인으로 꼽힌다.

4) "葉公問孔子於子路, 子路不對. 子曰: 女奚不曰, 其爲人也, 發憤忘食, 樂以忘憂, 不知老之將至云爾." (述而 07.19) (섭공이 자로에게 공자가 어떤 분이신가를 물었는데, 자로는 그것에 대답하지 않았다.

낙이망우(樂而忘憂)

우리가 가야 할 길은 요행이나 바라는 지금길이 아니라 도전의 길이어야 한다.

2015年 9월 19일, 나에게는 너무 재미있고 즐거운 날이었다. '제 3회 완산배 전라북도동호인테니스대회'에서 99팀이 참가한 동배부 복식(파트너: 전북대 전자과 임명섭 교수)대회에서 우승하였다. 피곤함에도 너무 기뻐, 밤새 한 숨도 못 잤다.

공자가 말하기를 "너는 왜 '그 분의 사람됨이, 발분發憤하면 식사를 잊고 그러한 것을 즐거워하여 근심을 잊어, 늙음이 닥쳐오리라는 것조차 모른다'라고 말하지 않았느냐?")

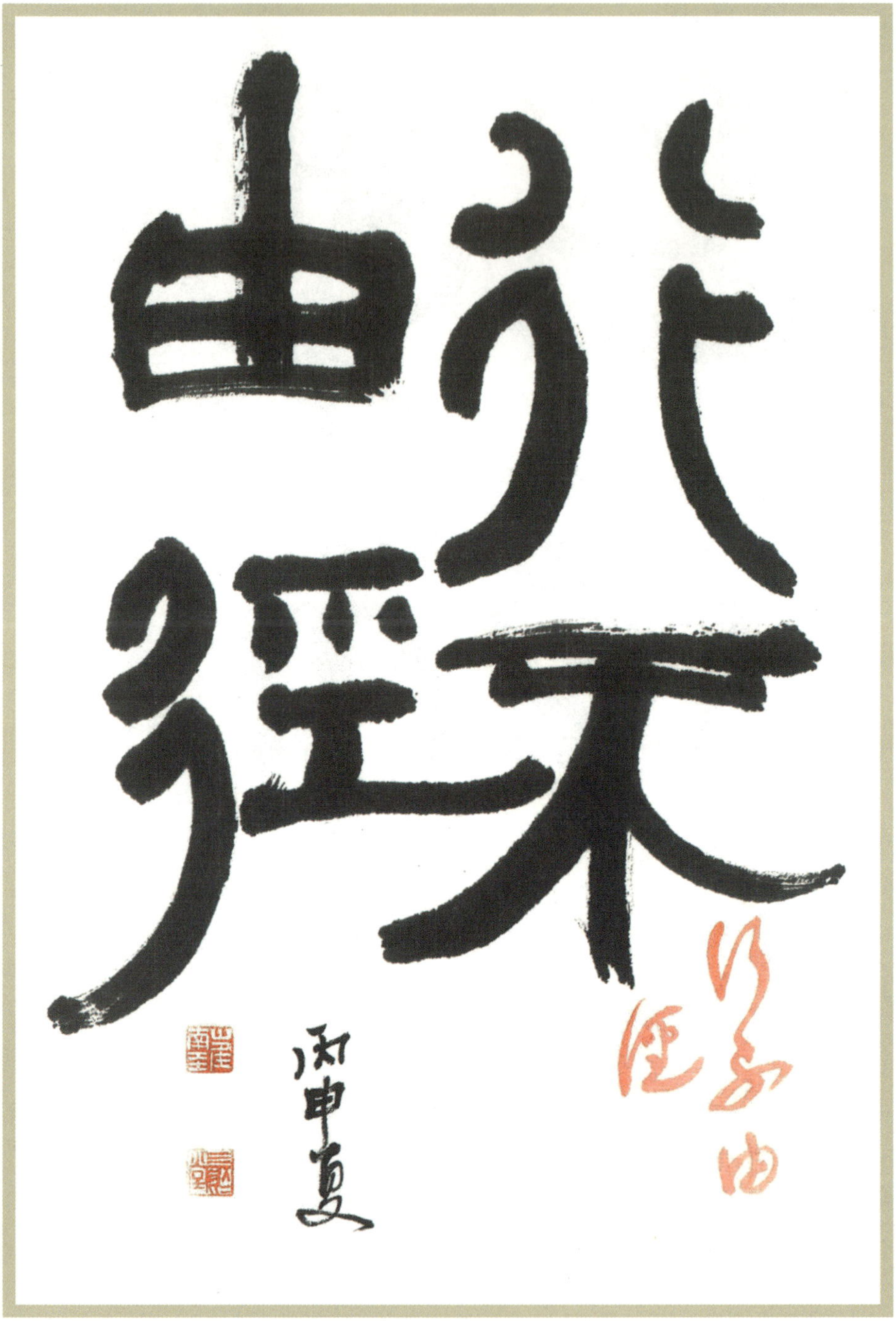

행불유경(行不由徑)

36. 群而不黨 군이부당

함께하지만 파벌을 짓지 않는다

‘군이부당’은 도의로써 함께 공적인 집단을 이루지만 작은 이해를 위해 끼리끼리 결탁집단을 만들지 않는다는 뜻이다. 즉 ‘당동벌이黨同伐異’하지 않는다는 뜻이다. ‘당동벌이’는 시비곡직을 불문하고 자기편 사람은 무조건 돕고 반대편 사람은 무조건 배척하는 행위를 가리킨다. 이는 소인배나 할 짓이다.

‘(群)’자는 ‘羣’의 형태로도 쓰고, 소리부가 ‘君’이고 의미부가 ‘羊’으로 이루어진 형성자이다. 양은 무리를 지어 생활하는 습성을 가지고 있기 때문에 원래는 양의 무리라는 뜻이며, 후에 사회·집단이라는 의미로 확대되어 쓰이게 되었다.

‘이而’자는 역접을 나타내는 접속사의 용법으로 쓰인다.

‘(黨, 무리 당, dǎng)’자는 의미부 ‘黑’과 소리부 ‘尙’으로 이루어진 형성자이다. ‘흑黑’은 좋지 않은 의미를 나타낸다. ‘당黨’은 원래 무리를 지어 나쁜 것을 숭상하는 무리나 집단을 가리키며, 후에 무리·친족·붕당朋黨이나 정치적인 집단으로 쓰인다. 중국에서 현재 쓰고 있는 간체자를 ‘党’자로 쓴다. 원래의 ‘黑’자는 본래 좋지 않은 의미이기 때문에 사람을 표시하는 ‘儿(사람 인, rén)’로 바뀌었다. 일반 백성을 숭상해야할 것이 즉 공산당이라는 뜻이 내포되어있는지도 모른다.

공자는 일찍이 “자신이 하는 일에 자긍과 긍지는 지니나 남과 다투지 않고, 여러 사람과 함께 어울리나 무리를 이루어 파벌을 짓지 않는다”라 하였다.

> “군자는 긍지矜持를 가지나 다투지는 않고, 여러 사람과 어울리기는 하나 무리를 이루어 파벌을 짓지 않는다.”
> “君子矜而不爭, 羣而不黨.”(衛靈公 15.22)

자신이 하는 일을 남이 알아주지 않아도 긍지를 가지고 성실하게 노력하나 절대 남과 겨루기 위하여 남에게 자랑하기 위하여 행하지 않는다. 또한 군자의 집단은 도의적 뜻을 같이 하는 사람들의 모임이다. 모여서 힘을 모아 도의적인 일을 행하기 위한 것이고, 상호 자신의 생각을 교환하여 자신의 학문적 사상이나 인격을 완성하기 위한 커뮤니케이션의 장이다.

최고의 지성인 집단이라고 하는 대학에도 학내의 집단 파벌이 가장 큰 문제이다. '당동벌이'가 총장 선거에서 비롯된다는 논리를 내세워 교과부에서 돈줄을 쥐고 '총장 직접선거'를 못하도록 하는 바람에, 기어코 부산대 교수가 '총장 직접선거'를 회복하기 위해 항의 자살하는 사건이 발생하고 말았다(2015년).

총장이 되기 위해 온갖 방법을 다 동원하여 파벌 집단을 만들고, 그렇게 해서 총장이 되면 '동당'이 아니라 해서 철저하게 '벌이'를 한다. 자신을 도와주지 않는 사람은 철저히 배제하고, 대학이 어떻게 발전을 해 나갈 것인가를 모색 하기는 커녕 자기 사람 챙겨주기에 바쁘다. 이러니 사회에서 바라보는 교수라는 집단을 고운 시선으로 바라 볼 리가 없다. 운동하자는 모임 하나도 표밭 만들기 모임, 자신의 파벌을 형성하기 위한 수단으로 이용하고 있으니, 우리 자신부터 반성해야 한다.

적자지심(赤子之心)

맹자는 제齊나라 선왕宣王에게 "임금이 신하를 자신의 손이나 발처럼 보면 신하는 임금을 배나 심장처럼 보고, 임금이 신하를 기르는 개나 말처럼 보면 신하는 임금을 보통 일반인으로 간주하고, 임금이 신하를 흙이나 지푸라기처럼 보면 신하는 임금을 도적이나 원수처럼 본다"라 하였다.

> 맹자께서 제齊 선왕宣王에게 이렇게 일러주셨다. "임금이 신하 보기를 자기의 손발같이 여기면 신하는 임금 보기를 자기의 배와 염통같이 여기고, 임금이 신하 보기를 개나 말같이 여기면 신하는 임금 보기를 일반 국민같이 여기고, 임금이 신하 보기를 토개土芥(흙과 쓰레기)같이 하찮게 여기면 신하는 임금 보기를 도적이나 원수같이 여깁니다."
> "孟子告齊宣王曰: 君之視臣如手足, 則臣視君如腹心; 君之視臣如犬馬, 則臣視君如國人; 君之視臣如土芥, 則臣視君如寇讎."(《孟子·離婁下》)

집정자가 아랫사람을 어떻게 대하느냐에 따라 성군이 되기도 하고 도적놈이 되기도 한다. 옛날 성군은 가뭄이 들거나 재난이 닥치면 자신의 부도덕으로 여겼는데, 요즘은 집정자는 주위 탓을 한다. 교육부가 어떻고 사회가 어떻고 자신과는 전혀 무관한 것으로 여긴다. 그렇다면 왜 그 자리에 앉아 있는가! 자신이 능력이 있다고 어려움을 헤치고 나아갈 수 있다고 선거공약을 해서 뽑았는데, 남 탓만 하고 있다면 이는 능력부족이 아닌가. 능력도 없으면서 봉록을 받으면 이는 도적이나 다름없다! 갑질이나 하고, 권력을 남용하여 자신에게 반기를 든 동료의 목을 치기 위해 칼을 휘두르는 자리가 아니다.

큰 사람이란 그렇게 대단한 것이 아니다. 초심을 잃지 않는 마음이다.

> 대인은 그 갓난아이(적자赤子) 때의 마음을 잃지 아니하는 것이다.
> 大人者, 不失其赤子之心者也. (《孟子·離婁下》)

'적자赤子'는 갓난아이를 가리킨다. '적자지심赤子之心'은 갓난아이와 같은 순진한 초심이다. 순진한 마음, 초심을 잃지 않는 마음, 선량한 마음, 진실된 마음으로 남을 대하는데, 어긋나는 일이 있겠는가, 남과 다툴 일이 있겠는가. 다툼은 이해타산利害打算을 위한 파벌에 있다.

군이부당(群而不黨)

37. 和而不同 화이부동

화합하나 부화뇌동하지 않는다

공자는 "군자는 남과 화합하고 두루 조화를 이루나 무조건적으로 남과 의견을 같이 하지 않고, 소인은 아무런 주관 없이 남을 의견을 맹목적으로 좇으면서도 남과 조화를 이루지 못한다"하였다.

> "군자는 화합하기는 하나 맹목적으로 남의 의견을 좇지 않고, 소인은 줏대 없이 남의 의견을 따르며 화합하지 않는다."
> "君子和而不同, 小人同而不和." (子路 13.23)

현재는 '화和'자를 '동일성'으로 해석하여 서로 공통성을 지니면서도 각각의 독창적 개별성을 지닌다는 뜻으로 쓰이기도 한다.

'구동존이求同存異'의 뜻과도 유사하다. '구동존이'는 원래 1949년부터 1976년까지 중화인민공화국 초대 총리를 지낸 주은래周恩來가 1950-60년대 복잡한 외교정책을 처리하는 방식에서 유래한 말이다.[1] '구동求同'은 서로 상호간에 공통점을 찾고, '존이存異'는 각자의 상호 다른 점을 존중해 주는 것을 말한다. 중국인의 정치 외교협상 전략으로 서로 간의 공통점을 찾아내고 각자의 다른 의견을 보류하는 정책이다. 지금은 이 정책이 민간부분 비즈니스 협상전략으로 자주 이용된다. 먼저 계약 사항이나 거래 내용을 큰 덩어리로 묶지 말고 나눌 수 있는 만큼 세부적으로 준비한다. 그런 다음에 우리가 꼭 취해야 할 조건과 상대방에게 양보할 수 있는 것을 선정한다.

---

1) '구동존이求同存異'는 1955년 4월 인도네시아의 반둥에서 열린 '아시아 아프리카 회의'에 참석한 29개국 대표들이 좀처럼 이견을 좁히지 못하자, 중국 대표로 참석한 총리 주은래가 '구동존이'를 제의함로써 다시 급진전되어 '반둥10원칙'을 이끌어 냈다. 그 후 중국이 미국을 비롯해 체제와 의식과 가치관과 문화가 다른 나라와 관계개선을 추진할 때 자주 사용되는 외교전술 중에 하나이다. '대동소이大同小異'의 뜻과 비슷하다.

마지막으로 상대방에게 양보할 수 있는 조건을 제시하면서 우리가 취해야 할 것을 요구하는 것이다. 이는 상대방의 체면을 세워주는 것이기 때문에 상대방도 우리의 체면을 세워주기 위해 우리가 취해야 할 조건을 받아들이게 된다. 서로의 공동이익을 위해 주고받을 수 있는 것부터 협력하고 민감한 사항은 차후로 남겨두는 정책이 '구동존이求同存異'의 전략이다. 남도 배려하고 나도 실속을 챙길 수 있어 최대의 효과를 거둘 수 있는 실용주의이다.

연신 남북통일 문제가 거론되고 있다. 한 민족이 분단되어 적이 된 지도 반세기가 흘렀다. 이북에 고향을 두고 돌아가신 분, 아직 살아계신 분 가슴에 한恨의 못을 박고 사셨다. 조금이라도 빨리 통일이 되어야 한다. 그래서 기차를 타고, 자가용을 타고 평양 개성을 지나, 중국을 여행하고 유럽을 여행하여야 한다. 그렇다고 무조건적으로 북한의 잘못만을 외쳐서는 안 되고 무조건적인 양보만을 바래서도 안 될 것이다. '서로 인정할 것은 인정하고 양보할 것은 양보하며, 상호간에 특수성을 존중하면서, 먼저 협력할 것을 협상 테이블에 올려야 할 것이다.'

지금 중국과 대만은 일반 백성들이 아주 자연스럽게 오고가게 되었지만, 이들도 먼저 '삼통三通'을 통하여 긴 마라톤 협상으로 이루어낸 결과이다. '양안兩岸삼통三通'은 중국과 대만이 직접 '서신(통우通郵)'·'무역(통상通商)'과 '항공(통항通航)'이라는 교역을 하면서, 이를 확대하여 점차적으로 양국간의 투자·여행과 같은 민간 교류로 확대해 나갔다.

남북통일은 주변 국가의 상호 신뢰와 역할이 매우 중요하다.

한중일 세 나라는 문화와 의식, 가치관 등등이 많은 차이가 있다. 하여 다른 점만 내세우지 말고, 자신의 이익만을 먼저 내세우지 말고, 상호 공통점을 찾으면서도 각각의 독창성을 인정해주고, 함께 공유할 것이 무엇인가를 찾아 평화롭게 공존할 수 있는 방법을 모색하여야 한다. 동양의 평화 공동체를 이루기 위해서는 각각의 다른 점을 인정하면서도 인류가 추구하는 공동의 가치를 향해 함께 노력하는 새로운 문화를 만들어 가야 하는 것이 바로 '화이부동'이다. 한·중·일 동북아 정상이 자주 만나 삼국이 동양의 평화를 위해 자국 이득만을 위한 욕심을 버리고 공동의 목표인 '세계대동世界大同'인 '지구촌地球村'을 건설 해 나가야 할 것이다. 세계가 하나의 가족이며 이웃이 되는 마을을 만드는 것이 세계 지구촌이다.

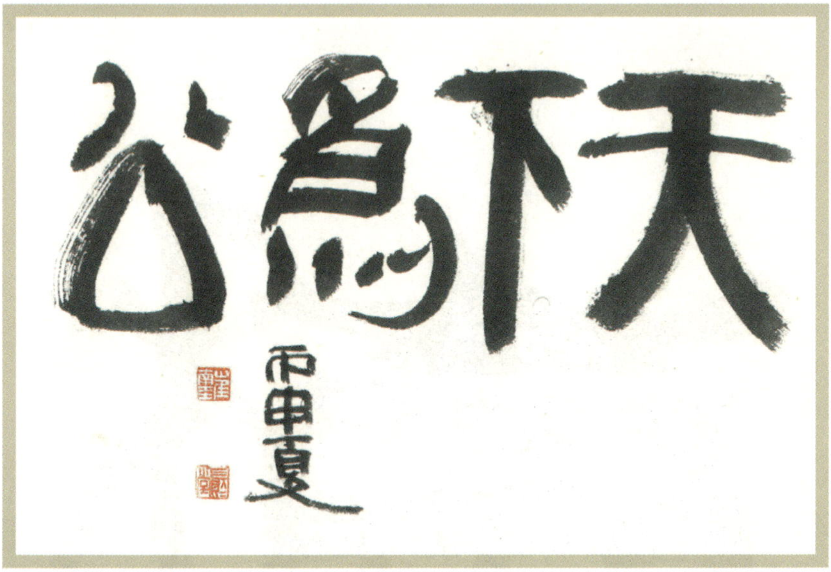

천하위공(天下爲公)

큰 도가 행하여진 세상에는 천하는 세상사람 모두의 것이다. 세상은 현명한 사람과 능력있는 사람을 선출하여 관직에 임하게 하고, 상호간의 신뢰와 화목을 두텁게 하기 위하여 크게 힘써 노력하였다. 그러므로 사람들은 각자의 부모만을 부모로 여기지 않았고, 각자 자기 자식만을 자식으로 여기지 아니하여, 노인에게는 그의 생애를 편안히 마치게 하였으며, 청년에게는 충분한 일자리를 마련해 주었고, 어린이에게는 마음껏 성장할 수 있게 하였으며, 과부·고아·불구자에게는 고생 없는 생활을 하도록 하였고, 성년 남자에게는 직분을 주었으며, 여자에게는 그에 합당한 남편을 갖게 하였다. 재화라는 것은 헛되이 낭비되는 것을 미워하였지만 반드시 자기만을 위해 사사로이 독점하지 않았으며, 힘이라는 것은 사람의 몸에서 나오지 않으면 안 되는 것이지만 그 노력을 반드시 자기 자신의 사리를 위해서만 쓰지는 않는다. 모두가 이러한 마음가짐이었기 때문에 모략이 있을 수 없었고, 절도나 폭력도 없었으며 아무도 문을 잠그는 일이 없었다. 이를 '세계대동'이라 한다.[1)]

공자가 말하는 옛 성현들이 행한 지구촌 건설이다. '천하위공天下爲公'은 천하는 어느 특정인 것이 아닌 세상사람 모두의 것이며, '세계대동世界大同'은 세계 천하의 모든 백성이 '공평하고 바른 사회(公道)'를 모두 함께 '공유하는 세상'을 말한다.

---

1) "大道之行也, 天下爲公. 選賢與能, 講信修睦, 故人不獨親其親, 不獨子其子, 使老有所終, 壯有所用, 幼有所長, 矜寡孤獨廢疾者, 皆有所養. 男有分, 女有歸. 貨惡其棄于地也, 不必藏于己; 力惡其不出于身也, 不必爲己. 是故謀閉而不興, 盗竊亂賊而不作, 故外戶而不閉, 是謂大同."(《禮記·禮運》)

화(龢, 和), 화이부동(和而不同)

38. 周而不比 주이불비

두루 조화를 이루지만 남과 비교하지 않는다

'주이불비'는 군자는 모든 사람과 두루 협조하고 가깝게 지내며 남과 비교하거나 시기 질투하지 않으나, 소인배는 다른 사람과 비교하기를 좋아하여 시기 질투하고 남들과 두루두루 다정하게 지내지 못한다는 뜻이다.

'周(두루 주, zhōu)'는 '고루미치다'는 뜻이다. 갑골문은 ''으로 쓰고, 금문은 ''·''으로 쓴다. '곡식이 밭에 빼곡히 심어진 형상'이다. 의미부 '口'를 추가하여 나라 이름으로 쓰이게 되자, '周'자의 원래 의미는 '禾'를 추가하여 '稠(빽빽할 조, chóu)'자로 쓰게 되었다.

'比'자를 갑골문은 ''으로 쓰고, 금문은 ''으로 쓴다. 고문古文은 '𠤎𠤎()'으로 쓴다. 두 사람이 나란히 선 모습이다. '나란하다'·'견주다'·'친근하다'·'순종하다'나 '돕다' 등등의 의미로 쓰인다.

> "君子는 두루 조화를 이루지만 남과 비교하지 않고, 小人은 남과 비교하지만 두루 조화를 이루지 못한다."
> 子曰: "君子周而不比, 小人比而不周." (爲政, 2.14)

'비比'자를 혹은 '화합하다'·'무리를 짓다'·'끼리끼리 친하다'라는 의미로 해석하여 '군자는 두루 화합하나 자기의 이익을 위하여 무리를 짓지 않고, 소인은 자기의 이익을 위해 무리를 짓고 화합하지 않는다'로 해석하기도 한다. 후자는 '군이부당群而不黨'의 뜻과 같다.

'주周'는 모든 사람에게 두루두루 배려하는 마음이다. 모두와 함께 참 좋은 관계를 유지하는 것이다. 타인과의 만남이 개인의 취향과 사적 이득을 위한 만남이 아니다. 내 취향에 맞는 사람과만 잘 지낸다면 이미 내 마음속에 비교(比)를 하여 선택한 것이다.

도원현桃源縣의 도화원桃花源

단체에서는 전체적인 팀워크를 위하여 모든 일원과 두루두루 잘 지내야 한다. 자신과 친분이 있는 몇몇 사람과 그룹을 만들어 전체적인 의견에 동조하지 않고 자신의 주장만을 관철시키기 위하여 반대를 위한 반대 의견을 고집하는 경우도 있다.

불행의 시작은 남과 비교하는 데에 있다. 그것도 나보다 잘난 사람, 가진 사람과 비교하기 때문에 만족하지 못하고 항상 우울해하고 불행하다. 행복은 가진 것에 있는 것이 아니라 만족에 있다.

학연 지연에 따른 인사 또한 '비이부주比而不周'이다. 같은 학교 출신, 같은 지역만을 챙기고 편파적인 인사를 단행하는 정부의 조직개편을 자주 본다. 동서 융합을 강조하고, '세계대동'의 지구촌을 건설해야할 21세기, 아직도 이러한 추태가 있다는 것은 부끄러운 일이 아닐 수 없다.

중국인 마음속에 '유토피아'는 아마도 '무릉도원武陵桃源'일 것이다. 도연명陶淵明의 '도화원기桃花源記'라는 작품이 있다.[1] 진晉나라 무릉에 사는 어부가 어느 날 길을 잃고 헤매다가 복숭아 숲을 발견하였는데, 물길이 끝나는 곳에 작은 굴을 발견하였

1) 도연명(352 혹은 365—427). 중국 동진東晉 말기의 시인.

다. 이곳이 무릉지방의 도화 꽃이 만발한 수원지水源池라 해서 일반적으로 '무릉도원'이라 한다. 이 무릉도원은 지금은 어느 곳인지 확실치 않다. 다만 일부 중국 지방정부가 자신의 지방이 무릉도원이라 하여 관광지로 개발하곤 하였다. 그래도 가장 많이 알려진 곳은 호남성湖南省 상덕시常德市 도원현桃源縣일 것이다. 관광지로 유명한 장가계張家界 동쪽에 있는 지명이다.

> 숲이 끝난 곳에 수원지가 있고, 자그마한 산도 보였다. 산에 조그마한 굴이 있는데 밝은 빛이 있는 듯하여 배에서 내려 동굴 안쪽으로 들어갔다. 굴 입구가 매우 좁아 간신히 사람이 지나갈 수 있었는데, 다시 수십 보 들어가니 넓고 확 트였다. 땅은 넓고 평평했으며 집들도 잘 정돈되어 있었다. 기름진 땅과 아름다운 연못이 있고 뽕나무와 대나무 등이 있었다. 밭 사이 길은 사방으로 통하고 닭 울고 개 짖는 소리가 도처에서 들렸다. 이곳에서 오가며 농사짓는 것과 남녀가 옷을 입는 것이 모두 바깥세상과 같았다. 노인과 어린아이가 함께 기뻐하고 즐거워했다.
>
> 그들이 어부를 보고 몹시 놀라며 '어디서 왔는가' 물었다. 어부가 자세히 대답하자 집으로 초청해 술상을 차리고 닭을 잡아먹기를 청했다. 마을에서 이러한 사람이 있다는 말을 듣고 마을 사람들이 찾아와 자세히 물었다. 그들 스스로 '선조들이 진나라 때의 난을 피해 처자와 동향 사람을 거느리고 세상과 단절된 이곳으로 왔다 다시 나가지 않았소. 그래서 바깥세상 사람과 왕래가 끊겼소'라고 말했다. '지금이 어느 시대입니까?' 그들은 한나라가 있었다는 사실조차 몰랐고, 위나라와 진나라는 말할 것도 없었다.
>
> 이에 어부가 알고 있는 모든 것을 일일이 말해 주자, 모두 놀라며 탄식했다. 다른 사람들도 그를 초청하여 술과 음식을 대접했다. 어부는 며칠 동안 묵은 후 작별인사를 했다. 사람들이 그에게 부탁하기를 '바깥사람들에게 이야기 할 것이 못됩니다.'라 하였다.[1]

어부는 후에 집으로 돌아온 후 태수에게 이 이야기를 들려주자, 태수는 사람을 시켜 어부가 알려 준 길을 따라 도화원을 찾으려 했으나 끝내 찾지 못했다. 찾을 수 있는 곳이라면 유토피아가 아니다. 그곳은 영원한 꿈속의 고향이기 때문이다.

---

1) "林盡水源, 便得一山, 山有小口, 仿佛若有光. 便舍船, 從口入. 初極狹, 才通人. 復行數十步, 豁然開朗. 土地平曠, 屋舍儼然, 有良田美池桑竹之屬. 阡陌交通, 鷄犬相聞. 其中往來種作, 男女衣着, 悉如外人. 黃髮垂髫, 並怡然自樂. 見漁人, 乃大驚, 問所從來. 具答之. 便要還家, 設酒殺鷄作食. 村中聞有此人, 咸來問訊. 自云先世避秦時亂, 率妻子邑人來此絶境, 不復出焉, 遂與外人間隔. 問今是何世, 乃不知有漢, 無論魏晋. 此人一一爲具言所聞, 皆嘆惋. 余人各復延至其家, 皆出酒食. 停數日, 辭去. 此中人語云: '不足爲外人道也.'"(陶淵明, 〈桃花源記〉)

주이불비(周而不比)

39. 威而不猛 위이불맹

위엄이 있으나 사납지 않다

‘위이불맹’은 ‘사람이 엄숙하면서도 위엄이 있으나, 매섭거나 사납지 않음’을 가리킨다.

‘(威, 위엄 위, wēi)’자는 ‘女’와 ‘戌’로 이루어진 자이다. ‘戌(개 술, xū)’자를 갑골문과 금문은 각각 ‘’·‘’으로 쓴다. 전쟁을 치를 때 사용하는 도끼 모양인 병기의 일종이다. 후에 12지支의 간지干支로 빌려가 쓰게 되었다. 시어머니가 무기를 들고 있어 엄함을 표시한다. 중국 한나라 세속에 ‘아들은 부모에게 보고 드리고, 부인은 위엄을 갖춘 시어머니에게 보고하고, 노비는 주인에게 보고를 드려야 한다’라는 말이 있다.[1]

‘(而, 말 이을 이, ér)’는 ‘턱수염의 모습’을 그린 것이나, 후에 전치사 등의 허사의 가차자로 쓰인다. 본 구절에서는 역접을 표시하는 접속사 용법으로 쓰인다.

‘(猛)’자는 의미부 ‘犬’과 소리부 ‘孟’으로 이루어진 형성자이다. ‘(孟)’자는 ‘子’와 소리부 ‘皿(그릇 명, mǐn)’으로 이루어진 자이다. 금문은 ‘’·‘’으로 쓴다. ‘소중한 아들을 낳아 그릇에 몸을 씻기는 형상’이 아닌가 한다. ‘처음’·‘맏이’나 ‘힘쓰다’의 파생어로 쓰인다. 《설문해자說文解字》에서는 ‘猛’자를 ‘힘센 개’의 의미라 하였다.[2] ‘맹수猛獸’나 ‘용맹勇猛하다’는 의미로 쓰인다.

논어에서 ‘위이불맹威而不猛’은 공자의 위엄있는 태도를 가리킨다. 공자는 공손하고 따뜻하면서도 엄하였고, 위엄이 있으나 사납지 않았고, 공손한 태도로 남을 대하면서도 남이 불편함을 모르게 하였다.

---

1) “子告父母, 婦告威姑, 奴婢告主.”《漢律》

2) “猛, 健犬也. 從犬, 孟聲.”(‘猛’은 건실한 개의 뜻이다. 의미부 ‘犬’과 소리부 ‘孟’으로 이루어진 형성자이다.《說文》

"공자는 온순하면서도 엄하시고, 위엄이 있으면서도 사납지는 않았고, 공손하시면서도 편안하였다."
子溫而厲, 威而不猛, 恭而安. (述而 7.38)

''(溫)'자는 의미부 '水'와 소리부 '𥁕'으로 이루어진 자이다. '𥁕'자는 그릇(皿)에 밥을 담아 '囚(죄수 수, qiú)'에게 먹여주니 온정을 베푸는 것이다.[1] '溫'은 '따뜻한 물'·'따뜻하다'·'온정을 베풀다'의 뜻으로 쓰인다.

''(厲)'자는 원래 의미부 '厂'과 소리부 '萬(蠆, 蠣)'로 이루어진 자이다. 후에 '石'을 추가하여 '礪(거친 숫돌 려, lì)'로 쓴다. '勵(힘쓸 려, lì)'자 등이 모두 이 자와 관련이 있다. '거친 숫돌에 칼날을 세우듯이 요구 조건이 엄함'을 가리킨다.

'恭'은 '共()'과 '心'자로 이루어진 자로, 마음을 공손하게 받들어 모음을 가리킨다. '共'자를 갑골문은 ''으로 쓴다. 어떤 물건을 두 손으로 받들고 있는 형상이다. ''(安)'은 집안에 '여인이 다소곳이 앉아있으니 집안이 편안한 것이다'.

공자는 학생을 대할 때, 순하게 대하였지만 학생이 함부로 하도록 하지 않았다. 학생과 격 없이 대하면서도 적절한 예의를 갖추도록 하여, 일반 사회생활을 할 때, 이웃 사람을 예의와 절도로 대할 수 있도록 가르치신 것이다. 현대 부모는 자녀 교육을 자유라는 이유로 너무 건방지게 키우는 경향이 있다. 이는 오히려 이웃에, 사회에 피해를 끼침과 동시에, 오히려 그 자녀에게 해가 돌아온다. 시건방지고 예의를 모르는데 동료가, 사회가 좋아할 리가 없다.

그렇다고 학생과 자녀에게 너무 엄격하여 사나운 맹수처럼 대해서도 안 된다. 엄격하면서도 온화한 사랑으로 교육을 시켜야 남에게 배려하는 마음, 남을 사랑하는 마음을 배우게 된다. 따뜻한 사랑을 받은 자녀가 남을 사랑하고 배려할 줄 아는 것이다.

남이 나에게 너무 공손하면 오히려 불편하다. 공손하게 대하면서도 편안함을 느낄 수 있는 것, 이것이 진실한 공손이다. 너무 공손하기만 하면 오히려 인위적으로 느껴져 자연스럽지 않아 상대방이 몸 둘 바를 모르게 된다. 적절한 예의, 편안한 공손이 '공이안恭而安'이다.

---

1) "𥁕, 仁也. 從皿, 以食囚也."('𥁕'은 '어짐을 베푸는 것이다'. 그릇(皿)이 의미부이며, 그릇에 담아 죄수에게 음식을 먹이는 뜻이다.)《說文》

허위적 공손은 교만한 행위다. 공자는 "불손한 것보다 오히려 고집스러운 것이 낫다"하였다.

"불손한 것보다는 차라리 고집스러운 것이 낫다."[1]
"與其不孫也, 寧固." (述而 7.36)

'孫'은 '遜(겸손할 손, xùn)'의 뜻으로 쓰인다. '불손不遜'은 건방지고 불손함을 말한다.

공자는 또한 "공손은 하지만 너무 지나쳐 예절에 맞지 않으면 자신이 너무 힘들어지고, 신중함이 지나쳐서 예의에 어긋나면 너무 조심조심하여 두려워하게 되고, 용감하지만 예의에 벗어나면 난폭해지고, 정직하되 너무 과하여 예의에 벗어나면 야박해진다"하였다. '예禮'는 절제이며 중용이다.

공자는 말하였다.
"공손하면서 예가 없으면 힘이 들고 신중하면서 예가 없으면 두려워지고, 용맹스러우면서 예가 없으면 난동을 저지르게 되고, 곧으면서 예가 없으면 간박하여진다."
子曰: "恭而無禮則勞, 愼而無禮則葸, 勇而無禮則亂, 直而無禮則絞."(泰伯 08.02)

위이불맹(威而不猛)

1) 子曰: "奢則不孫, 儉則固. 與其不孫也, 寧固."(述而 07.36) (공자가 말하였다. "사치하면 불손하게 되고, 儉約하면 고집스러워진다. 불손한 것보다는 차라리 고집스러운 것이 낫다.")

40. 內省不疚 내성불구

한 점 부끄러워 할 것이 없다

공자의 제자 사마우司馬牛에게 어느 날 군자에 대해 물었다. 공자는 "걱정이 없고 두려워할 것도 없는 자가 군자"라 하였다. "그렇게 하기만 하면 군자인가요"라고 거듭 묻자, "속으로 생각해 보아도 양심에 꺼릴 것이 없는데 무슨 걱정이 있고 두려울 것이 있겠는가"라 하였다.

> 사마우가 군자에 관해서 물었다.
> "군자는 근심하지도 않고 두려워하지도 않는다."
> "근심하지도 않고 두려워하지도 않으면 곧 군자라는 것입니까?"
> "자기의 마음을 살펴 부끄러운 것이 없는데, 무엇을 근심하고 무엇을 두려워하겠느냐?"
> 司馬牛問君子. 子曰: "君子不憂不懼."
> 曰: "不憂不懼, 斯謂之君子已乎？" 子曰: "內省不疚, 夫何憂何懼？"(顔淵 12.4)

'내성內省'은 '마음속으로 스스로 반성해 보는 것'이다. '疚(오랜 병 구, jiù)'자는 의미부 '疒(병들어 기댈 역, chuáng)'과 소리부 '久'로 이루어진 자이다. '오랫동안 병고에 있으니', 사람이 당연히 '싫어하고'·'꺼려 할' 것이다. '불구不疚'는 '마음에 꺼릴 것이 없다'는 뜻이다.

'내성불구內省不疚'는 맹자가 말한 "우러러 하늘에 부끄럽지 않고, 굽어 아래를 살펴보아 남에게 부끄럽지 않은 것"이다. 맹자는 "세 가지 즐거움이 있는데, 왕 노릇하는 것이 아니라, 부모가 계시는 것, 부끄러움이 없는 것, 교육하는 것"이라 하였다.

> "우러러 하늘에 부끄럽지 않고, 굽어 아래를 살펴보아 남에게 부끄럽지 않은 것이 두 번째이다."
> "仰不愧於天, 俯不怍於人, 二樂也."(《孟子·盡心上》)

'愧(부끄러워 할 괴, kuì)'는 하늘을 우러러 귀신에게 부끄러운 짓이고, '怍(부끄러워할 작, zuò)'은 땅을 굽어 부끄러운 짓을 했음을 말한다.

사마우司馬牛는 성이 사마司馬이고, 이름이 경耕 혹은 리犁이고 자는 자우子牛이다. 논어에 사마우司馬牛가 형제가 없어 걱정하는 내용이 있다.

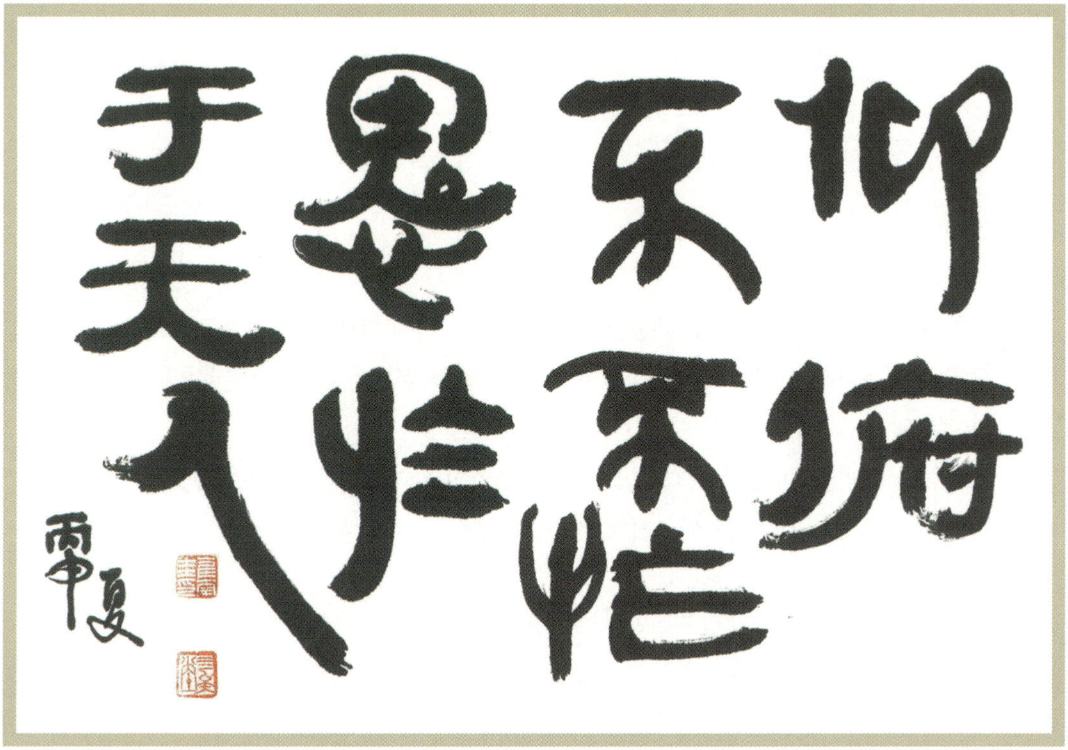

앙불괴우천(仰不愧于天), 부부작어인(俯不怍於人)

사마우가 근심을 하며 말하였다. "남들은 다 형제가 있는데 나만 없다."
자하子夏가 말하였다. "내가 들은 말이지만 '죽고 사는 것은 운명이고, 부자가 되고 귀해지는 것은 하늘에 달렸소.' 군자가 조심하여 실수하는 일이 없고, 남과 접촉하는데 공손하고 예의가 있으면 온 세상 사람들이 다 자기의 형제들이요. 군자가 어찌 형제 없는 것을 근심하겠소?"
司馬牛憂曰: "人皆有兄弟, 我獨亡." 子夏曰: "商(子夏)聞之矣, 死生有命, 富貴在天. 君子敬而無失, 與人恭而有禮. 四海之內, 皆兄弟也, 君子何患乎無兄弟也?"(顔淵 12·05)

모든 사람을 다 형제처럼 사랑하면 세상 사람이 모두 형제이거늘 형제가 없음을 걱정할 필요가 있겠는가.

사마우는 또한 말이 많고 조급한 성격의 소유자라 한다. 어느 날 사마우가 공자에게 '인仁'에 대해 묻자 "말을 감히 하지 않고 더듬는 것이 인이다"라 하였다.

> 사마우가 인仁에 관해서 물었다. 공자가 말하였다.
> "인자仁慈한 사람은 말하는 것이 머뭇거린다."
> "말하는 것이 더듬거리면 곧 인자하다는 것입니까?"
> 공자가 말하였다.
> "인仁을 실천하기가 힘 드는데 그것을 말하는 것이 머뭇거려지지 않을 수 있겠느냐?"
> 司馬牛問仁. 子曰: "仁者, 其言也訒." 曰: "其言也訒, 斯謂之仁已乎?" 子曰: "爲之難, 言之得無訒乎?"(顔淵 12·03)

공자가 사마우司馬牛에게 '걱정하지 말고 두려워하지 말라(불우불구不憂不懼)'고 한 충고는 혹은 사마우司馬牛가 형제가 없어 걱정하고 마음이 조급하여 매사에 내성적인 성격의 소유자가 아닌가 한다.

하늘을 우러러 한 점의 부끄럼이 없다면, 무엇이 두려워해야 할 일이 있겠는가. 내심 꺼릴 것이 없는데 나를 해코지 할까, 남이 무슨 말을 할까 두려워할 필요가 있겠는가.

> 죽는 날까지 하늘을 우러러 한 점 부끄러움이 없기를,
> 잎새에 이는 바람에도 나는 괴로워했다.
> 별을 노래하는 마음으로
> 모든 죽어가는 것을 사랑해야지,
> 그리고 나한테 주어진 길을 걸어가야겠다.
> 오늘 밤에도 별이 바람에 스치운다.

윤동주 시인의 〈서시序詩〉이다. 이상과 현실 사이에서 고뇌, '별이 바람에 스치'듯이 끊임없는 자신에 대한 성찰과 반성만이 부끄러움 없는 삶을 살 수 있을 것이다. 특히 억압과 핍박에 맞서 정의를 실현하고자 할 때는 그만큼 더 용기가 필요하다.

성(省), 내성불구(內省不疚)

41. 居敬行簡 거경행간

마음가짐은 경건하게 하고 일을 간결하게 처리하라

'거경행간'은 자신의 행동거지를 경거망동하지 않고 경건하고 성심성의껏 하고, 백성에게 일을 수행할 때는 간결하게 처리함을 말한다. '간簡'은 혹은 '대범하다'라는 의미로 해석하기도 한다.

'(居)'는 의미부 '尸'와 소리부 '古'로 이루어진 형성자이며, 옛부터 조상대대로 이어 기거하다는 뜻이다. '凥'자로 쓰기도 한다. '尸'인 사람을 뜻하고, '几(안석 궤, jī)'는 작은 걸상이다. 사람이 작은 걸상에 앉아 있는 뜻이다. '尸'자를 갑골문은 ''으로 쓰고, 금문은 ''을 쓴다. 사람이 무릎을 구부리고 앉아있는 형상이다.

'(敬)'은 의미부 '攴'과 '苟(진실로 구)'로 이루어진 자이다. '苟'자의 고문은 의미부 '羊'을 써서 '(𦍒)'로 쓰기도 한다. 갑골문은 '苟'자를 ''·''으로 쓰고, 금문은 ''·''·''으로 쓴다. 사람이 귀를 쫑긋 세워 조심하고 경계하는 모습이다. ''은 남의 말은 귀를 세워 경청하는 뜻을 나타낸다. 쫑긋 세운 귀의 모습이 후에 '艹'나 '羊'의 형태로 변하여 '苟'자로 쓰게 되었다. 후에 '攴(채찍질 복, pū,pǔ)'을 추가하여 남을 배려하고 존경하는 마음가짐을 더욱 채찍질함을 나타낸다.

'簡(대쪽 간)'은[1] 글을 쓰기 위해 다듬은 얇은 대나무 조각(죽간)을 가리킨다. 좁은 죽간 공간에 써야 하고 혹은 문장은 간단명료하게 써야 하기 때문에 '간략하다'·'드물다'라는 뜻으로 쓰인다.

중궁仲弓(염옹冉雍)이 "자상백자子桑伯子가 어떤 사람이냐"고 묻자 공자는 "일을 간결하게 처리하는 사람"이라 하였다. 자상백자는 누구인지 잘 모르는 사람이다. 혹은 노魯나라 대부라고 하기도 하며, 혹은 《장자莊子》의 〈대종사大宗師〉와 〈산목山木〉에

1) "簡, 牒也. 從竹, 間聲."('簡'은 '얇은 대나무 판'이라는 뜻이다. 의미부 '竹'과 소리부 '間'으로 이루어진 자이다.)《說文》

자상호子桑戶(子桑雽)에 관한 우언寓言이 나오는데 이가 자상백자子桑伯子라고 하기도 한다. 〈산목〉에서는 공자孔子가 자상호子桑戶로부터 여러 가지 가르침을 받고 그것을 실천하여 많이 향상되는 이야기가 실려 있고, 〈대종사〉에서는 자상호子桑戶의 주검을 둘러싼 그의 지우知友들의 행동을 통해 역시 공자가 그들의 위대함에 탄복하는 이야기가 실려 있다. 모두 자상호子桑戶가 소탈한 사람이라는 내용이 언급되어 있다.

중궁仲弓은 염옹冉雍의 자字이며, 공자보다 29세 어린 제자이다.

공자가 말하였다.
"염옹冉雍은 그로 하여금 남면하게 할 만하다."
子曰: 雍也可使南面. (雍也 06.01)

'사남면使南面'은 '남면으로 향하게 하다'는 뜻으로 '하여금 한 나라를 다스리도록 해도 좋을 만큼 훌륭한 인품과 자질을 갖추었다'는 뜻이다. 염옹冉雍은 그럴 만한 덕성德性과 자질資質을 갖추고 있음을 공자가 인정한 것이다.

중궁이 '자상백자는 어떠합니까'라 물었다. 공자는 "괜찮으나 사람이 소탈하고 간결하다."고 하였다. 중궁은 "자신의 행동거지는 조심스럽고 백성에게 소탈하게 대한다면 또한 좋지 않겠습니까? 자신의 행동거지는 경건하지 못하여 소탈하면서 백성을 대하는 데도 소탈하게 대한다면 지나치게 소탈하지 않겠습니까?"라고 하자, 공자는 "염옹의 말이 옳다."라 하였다.
仲弓問子桑伯子. 子曰: "可也簡." 仲弓曰: "居敬而行簡, 以臨其民, 不亦可乎? 居簡而行簡, 無乃大簡乎?" 子曰: "雍之言然."(雍也 06.02)

'연然'은 '옳다'·'그러하다'는 뜻이다.

'거경居敬'은 자신의 행동거지를 조심스럽게 성심성의껏 하는 것이고, '행간行簡'은 백성에 대한 실행을 검소하게 하여 백성에게 걱정을 끼치지 않음이다. '無乃……乎'는 '설마 ……하지 않겠는가?'의 뜻이다.

'거경居敬'은 자기 자신에 대한 행동양식이고, '행간行簡'은 백성에 대한 정책실행이다. 일반 백성에서 정책을 실행하는 조삼모사朝三暮四하고, 정책을 바꾸기를 일 년에 몇 번씩 반복한다면 국민만 헷갈리게 되고 국민은 정부를 신뢰하지 않는다. '거경居

敬'은 실행에 앞서 진신어린 마음으로 신중하고 경건하면서 철두철미하게 준비하는 마음이다. 일시적으로 자신의 흥에 따라 결정하는 신중하지 못한 결정이 '거간居簡'이다.

자장이 어느 날 공자에게 나라의 녹祿을 먹는 관리가 되기 위해 가장 필요한 마음 자세에 대하여 물었다. 공자는 "주위 사람들 의견을 많이 들어 보고 미심쩍어 의문이 나는 점은 고집을 부려 가면서 행하려 하지 말 것이며, 두루두루 주위 상황을 많이 살펴보고 위험스럽다하는 일은 고집스럽게 밀어붙이지 말고 삼가하라. 말실수를 적게 하고 후회되는 행동을 하지 않도록 하라"라 하였다.[1] '거경행간'은 바로 백성의 말을 많이 들어보고 백성이 무엇을 원하는지 많이 살펴본 다음 진실된 마음으로 경건하게 실행하는 것이다.

거경(居敬), 거경행간(居敬行簡)

1) 子張學干祿. 子曰: "多聞闕疑, 愼言其餘, 則寡尤, 多見闕殆, 愼行其餘, 則寡悔. 言寡尤, 行寡悔, 祿在其中矣."(爲政 02.18) (자장이 관리가 되는 길에 대하여 묻자 공자는 말하였다. "많이 듣고 의문이 나는 점은 남겨 두고 그 나머지 의문된 일은 말하기를 삼가면 과오가 적을 것이고, 많이 보고 미심쩍어 위험스런 일은 남겨 두고 그 나머지 위험된 일은 행하기를 삼가면 후회되는 일이 적을 것이다. 말에 과오가 적고 행동에 후회되는 일이 적으면 봉록은 그 가운데 있는 것이다.")

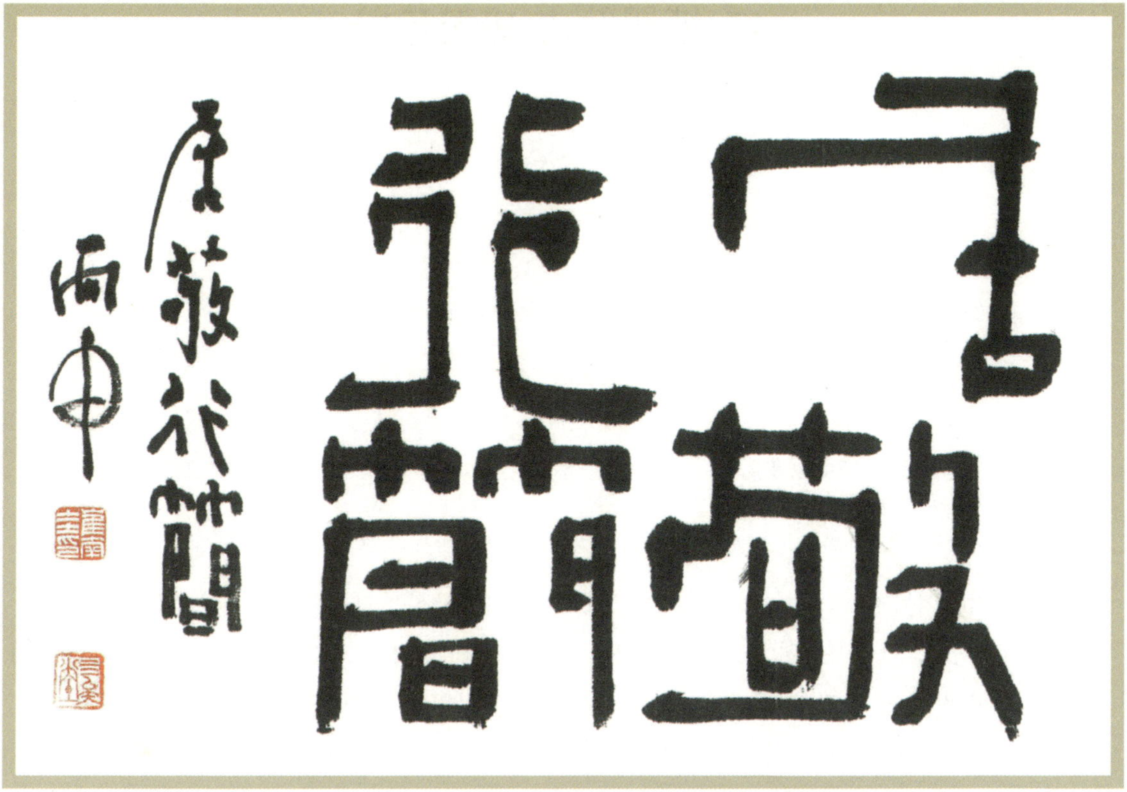

거경행간(居敬行簡)

42. 博學篤志 박학독지

널리 배우고 뜻을 돈독하게 하다

논어에서 자하子夏는 '박학博學'하고, '독지篤志'하고, '절문切問'하고 '근사近思'하면 '어짐의 실천'인 '인'은 이곳에 있다하였다.

> 자하가 말하였다.
> "널리 배우되 학문하는 뜻을 독실하게 갖고, 간절하게 묻되 가까운 비근한 것부터 생각해 나간다면 仁이 그 가운데 있을 것이다."
> 子夏曰: "博學而篤志, 切問而近思, 仁在其中矣."(子張, 19.06)

'박학이독지博學而篤志'와 '절문이근사切問而近思' 구절에 대하여 다양한 방법으로 해석한다. '박학'·'독지'·'절문'·'근사'를 각각 독립된 병렬 구조로 보기도하고, 또한 '박학'을 하면 그 결과 '독지'를 하게 되고 '절문'을 하면 그 결과 '근사'하는 조건 구조로 보기도 하고, '박학'을 한 후에 '독지'를 하게 되고, '절문'을 한 후에 '근사'를 하게 되는 시간 구조로 보기도 한다. 즉 접속사 '而'자를 각각 병렬·조건·시간을 표시하는 의미로 해석한다.

'박학'·'독지'·'절문'과 '근사'의 각 단어는 일반적으로 앞 자가 뒤 자를 수식하는 형용어 용법으로 해석한다. 따라서 '널리 배우다'·'뜻을 돈독하게 하다'·'간절하게 묻다'·'비근하게 생각하다'로 해석할 수 있다. 하안何晏은 '근사'를 "자신이 능히 할 수 있는 가까운 일을 생각하는 것이다."[1]라 하였다.

혹은 '독지篤志' 중 '지志'자를 '기억하다'·'인지하다'로 해석하여 '확실히 기억하다'로 해석하고, '절문切問' 중의 '절切'자를 '재빨리'의 뜻으로 이해하여 모르는 것이 있으면 망설이지 말고 '재빨리 묻도록 하고', '근사'는 '직면한 문제를 많이 생각하다'·'실질적 사고思考에 가까워지도록 하다.(정의·정답에 근접하도록 노력하다)'로 해석하기도 한다.

---

1) "近思者, 近思己所能及之事."(근사라는 것은 자신이 능히 할 수 있는 가까운 일을 생각하는 것이다.)(何晏,《論語集解》)

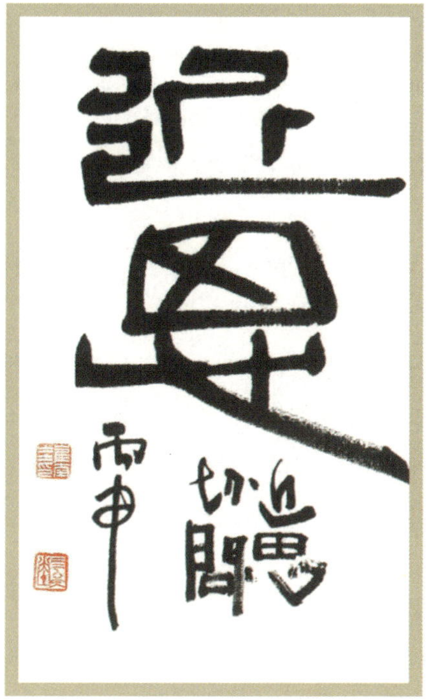

근사(近思), 근사절문(近思切問)

자하는 "소도小道라 해도 반드시 볼만한 것이 있지만, 깊이 들어가다 보면 그곳에 집착하게 되니 삼가야 한다"라 하였고,[1] "날로 자신이 모자라는 점을 알아가고, 이를 잊지 않는다면 배우기 좋아한다"라 하였고,[2] "모든 기술자는 자신의 작업장에서 열심히 일함으로써 일을 성취한다"[3]고 말하였기 때문에, 본 구절을 "널리 배우되 학문하는 뜻을 독실하게 갖고, 간절하게 묻되 가까운 비근한 것부터 생각해 나간다면 仁이 그 가운데 있을 것이다."로 해석하여도 큰 무리는 없을 것으로 보인다.

---

1) 子夏曰: "雖小道, 必有可觀者焉, 致遠恐泥, 是以君子不爲也."(子張 19.04) (자하가 말하였다. "작은 도의라 할지라도 거기에는 반드시 볼 만한 것이 있을 것이나, 그것을 멀리까지 따라간다면 집착할까 무서워서 君子는 그런 것에 종사하지 않는 것이다.")

2) 子夏曰: "日知其所亡, 月無忘其所能, 可謂好學也已矣."(子張 19.05) (자하가 말하였다. "나날이 자신에게 부족한 것을 알아가고, 달이 가도 자기가 할 수 있는 것을 잊는 일이 없다면 배우기를 좋아한다고 말할 수 있다.")

3) 子夏曰: "百工居肆以成其事, 君子學以致其道."(子張 19.07) (자하가 말하였다. "모든 기술자들은 작업장에서 열심히 일함으로써 그들의 일을 이룩하고, 군자는 배워 가지고서 그의 도를 터득한다.")

자하가 말하였다.
"재능 있는 인물을 존경하고, 미색美色을 경시하고, 부모를 섬기는 데 자기 힘을 다할 수 있고, 임금을 섬기는 데 자기 몸을 바칠 수 있고, 벗들과 사귀는 데 말에 신용이 있다면 배우지 않았다고 하더라도 나는 반드시 그런 사람을 배운 사람이라 할 것이다."
子夏曰: "賢賢易色, 事父母, 能竭其力, 事君, 能致其身, 與朋友交, 言而有信. 雖曰未學, 吾必謂之學矣." (學而, 01.07)

자하는 인의 실천을 먼 것에 구하지 않았다. 가까운 자신의 주위에서 찾았다. '박학'·'독지'·'절문'·'근사'가 모두 '배움(學)'이다.

논어에서 '인仁'은 모두 109차례 출현하는데, 그 중 도덕적 최고의 경지를 개념으로 주고 쓰이고, 이외에도 '어진사람(仁人)' 혹은 '사람(人)'의 의미로 쓰이기도 한다.

공부는 넓고 깊이 있게 하여야 한다. 넓어야 깊이 팔 수 있고, 깊이가 없으면 무식한 사람이 용감한 꼴이 된다. '정중지와井中之蛙', 우물 안의 개구리가 어떻게 넓은 바다를 알겠는가.

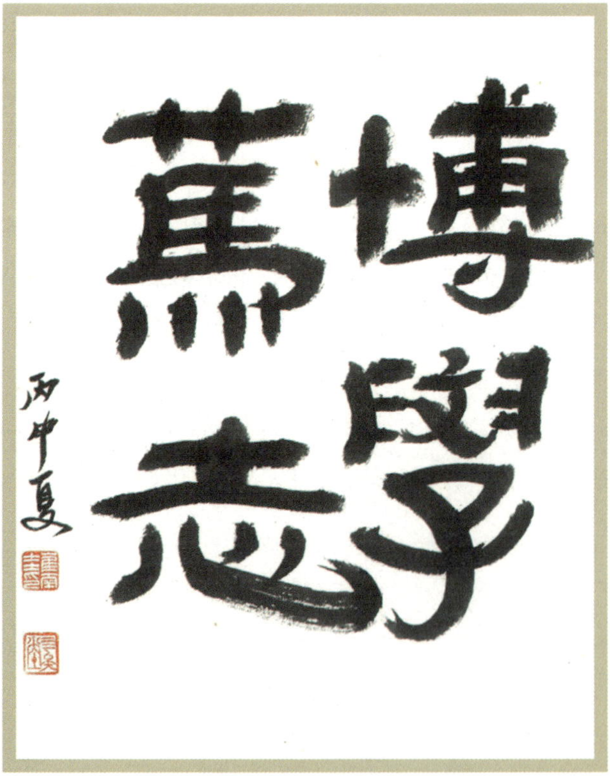

박학독지(博學篤志)

인(𢖻, 仁)

43. 無所不至 무소부지

욕심을 부리면 물불을 가리지 못 한다

'무소부지'는 '이르지 않는 곳이 없다'·'어느 곳이나 다 가 보다'나 '어디에나 미치다'의 뜻으로 쓰인다. 부정적인 의미로 쓰이면 물불을 가리지 않고 수단과 방법을 다하여 '못하는 일이 없게 된다'는 뜻이다.

'(無, 없을 무 wú,mó)'자는 원래 양 손에 깃을 들고 춤을 추는 '무(舞)'자이다. 후에 '없다'라는 가차자로 쓰이자 두 다리를 추가하여 '(舞)'로 쓴 것이다.

금문은 '무(無)'자를 ''·''·''·''으로 쓴다.

'(所, 바 소, suǒ)'자는 의미부 '斤'과 소리부 '戶'로 이루어진 형성자이다. '(戶)'자를 혹은 '木'을 추가하여 '(床)'로 쓰기도 한다. 갑골문은 ''으로 쓰고 금문은 ''으로 쓴다. 문이 하나 달린 창문이다. '所'자는 집안에 도끼 연장 '斤'이 놓여 있는 그 곳 장소라는 뜻이다.

'(至, 이를지, zhì)'자는 화살이 땅에 꽂이는 형상이다. 갑골문은 ''으로 쓰고, 금문은 ''으로 쓴다. 후에 '이르다'·'도착하다'·'닿다'라는 뜻으로 쓰인다.

논어에서 '무소부지無所不至'는 부정적인 의미로 쓰인다.

> 공자가 말하였다.
> "비루鄙陋한 사람과 함께 임금을 섬길 수 있겠는가? 그것을 얻지 못하였을 때는 그것을 얻으려고 근심하고, 그것을 얻고 나서는 그것을 잃게 될까 근심한다. 진실로 그것을 잃게 될까 근심한다면 못하는 일이 없게 되는 것이다."
> 子曰: "鄙夫可與事君也與哉？ 其未得之也, 患得之(患不得之). 旣得之, 患失之. 苟患失之, 無所不至矣." (陽貨 17.15)

'환득지患得之'는 문맥이 아직 얻지 못했을 상황을 가리키는 것으로 이해하여 '얻으려고 걱정하다'하는 것이 아닌 '환부득지(患不得之, 얻지 못할까 걱정하다)'로 쓰기도 한다. '무소부지의無所不至矣' 중의 '矣'는 '미래의 새로운 상황의 발생을 예측하는 조사'로 쓰인다. '야여재也與哉'는 조사가 세 개가 함께 쓰인다. 이 중 '也'는 단정을 표시하고, '여與'는 의문을 표시하고, '재哉'는 반문 어기를 나타내는 조사이다. 이외에도 '가위호학야이의可謂好學也已矣(배우기 좋아한다고 말할 수 있다.)' (子張 19.05) 중의 '야이의也已矣'는 단정을 표시하는 어기조사가 세 개 거듭 쓰여 단정의 강조를 나타내기도 한다.

벼슬만이 목적인 인격이 비천한 사람은 개인적인 사익만을 위하여 벼슬자리를 원하기 때문에 윗사람을 섬길 수 없는 것이다. 이런 사람은 벼슬자리를 얻기 이전에 이를 얻기 위하여 수단방법을 가리지 않는다. 아첨·아부·뒷거래는 모든 방법 수단을 다한다. 그렇게 하여 얻고 나서는 자신이 능력이 없으니 그 벼슬자리를 잃지 않기 위하여 전전긍긍하고 비정상적인 행위를 다하는 것이다.

정부 고위 인사 구조 개혁을 할 때마다 항상 터져 나오는 사건이 그 인사의 과거 비리다. '모르는 일이다'·'몰랐다'라는 말로 자신의 과거 부정비리를 숨기려 하다가 결국은 집안 망신만 당하고 하차하는 경우가 비일비재하다. 설사 그렇게 해서 억지로 자리에 앉은들 직무를 재대로 실행할 수 있을까 의문이다. 먼저 마음부터 다스리지 않으면 비행을 계속 저지를지도 모르는 일이다.

무소부지(無所不至)

44. 聞一知十 문일지십

하나를 들으면 열을 안다

'문일지십'은 '하나를 들으면 열을 안다'는 뜻이다. 안회의 총명함을 두고 하는 말이다.

> 子謂子貢曰: "女與回也孰愈？" 對曰: "賜也何敢望回？ 回也聞一以知十, 賜也聞一以知二." 子曰: "弗如也. 吾與女弗如也."(公冶長 5.9)
>
> 공자가 자공에게 물었다. "너와 회回는 어느 쪽이 우수하냐?"
>
> 자공이 말하였다. "제가 어떻게 감히 회回를 바라볼 수 있겠습니까? 회回는 하나를 듣고서 열을 아는데 저는 하나를 듣고서 둘을 압니다."
>
> 공자가 말하였다. "그만 못하다. 나와 너는 그만 못하다."

'오여여불여야吾與女不如也' 구절을 '오여여吾與女, 불여야弗如也'로 읽고, '여與'자를 동사 '동감하다'는 뜻으로 이해하여 '나는 너의 말에 동감한다. 너는 안회에 미치지 못하다'로 이해하기도 한다.

'(聞)'자는 의미부 '耳'와 소리부 '門'으로 이루어진 자이며, 또한 '문 틈으로 소리를 듣다'라는 뜻으로 이해할 수 있다. 갑골문은 사람이 귀에 손을 대고 소리를 듣거나 귀 기울여 듣는 모습인 ''·''·''으로 쓰고, 금문은 ''으로 쓴다. '(知)'자는 의미부 '口'와 소리부 화살 '矢'로 이루어진 자이다. 화살이 과녁을 꿰뚫듯 말의 본뜻을 정확히 인식하는 것이 '지식'이고 '지혜'이다. '日'이 추가되어 '智'로 쓰기도 한다. 경험이 세월을 따라 축적되는 것이 지혜智惠인 것이다.

'문일지십聞一知十'은 '거일반삼擧一反三'과 유사한 의미이다.

공자는 "한 꾸러미 마른 고기의 예의를 표하면 누구나 가르침을 주었다."[1] 하지만

---

1) 子曰: "自行束脩以上, 吾未嘗無誨焉."(述而 07.07) (공자는 말하였다. "스스로 속수束脩의 예를 행하는 이상, 내가 일찍이 가르치지 않은 일이 없다.")

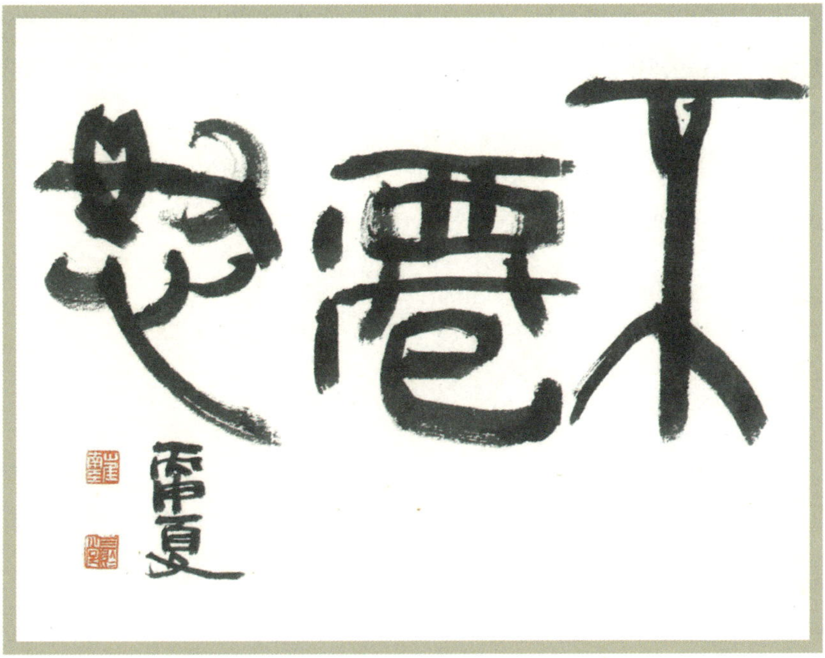

불천노(不遷怒)

"알려고 하는 강렬한 욕구나 하나를 가르쳐 주면 복습을 하나 그 이상의 것을 습득하려 하지 않는다면 다시 가르쳐 주지 않았다."[1)]

안회顔回는 공자가 가장 아끼는 제자 중의 한 사람이다. 너무 일찍 죽어 스승을 안타깝게 하기도 하였다.

안회가 몇 살에 죽었는지 주장이 각각 다르다. '18세'·'31세'·'32세'·'41세'에 죽었다는 설이 매우 다양하다. '18세'는 자공과 스승 공자와 어깨를 나란히 할 만한 학문적 성과를 내리기에는 너무 어리고, '41세'는 지금으로부터 이천년 전에는 결코 단명이라 할 수 없을 것이다. 그래서 일반적으로 '32세' 사망설을 많이 따른다. 만약에 32세에 사망했다고 한다면, 그의 생평은 대략 BC 521-BC 482일 것이다. 《사기史記 중

1) 子曰: "不憤不啓, 不悱不發. 擧一隅, 不以三隅反, 則不復也." (述而 07.08) (공자가 말하였다. "알려고 답답해하지 않으면 지도하지 않고, 표현하지 못해 괴로워하지 않으면 일깨우지 않는다. 한 귀퉁이를 들어 주어 다른 세 귀퉁이를 알지 않으면 되풀이하지 않는다.")

니제자열전仲尼弟子列傳》에서는 "공자보다 서른 살이 적었다."[1]라 하였다. 공자가 주유周遊를 하고 돌아와 경전을 정리하던 때이고, 공자의 나이 이미 70세에 달했다.

논어나 공자의 어록에서는 공자는 안회에 대해 칭찬 일색이다.
먼저, 공자는 안연의 미덕美德을 칭찬하였다.

공자가 엄숙한 표정으로 말했다. "참으로 아름답고 덕망이 있도다.
재물에는 상함이 없고 백성에게도 해가 없으며 말도 번거롭지 않은 것은 안연의 말이 제일이로다."[2]

그의 어짐을 칭찬하였다.

"안회顏回는 그 마음이 3개월 동안 仁을 떠나지 않았고, 그 나머지 사람들은 하루나 한 달에 한 번 仁에 이를 뿐이다."
回也, 其心三月不違仁, 其餘則日月至焉而已矣. (雍也 06.07)
안회顏回의 말은 친족親族 사이의 말이다.[3]

그의 현명함을 칭찬하였다.

"어질다, 안회顏回여! 한 그릇의 밥과 한 표주박의 음료로 누추한 시골에 있는 것을 딴 사람들은 그 근심을 견뎌내지 못하는데, 안회는 그 즐거움을 변치 않으니, 어질다, 안회여!"
賢哉回也! 一簞食, 一瓢飮, 在陋巷. 人不堪其憂, 回也不改其樂. 賢哉回也! (雍也 06.11)

그가 배우기를 좋아하는 것을 칭찬하였다.

애공께서 "제자들 중에는 누가 배우기를 좋아하는가"를 물으셨다. 孔子가 말하였다.
"안회라는 사람이 배우기를 좋아하여 노여움을 다른 사람에게 풀지 않고 과오過誤를 되풀이하지 않았는데 불행하게도 단명短命하여 죽어버렸습니다. 지금은 없습니다. 배우기를 좋아한다는 사람을 들어보지 못하였습니다."
哀公問: "弟子孰爲好學?" 孔子對曰: "有顏回者好學, 不遷怒, 不貳過. 不幸短命死矣, 今也則亡, 未聞好學者也."(雍也 06.03)

---

1) "顏回者, 魯人也, 字子淵. 少孔子三十歲."(顏回는 노나라 사람이다. 자는 子淵이고 공자보다 30살 어리다.) (《史記·仲尼弟子列傳》)
2) 夫子凜然曰: "美哉！德也. 不傷財, 不害民, 不繁詞, 則顏氏之子有矣."(《孔子家語·致思》)
3) "回之所言, 親屬之言也."(《韓詩外傳》)

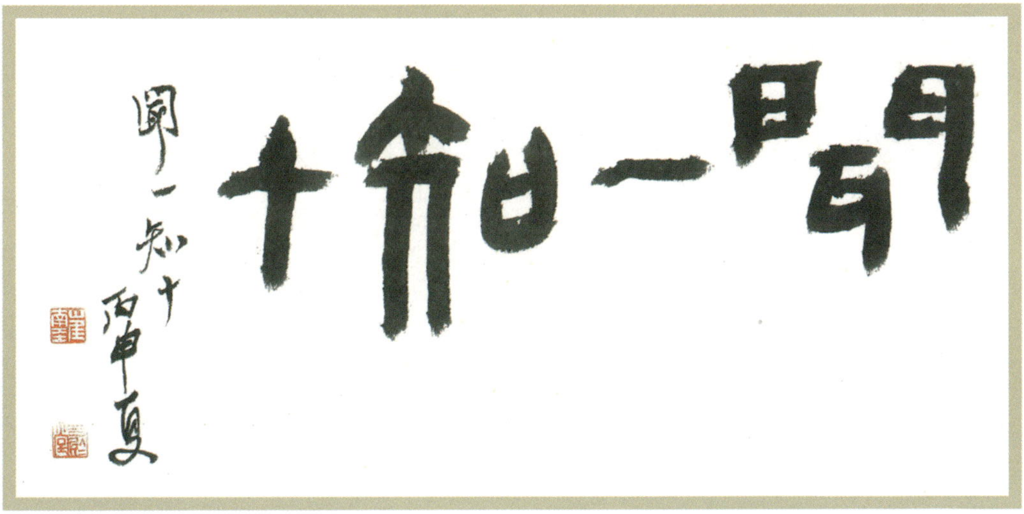

문일지십(聞一知十)

그의 미더움을 칭찬하였다.

"안회의 미더움은 나보다 나을 것이다."[1]

공자가 안연을 매우 높이 평가하였다.

"네가 안회만 못하다. 나는 네(자공子貢)가 그만 못함을 인정한다."
"弗如也! 吾與女(子貢)弗如也."[2](公治長 05.09)

안연이 죽자, 공자가 곡하기를 지나치게 애통해 했다.

공자가 말했다. "아! 하늘이 나를 망하게 하였구나! 하늘이 나를 망하게 하였구나!"
顔淵死, 子哭之慟. (先進 11.10)
子曰: "噫! 天喪予! 天喪予!"(先進 11.09)

---

1) "回之信賢於丘."(《孔子家語·六本》)

2) 子謂子貢曰: "女與回也孰愈?" 對曰: "賜也何敢望回. 回也, 聞一以知十, 賜也, 聞一以知二" 子曰: "弗如也. 吾與女弗如也."(公冶長 0509) (孔子가 子貢에게 말했다. "너는 안회와 누가 나으냐?" 자공이 대답했다. "제가 어떻게 감히 안회를 바라보겠습니까? 안회는 하나를 들으면 열을 알고, 저는 하나를 들으면 둘을 압니다" 공자가 말했다. "네가 안회만 못하다. 나는 네가 그만 못함을 인정한다.")

《공자가어》와 《한시외전》에서도 안연을 평가한 내용이 보인다.

> "사군자士君子[1]라고 말할 수 있을 것이다."[2]
> "안회가 죽자, 노나라 정공이 조문하고 사람을 시켜 공자를 방문하게 하였다."[3]

> "안회에게는 군자의 도가 네 가지가 있다. 의리로 행하기는 강하게 하고, 간하는 말을 받아들이는 데는 약한 듯이 하며, 녹봉을 받는 데는 겁내는 듯이 하고, 몸을 다스리는 데는 삼가서 하는 것 등이다."[4]

> "훌륭하다! 안회여! 무릇 가난을 부유함으로 여기려면 족함을 알아 욕심이 없어야 하고, 천함을 귀함으로 여기려면 사양하여 예를 갖출 수 있어야 하며, 용기 없음을 위엄으로 여기려면 공경을 실행하여 남에게 실수가 없어야 하는 것이다. 또 종신토록 환난을 없이 하려면 그 말을 잘 선택하여 내뱉어야 하는 것이다. 만약 안회처럼만 한다면 그것이 곧 지극한 것이다. 이는 옛날의 성인들조차도 그렇게만 하였을 뿐이란다."[5]

후에 안연顔淵을 존경하는 그의 시호가 많다. 당唐 태종太宗은 '선사先師'라는 시호를 하사하였고, 당唐 현종玄宗은 '연공兗公', 송宋 진종眞宗은 '연국공燕國公'이라는 시호를 봉하였다. 또한 원元 문종文宗은 '연국兗國복성공復聖公'이라는 시호를 봉해주었으며, 명明 가정嘉靖때에는 '복성復聖'이라 높여 봉하였다. 연兗(沇)주州는 지금의 제영시濟寧市 연주兗州를 가리킨다. 이곳은 공자, 맹자, 증자들이 강학을 했던 곳이다. 이곳에 안가촌顔家村이 있다.

안연에 관한 역사적 유적으로는 안자묘顔子廟(복성묘復聖廟, 곡부시曲阜市 누항가陋巷街 북쪽) 누항정陋巷井(안자묘顔子廟 복성문復聖門 내) 악정樂亭(안자묘顔子廟 복성묘復聖廟 내) 등이 있다. 안자묘顔子廟(복성묘復聖廟)의 건물 순서는 대략 아래와 같다.

正門——陋巷井——歸仁門——仰聖門——樂亭——復聖殿——蘇東坡'東亭碑'

---

1) 사회적으로 지위가 있고 덕행이 높으며 학문에 통달한 사람을 가리킨다.

2) "可謂士君子矣."(《孔子家語·三恕》)

3) "顔回死, 魯定公吊焉, 使人訪於孔子."(《孔子家語·曲禮子夏問》)

4) "回有君子之道四焉, 强於行義·弱於受諫·怵於待祿·怵怵惕也待宜爲得也愼於治身." (《孔子家語·六本》)

5) "善哉! 回也! 夫貧而如富, 其知足而無欲也. 賤而如貴, 其讓而有禮也. 無勇而威, 其恭敬而不失於人也. 終身無患難, 其擇言而出之也. 若回者, 其至乎! 雖上古聖人, 亦如此而已."(《韓詩外傳》)

하나를 들으면 열을 아는 '문일지십'의 능력은 안회같이 빼어난 인물이나 천재들이 갖춘 능력일 것이다. 그러나 우리와 평범한 사람에게는 하나를 들어도 하나를 깨닫기 어려울 것이다. 대재(大宰, 상대부上大夫)가 자공에게 공자는 어떻게 하여 그렇게 많은 것을 아느냐고 묻자, 공자는 겸손하게 젊었을 때 비천하여 이것저것 안 해 본 일이 없기 때문에 다재다능한 능력을 갖추게 되었다고 하였다.[1] 공자도 안 해 본 일이 없고, 끊임없이 배우기를 좋아하였다. 우리도 많이 묻고('다문多聞'), 많이 보고('다견多見'), 배우기를 좋아한다면('호학好學'), 남에게 폐해를 끼치지 않고 사회에 조금이라도 봉사하면서 살 수 있을 것이다.

곡부曲阜 복성묘復聖廟

1) "大宰問於子貢曰: "夫子聖者與? 何其多能也?" 子貢曰: "固天縱之將聖, 又多能也" 子聞之曰: "大宰知我乎! 吾少也賤, 故多能鄙事. 君子多乎哉? 不多也."(子罕 09.06) (대재가 자공에게 물었다. "당신의 선생님은 성인이시오? 어찌 그리할 줄 아는 것이 많으시오?" 자공이 말하였다. "정말 하늘이 내놓은 큰 성인이시고 또 할 줄 아는 것이 많으십니다" 공자께서 이 이야기를 들으시고 말하였다. "대재가 나를 바로 아는가보다. 내가 젊었을 때에 미천하였으므로 대단치 않은 일을 많이 할 수 있게 된 것이다. 군자가 할 줄 아는 일이 많겠느냐, 많지 않느니라.")

45. 簞食瓢飮 단사표음

소쿠리의 밥과 표주박의 물

‘단사표음’은 청빈하고 소박한 안빈낙도하는 삶을 가리킨다. ‘단사표음’을 줄여서 ‘단표簞瓢’라고도 한다. 또한 ‘일단사일두갱一簞食一豆羹’이라도 하고, 이를 줄여 ‘단사두갱簞食豆羹’이라고 한다.

‘(簞)’자는 의미부 ‘竹’과 소리부 ‘單’으로 이루어진 형성자이며, 대나무로 만든 단순한 작은 광주리이다. ‘(食)’자는 갑골문은 ‘’·‘’으로, 금문은 ‘’으로 쓴다. 그릇에 고봉으로 담겨 있는 음식의 형상이다. ‘먹다’·‘먹는다’라는 의미로 쓰일 때는 ‘식’으로 읽고, ‘기르다(먹이다)’나 명사 ‘밥’이라는 의미는 ‘사飼’와 같은 음으로 읽는다.

‘(瓢)’자는 의미부 ‘瓜’와 소리부 ‘票’로 이루어진 자이다. ‘票’자는 원래 전서篆書에서 ‘(𤐫)’으로 쓴다. ‘火’와 ‘䙴(오를 선)’으로 이루어진 자로 날아다니는 불똥이라는 뜻이다. ‘瓢(박으로 만든 바가지, 표 piáo)’는 물에 뜰 수 있는 작은 표주박을 가리킨다.

‘飮(마실 음, yǐn)’자는 ‘(歙)’자로 쓰기도 한다. 갑골문은 ‘’·‘’·‘’으로 쓰고, 금문은 ‘’·‘’으로 쓴다. 항아리에 입을 크게 벌리고 음식물을 마시는 형상이다.

> 공자가 말하였다.
> “훌륭하도다, 안회는. 한 그릇의 밥, 한 쪽박의 물, 빈촌貧村에서 사는 것, 다른 사람들은 그 근심을 견디어 내지 못하는데, 안회는 그렇게 살면서도 그의 즐거움이 변하지 않는다. 훌륭하도다. 안회는.”
> 子曰: “賢哉, 回也! 一簞食, 一瓢飮, 在陋巷, 人不堪其憂, 回也不改其樂. 賢哉, 回也 ! ”(雍也 06.11)

‘(堪, 견딜 감, kān)’자는 의미부 ‘土’와 소리부 ‘甚(심할 심, shèn,shén)’으로 이루어진 형성자이다. ‘흙으로 만든 토성이 심이 튼튼하여 적의 공격을 견디어 낸다’는 뜻이다.

‘일단사一簞食, 일표음一瓢飮, 재누항在陋巷’은 ‘한 그릇의 밥, 한 쪽박의 물, 빈촌貧村에서 사는 것’의 뜻이다. 즉 ‘일단一簞’과 ‘일표一瓢’가 수량사로 ‘식食’과 ‘음飮’을 수식하는 성분이고, '일단사一簞食, 일표음一瓢飮, 재누항在陋巷' 구절이 전체적으로 강조를 하기 위하여 문두에 놓았다. 그러나 혹은 '식食'과 '음飮'이 각각 동사이며, '食一簞'·'飮一瓢' 문장을 '在陋巷'의 형식과 같은 도치된 문장으로 이해하여, '한 광주리의 음식을 먹고, 한 표주박의 물을 마시고, 누추한 빈촌에 살다'로 해석하기로 한다. 본 문장 중 '현재賢哉, 회야回也!' 구절 역시 강조를 위한 구조이고, 안회의 안빈낙도하는 삶을 부각하기 위한 내용이다. 따라서 '일단사一簞食, 일표음一瓢飮, 재누항在陋巷' 구절을 전체적으로 강조를 하기 위해서 문두에 놓은 형식으로 이해하는 것이 옳겠다.

지족(知足), 지족상락(知足常樂)

안연의 안빈낙도하는 삶의 태도를 엿볼 수 있는 내용이《장자莊子·양왕讓王》에도 보인다.

> 공자가 안회에게 물었다. "안회야 집안이 가난하고 신분도 천한데 어찌하여 벼슬을 하지 않느냐?" 안회가 대답하였다.
> "벼슬하고 싶지 않습니다. 제게는 성곽 밖에 오십 묘가 있으니 죽을 공급하기에 충분합니다. 성곽 안에 밭 십묘가 있으니 무명과 삼을 공급하기가 족합니다. 금을 타고 지내면 스스로 즐기기에 족합니다. 선생님에게서 배운 도는 즐겁게 살기에 족합니다. 저는 벼슬하고 싶지 않습니다." 공자는 갑자기 얼굴빛을 바꾸면서 말하였다.
> "훌륭하다. 그대의 뜻이여! 내가 듣건대 '만족할 줄 아는 사람은 이익 때문에 스스로를 해치지 않고, 자득할 줄 아는 사람은 이익을 잃어도 두려워하지 않고, 속마음의 수행이 되어 있는 사람은 지위가 없어도 부끄러워하지 않는다'하였다. 나는 그것을 마음에 새겨 둔 지 오래 되었으나, 지금 그대에게서 뒤늦게야 그것이 실행되고 있음을 본다. 이것은 나의 소득이다."[1)]

'만족할 줄 아는 사람(지족자知足者)'이기 때문에 조그만 이익으로 자신의 마음을 해치지 않으며, '스스로 얻을 줄 아는 자(자득자自得者)'이기 때문에 매일매일 얻음만이 있는 것이다. 마음을 다스릴 줄 아는 자(수기자修己者)는 허망된 지위에 연연하지 않고 명예가 없음에도 부끄러워하지 않으며, 전전긍긍 명예만을 추구하는 자는 오히려 안타깝게 생각하는 것이다.

'두갱豆羹' 중 '豆(豆)'는 고기를 담는 작은 제기의 형상이다.[2)] 갑골문은 ''으로 쓰고, 금문은 ''으로 쓴다. 모두 제사를 지낼 때 사용하는 물건을 담는 작은 그릇의 모양이다. '羹(국 갱, gēng)'자는 혹은 '鬻()'·'羹()'·'鬻()'으로 쓴다. 모두 '鬲(솥 력)'에 담겨 있는 양고기 수프를 뜻한다.

> "한 광주리의 밥, 한 사발의 국을 얻으면 살고 얻지 않으면 죽더라도 꾸짖으며 주면 길가는 사람도 받지 않는다. 발로 차서 주면 걸인도 좋게 여기지 않는다."
> "一簞食, 一豆羹, 得之則生, 弗得則死. 呼爾而與之, 行道之人弗受. 蹴爾而與之, 乞人不屑也."
> (《孟子·告子上》)

---

1) "孔子謂顔回曰: '回, 來! 家貧居卑, 胡不仕乎?' 顔回對曰: '不願仕. 回有郭外之田五十畝, 足以給飦粥, 郭內之田十畝, 足以爲絲麻, 鼓琴足以自娛, 所學夫子之道者足以自樂也. 回不願仕.' 孔子愀然變容, 曰: '善哉, 回之意!' 丘聞之: '知足者, 不以利自累也, 審自得者, 失之而不懼, 行修于內者, 無位而不怍.' 丘誦之久矣, 今于回而後見之, 是丘之得也."(《莊子·讓王》) '怍(부끄러워할 작, zuò)'은 '부끄럽게 여기다'라는 뜻이다.

2) "豆, 古食肉器也. 从口, 象形. 𣅜(昷), 古文豆."('豆'는 옛날 고기를 담는 제기. 의미부 '口'는 물건을 담는 그릇의 형상이다. 象形字. 고문은 '𣅜(昷)'로 쓴다.)《說文》

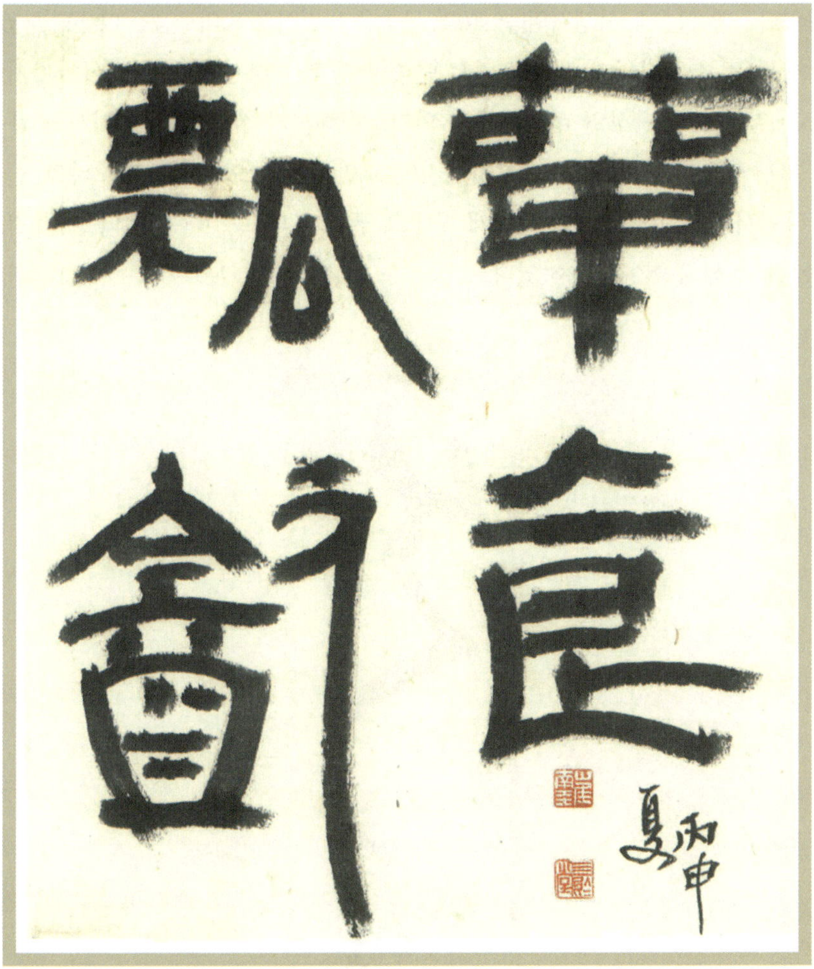

단사표음(簞食瓢飮)

'蹴(찰 축, cù)'는 '발로 차다'는 뜻이고, '屑(달갑게 여길 설, xiè)'은 '달갑게 여기다'의 뜻이다. 자신이 추구하는 것이 목숨을 유지하는 것보다 더 중요할 수 있다. 한 광주리의 밥과 한 사발의 국을 얻으려 자신의 자존심을 버려야 한다면 차라리 죽음을 택하겠다는 옛 성인의 메시지다. 아무리 배가 고파도 자존심을 버리면서까지 배불리려고 하는 사람은 아무도 없을 것이다. 맹자는 "살아가는 것과 의리義理를 추구하는 것 두 가지를 동시에 모두 가질 수 없다면 차라리 사는 것을 포기하고 의리를 선택하겠다"하였다.[1] 맹자는 즉 '사생취의捨生取義', 목숨을 버려서라도 의로움을 따른다'하였다.

'단사표음', 소쿠리의 밥만 먹으면서 단출한 생활을 하면서 즐겁게 살아가기란 쉽지 않은 일이다. 가난하면 비참해지고 의기소침해지기 십상이다. 그래서 공자는 자공이 '가난하나 아첨하지 않고, 부자이지만 교만하지 않으면 어떻겠느냐고' 물으니, '가난하면서도 안빈낙도하며 즐겁게 지내고 부자가 되고도 더욱 예의를 잘 지켜 상대방에게 잘 해 주어야한다'하였다.[2]

지(志), 불가탈지(不可奪志)

1) "生, 亦我所欲也. 義, 亦我所欲也. 二者不可得兼, 舍生而取義者也."(《孟子·告子上》)

2) 子貢曰: "貧而無諂, 富而無驕, 何如?" 子曰: "可也, 未若貧而樂, 富而好禮者也."(學而 01.15) (子貢이 말하였다. "가난하면서도 아첨함이 없고, 부유하면서도 교만함이 없다면 어떠하겠습니까?" 공자는 말하였다. "괜찮기는 하나 가난하면서도 道를 즐기고, 부유하면서도 禮를 좋아하는 것만은 못하다.")

46. 擇善而從 택선이종

좋은 점을 본받다

'택선이종'은 '현인을 보면 그와 같아지기를 생각한다'는 '견현사제見賢思齊'의 의미와 같다.

'(擇)'자는 의미부 '手'와 소리부 '睪'으로 이루어진 형성자이다. '(睪, 엿볼 역 yì)'은 눈으로 '관찰하다'라는 뜻이다. 따라서 '택擇'은 눈으로 잘 관찰하여 손으로 선택함을 말한다.

'(善)'자는 '羊'과 '言'으로 이루어진 자이고, '羊'은 '美(아름답다)'나 '義(의롭다)'의 편방으로 쓰여 '좋다'·'선하다'·'훌륭하다'라는 의미를 나타낸다. '선善'자는 또한 '誩(말다툼할 경, jìng)'과 '羊'을 써서 '(譱)'으로 쓰기도 한다.[1] '두 사람이 서로 덕담을 주고 받는다'는 뜻이다. '善'자는 금문은 ''·''·''으로 쓴다.

'從(좇을 종, cóng)'자는 혹은 '从'으로 쓰기도 한다. 한 사람이 한 사람을 따라간다는 뜻이다. '从'자를 갑골문은 ''·''·''으로 쓴다.

사제(思齊), 견현사제(見賢思齊)

1) "譱, 吉也. 从誩, 从羊. 此與義·美同意. 善, 篆文譱从言."('譱'은 '길하다'의 뜻. '誩'과 '羊'으로 이루어진 자이다. '羊'은 '義'·'美'의 의미와 같다. 전문은 '言'을 써서 '善'으로 쓴다.)《說文》

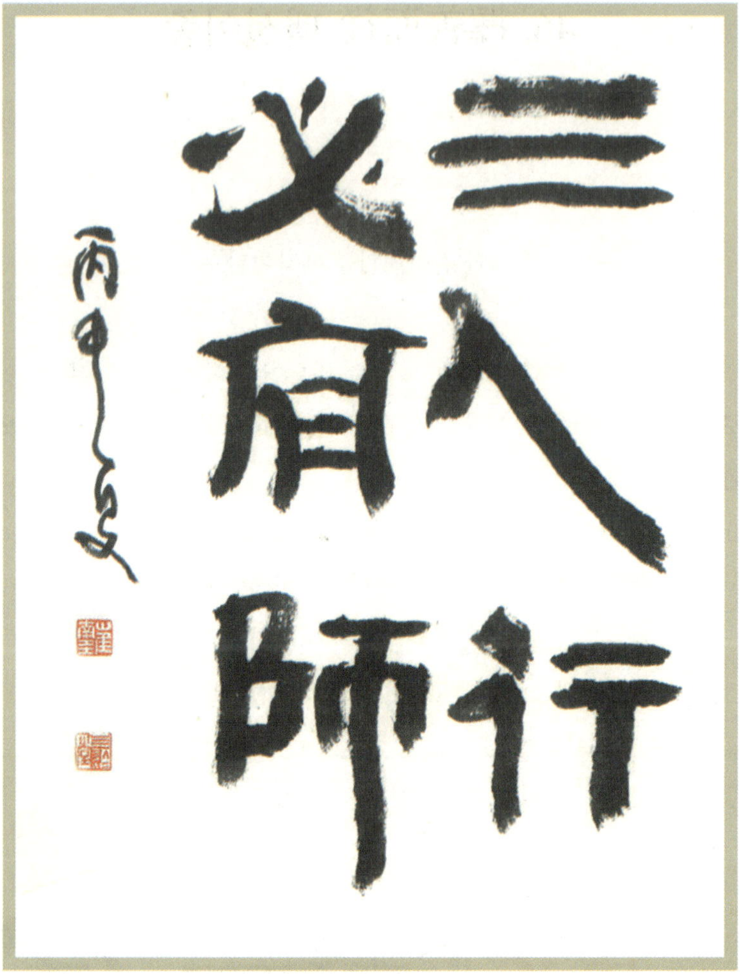

삼인행필유사(三人行必有師)

공자는 세 사람이 걸어도 반드시 그 중에는 나에게 스승이 되는 사람이 있다 하였다.

공자는 말하였다.
"세 사람이 같이 길을 가면 거기에는 반드시 내 스승이 있다. 그들의 선善한 점을 골라서 그것에 따르고, 그들의 선善하지 않은 점을 골라서 내 자신을 바로잡는다."
子曰: "三人行, 必有我師焉, 擇其善者而從之, 其不善者而改之."(述而 07.22)

논어에서 '택기선자이종지擇其善者而從之'라는 구절은 윗 구절 이외에 한 구절 더 보인다.

> 공자가 말하였다.
> "(일의 이치를) 모르면서 하는 사람이 있기는 하나 나는 그렇게 한 일은 없다. 많이 들어 가지고 그 가운데의 좋은 것을 가려서 따르고, 많이 보고서 그것을 기록하여 두는 것은, 나면서부터 아는 것의 버금간다."
> 子曰: "蓋有不知而作之者, 我無是也. 多聞, 擇其善者而從之; 多見而識之; 知之次也."(述而 07.28)

'작作'은 '지어내다'는 뜻이다. 공자는 배운 것을 전하고 새것을 만들어 내지는 않으며, 옛 것을 믿고 좋아한다하여 '술이부작述而不作'이라 하였다.

> "배운 것을 전하고 새것을 만들어 내지는 않으며, 옛것을 믿고 좋아하는 점은 잠시 우리 노팽에 비겨 본다."
> 子曰: "述而不作, 信而好古, 竊比於我老彭."(述而 07.01)

'절竊'자는 '잠시'·'몰래'라는 부사의 용법으로 쓰인다.

즉 "배운 것을 전술하기만 하였지, 직접 창작하지는 않았다"라 하였다. 혹은 '作'은 몸으로 하는 '행동거지 양식'일 수 도 있다. 내가 지금 하는 행위는 인위적으로 만들어 낸 것이 아니라, 다른 사람에게서 많이 들어서 그 중에서 좋은 점, 좋은 것을 선택하여 따라 자연스럽게 행하기만 한 것이다. 억지로 만들어낸 것이 아니라, 천년부터 행하여 온 모든 선인들의 행동거지를 보고 배운 것이며, 동시에 지금 우리 주위에 동료들의 인의예지 실천 양식을 보고 좋은 점, 좋은 사람의 행위를 보고 느껴 자연스럽게 실천하는 것이다. 공자 자신은 자신의 실천 덕목을 인위적으로 만들어낸 것이 아니라 '다문다견多聞多見'을 통하여 학습한 결과의 실천이다.

지혜란 오래 된 경험의 축적이다. '다견多見'이란 직접 눈으로 경험하는 것이다. '다문多聞'과 굳이 비교한다면, '다문多聞'은 과거로부터 전해지는 옛 선인들의 지식과 지혜를 들어 습득하는 것이고, '다견多見'은 직접 당장 우리 앞에서 행하는 동일 시대인의 행동거지를 보고 마음에 새기는 것이다. 그래서 '다문'·'다견'하면 '온고지신溫故

知新'할 수 있는 것이니 다른 사람을 가르칠 수 있는 스승이 될 수 있다.[1] '온고지신'하고 '다문다견'하면 태어나면서 아는 성인의 수준인 '성지聖智'의 수준은 아닐지라도 남보다 먼저 알 수 있는 '선지先知'의 수준에 도달할 수는 있는 것이다.

몇 사람만 같이 있어도 배울 점이 많다. 배우는 것은 꼭 지식만이 아니다. 생활의 지혜를 곳곳에서 배워야 한다. 단체 생활을 하다보면, 어떤 사람은 인사를 잘하고, 어떤 사람은 주위 환경을 잘 정리하고, 어떤 사람은 조근 조근 농담을 잘 해서 분위기를 만들어 주고, 어떤 사람은 강아지를 잘 키우고, 어떤 사람은 의학 상식이 많아 배탈에 대처하는 방법을 잘 안다. 이런 사람이 모두 우리의 스승이다.

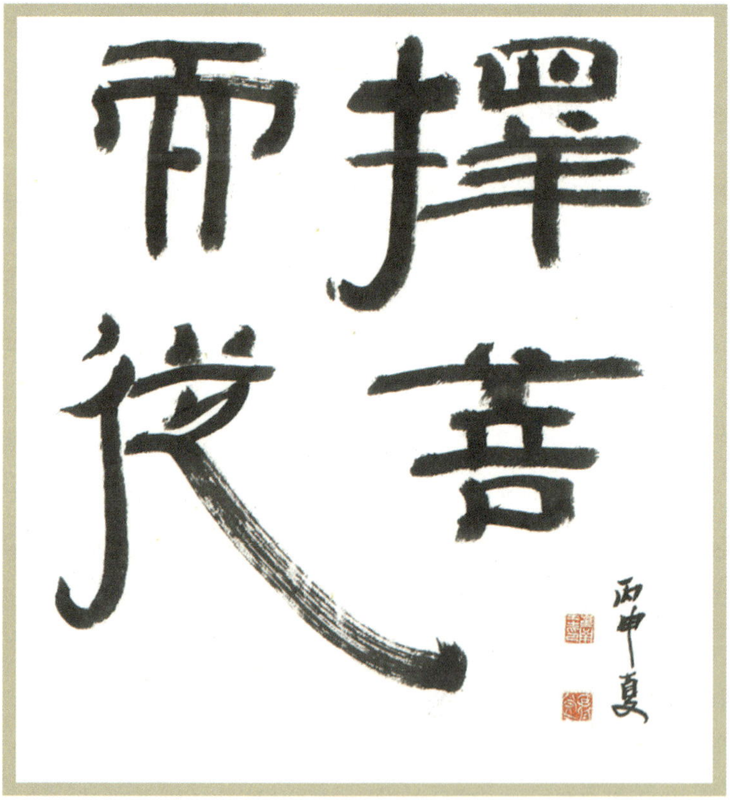

택선이종(擇善而從)

1) 子曰: "溫故而知新, 可以爲師矣."(爲政 02.11) (공자가 말하였다. "이미 배운 것을 읽히고 새로운 것을 학습하면 스승이 될 수 있다.")

47. 有敎無類 유교무류

가르침은 차별이 없다

'유교무류' 구절은 '有A無B' 구조 형식으로 되어 있다. 이러한 구조는 '단지 A만 있을 뿐이지 B는 없다'나 혹은 'A가 있으면, B가 없게 된다' 등으로 해석할 수 있다. '有'자를 혹은 의미 없는 조사로 해석하여 'A라고 하는 것은 B가 없다'로 이해할 수 있다.

단지 '유교무류'라는 네 자만으로 되어 있기 때문에 결론을 내리기란 쉽지 않다.

> 공자가 말하였다.
> "가르침은 차별이 없다."
> 子曰: "有敎無類."(衛靈公 15.39)

'유교무류'는 적어도 아래의 세 가지로 해석할 수 있다.

> 1) 가르침만 있을 뿐이지 차별은 없다.
> 2) 가르침이 있으면, 차별은 없어진다.
> 3) 가르침이란 차별이 없다.

1)과 3)은 비슷한 뜻으로 '사람들을 교육시키는 것은 빈부나 지식의 격차에 차별 없이 가르쳤다'이다. 2)은 앞부분 A가 원인이고 B가 그 결과로, '가르치면 차별을 없앨 수 있다', '배움을 통해서 지식의 차이·신분의 차이나 빈부의 차이를 없앨 수 있다'는 것이다. 그러나 2)의 해석은 너무 현대적이고, 교육의 효과론을 강조한 해석이 아닌가 한다.

일찍이 공자는 "스스로 속수束脩의 예禮를 행하는 이상, 내가 일찍이 가르치지 않은 일이 없다."라 하였다.[1] '속수束脩'는 육포肉脯의 묶음이다. 고대의 예법禮法에 선비가 방문을 할 때는 예물禮物을 가지고 갔다. 국군國君은 옥玉을, 경卿은 염소, 대부

1) 子曰: "自行束脩以上, 吾未嘗無誨焉." (述而 07.07) ("스스로 속수束脩의 예를 행하는 이상, 내가 일찍이 가르치지 않은 일이 없다.")

大夫는 기러기, 사士는 꿩, 서인庶人은 오리, 공상工商은 닭을 예물로 가지고 갔다. 속수束脩는 가장 낮은 예의 표시이다. 공자는 배우고자 하는 열망이 있는 가장 간단한 예만 갖춘다면 학생으로 받아들이지 않은 예가 없었다. 공자는 '회인불권誨人不倦'하여 가르치기를 게을리 하지 않았음을 강조하였다.

회인불권(誨人不倦)

공자는 말하였다.

"묵묵히 마음속에 기억하고, 열심히 배우면서 싫증을 내지 않고, 남을 가르치기에 게을리 하지 않는 것, 이 중에 어떤 것을 내가 이루었단 말인가!"

子曰: "默而識之, 學而不厭, 誨人不倦, 何有於我哉?"(述而 07.02)

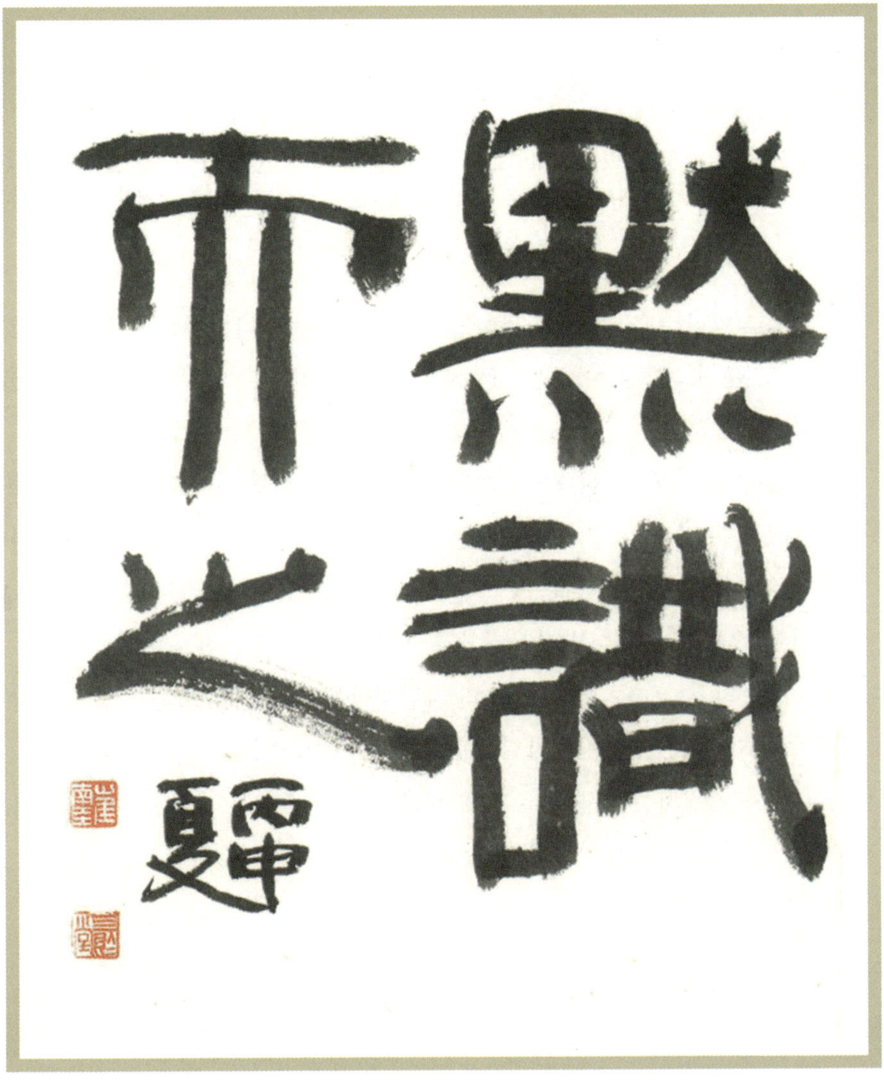

묵이식지(默而識之)

공자는 기억하고 배우고 가르키는 것을 실천하고픈 덕목으로 삼았다. 즉 옛 성인들의 가르침을 묵묵히 공경하여 그들의 가르침을 가슴에 새기고, 죽을 때까지 새로운 지식을 습득하기 위하여 싫증을 내지 않고 매일매일 열심히 노력하며, 마지막으로 제자 양성을 위하여 가르치는 것을 게을리 하지 않고자 하였다. 이를 실천하였던가? 공자는 스스로 자문하고 자책하였다.

공자는 일생 동안 '유교무류'하고, 가르치는 것을 게을리 한 적이 없었다.

> 子曰: "若聖與仁, 則吾豈敢? 抑爲之不厭, 誨人不倦, 則可謂云爾已矣."(述而 07.34)
> 공자는 말하였다.
> "성聖과 인仁과 같은 것이라면 내가 어찌 감히 감당하겠느냐. 그러나 (聖과 仁의 도리를) 실천에 옮기고자 하는 데는 싫증을 내지 않고, 남을 가르치는 데 게을리 하지 않는 점은 그러하다고 말할 수 있을 뿐이다."

'약若'은 '-로 말할 것 같으면'의 뜻이고, '억抑'은 역접을 나타내는 접속사로 '그러나'의 뜻이고, '운이云爾' 중 '이爾'는 대사로 '이와 같은 뿐이다'의 뜻이고, '이의已矣'는 단정과 새로운 상황이 발생하는 어기를 표시하는 조사이다.

'회인불권誨人不倦' 중의 '(誨)'자는 의미부 '言'과 소리부 '每'로 이루어진 자이다. '每'자를 갑골문은 ''으로 쓰고, 금문은 ''으로 쓴다. 비녀를 꽂은 여성이다. 따라서 '誨'는 '어머니의 가르침'이라는 뜻이다. '권倦'자의 소리부 '(卷)'자를 금문은 ''으로 쓴다. 게으름의 문책을 받기 위해 몸을 구부려 앉아 있는 모습이다.

공자는 스승의 '사표師表'이다. 최초의 사립대학을 창설하여 교육에 평생을 받쳤다. '유교무류有敎無類'는 공자의 차별 없는 실천 교육사상이다.

맹자는 군자는 천하를 호령하는 왕 노릇하는 것이 즐거운 것이 아니라, "천하의 영재를 얻어 교육하는 것이 가장 즐거운 군자의 낙樂"이라 하였다.[1]

---

1) "得天下英才而敎育之, 三樂也. 君子有三樂, 而王天下不與存焉." (《孟子·盡心上》)

유교무류(有教無類)

48. 盡善盡美 진선진미

최고의 선과 최고의 아름다움

'진선진미'는 일반적으로 '아름다움을 다 갖추었고, 훌륭함을 다 갖추었다'는 뜻으로 해석한다. '진盡'은 동사의 용법으로 쓰인다. 갑골문은 '(盡)'자를 ''으로 쓰고, 금문은 ''으로 쓴다. 붓과 같은 도구를 이용하여 빈 그릇을 깨끗이 청소하는 형상으로, '극단에 이르다'·'완벽하다'는 뜻이다.

혹은 '진盡'자를 '선善'과 '미美'를 수식하여, '지극한 아름다움'·'지극한 훌륭함'으로 이해하기도 한다.

> 공자는 말하였다.
> "소韶는 미美를 다 갖추었고 선善을 다 갖추었는데, 무왕武王 때의 악곡은 미美를 다 갖추었으나 선善은 다 갖추지는 못하였다."
> "子謂《韶》: '盡美矣, 又盡善也.' 謂《武》: '盡美矣, 未盡善也.'"(八佾 03.25)

'진선진미'는 '더할 나위 없이 아름답고 훌륭함'을 뜻한다. '소韶'는 순舜 임금 때의 음악이고, '무武'는 주나라 무왕 때의 음악을 말한다. '선善'이 '내적인 아름다움'이라면 '미美'는 '외적인 아름다움'이다.

요堯임금의 선양禪讓으로 임금의 자리를 이어받은 순舜임금은 덕으로 천하를 다스렸다. 무왕武王은 주왕紂王을 쳐 몰아내고 천하를 차지하였으므로 정의正義에 의한 것이라고는 하지만 진선미의 극치라고 할 수 없다. 무력에 의한 공벌攻伐보다 선양禪讓에 의한 덕치德治가 더 아름다운 것이다. 음악은 마음의 표현이다.

《예기禮記》 중의 〈악기樂記〉, 《순자荀子》의 〈악론樂論〉, 《사기史記》의 〈악서樂書〉등은 음악의 여러 가지 중요성과 효용성에 대하여 언급하였다.

음악은 사람의 마음의 감정 표현이기 때문에 감정이 마음속에서 움직이면 소리로 표현되어지는 것이다. 그래서 평화로운 세상의 음악이 즐거운 기분을 나타내는 것은 정치가 평화롭기 때문이며, 난세의 음악이 원한이나 분노의 감정을 나타내는 것은

진선진미(盡善盡美)

그 정치가 민심에 어긋났기 때문인 것이다. 망국亡國의 음악이 슬프고 시름에 잠기는 것은 백성이 고난을 당하기 때문이다. 음악은 마음의 소리이다.

《예기 · 악기》는 "궁상각치우宮商角徵羽 오음을 각각 '임금' · '신하' · '백성' · '일(事)' · '물질'로 비유하였다. 만약에 '궁'의 음이 바르지 않으면 근본이 흔들리게 되는데, 이는 임금이 교만하고 정치를 난폭하게 하기 때문이다. '상'의 음이 바르지 않으면 음악이 평형을 잃게 되는데 이는 신하가 소임을 다하지 못하여 민정이 안정을 잃기 때문이다. '각'이 바르지 않으면 음악이 침울해지는데, 이는 세상이 문란해지고 백성들이 원망하고 있기 때문이다. '치'가 바르지 못하면 음악에 슬픔이 생긴 것이며 노역에 찌든 백성이 고통을 호소하기 때문이다. '우'가 바르지 못하면 음악이 위급한 느낌이 강하게 나타나는데, 이는 나라의 재정이 궁핍하여 절박한 곤란에 처해 있기 때문이다. 만일 오음이 모두 바르지 못하여 서로 삐걱거리면 나라의 상하가 모두 어긋나 얼마 지나지 않아 나라가 망하게 된다"하였다.

〈악기〉는 음악의 효과가 매우 크다하였다.

"음악의 내면에서 나오는 것이고 예의는 밖에서 나오는 것이기 때문에, 음악은 인간의 내면세계를 평온하고 고요하게 할 수 있고, 예의는 사람의 외적인 예의범절 규칙을 체득할 수 있게 한다. 따라서 인간이 음악으로 감화를 받게 되면 원망하는 마음이 없어지고, 예의로 완전히 길들여지면 다투는 일이 없게 된다. 또한 폭민暴民이 없어지게 되고, 제후가 심복心腹하게 되고, 전쟁이 없어지고, 형벌이 없어지고, 백성들에게는 근심이 없어지고, 천자는 성내는 일이 없게 된다. 부자지간은 친해지고, 장유長幼는 질서가 있게 되며, 천하의 모든 사람이 윗사람을 공경하고 세상은 예의 질서에 따라 유기적으로 움직이게 된다"하였다.

옛날에는 사관을 각 지방에 파견하여 각 지역의 음악을 수집하고 백성의 질고를 헤아렸다.

음악의 힘은 대단하다. 한류의 힘 역시 K-팝 음악의 힘이다. 음악은 세계를 하나로 만들 수 있는 에너지이다.

군자의 친구 관계 중 자신을 가장 깊이 이해하는 친구를 '지음知音'이라고 한다. 즉 자신을 알아주는 '지기지우知己之友'가 나의 음악을 알아주는 친구라는 것이다. 백아伯牙는 거문고를 잘 타는 연주가이고, 종자기鍾子期는 명 감상가이다. 백아가 높은 산에 관한 음악을 연주하면 종자기가 금방 알아듣고 "높고 높음이 태산 같구나!"[1]라 하고, 흘러가는 강물을 연주하면 종자기는 "힘차게 흘러가는 강과 같구나"[2]라 하여 금세 백아의 마음의 소리를 알아들었다. 그래서 '고산유수高山流水'는 '자신을 알아주는 친구'라는 뜻의 성어가 탄생하였다. 종자기가 죽자 백아는 거문고를 부셔 버리고 다시는 연주하지 않았다한다. 더 이상 자신의 음악 세계를 알아주는 친구가 없었던 것이다.

'소'를 알아 들을 줄 아는 공자가 있었다는 것은 순임금에게 이보다 더 '진선진미'가 어디 있겠는가!

---

1) "아아혜약태산(峨峨兮若泰山)" 중 '峨峨'는 '산이 높고 높은 모양'을 말하고, '兮' 조사의 용법으로 쓰인다.
2) "양양혜약강하(洋洋兮若江河)" 중 '洋洋'은 '많은 물결이 힘차게 흘러가는 모양'을 말한다.

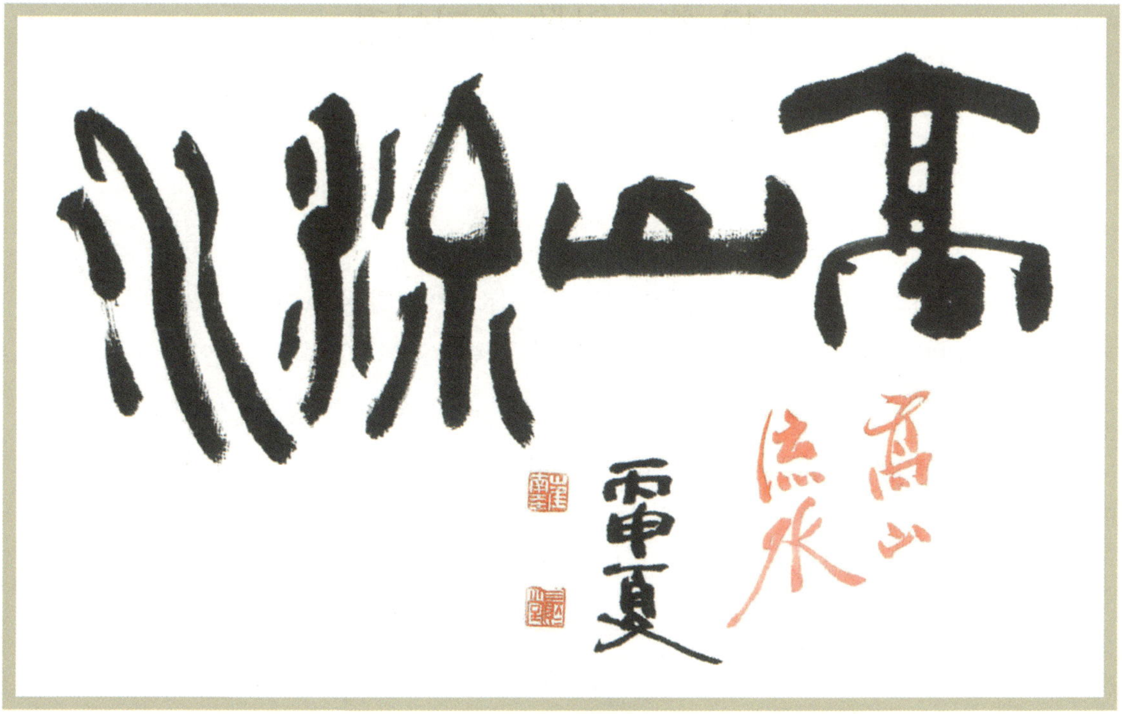

고산유수(高山流水)

49. 修己以敬 수기이경

경건한 마음으로 수양을

'수기이경'은 '자신의 수양은 경건한 마음으로 해야한다'는 뜻이다. '수기修己'는 '자신의 마음을 다스리는 것'이고, '이경以敬'은 '공손함을 가지고서'라는 뜻이다.

'(修)'자는 '彡'과 소리부 '攸'로 이루어진 자로, '꾸미다'·'장식하다'는 뜻이다.[1] '(攸, 다스릴 유, yōu)'자는 혹은 '(汥)'자나 '滫'자로 쓰기도 한다.[2] 갑골문은 ''·''으로 쓰고, 금문은 ''·'' 등으로 쓴다. 이 자는 '攴'·'人' 혹은 '水'로 이루어진 자로 사람이 솔과 같은 도구를 사용하여 물로 씻어 주는 형상이다. '修'와 '攸'는 원래 같은 자이고, '修' 중의 '彡'은 고문자 '攸'자 중의 '水'가 와전訛傳된 것으로 보인다. 물로 도구를 이용하여 사람을 씻어주고 빗어 주는 의미에서, 후에 '마음을 다스리다'라는 뜻으로 쓰인다.

> 자로가 군자에 관해서 여쭈어 보았다.
> 공자가 말하였다. "경건한 마음으로 자기 수양을 하는 것이니라."
> "그러할 따름입니까?"
> "자기 수양을 해서 그 힘으로 남을 편안하게 하여 주느니라."
> "그러할 따름입니까?"
> "자기 수양을 해서 그 힘을 가지고 백성들을 편안하게 하여 주느니라. 자기 수양을 해서 그 힘으로 백성들을 편안하게 하여 주는 일은 요堯임금이나 순舜임금도 힘들었던 것이다."
> 子路問君子. 子曰: "修己以敬." 曰: "如斯而已乎？" 曰: "修己以安人." 曰: "如斯而已乎？" 曰: "修己以安百姓. 修己以安百姓, 堯舜其猶病諸？"(憲問 14.42)

'여사이이호如斯而已乎' 중의 '사斯'는 앞 내용 '수기이경修己以敬'을 가리킨다. '이이而已'는 '-할 따름이다'의 뜻이고, '호乎'는 감탄 의문을 나타내는 조사이다.

---

1) "修, 飾也. 从彡, 攸聲."('修'는 '꾸미다'는 뜻이다. 의미부 '彡(터럭 삼, shàn,xiān)'과 소리부 '攸'로 이루어진 형성자이다.)《說文》

2) "攸, 行水也. 从攴, 从人, 水省. 汥, 秦刻石繹山文攸字如此."('攸'자는 '물로 일을 하는 뜻'이다. '攴'과 '人'로 이루어진 자로 '水'가 생략된 것이다. 秦刻인 石繹山文은 '攸'자를 '汥'로 쓴다.)《說文》

'안安'은 남을 편안하게 해 주는 것이다. 억지가 아니라 진심어린 공경을 하기 때문에 남이 편안함을 느낀다. 환대歡待 역시 '과過'하면 '불급不及'과 같은 것이다. 오히려 상대방으로 하여금 앉아있어도 편치 않고 오히려 걱정스럽게 하고 안절부절 못하게 하는 '좌불안석坐不安席'하게 한다.

남을 배려하는 마음 역시 중용中庸이 필요하다. 그래서 공자는 행동 양식은 "온순하면서도 엄하고, 위엄이 있으면서도 사납지 않고, 공손하면서도 남을 편안하게 해 주었다."하였다.[1)]

'기유병저其猶病諸' 중 '기其'는 '아마 하였을 것이다'라는 추측을 표시하는 조사이다. '유병저猶病諸'의 구절은 '猶病之'나 '猶以之爲病'의 구조와 같다. '유猶'는 '마치 ~과 같다'는 뜻이고, '병病'은 '힘들어 하다'의 뜻이다. '諸'는 '之於(乎)'의 축약형으로 '之'는 앞 내용 '수기이안백성修己以安百姓'을 가리킨다.

집정자들이 백성들을 진심어린 마음으로 대하면 백성들은 집정자들의 정책을 믿고 따르는 것이다.

> 공자는 말하였다.
> "윗사람이 예禮를 좋아하면 국민들은 부리기 쉽게 된다."
> 子曰: "上好禮, 則民易使也."(憲問 14.41)

나라를 다스리는 자들이 자신의 자리를 위하고 자신의 이익만을 위한 정책을 펴기 때문에 백성이 불신하게 되고 하루에도 몇 번이나 정책을 바꾸어 결국에는 실패로 끝나는 경우가 종종 있다.

유가에서 유토피아의 세계, 군자가 꿈꾸는 신세계는 요순시기이다. 요순이 유토피아인 것은 진심어린 공경으로 백성을 섬겼기 때문이다.

공자가 백성이 공손하고 충성하고 열심히 일하게 하는 비책을 내 놓았다.

노나라 대부인 계강자季康子가 어느 날 공자에게 "어떻게 하면 백성들이 공경스러워지고 나라에 충성하게 되고 열심히 일을 하게 되느냐"고 물었다. 공자가 대답했다. "위정자가 백성에게 진지하고 장엄하게 대하면 공경스러워지고, 집정자 자신이 효도하고 자애스러우면 백성들은 이를 보고 충성스러워지고, 좋고 착한 인재를 등용하

1) "子溫而厲, 威而不猛, 恭而安."(述而 07.38)

여 착하지 못한 사람의 본보기가 되게 하면 백성은 모두 자신의 자리에서 열심히 일을 하게 된다"라 하였다.[1]

위정자가 나라를 가장 잘 다스리는 방법이 있다.

백성을 진심으로 공경한다.

자신의 집안을 잘 다스린다.

훌륭한 인재를 등용하라.

"군자가 남을 공경하고 실수 하지 않으며, 다른 사람을 공손하고 예의를 갖추어 대하면 이 세상 모두가 나의 형제"라 하였다.[2] '경건한 마음으로 자신을 성찰하고', '수기이경修己以敬'하여 남을 존경하면 이 세상 모든 사람이 나를 형제처럼 맞이해 줄 것이다.

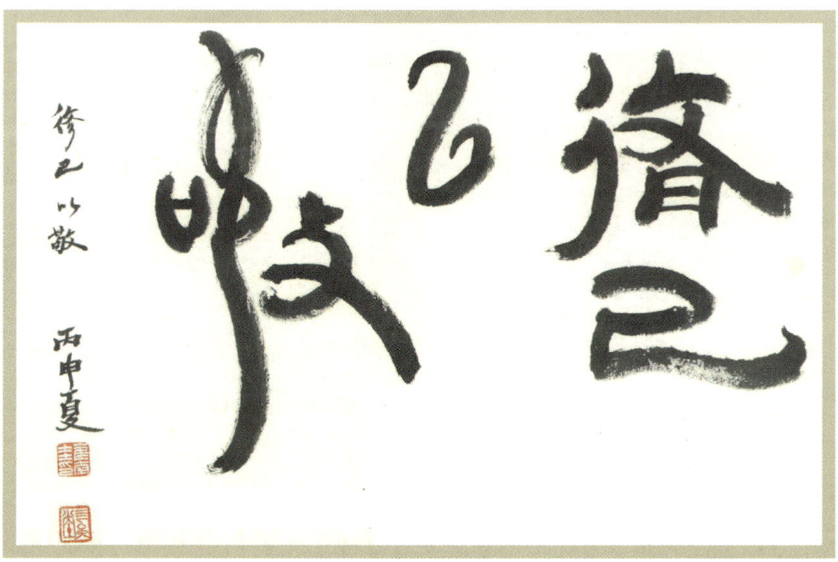

수기이경(修己以敬)

1) 季康子問 "使民敬忠以勸, 如之何?" 子曰: "臨之以莊則敬, 孝慈則忠, 擧善而敎不能則勸."(爲政 02.20) (계강자가 "백성들을 공경스러워지고 충성스러워지고 善行에 힘쓰게 만들려면 어떻게 합니까?"하고 묻자, 공자는 "백성에게 장중한 태도로 임하면 공경스러워지고, 효자이고 자애스러우면 충성스러워지고, 선한 사람을 등용하여 몸가짐을 바로하지 못하는 사람을 가르치면 백성은 힘써 일하게 됩니다"라 했다.)

2) 자하子夏에게 사마우司馬牛가 형제가 없음을 한탄하자, 자하가 사마우에게 말하였다. "君子敬而無失, 與人恭而有禮. 四海之內, 皆兄弟也, 君子何患乎無兄弟也?"(顔淵 12.05) "군자가 조심하여 실수하는 일이 없고, 남과 접촉하는데 공손하고 예의가 있으면 온 세상 사람들이 다 자기의 형제들이요. 君子가 어찌 형제 없는 것을 근심하겠소?"라 하였다.

50. 如臨深淵 여임심연

깊은 물가에 나서듯 신중하게

'여임심연'은 '전전긍긍함이 마치 깊은 연못에 나서듯 하다'라는 뜻이다.

'(臨)'자는 의미부 '臥(엎드릴 와, wò)'와 소리부 '品'으로 이루어진 자이며, 금문은 '目'·'人'·'品'으로 이루어진 ''·''으로 쓴다. '(臥)' 중의 '臣'은 원래 '目'이 변형된 형태이다. '臨'자는 사람은 눈으로 위에서 물건을 살펴보는 형상이다. 후에 '대하다'·'다스리다' 등의 뜻으로 쓰인다.

'심연深淵'은 깊은 연못의 뜻이다.

'(深, 깊을 심, shēn)'은 '水'와 소리부 '罙(突)'으로 이루어진 자이다. '罙'자는 혹은 '突'자로 쓰기도 하는데, 고문자에서는 '深'자와 같은 자로 쓰인다. '突'은 불을 때는 아궁이의 모습이다. 아궁이는 불길이 들어가는 깊은 홈으로 되어 있기 때문에 '깊다'라는 뜻을 지니고 있다. 금문은 ''으로 쓴다.

'(淵, 못 연, yuān)'자는 고문자에서 '水'를 사용하지 않고 '(肙)'으로 쓰거나 혹은 '口'와 '水'를 사용하여 '(囦)'로 쓰기도 한다. 깊은 연못 사이에 물이 있는 모습이다. 갑골문은 ''으로 쓰고, 금문은 ''으로 쓴다.

> 증자가 병환이 나셔서 제자들을 불러 말하였다.
> "내 발을 펴 보아라. 내 손을 펴 보아라. 《시경》에서 말하기를 '두려워하고 조심함이 깊은 물가에 나서는 듯 하고, 엷은 얼음을 밟는 듯하라'고 하였다. 이제는 내가 그런 데서 해방되게 되었음을 알겠다, 얘들아."
> 曾子有疾, 召門弟子曰: "啓予足! 啓予手!《詩》云, '戰戰兢兢, 如臨深淵, 如履薄冰.' 而今而後, 吾知免夫! 小子!"(泰伯 08.03)

'전전긍긍戰戰兢兢' 중 '전전戰戰'은 전쟁을 계속해서 하니 두려움에 떠는 것을 말한다. '競(겨룰 경, jìng)'자는 혹은 '(兢)'으로 쓰기도 한다. '兢'자는 두 개의 '兄'자와 소리부 '丰(예쁠 봉, fēng)'으로 이루어진 자이다. 두 형兄이 서로 경쟁하니 두려운 것이다.[1)]

'여리박빙如履薄氷'은 '살얼음을 밟는 것과 같다'는 뜻이다.

'(履)'자는 '尸'·'彳'·'夊(천천히 걸을 쇠, chuī,suī)'와 '舟'로 이루어진 자로 사람이 배가 물 위를 움직이듯이 땅을 밟고 걷는 뜻이다. 혹은 '足'·'舟'와 '頁'로 이루어진 '䪎()'으로 쓰기도 한다.

'박빙薄氷'은 '얇은 얼음'·'살얼음이다.

여리박빙(如履薄氷)

1) "兢, 競也. 从二兄, 二兄, 競意. 从丰聲. 讀若矜, 一曰: 兢, 敬也."('兢'은 '경쟁하다'는 뜻이다. 두 개의 '兄'자는 서로 경쟁한다는 뜻이다. 소리부는 '丰'이다. '矜(불쌍히 여길, 긍)'자의 음과 같다. 혹은 '존경하다(敬)'의 뜻으로 해석한다.) 《說文》

'전전긍긍戰戰兢兢'·'여임심연如臨深淵'과 '여리박빙如履薄氷'은 모두 《시경》의 〈소아小雅·소민小旻〉 제 6장의 구절이다. 〈소민〉은 왕이 나라를 잘못 다스려 나라가 혼란에 빠지게 되자 이를 두고 대부가 풍자한 시이다. '포호빙하暴虎馮河'라는 구절이 〈소민〉에도 나온다.[1] '포호빙하'는 '맨손으로 사나운 호랑이를 때려잡고 맨발로 넓은 황하를 건너간다'는 뜻으로 매우 용감함을 뜻하기도 한다.[2]

증자曾子(BC 505—BC 435)는 공자의 제자 증삼曾參(참)으로 공자보다 46세 어리다. 《대학大學》과 《효경孝經》을 지었고, 후에 '종성宗聖'이라 불리운다.

공자의 사상을 가장 잘 이해한 제자 중 하나로,[3] 증자는 공자의 도道를 '충忠'과 '서恕'로 간략하게 두 자로 정리하기도 하였다.[4]

여임심연(如臨深淵)

1) "不敢暴虎, 不敢憑河."(감히 맨손으로 호랑이를 못 잡고, 감히 걸어서 황하를 못 건너네.) 〈小雅·小旻〉

2) 子謂顔淵曰, "用之則行, 舍之則藏, 唯我與爾有是夫!" 子路曰: "子行三軍, 則誰與?" 子曰: "暴虎馮河, 死而無悔者, 吾不與也. 必也臨事而懼, 好謀而成者也."(述而 07.11) (공자가 안연에게 말하였다. "써 주면 행하고 버리면 감추어 드러내지 않음을 행할 줄 아는 자는 너와 나뿐이구나" 자로가 말하였다. "선생님께서 삼군을 통솔하신다면 누구와 함께 하시겠습니까?" 공자가 말하였다. "맨손으로 호랑이를 잡고, 맨 몸으로 황하를 건너려다 죽어도 후회함이 없는 자와 함께 하지 않겠다. 일에 임하면 반드시 두려워하고 계책을 잘 세워 성공을 거둘 수 있는 자와 함께 하겠다.")

3) 子曰: "參乎, 吾道一以貫之" 曾子曰: "唯" 子出, 門人問曰: "何謂也?" 曾子曰: "夫子之道, 忠恕而已矣." (里仁 04.15) (공자가 말하였다. "참(증자)아, 나의 도는 하나로 꿰뚫을 수 있다" "예 그렇습니다" 증자가 재빨리 대답하였다. 공자께서 나가시자 문인들이 물었다. "무슨 말씀입니까?" 증자가 말하였다. "스승의 도는 忠과 恕일 뿐이다.")

4) 子曰: "參乎! 吾道一以貫之" 曾子曰: "唯" 子出, 門人問曰, "何謂也?" 曾子曰: "夫子之道, 忠恕而已矣." (里仁 04.15) (공자는 말하였다. "參(삼)아, 내가 받드는 道는 하나로써 관철되어 있다" 증자는 "예"하고 대답하였다. 선생님께서 밖에 나가시자 제자들이, "무슨 말씀이신가요?"하고 묻자 증자가 말하였다. "선생님의 道는 忠恕일 따름이다.")

충서(忠恕)

증자는 죽음이 임박하였음을 알고 제자들을 불러 자기의 손과 발을 펴게 하여, 부모에게 받은 몸을 상하지 않고 무사히 보존해 온 것을 보여 주고, 그렇게 하기 위해 극도의 조심을 하고 살아온 것이 '깊은 물가에 나서듯'하고, '전전긍긍'하고, '살얼음을 밟는 것' 같이 하였다는 것이다. 하지만 이제는 죽으면 조심을 하지 않아도 좋게 되었음을 말하는 것이다.

《효경孝經》에서는 "신체발부身體髮膚는 부모님으로부터 물려받은 것이니 이를 훼손하고 상해를 입히지 않는 것이 효도의 시작"이라 하였다.[1] 신체는 어느 부분을 막론하고 다 부모한테서 받은 것이므로 그것을 상하지 않게 잘 보존하는 것이 孝의 첫째이다. '발을 펴 보아라, 손을 펴 보아라(계여족啓予足! 계여수啓予手!)'라고 한 것이 신체발부를 손상시키지 않았음을 뜻하는 것이다. 증자는 이것을 실천하였고 또 실천하기 위해 그동안 살얼음을 걷는 듯이 하고 전전긍긍한 것이다.

'이금이후而今而後, 오지면부吾知免夫' 구절 중 '이금而今'은 '지금'이라는 '여금如今'과 같고, '이후而後'는 '이후以後'의 뜻이며, 전체적으로 '지금 이후'라는 뜻이다. '오지면부' 중 '부夫'는 감탄을 나타내는 어기조사이고, '면하게 되었음을 알겠구나'의 뜻이다. 이제까지 부모님으로부터 이어받은 신체발부를 전전긍긍 손상시키지 않으려 노력하였는데, 이후로 죽게 되면 그럴 필요가 없음을 말한다.

자신의 몸은 깊은 물가에 나서듯 신중히 '여임심연'하여 신체발부를 잘 보존하는 것 또한 효이다. 공자는 '부모님의 나이를 인식하고 있는 것 또한 효'라 하였다.[2] '부모님이 연세가 많으시면 장수하셨기 때문에 기쁜 일이고, 한편 연세가 많으셔서 늙으셨기 때문에 두려워해야 할 일'이라 하였다. 요즘 세상은 부모님과 떨어져 바삐 살기 때문에 부모님의 연세를 정확하게 알고 있지 않은 사람도 꽤 많다.

---

1) "身體髮膚, 受之父母, 不敢毁傷, 孝之始也." (《孝經》)

2) 子曰: "父母之年, 不可不知也. 一則以喜, 一則以懼."(里仁 0421) (공자는 말하였다. "부모의 연세는 알고 있지 않으면 안 된다. 한편으로는 그것으로 기뻐지고 한편으로는 그것으로 두려워진다.")

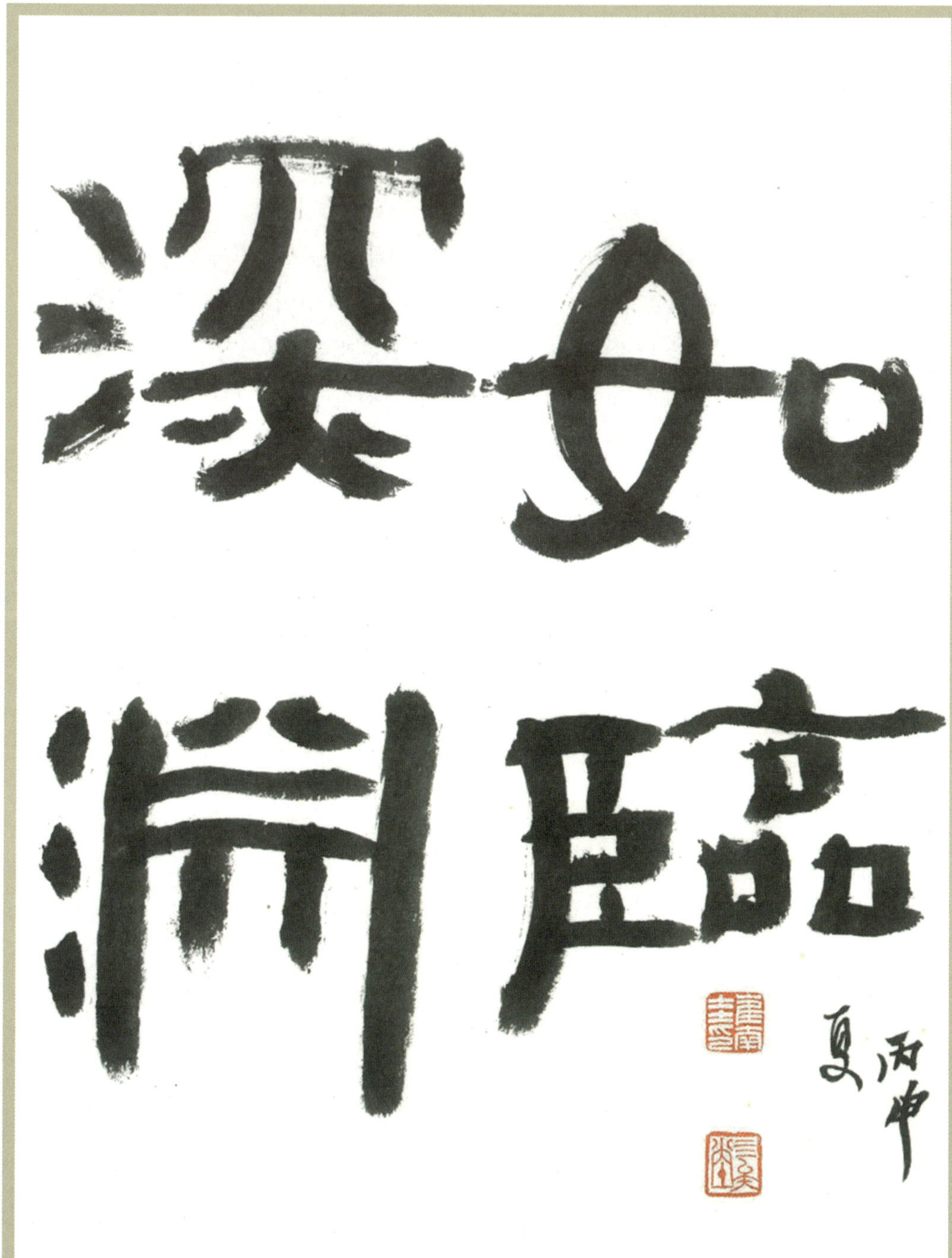

여임심연(如臨深淵)

51. 能近取譬 능근취비

자기를 미루어 남을 생각하라

'능근취비'는 능히 '가까운 자기에서 취하여 남의 입장과 비기다'라는 뜻이다. '근'은 가까운 자신을 가리키고, '비'는 비교 대상이 되는 다른 사람을 가리킨다. 능히 입장 바꿔 생각할 수 있다면 이는 인의 최상의 방법인 것이다. '능근취비'는 '부사어(能)+부사어(近)+동사(取)+동사(譬)'의 구조이다.[1)]

'자기를 미루어 남에게 미치다'는 '추기급인推己及人'과 같은 뜻이다.[2)]

'자기 자신을 취하여 남의 입장에 비겨 볼 수 있다'라는 뜻이다. 즉 앞의 내용 '자신이 서려면 먼저 다른 사람을 세우고 자신이 통달하려고 하면 다른 사람을 먼저 통달케 하라'를 축약한 말이다.

'(能, 능할 능, néng)'자는 동물 곰(熊)의 모습을 그린 것이다. 곰과 같이 힘이 세니 능력이 있는 것이다. 금문은 ''·''·''으로 쓴다.

'(近, 가까울 근, jìn)'자는 '辵(辶)'과 소리부 '斤'으로 이루어진 자이다. 사용할 도구 도끼(斤)를 가까운 곳에 두고 있음을 말한다. 혹은 '近'자는 '(岸)'으로 쓴다.

'(取, 취할 취, qǔ)'자는 '耳'와 '又(手)'로 이루어진 자로 적군의 '귀(耳)'를 잘라 옴을 뜻한다. 갑골문은 ''·''으로 쓰고, 금문은 ''·''으로 쓴다.

'(譬, 비유할 비, pì)'자는 '言'과 소리부 '辟(임금 벽, bì, pì)'으로 이루어진 자이다. 원래 높은 사람에게 어떤 상황을 빗대어 설명하는 것을 뜻하며, 후에 '비유하다'·'설명하다'라는 뜻으로 쓰인다.

---

1) '능근취비'를 '부사어(能)+부사어(近)+위어동사(取)+목적어(譬)'의 구조로 이해할 수도 있다.

2) 子曰: "其恕乎! 己所不欲, 勿施於人." (衛靈公15.24) ("그것은 '서恕'이다. 자기가 하기 싫은 것은 남에게 요구하지 않는 것이다.") (衛靈公 15.24)의 구절에 대하여 宋·程顥《二程遺書》는 "以己及物, 仁也, 推己及物, 恕也." (내가 다른 사람을 위하는 것이 仁이고, 자신이 다른 사람 마음으로써 생각하는 것이 용서이다.)라 하였다.

자공이 말하였다.

"만약에 백성들에게 널리 은혜를 베풀어 주고 많은 사람을 환난患難에서 건져내줄 수 있는 사람이 있다면 어떠하겠습니까? 인자仁慈하다고 할 수 있겠습니까?"

공자가 말하였다.

"어찌 인자仁慈한 데서 그치겠느냐. 틀림없이 성인聖人일 게다. 요순堯舜도 그렇게 하기에는 부족함을 느꼈을 것이다. 인자한 사람은 자기가 서고자 싶으면 남을 세워 주고 자기가 이루고 싶으면 남을 이루게 한다. 가까운 자기를 가지고 남의 입장에 비겨 볼 수 있다면 그것이 仁의 올바른 방법이라 하겠다."

子貢曰: "如有博施於民而能濟衆, 何如? 可謂仁乎?" 子曰: "何事於仁! 必也聖乎! 堯舜其猶病諸! 夫仁者, 己欲立而立人, 己欲達而達人. 能近取譬, 可謂仁之方也已."(雍也 06.30)

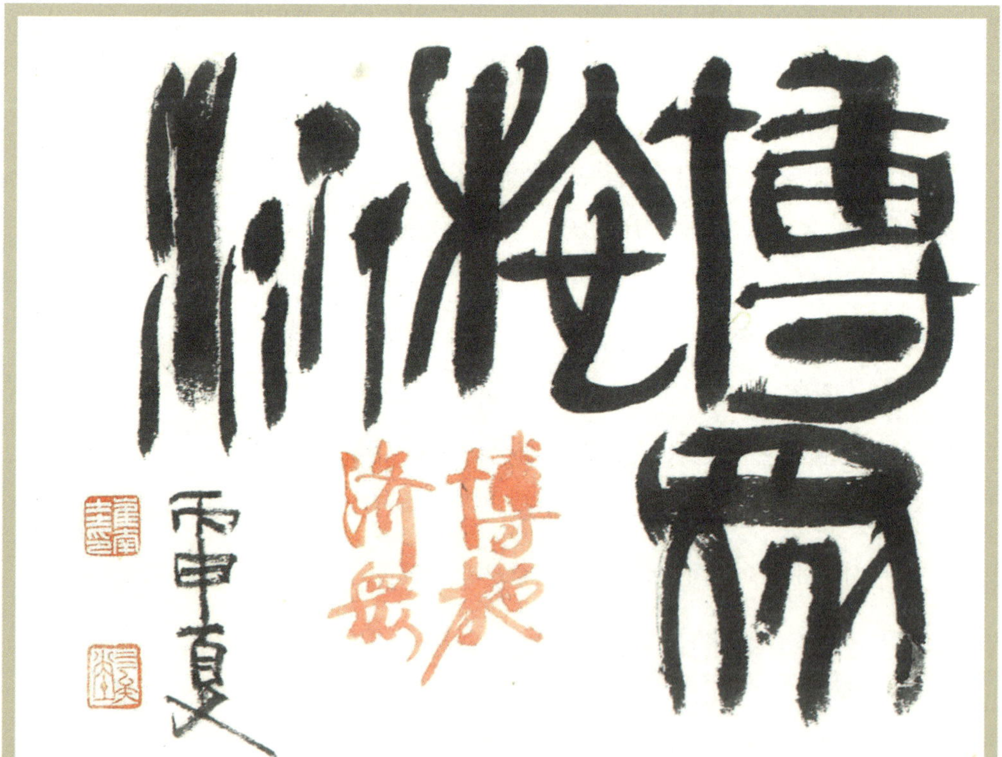

박시제중(博施濟衆)

'하사어인何事於仁' 중의 '사事'자를 '止'자나 '啻(뿐 시, chì,tì)'자와 고음古音이 통하기 때문에 '어찌 그치겠느냐?'로 해석한다.[1)]

자공子貢(子贛)은 이름이 단목사端木賜(BC 520−BC 456)이며, 공문孔門 십철十哲 중 한 명이며,[2)] 공자의 '학업을 이어 받고 육예六藝에 통달한 자(수업신통受業身通)'이다.[3)] 상업 사업수단이 뛰어났기 때문에 지금도 중국인에게는 재물의 신인 '재신財神'으로 추앙받고 있다. 육예六藝란 공자가 제자들을 가리킨 주요 과목인 '예禮(예의범절)'·'악樂(음악音樂)'·'사射(활쏘기)'·'어御(말타기)'·'서書(글쓰기)'·'수數(수학)'을 가리킨다.[4)]

'박시博施'는 '널리 실시하다'의 뜻이다. '博'자는 '十'과 '尃'로 이루어진 자이며, 금문은 ' '으로 쓴다. '尃(펼 부, bù,fū)'자는 '甫'와 '寸'으로 이루어진 자이다. '甫'자를 갑골문은 ' '으로 쓰고 금문은 ' '·' '으로 쓴다. 고문자는 '밭에 새싹이 난 모습'으로 '圃(밭 포, pǔ)'와 같은 자이다. '尃'자는 '손으로 밭을 일구'는 뜻이고, '博' 중의 '十'은 많다는 뜻이니 많은 밭을 일구는 것을 가리킨다. 후에 '넓다'·'광대하다'라는 파생어로 쓰인다.

' (施, 베풀 시, shī)'자는 깃발의 의미인 '㫃(깃발 언)'과 소리부 '也'로 이루어진 자이다. '也'는 혹은 '它'로 쓰기도 하며, '它'는 '파충류 뱀'을 가리킨다. 깃발 아래에 사람을 모아 놓고 범죄자를 벌하며 공포하여 알린다는 뜻으로, 후에 '실시하다'·'실행하다'는 뜻으로 쓰인다. 이 자를 갑골문에서는 ' (攺, 攺)'자로 쓴다. 뱀을 때려 잡는 모습이다.

'제중濟衆'은 백성 대중을 구제하다는 뜻이다. ' (濟)'자는 의미부 '水'와 소리부

---

1) '事'·'止'·'啻'자는 모두 古韻이 '之'部에 속한다.

2) 공자 제자 중 업적이 뛰어난 '子淵(顔淵)·子騫(閔子騫)·伯牛(冉伯牛·冉子)·仲弓(冉雍·犁牛氏)·子有(冉求·冉有)·子貢(端木賜)·子路(仲由·季路)·子我(宰予)·子游(言偃)·子夏(卜商·卜子·卜子夏) 등 열 명을 가리킨다.

3) "孔子曰: 受業身通者七十有七人."(《史記·仲尼弟子列傳》)

4) 혹은《역易》·《서書》·《시詩》·《예禮》·《악樂》·《춘추春秋》 등 육경을 가리킨다고 하나, 주나라 관학官學에서 학생에게 가리킨 주요 과목이 '예절'·'음악'·'활쏘기'·'말타기'·'글쓰기'·'수학'인 것으로 보아 육경이 아닌 것으로 보인다.《周禮 保氏》: "養國子以道, 乃教之六藝. 一曰五禮, 二曰六樂, 三曰五射, 四曰五御, 五曰六書, 六曰九數."(귀족 자제를 도로서 양성하고자 하여 육예를 가르쳤다. 그 중의 하나는 다섯 가지 예이고, 둘째는 여섯 가지 악이고, 셋째는 다섯 가지 활쏘기이고, 네 번 째는 다섯 가지 수레몰이이고, 다섯째는 여섯 가지 글씨쓰기이며, 여섯째는 아홉 가지 셈에 관한 것이다.)

'齊'로 이루어진 자이며, '齊(齊)'자를 갑골문은 ''·''으로 쓰고, 금문은 ''·''으로 쓴다. '열매가 가지런하게 놓여 있는 형상이다. 따라서 '濟'자는 '물가를 가지런히 정리하는 것'으로 후에 '나루터'·'건너다' 혹은 '백성을 널리 구제하여 평상시와 다름없도록 하거나'·'재난을 탈 없이 지나가게 하다'는 뜻으로 쓰인다. '衆(무리 중, zhòng, zhōng)'자는 혹은 '眾(眾)'으로 쓰며, 갑골문은 ''''으로 쓰고, 금문은 ''·''으로 쓴다. 태양이 뜨자 일을 하러 가기 위해 많은 사람이 모여드는 모습이다. 고문자 '衆'은 '日'과 '㐺(무리 중)'으로 이루어진 자이다. '日'이 나중에 '目'으로 변화된 것이다.

따라서 '박시제중博施濟衆'은 '백성들에게 널리 은혜를 베풀어 주고 많은 사람을 환난患難에서 건져내주다'는 뜻이다.

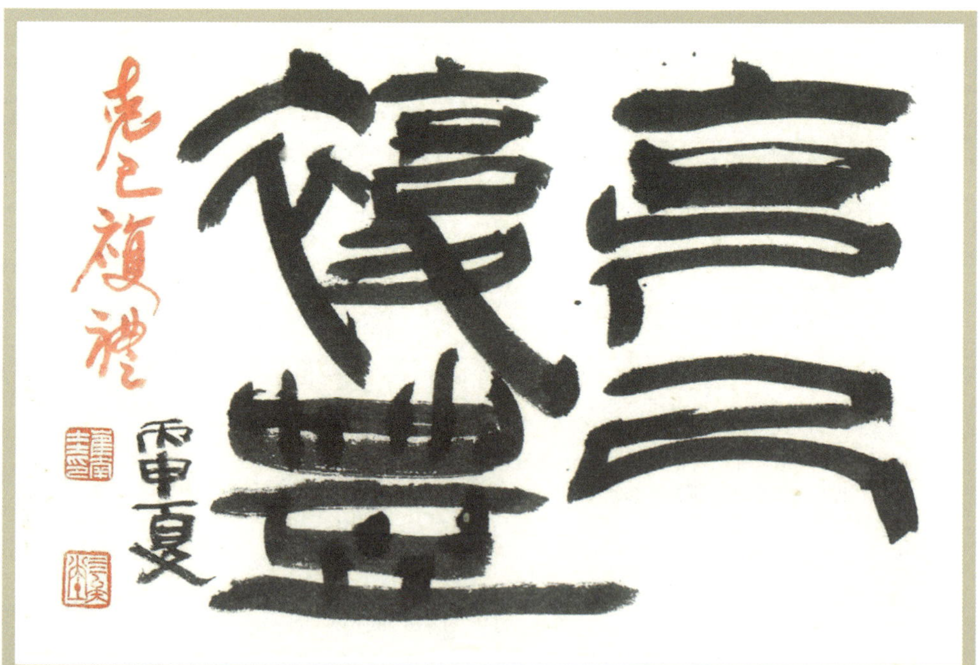

극기복례(克己復禮)

'인仁'이란 "이른바 자기를 세우고자 하면 다른 사람을 세워 주고, 자신이 목표를 달성하고자 하면 다른 사람이 성과를 이루어지도록 하는 것"(己欲立而立人, 己欲達而達人)이라 하였다. 이는 위정자와 백성의 관계로 보아도 좋을 것이다. 여기서 '기己'는 집정자이고 '인人'은 일반 백성이다. 집정자가 자신의 목적을 달성하고자 하면 먼저 백성이 원하는 것을 이루어지게 하고, 백성의 질고와 고통이 무엇인가를 백성의 입장이 되어 생각하게 된다면 '仁'의 정치는 행해지는 것이다.

논어에서 제자가 '인仁'이란 무엇인가하고 물으면 공자가 정의를 내려 주기도 한다. 안연에게는 '극기복례克己復禮'가 인이라 하였다.[1] '자기를 극복한다'는 것은 자신의 개인적인 욕구인 사욕私慾을 억제하고, 예禮로 돌아가는 것이다. 예는 겸손하고 양보인 예양禮讓이다. 그래서 '복례'는 대인관계에 있어 겸양하다는 것은 자신의 사리사욕을 억제하고 남의 이익과 욕구를 충족시켜 주는 방향으로 나아가는 것이다. 집정자가 만약에 백성을 위하여 극기복례하면 백성 역시 집정자를 위하여 극기복례하는 것이다. 결국 '극기복례克己復禮'는 '己欲立而立人, 己欲達而達人'과 같은 맥락이다.

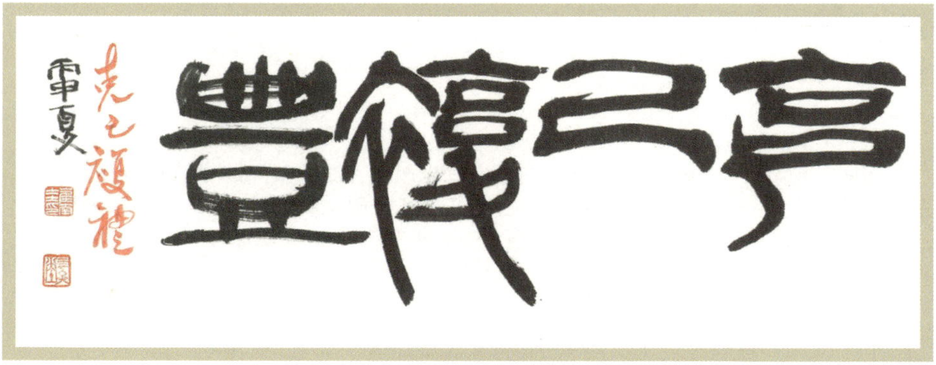

극기복례(克己復禮)

1) 顔淵問仁. 子曰, "克己復禮爲仁. 一日克己復禮, 天下歸仁焉. 爲仁由己."(顔淵 12.01) (안연이 인에 관해서 물었다. 공자는 말하였다. "자기를 극복하고 예로 돌아가는 것이 인이다. 어느 날이건 자기를 극복하고 예로 돌아가게 되면 온 천하가 인에 따르게 될 것이다. 인을 실천하는 것은 자기로부터 시작되는 것이다.")

중궁仲弓이 '인仁'에 대하여 묻자 '자신이 원하지 않으면 남에게도 시키지 마라' 하였다.[1]

번지樊遲가 '인'에 대하여 묻자 "애인愛人(타인을 사랑하는 것)"이며,[2] "집에 거처할 때에는 항상 공손히 사람을 맞이하고, 공사를 처리할 때는 조심스럽게 신중히 하고, 남과 사귀는 데 충실하게 하는 것"[3]이라 하였다. 자공子貢이 묻자, "공인工人이 그 일을 잘 하려고 하면 먼저 그 연장을 날카롭게 해야 하듯 먼저 자신을 잘 닦아야 하며, 한 나라에 거주하게 되면 그 나라의 현량한 대부를 섬기고 선비 중에서 인자한 자를 벗으로 삼는 것"이라 했다.[4] 자장子張이 묻자, "다섯 가지 '공손恭遜'·'관대寬大'·'신용信用'·'민첩敏捷'·'은혜恩惠'를 실행하는 것"이라 하였다.[5]

논어에서 제자의 물음에 '인仁'에 대한 공자의 정의는 모두가 집정자와 백성의 관계에서 집정자 갖추어야할 덕목이다. 집정자가 먼저 백성을 사랑하고 공경하고, 인격을 수양하고, 인재를 등용하고, 신용을 지키고 백성에게 은혜를 베푸는 것이다.

자기를 미루어 남의 입장에서 생각하는 것이 '능근취비'이다. 군자는 자신의 덕으로 남에게 이롭게 하고자 한다. 맹자는 "사람의 병은 자기 자신도 돌볼 줄 모르면서 이러쿵저러쿵 남에게 충고하는 것이며, 다른 사람에게는 엄중하고 자신의 책임을 남에게 전가하는 것이다"라 하였다.

---

1) 子曰: "出門如見大賓, 使民如承大祭. 己所不欲, 勿施於人. 在邦無怨, 在家無怨."(顔淵 12.02) ("문을 나설 때는 큰 손님을 만나는 것같이 하고, 백성들을 부릴 때에는 큰 제사를 받드는 것 같이 하고, 자기가 원하지 않는 일을 남에게 하게 하지 말아라. (그렇게 하면) 나라에서 일을 해도 원망이 없을 것이고, 집에서 일을 해도 원망이 없을 것이다.")

2) 子曰: "愛人"(顔淵 12.22)

3) 子曰: "居處恭, 執事敬, 與人忠."(子路 13.19)

4) 子曰: "工欲善其事, 必先利其器. 居是邦也, 事其大夫之賢者, 友其士之仁者."(衛靈公 15.10)

5) 子張問仁於孔子. 孔子曰: "能行五者於天下爲仁矣" "請問之" 曰: "恭寬信敏惠. 恭則不侮, 寬則得衆, 信則人任焉, 敏則有功, 惠則足以使人."(陽貨 17.06) (자장이 공자께 인에 물었다. 孔子는 "다섯 가지를 천하 어느 곳에서나 행할 수 있는 것이 인이다"라 했다. "그것을 여쭈어 보아도 좋겠습니까?" 공자는 "恭遜·寬大·信用·敏捷·恩惠다. 공손하면 모욕을 당하지 않고, 관대하면 많은 사람들의 지지를 받고, 신용이 있으면 남이 일을 맡기고, 민첩하면 공적을 올리게 되고, 은혜로우면 사람을 부릴 수 있게 된다"라 하였다.)

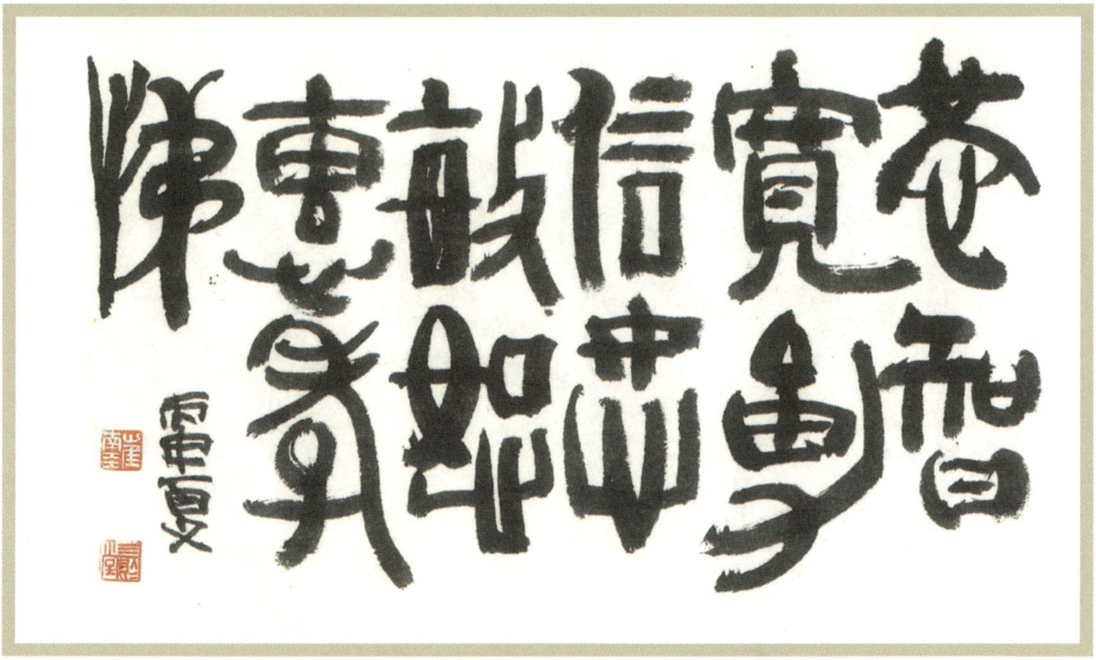

공관신민혜제지용충서효(恭寬信敏惠悌智勇忠恕孝)

맹자께서 말씀하셨다.

"말이 평범하지만 그 뜻이 심원한 것이 좋은 말이다. 자신을 지켜 나가는 것이 야무지고 남에게 베풀기를 넓게 하는 것이 좋은 방도이다. 군자의 말이란 허리띠를 내려가기까지 하지 않아도(심오하고 먼 것을 이야기하지 않아도) 거기에 도가 들어 있으며, 군자가 자신을 지키어 나가는 것이란 자신의 덕을 닦아서 천하가 화평해지는 것이다. 사람들은 자기 밭을 버려두고 남의 밭에서 김매는 것을 병통으로 여기는데, 그것은 남에게 요구하는 것은 엄중하고 자기가 맡은 것은 소홀하게 다루기 때문이다."

孟子曰: "言近而指遠者, 善言也; 守約而施博者, 善道也. 君子之言也, 不下帶而道存焉. 君子之守, 修其身而天下平. 人病舍其田而芸人之田, 所求於人者重, 而所以自任者輕."(《孟子·盡心下》)

'능근취비'는 또한 '물시어인勿施於人'의 의미와 같다. 자신이 원하지 않으면(기소불욕己所不欲), 남에게도 원하지 않는 것이다(물시어인勿施於人). 자신의 손톱에 박힌 작은 가시는 하루를 못 견디게 아파하고 남의 가슴에 못 박는 일은 하루에도 몇 번씩 한다.

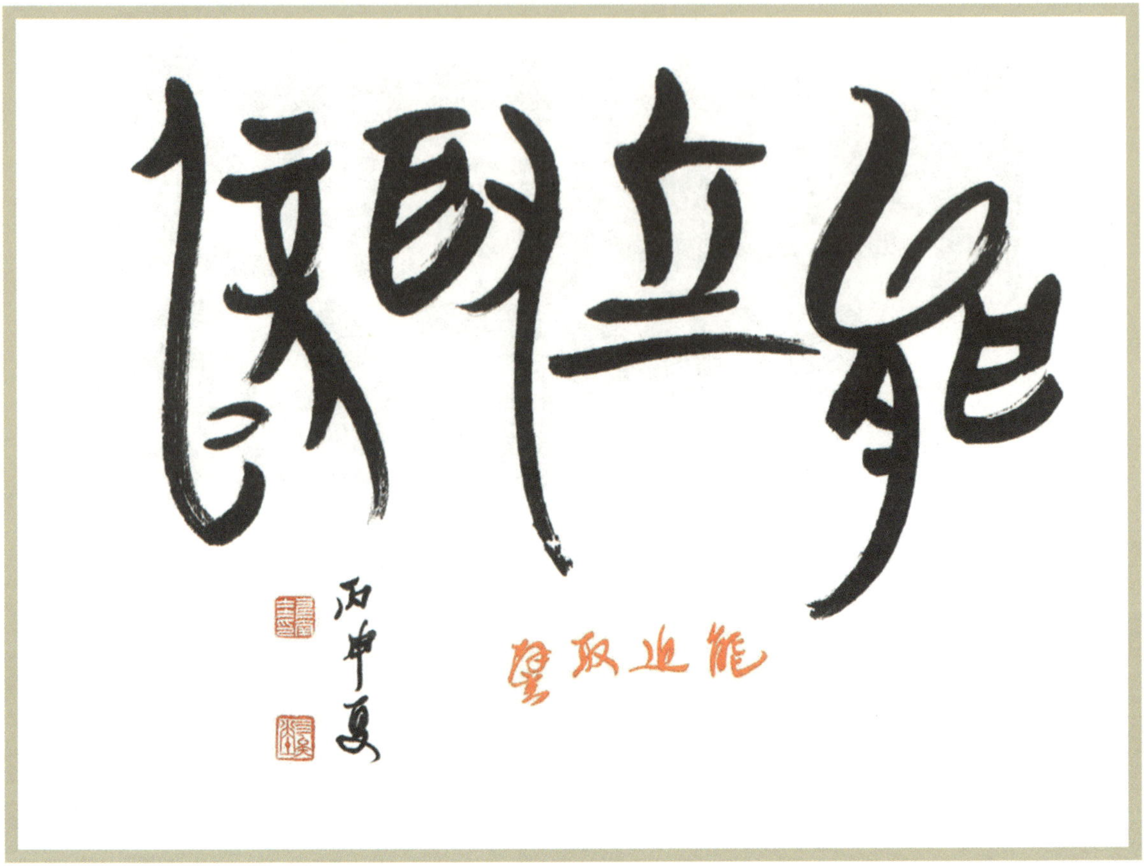

능근취비(能近取譬)

52. 愼終追遠 신종추원

맺음은 처음처럼 꿈은 멀리

‘신종추원’은 매우 다양하게 해석한다. 송대의 유학자들은 일반적으로 ‘죽은 자를 신중히 모시고, 먼 조상을 추모하다’라는 뜻으로 해석하였다. 증자가 이 말을 하였고, 효의 실행자로 대표되기 때문이기도 하다. 또한 ‘신종추원愼宗追遠’[1]으로 글귀를 바꾸어 상가喪家 집에서 자주 인용하여 사용하기도 한다. 혹은 ‘선조를 신중히 모시고, 고인의 은덕을 추모하여 그 뿌리를 잃지 않다’는 ‘신종추원愼終追遠, 불망근본不忘根本’[2]라는 의미로 해석하기도 한다. 하지만 지금은 꼭 이와 같이 해석할 필요는 없을 것 같다. 시종일관 ‘끝마칠 때를 더욱 신중하게 처리하여’, 원대한 도를 추구하는 뜻으로 해석할 수도 있다.

‘愼(삼갈 신, shèn)’자는 ‘心’과 소리부 ‘眞’으로 이루어진 자로 ‘진실하고 신중한 마음’을 뜻한다.

‘(終, 끝날 종, zhōng)’자는 고문자에서 ‘冬’과 같은 의미로 쓰인다. 계절의 끝이 겨울이다. 갑골문은 ‘’·‘’으로 쓴다. 줄기 끝 자락에 달린 열매 과실의 모습이다.

‘(追, 쫓을 추, zhuī)’자는 ‘辵(⻌)’과 소리부 ‘𠂤’로 이루어진 자로, ‘𠂤’자는 군대라는 ‘師’자와 같은 자이다. ‘追’자는 갑골문은 ‘’·‘’으로 쓰고, 금문은 ‘’·‘’으로 쓴다. 군사를 쫓아 추격함을 말한다.

‘(遠, 멀 원, yuǎn)’자는 ‘辵(⻌)’과 소리부 ‘袁(옷 길 원, yuán)’으로 이루어진 자이다. ‘(袁)’자를 갑골문은 ‘’·‘’으로 쓴다. 긴 옷 천을 손으로 재단하여 큰 옷을 만드는 모습이다. ‘遠’자를 갑골문은 ‘’으로 쓰고, 금문은 ‘’·‘’·‘’으로 쓴다.

---

1) ‘愼宗追遠’은 ‘선조를 신중히 존경스럽게 모시고, 선조의 은덕은 추모하다’의 뜻이다.

2) “선조를 신중히 모시고, 고인의 은덕을 추모하여 그 뿌리를 잃지 않다.”

증자가 말하였다.
"종말을 신중하게 다루고, 먼 원대한 꿈을 추구한다면, 백성들의 덕풍이 더욱 돈독하게 될 것이다."
曾子曰: "愼終追遠, 民德歸厚矣."(學而 01.09)

노자는 '일이 거의 끝나갈 무렵에 자주 잘못되게 되니, 마지막을 조심하여 처음같이 하면 실패하는 일이 없다'라 하며, '신종여시愼終如始, 즉무패사則無敗事'라 하였다.

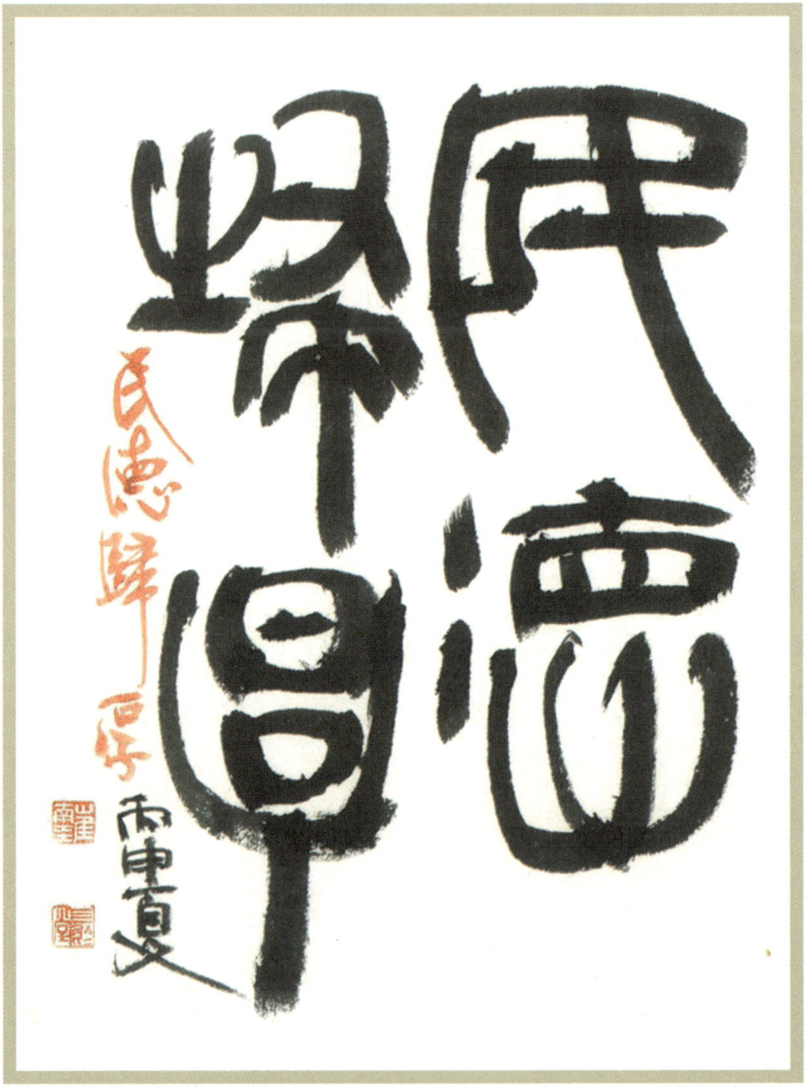

민덕귀후(民德歸厚)

신종추원(愼終追遠)

"고요히 있을 때 유지하기 쉽고, 아직 드러나지 않을 때 도모하기 쉬우며, 허약한 것은 쪼개기 쉽고, 작은 것은 흐트러뜨리기 쉽다. 아직 있지 않을 때 그것을 위하여 행하고 아직 혼란하지 않을 때 다스린다. 한 아름되는 나무는 털끝만한 것에서 자라고, 아홉 층 되는 높은 누각은 한 삼태기의 흙에서 세워지며, 백천리나 되는 먼 거리도 발끝에서 시작된다. 억지로 하는 사람은 실패하고 집착하면 잃게 되기 때문에 성인은 억지로 하지 않으니 실패가 없고, 집착하지 않으니 잃는 것이 없다. 백성들이 일을 할 때는 항상 일이 다 될 때쯤 잘못되게 마련이다. 그런 까닭에 마지막을 조심하기를 처음과 같이 하고, 그렇게 하면 잘못되는 일이 없다. 성인은 탐욕하지 않음을 추구하니, 얻기 어려운 재물을 귀하게 여기지 않는다. 가르침이 없는 것으로 가르치면, 잘못이 있는 백성들은 스스로 돌아오게 된다. 그런 고로 성인들은 만물의 자연스러움에 의한 것이지, 인위적인 행위를 하지 않는다."[1)]

논어에서는 '한 삼태기의 흙이 모자라 산이 완성되지 못하게 해서는 안 된다'해서 '신종愼終'하라는 내용이 보인다.

공자는 말하였다. "이를테면 산을 쌓아 올리는데 한 삼태기의 흙이 모자라서 완성을 보지 못하였다 하여도, 그 일을 그만두었으면 자기가 그만둔 것이다. 이를테면 땅을 고루는데 한 삼태기의 흙을 부

1) "其安易持, 其未兆易謀. 其脆易泮, 其微易散. 爲之於未有, 治之於未亂. 合抱之木生於毫末. 九層之臺起於累土. 千里之行始於足下. 爲者敗之, 執者失之. 是以聖人無爲故無敗, 無執故無失. 民之從事常於幾成而敗之. 愼終如始則無敗事. 是以聖人欲不欲, 不貴難得之貨. 學不學, 復衆人之所過, 以輔萬物之自然而不敢爲."(《老子》第 64章)

어 놓았다 하여도, 그 일을 진척시켰으면, 그것은 자기가 진척시킨 것이다."
子曰: 譬如爲山, 未成一簣, 止, 吾止也. 譬如平地, 雖覆一簣, 進, 吾往也. (子張 09.19)

한 삼태기를 붓지 않아 산을 이루지 못한다면 끝까지 '신종'하지 않았기 때문이다. 따라서 성공을 거두기 위해서는 '시종일관始終一貫', 마지막을 처음처럼 신중하게 하여야 한다.

집정자가 백성을 다스리는 정책 역시 이와 같다. 자신의 임기내에 단기적인 전시 효과만을 위하는 일시적인 것이 아니라, 먼 미래를 보고 장기적인 플랜을 가지고 다음 집정자에게 계속해서 추진할 수 있는 백년대계, 백성에게 원대한 꿈을 꾸게 하는 정책을 실행하여야 하는 것이다. '신종'은 한 걸음 한 걸음 꾸준하게 나아가 끝까지 몇 세대가 지나서라도 관철시킬 수 있는 성실히 노력하는 태도이다. '추원'은 단기적이고 일시적인 것이 아니라, 장기적이고 거시적인 안목을 가지고 진정으로 백성에게 필요한 것을 '원대한 목적(遠道)'을 가지고, 나라가 세월이 흐르면 흐를수록 백성은 더욱 행복해지고 더욱 윤택해 지도록 하는 것이다.

백성은 '풀'이고 군자는 바람과 같기 때문에 풀은 바람이 부는 방향으로 눕는 것이다.[1] 날이 가면 갈수록 온 천하 백성이 '노인은 평안하고, 사회는 서로 믿고 의지하게 되며, 젊음이에게는 꿈이 있게' 된다면,[2] 백성들의 덕풍이 더욱 돈독해지지 않겠는가!

젊음은 꿈이 있어 아름다운 것이다. 맺음은 처음처럼 꿈은 멀리(신종추원愼終追遠), 장기적 플랜을 가지고 멀리보고 너무 조급해 하지 않으며, 마음먹었던 초심으로 끝까지 노력한다면 보장컨대 그 꿈은 반드시 이루어진다.

1) "君子之德風, 小人之德草, 草上之風, 必偃." (顔淵 12.19)
2) 子曰: "老者安之, 朋友信之, 少者懷之."(公冶長 05.26) (공자가 말하였다. "늙은이는 편안해 질 수 있도록 해주고, 친구는 미더워질 수 있도록 해 주고, 젊은이는 꿈을 꾸도록 해 주겠다.")

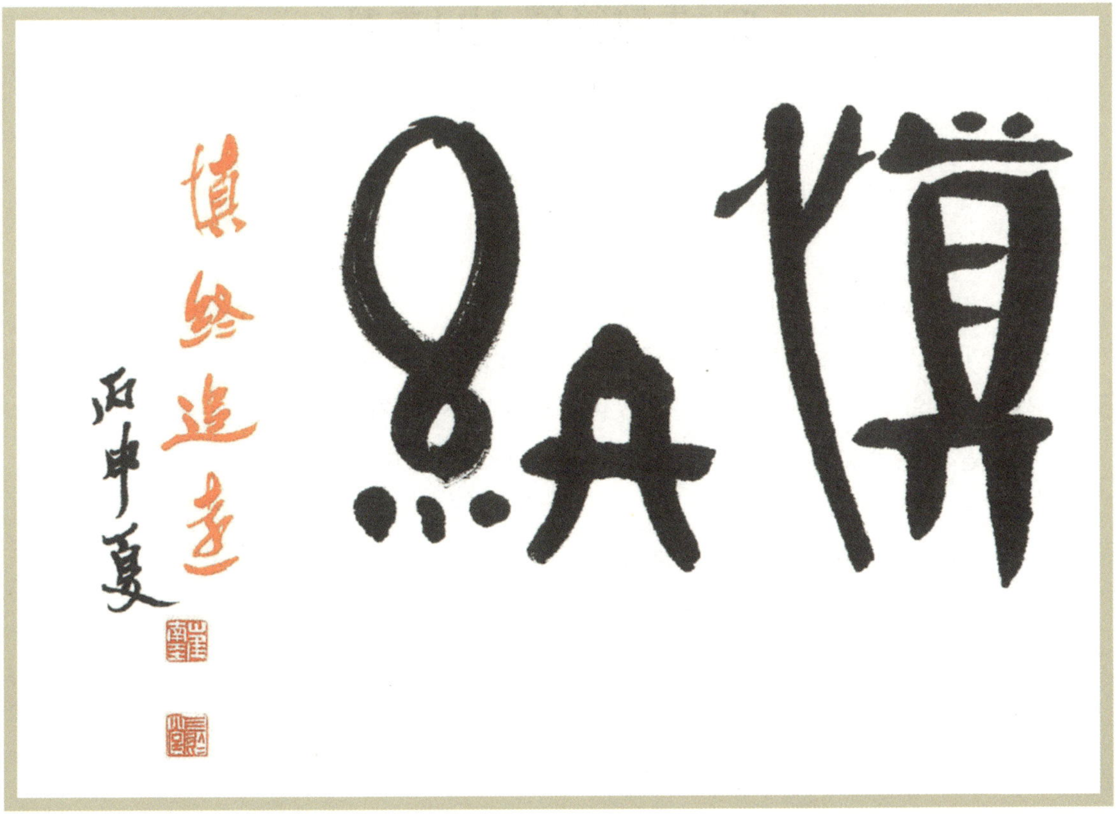

신종(愼終), 신종추원(愼終追遠)

53. 先難後獲 선난후획

어려운 일은 내가 먼저, 공은 네가 먼저

번지樊遲가 공자에게 '지知'와 '인仁'에 대하여 물었다. 소위 '아는 사람'이란 '백성이 도의가 무엇인가를 헤아려 힘쓰면서도, 인간의 노력으로 헤아릴 수 없는 신의 존재는 인정을 하나 너무 의지를 하지 않는다'라 하고, '어진 자'란 '어려운 일은 내가 먼저 솔선수범하고 그 공은 뒤로 하는 자(先難後獲)'라 하였다.

> 번지樊遲가 지혜에 관해서 묻자 공자가 말하였다.
> "백성의 뜻을 살리기에 힘쓰고, 귀신들을 공경스럽게 다루되 그것들을 멀리 한다면 지혜롭다고 말할 수 있다." 인仁에 관해서 묻자 공자가 말하였다. "인仁이라는 것은 먼저 고난을 겪고 난 뒤에 얻게 되는 것으로, 그래야 인仁이라고 할 수 있다"
> 樊遲問知. 子曰: "務民之義, 敬鬼神而遠之, 可謂知矣." 問仁. 曰: "仁者先難而後獲, 可謂仁矣." (雍也 6.22)

'경이원지敬而遠之' 구절은 '존경하면서도 멀리하다'의 뜻이다. 혹은 '겉으로는 존경을 하지만, 속으로는 가까이 하고 싶지 않다'는 부정적인 의미로 쓰이기도 한다. 본 논어 구절에서는 전자의 뜻이다.

'지자知者'는 합리적인 사람이기 때문에, 합리적인 사고로 이해되지 아니하는 부분에 대해서는 신의 세계로 돌리려는 경향이 있다. 하지만 진정으로 총명한 사람은 백성들의 개인적인 이득만을 추구하게 하지 않고 백성이 행하여야할 진정한 의리義理를 실천하도록 이끌어 주고, 신神의 자체를 인정하고 존경하지만 무조건 맹신하지 않기 때문에 합리적으로 해결하지 못할 때 조상의 탓, 운명의 탓으로 돌리지 않으며 멀리하는 것이다.

'선난후획先難後獲' 중의 '(難, 어려울 난, nán)'자는 의미부 '隹(鳥)'와 소리부 '堇'으로 이루어진 자이다. '難'자를 '鷬'자로 쓰기도 한다. '堇'자를 금문은 ''·'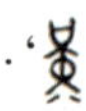'으로

쓴다. 제사에 쓰일 희생물이 묶여 '불(火)' 위에 놓인 모습이다. '難'은 날개가 묶여 희생물로 쓰이기 전의 고통스러운 새의 형상이다. 후에 '어렵다'는 의미로 쓰인다.

'獲(獲, 얻을 획, huò)'자는 '犬'과 '萑(隹·鳥)'와 '手'로 이루어진 자이다. 사냥개를 동원해 새를 포획한다는 뜻이다. 후에 '획득하다'는 뜻으로 쓰인다.

'선난후획先難後獲'을 '먼저 어렵게 노력하여야 후에 성과를 얻을 수 있다'는 전후 원인과 결과로 해석하기도 하나, 본 문장에서는 '어진 사람'에 관한 설명이고, 인자는 남을 배려하는 마음을 가져야하고, 인자의 목적은 개인적인 사리사욕을 챙기기 위한 것이 아니라 남에게 은혜를 베푸는 자이기 때문에 '어려운 일은 내가 먼저 하고, 그 공은 다른 사람에게 먼저 갖도록 하다'라는 의미로 이해하기로 한다.

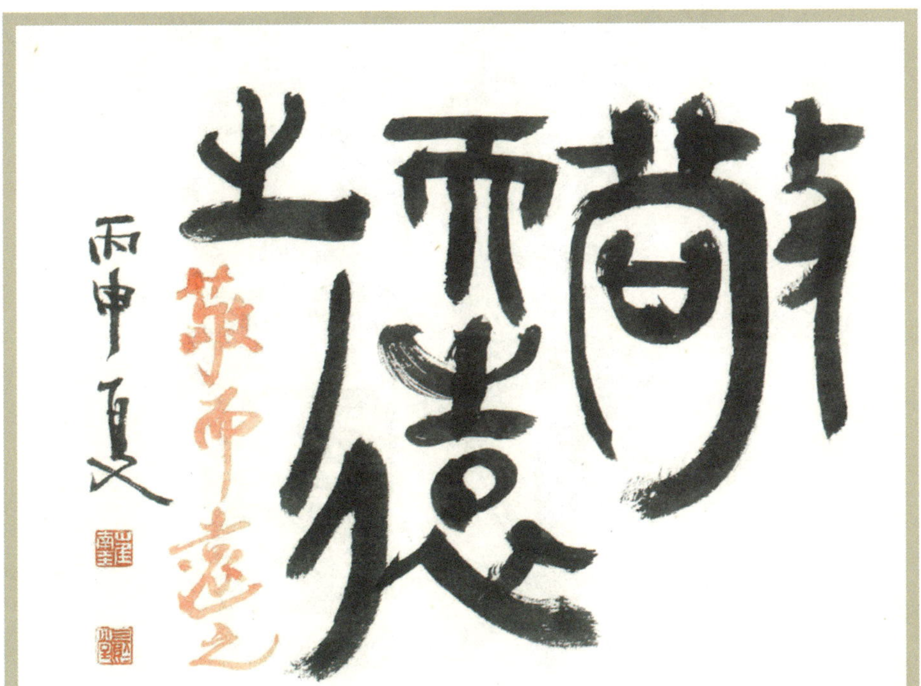

경이원지(敬而遠之)

공자가 말하는 '인仁'은 '공恭'·'관寬'·'신信'·'민敏'·'혜惠'·'지智'·'용勇'·'충忠'·'서恕'·'효孝'·'제悌' 등을 포함한다.

북송 범중엄范仲淹(989—1052)은 〈악양루기岳陽樓記〉에서 '세상에 우환이 있으면 내가 먼저 나서서 그 우환을 없애기 위해 노력하고, 세상에 기쁜 일이 있으며 백성이 모두 즐기고 난 다음에 후에 즐기겠다'하였다.[1]

'선난후획先難後獲'은 '슬픔은 내가 먼저하고 기쁨은 다른 사람이 먼저 누리게 한다'는 '선우이우先憂而憂, 후락이락後樂而樂'의 뜻과 비슷하다.

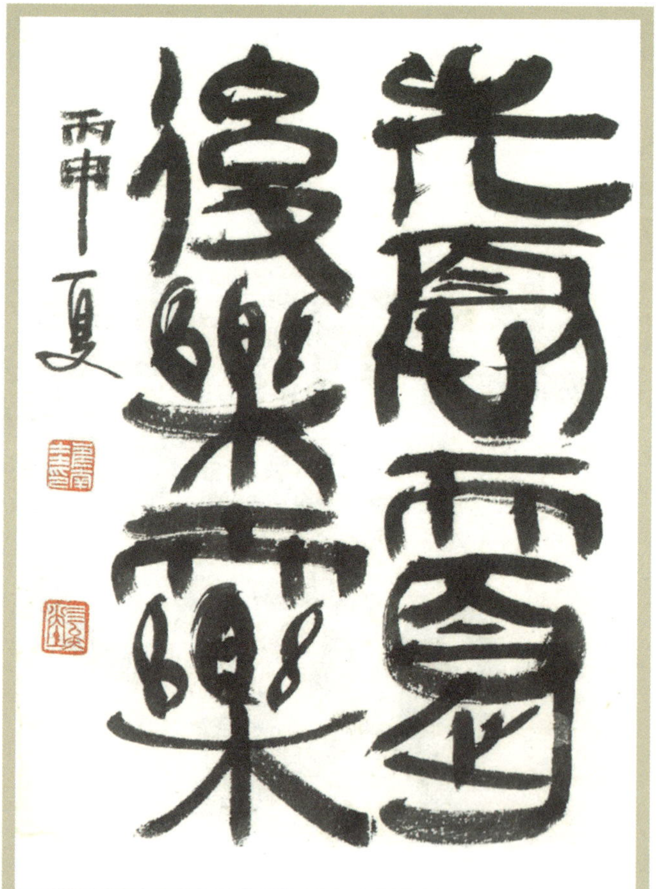

선우이우(先憂而憂), 후락이락(後樂而樂)

---

1) "先天下之憂而憂, 後天下之樂而樂."(北宋, 范仲淹 〈岳陽樓記〉)

맹자는 '현자賢者는 천하와 함께 즐거워하고 천하로 인하여 걱정하고 즐거워한다'는 '동락同樂'과 '낙이천하樂以天下, 우이천하憂以天下'라는 유명한 말을 하였다.

> "사람들은 일반적으로 즐거움을 얻지 못하면 그 윗사람을 비난한다. 얻지 못하고서 그 윗사람을 비난하는 것도 잘못이고, 백성의 윗사람이 되어 백성과 함께 더불어 즐거움을 함께 하지 못하는 자 또한 잘못이다. 백성의 즐거움을 즐거워하는 자는 백성들 또한 그 윗사람의 즐거움을 즐거워하고, 백성들의 근심을 근심하는 자는 백성들 또한 그 윗사람의 근심을 걱정하는 것이다. 그래서 온 천하의 입장에서 즐거워하고 온 천하의 입장에서 근심을 하고서도 왕도정치를 하지 못하는 자는 아직 있지 않았다."
>
> "人不得則非其上矣. 不得而非其上者非也, 爲民上而不與民同樂者亦非也. 樂民之樂者, 民亦樂其樂 ; 憂民之憂者, 民亦憂其憂. 樂以天下, 憂以天下, 然而不王者, 未之有也."(《孟子·梁惠王下》)

모름지기 백성의 기쁨이 곧 임금의 기쁨이거늘, 그런데 많은 집정자들이 자신의 명리사욕만을 위하였으니, 진정한 기쁨이 있을 수 있었겠는가.

어려운 일은 내가 먼저 나서서 희생적으로 하고, 성공의 몫은 네가 먼저 차지하게 하는 것이 '선난후획'이다. 대한민국의 많은 역사 인물들이 이러한 희생으로 지금 대한민국을 있게 하였다. 지금 우리의 편함은 그동안 일제日帝, 육이오六二五, 오일팔五一八의 역사 속에서 희생한 선인들이 있었기 때문이다.

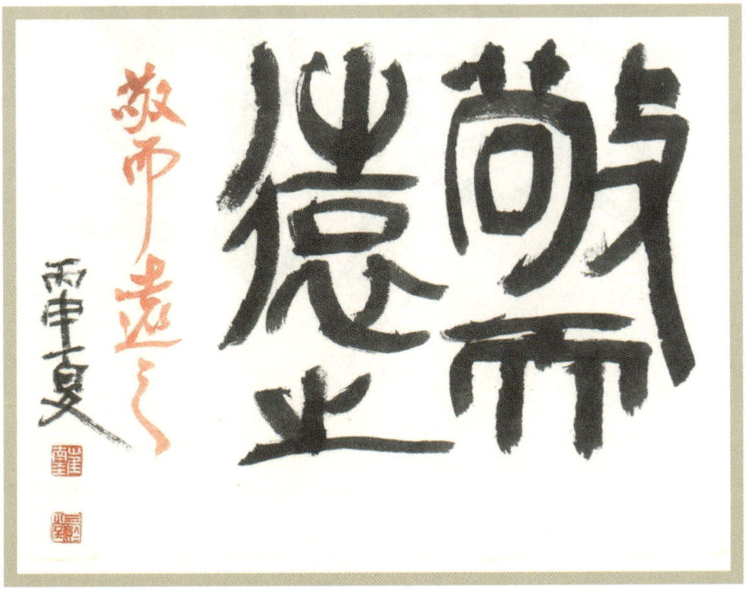

경이원지(敬而遠之)

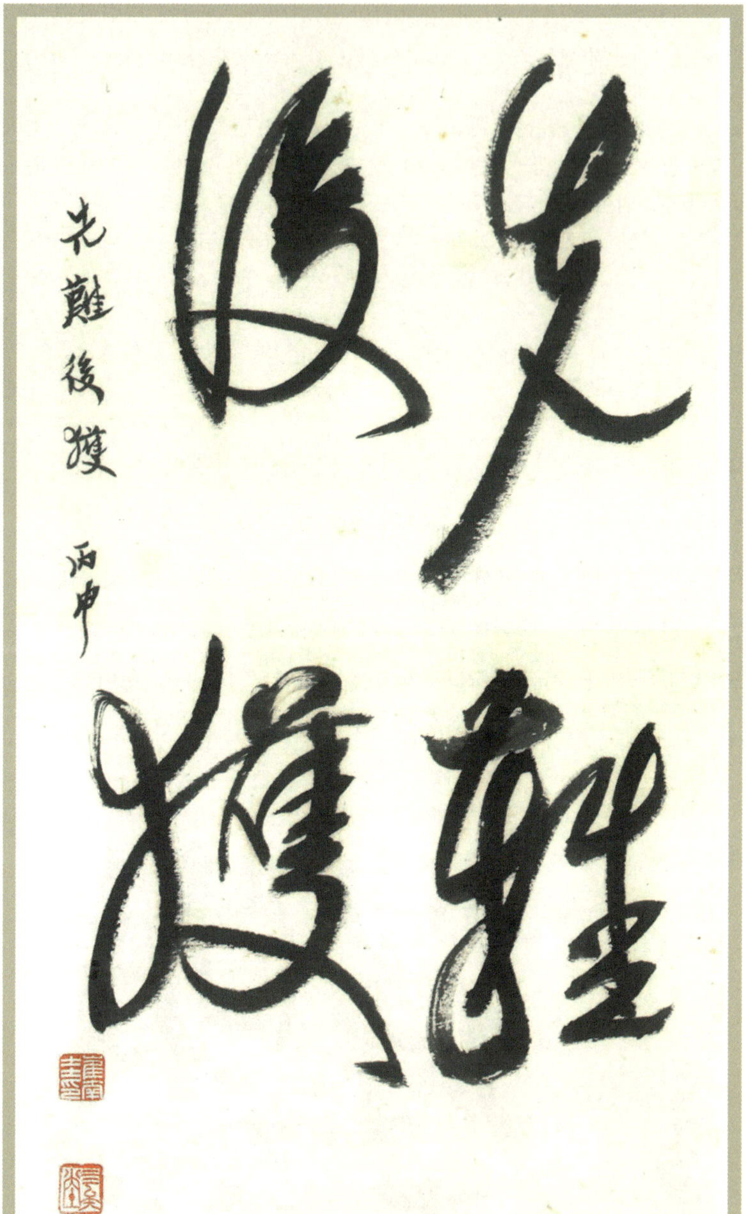

선난후획(先難後獲)

54. 中庸爲德 중용위덕

중용이 최고의 덕이다

'중용위덕'은 '중용이 덕이 되다'·'중용으로 덕을 삼다'라는 뜻이다.

> 공자가 말하였다.
> "중용中庸의 덕의 힘은 대단하기도 하다. 사람들이 중용을 오래 지키고 있는 사람이 드물구나."
> 子曰: "中庸之爲德也, 其至矣乎! 民鮮久矣."(雍也 06.29)

'중용中庸'이란 일반적으로 '무과(無過, 지나침이 없다)'나 혹은 '불급(不及, 미치지 못하다)'의 상태인 어느 것에도 치우치지 않은 평정심으로 이해하기도 하나, 또한 '지자知者'와 '인자仁者'가 갖춘 최고의 덕으로 이해하기도 한다. 본 구절에서의 중용은 후자에 가깝다. 그래서 '기지의호其至矣乎'라 한 것이다. '기其'는 추측을 나타내는 어기조사이고, '의호矣乎'의 장래와 감탄을 나타내는 어기조사이다. '지至'는 더없이 높은 '지고지상至高至上'·'지고무상至高無上'이다.

후에 자사子思는 이 문장을 근거로 해서 《중용中庸》이라는 저서를 남겼다. 자사는 공자의 손자이자 공자의 제자인 증자曾子의 제자이다. 자사는 '공자의 참뜻이 오래되어 전해지지 않을까 걱정되어 《중용》을 지었다'고 했다.

'중용'이란 두 글자에 대하여 논어가 정의를 내리고 있지 않기 때문에, 논어 이래 수많은 주장이 제기되었다.

《중용》은 제 1장에서 '중中'은 천하의 큰 근본이며, '화和'는 천하의 사람이 마땅히 지켜야 할 도인 '달도達道'라 하였다. 아래 내용은 《중용》이 '중화中和'에 대하여 설명하고 있는데, 이러한 사상은 '중용'과 관련이 있다.

> "희노애락喜怒哀樂이 나타나지 않고 있는 것을 중中이라고 하고, 나타나서 다 절도에 맞는 것을 화和라고 한다. 중中이라는 것은 천하의 큰 근본이고, 화和라는 것은 천하에 통용되는 도道다. 중中과 화和를 철저히 발휘하면 하늘과 땅이 바로 자리 잡히고 만물이 잘 자라난다."

"喜怒哀樂之未發, 謂之中; 發而皆中節, 謂之和; 中也者, 天下之大本也; 和也者, 天下之達道也. 致中和, 天地位焉, 萬物育焉." (제 1 장)

"용덕庸德을 행하고 용언庸言을 삼가행하고, 부족한 것이 있으면 감히 힘쓰지 않은 것이 없으며, 남음이 있으면 감히 다해 버리지는 않고, 말은 행위를 돌아보고 행위는 말을 돌아본다. 군자가 어찌 독실하게 노력하여 실천하지 않을 수 있겠느냐?"
"庸德之行, 庸言之謹; 有所不足, 不敢不勉; 有餘不敢盡; 言顧行, 行顧言, 君子胡不慥慥爾!"(13장)

"그러므로 군자는 덕성德性을 존중하여 묻고 배우는 길을 따라가며, 넓고 큰 것을 파악하여 정밀하고 미세微細한 것을 남김없이 탐구하며, 높고 밝은 것을 철저히 규명하여 중용을 따르며, 배운 것을 복습하여 새것을 알며, 돈독敦篤하고 후하게 굴어 예禮를 숭상한다. 이러한 까닭에 윗자리에 있으면 교만하지 않고, 아랫사람이 되어서는 배반하지 않고, 나라에 정도正道가 행하여지면 그가 하는 말이 윗사람을 일깨워주기에 넉넉하도록 하고, 나라에 정도가 행하여지지 않으면 그가 잠자코 있는 침묵이 충분히 받아들여질 수 있다."
"故君子尊德性而道問學, 致廣大而盡精微, 極高明而道中庸. 溫故而知新, 敦厚以崇禮. 是故居上不驕, 爲下不倍; 國有道, 其言足以興, 國無道, 其默足以容." (27장)

돈후숭례(敦厚崇禮)

도(道)

위의 내용 중 제 1장에서는 '중中'은 만물의 도라 하였고, '화和'는 '중절中節'이라 하였다. 만약에 '화和'를 '용庸'의 관점에서 이해한다면, '화'는 '용'을 행함으로 인해 나오는 결과물이거나 혹은 '용庸' 그 자체일 수도 있다.

제 13장 '용덕지행庸德之行, 용언지근庸言之謹' 구절 중의 '용庸'자를 '평상적인 덕을 행하고, 평상적으로 하는 말은 조심하다'라고 해석하여 '평상'을 명사를 수식해주는 형용어로 본다. 혹은 '용庸'자를 동사 '쓰다'로 해석하여 '덕을 사용하여 행하고, 말은 할 때는 조심하다'로 해석할 수 있다.[1] 문법적 구조로 보아 '근謹'은 말을 할 때 그 행동에 대한 결과를 나타내기 때문에 후자의 해석이 더 설득력이 있다고 할 수 있다.

제 27장의 '도중용道中庸' 구절은 '도'가 동사이고 '중용'이 목적어로 '중용을 도로 삼다'라는 뜻이다.

1) 본 구절에서 '之'는 주술적主述的 단어의 결합에 쓰여 그 어구를 종속적 결합 관계로 전환시키는 관계 조사이다. 예를 들어, "大道之行也, 天下爲公."(대도가 행해지면 천하가 공평무사하게 된다.) 등이 있다.

제 1장은 '중용'의 풀이하는 내용이고, 제 13장은 '용庸'의 쓰임을 알 수 있고, 제 27장의 '중용'은 이미 굳어진 하나의 고유명사로 사용되고 있음을 알 수 있다.

'조조이慥慥爾' 중의 '慥(착실할 조, zào)'자는 '착실하다'는 뜻이고, '조조慥慥'는 '착실하게 행동하는 모양'이며, '이爾'자는 '乎'자와 같은 역할을 하는 감탄 조사이다.

정이천程伊川은 논어의 '중'에 대하여 치우치지 않는 것이고, '용'은 불변하는 것이라 하였다.

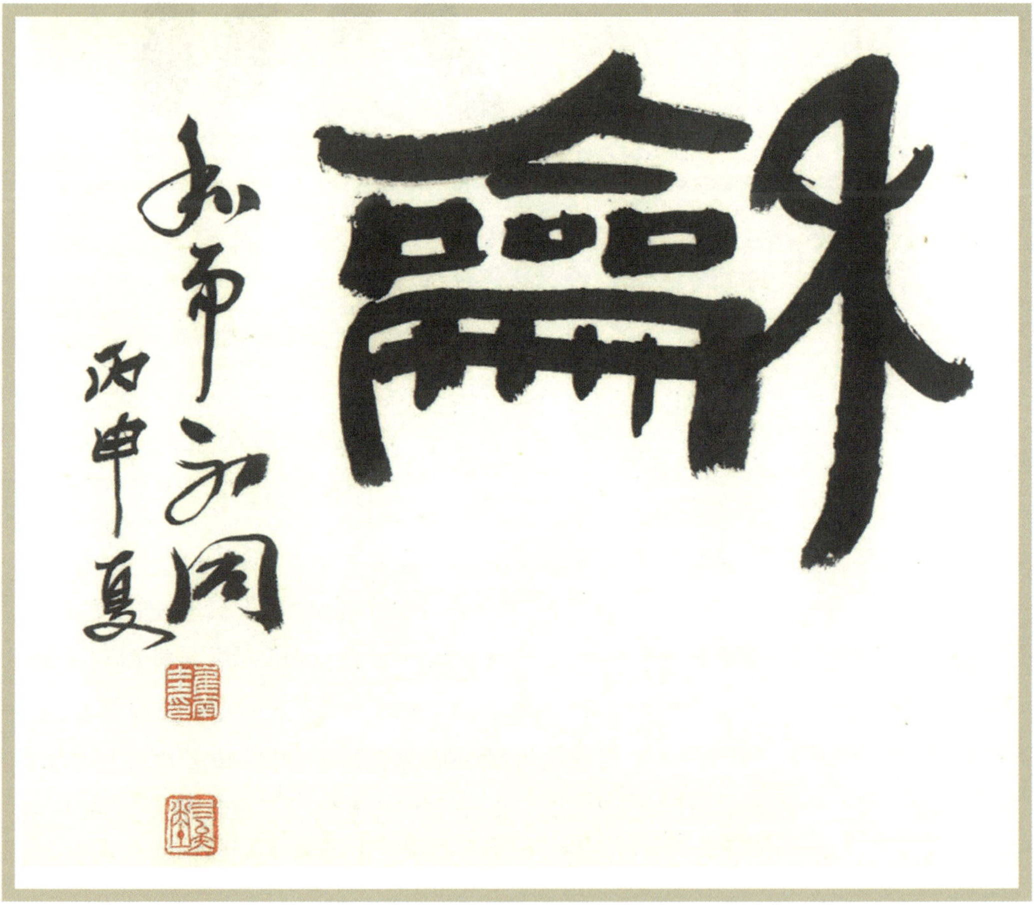

화(龢, 和), 화이부동(和而不同)

"치우치지 않음을 중이라 하고, 변치않음을 용이라 한다. 중은 천하의 바른 도이고, 용은 천하의 올바른 이理이다."
"不偏之謂中 , 不易之謂庸. 中者, 天下之正道, 庸者, 天下之定理."

반면 주자는 '용'을 '변하지 않음(不易)'과는 달리 일상이라는 '平常'의 뜻으로 이해하였다.

"중이라는 것은 편협되지 않고 치우치지 않으며, 지나침이 없고 미치지 않음이 없는 명목이다. 용은 평상적인 것이다."
"中者, 不偏不倚, 無過無不及之名. 庸, 平常也."

주자는《중용혹문中庸或問》에서 '평상平常'에 가장 일반적인 것이라고 설명을 덧붙이고 있다.

"오로지 평상적인 것만이 영원할 수 있고, 변치 않을 수 있다. 만약에 해괴한 풍속으로써 세상 사람들을 놀라게 한다면 그것은 잠시적인 것일 뿐 영원할 수는 없다."
……唯其平常, 故可常而不可易, 若驚世駭俗之事, 則可暫而不得爲常矣.

이러한 설명은 대부분이 철학적 명리明理에 관한 내용이기 때문에 이해가 쉽지 않다. 오규 소라이의《논어징論語徵》은 중용이란 음악의 덕이라 하였다.

중용이란 음악의 덕이다. 주례의 음악의 육덕六德이란 효孝·우友·지祇·용庸·중中·화和인데, 옛날 책에서 여섯 가지를 말하는 경우에는 모두 둘씩 서로 대를 이루니, 효우孝友가 한 부류이고, 지용祇庸이 한 부류이며, 중화中和가 한 부류이다. 지祇는 귀신에게 적용함을 말한다. 그러므로 공경하는 것이다. 용庸은 용用으로 백성에게 적용함을 말하니 항상 쓸 수 있는 것이다. 그러므로 평상平常의 뜻이다.《서경書經·강고康誥》에 "등용하여야 할 사람을 등용하고 공경하여야 할 사람을 공경한다(庸庸祇祇)."는 표현이 있으니, 지祇와 용庸이 서로 대를 이루고 있음을 알 수 있다. 육덕에 나아가 두 가지를 취하여 '중용'이라고 한 것이다. ……따라서 중용이란 두 글자는 바로 사람과 사람이 항상 쓰면서 쉽게 행할 수 있고, 심하게 높아 미치기 어려운 덕행이 아니라는 말이다.[1)]

오규 소라이는 '중용中庸'으로써 음악의 궁상각치우를 총칭하는 것이니 모든 것을 대표하는 것이라 하였고, '용庸'자는 주자의 의견에 따라 '평상'으로 해석하였다. 하지만 음악에서의 '庸'까지의 전개가 쉽게 이해가 되지 않는다.

---

1) 오규 소라이 지음, 이기동 등 옮김,《논어징2》, 68 쪽, 소명출판사, 2010.

덕(德), 중용위덕(中庸爲德)

‘中(中)’자는 혹은 ‘[illegible]([illegible])’이나 ‘[illegible]([illegible])’으로 쓴다. 갑골문은 ‘[illegible]’·‘[illegible]’으로 쓰고, 금문은 ‘[illegible]’·‘[illegible]’으로 쓴다. ‘넓은 터 중앙에 깃발을 꽂아 휘날리게 하여 백성이 중앙 광장에 모이도록 한’ 깃발의 형상이다. ‘중’은 ‘가운데 중심’·‘마침 맞다’ 이외에, 모여서 상호 의견을 모아 화합하는 장소이기 때문에 ‘中和’라는 의미로 쓰인다.

‘(庸)’자를 《설문해자》는 “‘실행하다(用)’는 뜻이다. ‘用’과 ‘庚’으로 이루어진 자이며, ‘庚’은 일을 능히 변화시켜 행할 수 있다는 뜻이다.”라 하였다.[1] 갑골문은 ‘’·‘’으로 쓰고, 금문은 ‘’·‘’으로 쓴다. 고문자 ‘庸’은 윗부분 ‘庚’과 아랫부분 ‘用’으로 이루어진 자이며, ‘庚’은 ‘악기’의 형상이고, ‘用’은 물건을 담을 수 있는 ‘桶(물건을 담는 통 통, tǒng)’의 형상이다. ‘用’자를 갑골문은 ‘’·‘’으로 쓰고, 금문은 ‘’·‘’으로 쓴다.

‘악기’는 지금 중국 어린이들이 가지고 노는 ‘땡땡이(博浪鼓)’가 아닌가 한다. ‘땡땡이’는 북을 때리는 구슬이 양쪽을 돌면서 때려 소리를 내는 악기다. ‘庚’자를 갑골문은 ‘’·‘’으로 쓰고, ‘’·‘’·‘’으로 쓴다. 모두 ‘악기’의 형상이다. 따라서 ‘庸’과 ‘用’은 모두 ‘사용하다’는 뜻으로 해석할 수 있거나, 혹은 ‘用’자는 단순히 ‘사용하다’는 뜻이고 ‘용庸’은 ‘두루 결합하여 조화롭게 사용하다’ 혹은 ‘사용하도록 습득하다’는 뜻으로 이해할 수 있다.

따라서 ‘중용中庸’ 중 ‘중’은 각각의 덕목의 핵심(중심)이면서 이들의 핵심을 모아 화합하고 ‘중화中和’하도록 하는 것이면서 또한 장소이기도 하며, ‘용庸’자는 한 가지에 치중하지 않고 종합하여 두루두루 각각의 덕목을 사용할 수 있도록 수양하는 것이며 또한 이러한 덕목을 조화시켜 이를 발양광대發揚廣大하는 것이다. 따라서 ‘중용’은 《중용》의 제 1장에서 설명한 내용이 각각 적절한 정의가 아닌가 한다. ‘중용’은 원래 ‘중화中和하여 발양광대하다’는 뜻으로, ‘인仁’의 항목인 ‘공恭’·‘관寬’·‘신信’·‘민敏’·‘혜惠’·‘지智’·‘용勇’·‘충忠’·‘서恕’·‘효孝’·‘제悌’ 등을 모두 중화하여 적재적소에 쓸 수 있는 것이다. 이를 융합할 수 있는 자는 ‘지자知者’이면서 또한 ‘인자仁者’이어야 한다. 또한 중용의 극대화를 추구하고자 한다면 ‘지자知者’의 능력과 ‘인자仁者’의 덕망을 모두 갖추고 있어야 한다.

중용은 곧 지나침도 없고 모자람도 없는 가장 적절함을 말한다. 부부지간, 모녀지간, 부자지간이 아무리 가깝고 친밀하다해서 관심이 많아지면 간섭이 된다. 부모가 자녀에게 잘되라고 관심을 보이지만 심하면 언어폭력이 된다. 사랑도 적절해야 한다. 사랑은 베푸는 것이라지만 지나친 사랑은 독이 될 수도 있다. 그래서 공자는 자

1) “庸, 用也. 从用, 从庚. 庚, 更事也.”(《說文解字》)

공이 '우정이란 어떻게 해야 잘 유지할 수 있을까'를 물어보자 '적절한 충고를 해 주되 만약에 이 충고를 받아들이지 않으면 그만 두어야 하지 그렇지 않고 계속 충고랍시고 해되면 결국은 둘 모두 상처를 받는다'하였다.[1)]

중국 청淸나라 《투채십이자등롱존 鬪彩十二子燈籠尊》 술병 도자기 그림 중 '땡땡이'를 가지고 노는 어린이의 모습(대만 고궁 박물관 소장 臺灣故宮博物館所藏)

1) 子貢問友. 子曰: "忠告而善道之, 不可則止, 毋自辱焉."(顔淵 12.23) (자공이 벗에 관해서 여쭈어 보았다. 공자는 말하였다. "성실하게 일러주어서 잘 이끌어 주되, 그것이 잘 안 될 것 같으면 그만두고 자기가 욕을 보도록 까지는 하지 말아야 한다."

인(𢖽, 仁)

55. 文行忠信 문행충신

글 · 행동 · 충성과 신뢰

공자는 네 가지로 가르쳤다 하였다.

> 공자는 네 가지를 가지고 가르치셨다. "글(전적典籍)과 실천實踐(품덕品德수양修養)과 충성忠誠과 신용이 그것이다."
> 子以四教: "文, 行, 忠, 信." (述而 07.25)

공자는 육예六藝를 가르쳤다. 육예는 '예禮'·'악樂'·'어御'·'사射'·'서書'·'수數'나 혹은 《주역周易》·《서경書經》·《시경詩經》·《예기禮記》·《악기樂記》·《춘추春秋》로 이해하기도 한다. '예'·'악'·'어'·'사'·'서'·'수'는 인간이 사회생활을 영위해 나가는데 필요한 삶의 전반적인 지식이고, 《주역》·《서경》·《시경》·《예기》·《악기》·《춘추》는 옛 성인들의 남겨놓은 경전 학문이다.

'藝(심을 예, yì)'자는 혹은 '(埶)'로 쓴다. '坴(언덕 륙, liù)'과 '丮'으로 이루어진 자이다. 갑골문은 ''·''으로 쓰고, 금문은 '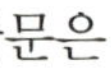'·''·''으로 쓴다. '埶'자 중 '坴'은 '땅 위의 나무'의 형상이고, '丮'은 '사람이 손을 뻗은' 모습이다. 따라서 '藝(埶)'는 사람이 나무를 잡고 땅에 심는 뜻이다. 후에 땅에 나무를 심듯 사람이 배우고 터득하는 예능藝能의 의미로 발전하여 쓰인다.

'禮(예도 례, lǐ)'는 혹은 '豊'나 '醴'로 쓴다. '豊'자를 금문은 ''·''으로 쓰고, 금문은 ''·''으로 쓴다. '음식을 제기에 풍성하게 담아' 신께 제사를 모시는 뜻이다. 후에 신神과 관련된 것이 제사이기 때문에 제단을 의미하는 '示'를 추가하여 '禮'자로 쓰게 되었고, '술酒'을 술통(酉)에 담아 제사를 모시기 때문에 '醴(단술 례, lǐ)'자가 생기게 되었다.

‘(樂, 풍류 악{즐길 낙{락},좋아할 요}, lè,yào,yuè)’자를 갑골문은 ‘’·‘’으로 쓰고, 금문은 ‘’·‘’으로 쓴다. 나무를 깎아 만든 나무 혹은 나무 판에 실(絃)을 연결하여 만든 거문고나 비파 등의 악기를 뜻한다. 원래는 악기의 모습에서 음악이라는 뜻으로 쓰인다.

‘(御)’자는 혹은 ‘馭()’자로 쓴다. 갑골문은 ‘’·‘’·‘’으로 쓰고, 금문은 ‘’·‘’으로 쓴다. 사람이 길을 운행하는 마차에 앉아 고삐를 잡은 모습이다. 따라서 고문자 원래의 뜻은 ‘마차를 몰다’는 뜻이다. 후에 ‘다스리다’ 등의 의미로 확대되어 쓰인다.

‘(射)’자는 혹은 ‘(䠶)’으로 쓰기도 한다. 갑골문은 ‘’·‘’으로 쓰고, 금문은 ‘’·‘’으로 쓴다. 고문자 중 ‘’자는 ‘궁(弓)’과 ‘화살(矢)’로 이루어진 자로 ‘(䠶)’자와 같은 형상이고, ‘’자는 ‘궁(弓)’과 ‘화살(矢)’에 ‘손(寸)’이 추가된 형상으로 ‘(射)’자와 같은 구조이다. 따라서 ‘射’와 ‘䠶’ 중의 ‘身’은 ‘궁(弓)’의 형태가 변형된 것이다.

‘(書)’자를 금문은 ‘’·‘’·‘’ 등으로 쓴다. ‘붓을 들고 있는 모습’이나 ‘붓으로 통의 먹물을 찍어 글을 쓰는’ 형상이다. 전서篆書 중에 ‘(者)’자 모양은 ‘붓이 먹통에 잠기는’ 아랫부분이 변형된 것이다.[1] ‘聿(붓 율, yù)’은 갑골문과 금문은 손으로 붓을 들고 있는 형상인 ‘’·‘’으로 쓴다. 기율紀律과 법률法律은 사람이 문서로 작성하여 규정화한 규칙이나 문건이다.

‘(數)’자는 의미부 ‘攴’와 소리부 ‘婁’로 이루어진 자이다. ‘婁’자를 금문은 ‘’‘’으로 쓴다. 두 손으로 실타래(혹은 주판과 같은 셈을 하기 위한 도구)를 조정하거나 여자가 집안에서 실타래를 어루만지고 있는 형상이다. 실타래는 즉 결승結繩과 같은 뜻이고, 결승은 셈을 뜻하기도 한다. 계산이나 셈은 고대에 주로 집안의 여인이 담당하는 일이기 때문에 ‘女’자를 추가한 것이다.

---

1) “書, 箸也. 从聿, 者聲.”(‘죽통에 먹물을 묻히다(箸)’의 뜻이다. 의미부 ‘聿’과 소리부 ‘者’로 이루어진 자이다.) (《說文》)

따라서 '예禮'·'악樂'·'어御'·'사射'·'서書'·'수數'는 인간이 사회생활을 하는데 필요한 기본지식인 '예절'·'음악'·'마차몰기'·'활쏘기'·'글쓰기'·'셈하기'이다.

'문文'·'행行'·'충忠'·'신信' 중의 '문'은 위에서 언급한 육예六藝일 수 있고, 혹은 공자가 "시詩로써 감흥感興을 갖고, 예禮로써 자립自立하고, 음악으로 완성한다."[1]라고 하였듯이 '시詩·서書·예禮·악樂'을 가리키는 것으로 볼 수 있다.

주희는 "시詩는 사람의 성정에 근본하기 때문에, 비뚤어진 것도 있고 바른 것도 있다. 그 표현이 알기 쉬워 그것을 읊조리는 동안에 억양抑揚과 반복이 있으므로 해서 사람을 감동케 하여 수월히 그 세계로 이끌어 들이고, 선善을 좋아하고 악惡을 미워하는 마음을 일으켜주며, 예禮는 행위의 절도節度이므로 그것에 의하여 행동하면 사물事物에 동요動搖됨이 없이 자립할 수 있게 되고, 음악은 성정性情을 화평케 해주고 사악邪惡하고 더러운 마음을 씻어주므로 음악으로 고상한 인품을 이룩하게 된다"고 하였다.[2]

그러나 '문文'·'행行'·'충忠'·'신信' 중 '행行'·'충忠'·'신信'이 사람이 갖추어야할 덕목인 것으로 보아 '문文'은 단순히 '육예六藝'나 '육경六經'과 같은 것이 아니라, 이런 것들을 학습하여 군자가 갖추어야할 문기文氣 같은 것이 아닌가 한다.

> 공자는 말하였다.
> "실질實質이 문식文飾을 압도하면 야비한 사람이고, 문식文飾이 실질實質을 압도하면 서사書士이고, 문식文飾과 실질實質이 섞여서 조화를 이룬 연후라야 군자다."
> 子曰: "質勝文則野, 文勝質則史. 文質彬彬, 然後君子."(雍也 06.18)

실질적인 면인 '질'과 수식적인 면인 '문'이 서로 섞여서 조화를 이루고 중용中庸되어지는 것이 이상적인 것이다. 그 어느 쪽에도 치우치면 군자의 배움이 아니다. 따라서 이곳에서의 '문文'은 '문질빈빈'할 수 있는 군자의 '문'을 공자가 가르친 것이다.

'행行'은 상대방의 '행동 거지'를 바르게 하는 것을 가르키는 것일 수도 있고, 단순

---

1) "子曰: 興於詩, 立於禮, 成於樂."(泰伯 08.08)

2) "詩本性情, 有邪有正, 其爲言旣易知, 而吟詠之間, 抑揚反覆, 其感人又易入. 故學者之初, 所以興起其好善惡惡之心, 而不能自已者必於此而得之. 禮以恭敬辭遜爲本, 而有節文度數之詳, 可以固人肌膚之會, 筋骸之束. 故學者之中所以能卓然自立, 而不爲事物之所搖奪者, 必於此而得之. ……可以養人之性情, 而蕩滌其邪穢, 消融其查滓. 故學者之終, 所以至於義精仁熟, 而自和順於道德者必於此而得之, 是學之成也."(《論語集註》)

한 행함이 아닌 솔선수범하여 행동으로 직접 보여주는 '신교身敎'일 수 있다.

'충忠'은 '흔들리지 않는 마음'이다. 사력을 다해 상대방을 위해 노력하는 행동양식이다.

> 증자가 말하였다.
> "나는 매일 나 자신을 세 가지로 반성한다. 즉 남을 위해 의견을 제시하여 주는 데 있어 전력을 다하지 않았는지? 벗들과 사귀는 데 있어 신용 없이 굴지 않았는지? 가르쳐 받은 것을 복습하지 않았는지?"
> 曾子曰: "吾日三省吾身, 爲人謀而不忠乎? 與朋友交而不信乎? 傳不習乎?"(學而 01.04)

> 공자는 말하였다.
> "군자는 진중鎭重하지 않으면 위엄이 없고, 학문도 공고鞏固해지지 않는다. 충성과 신용을 가장 중요한 것을 삼고, 자기만 못한 사람을 벗으로 사귀지 말고, 과오를 저지르면 그것을 고치기를 꺼려하지 말라."
> 子曰: "君子不重, 則不威, 學則不固. 主忠信, 無友不如己者. 過則勿憚改."(學而 01.08)

> 증자가 말하였다.
> "선생님의 도는 충서忠恕일 따름이다."
> 曾子曰: "夫子之道, 忠恕而已矣."(里仁 04.15)

'忠'은 '열심히 노력하는 것'이고, '信'은 남에게 믿음을 갖게 하는 신뢰이다.

'(忠)'자는 '心'자와 소리부 '中'자로 이루어진 자이다. '中'은 '중심'이고, '핵심'이다. 그래서 '忠'은 나의 마음을 가장 집중하는 것이다. '忠'은 상대방을 향한 마음이 '흔들리지 않은 것'·'가장 중요한 중심으로 삼는 것'이기 때문에 상대방을 위해 자기가 할 일에 최선을 다하는 일이다.

'(恕)'자는 혹은 '(恣)'자로 쓴다. '마음(心)'이 다른 사람과 같아야(如) 하거나, 혹은 어머니와 같은 여인의 마음으로 상대방을 배려해 주어야 한다는 뜻이다.

'恕'는 '나의 마음이 다른 사람과 같아지는 것'·'입장바꿔 생각하는 것'이기 때문에 자기가 남에게 바라는 것을 남에게 베풀고, 남을 책망하기에 앞서 자기를 되돌아보는 것이다.

학문만 잘 해서도 안 되고, 겸손하고 예절바르고, 맡은바 최선을 다하고, 믿음을 갖추게 하는 가르침이 곧 '문文'·'행行'·'충忠'·'신信'이다.

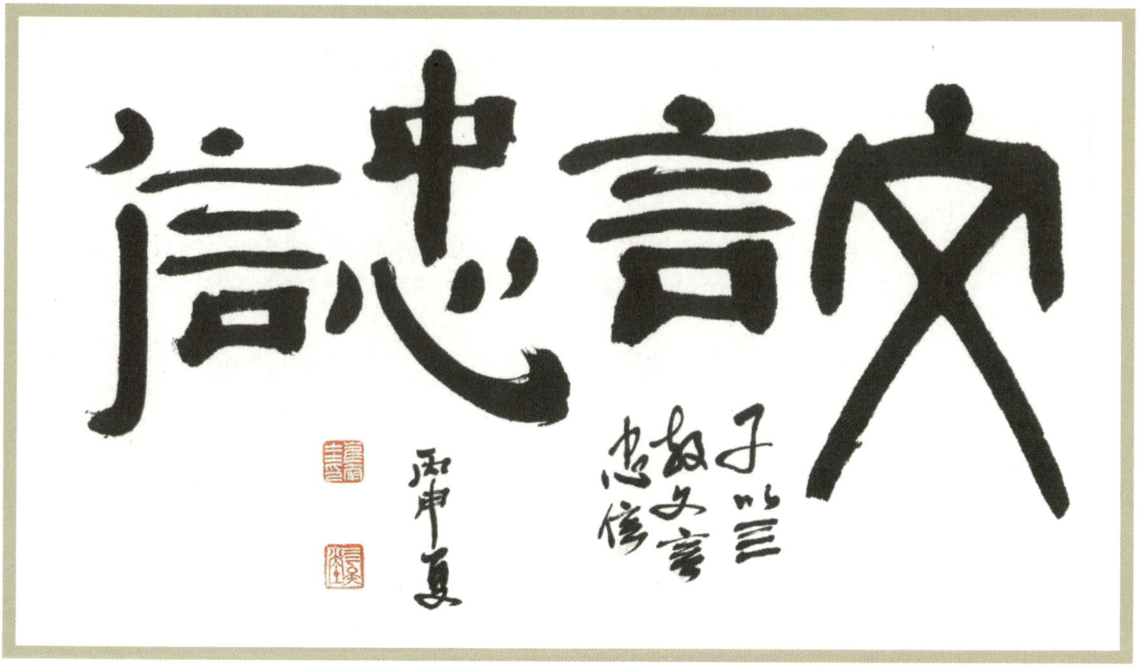

문언충신(文言忠信)[232]

1) 논어는 원래 "子以四敎, 文行忠信"으로 쓴다.

56. 犯而不校 범이불교

남이 해코지해도 대소롭지 않게 여기다

'범이불교' 중 '校'자는 일반적으로 '較(견줄 교, jiào)'로 읽는다. '較'는 '서로 견주어 헤아리다(계교計較)'의 의미로 쓰인다. 따라서 '범이불교'는 남이 내 마음을 거슬러도 보복하지 않는다(보복하지 않는다)는 뜻이다. 이는 '용서(恕)'이고, 잘못을 "자기에게서 구하고, 남에게서 구하지 않는 태도이다."[1)]

'(犯)'자는 의미부 '犬'과 소리부 '氾'자의 생략형이 소리부인 자가 아닌가 한다.[2)] '範'자에 대하여 설문해자는 '笵(법 범, fàn)'자의 생략형이 소리부이다라 하고, '犯'으로 읽는다 하였다.[3)] '笵'은 옛날 '대나무 위에 기록한 형법(竹刑)'이라는 뜻이다. 법은 행동의 어긋남, 범람하는 범죄를 방지하기 위한 규율이다. '氾'은 '범람하다'는 뜻이다. 따라서 '범犯'자는 개와 같이 행동에 어긋나는 행위를 하는 것을 말한다.

'(校)'는 의미부 '木'자와 소리부 '交'자로 이루어진 자이다. 나무를 교차시킨 울타리를 쳐 만든 장소를 뜻한다. 울타리 안에 잡은 짐승이나 죄인을 가두거나 혹은 군인들이 주둔한 곳이기도 한다. '較'자는 의미부 '車'자와 소리부 '交'자로 이루어진 자이며, 혹은 '(較)'자로 쓴다. '較'자를 금문은 ''·''·''으로 쓴다. 찻간에 나무 막대를 교차하여 댄 가름목이 있는 마차이다. 고문자 '(交)'자는 사람이 다리를 교차하여 꼬고 선 형상이고, '爻'자는 막대를 서로 어긋나게 놓은 형상이다. 물건을 상호 교차하게 놓거나 어긋나게 놓으려면 서로 비교를 하기도 하기 때문에 후에 '교

---

1) 子曰: "君子求諸己, 小人求諸人." (衛靈公 15.21) ("군자는 자기에게서 구하고, 소인은 남에게서 구한다.")

2) 許愼의 《說文解字》는 '犯'자는 소리부가 '巳'이고, 단옥재(段玉裁)의 《說文解字注》는 '卩(병부 절)'이라 하였는데, '犯'자가 음성이 너무 차이가 있다.

3) "範, 範軷也. 从車, 笵省聲. 讀與犯同."('조신에게 지내는 발제'의 뜻. 의미부 '車'와 '笵'의 생략형이 소리부인 형성자. '犯'으로 읽는다.) (《說文》)

차하다'·'교류하다'·'비교하다'는 뜻으로 쓰인다.

'校'자와 '較'자는 소리부가 모두 '交'자이기 때문에 의미가 통한다. '較'자는 '비교하다'·'견주다'·'따지다'·'논쟁하다'라는 뜻으로 쓰인다.

> 증자가 말하였다. "유능하면서 무능한 사람에게도 물어보고, 학식이 많은 사람이면서도 학식이 적은 사람에게도 물어보며, 가졌는데도 없는 것 같고, 차 있는데도 비어 있는 것 같고, 자기에게 잘못하여도 따지지 않는 이러한 일을, 지난날 내 친구 하나가 실천한 바 있었다."
> 曾子曰: "以能問於不能, 以多問於寡 ; 有若無, 實若虛, 犯而不校. 昔者吾友嘗從事於斯矣."(泰伯 08.05)

증자가 말한 옛날의 내 친구는 일반적으로 '안회'를 가리키는 것으로 본다. '능能'-'무능無能'과 '다多-과過'를 대립시킴으로써 겸손과 학문을 하는 태도 즉 '불치하문不恥下問'하는 것을 말한다. 안회는 하나를 들으면 열을 알고(문일지십聞一知十), 자공뿐만 아니라 공자 자신도 안회에게 미치지 못한다하였으니, 성실하게 노력하는 안회의 모습을 짐작하고도 남음이 있다. 또한 안회는 한 광주리의 밥이나 물만 마시는 가난한 생활과 누추한 거주지에 살아도 즐거움을 잊지 않는 '안빈낙도安貧樂道'한 삶을 살았다.

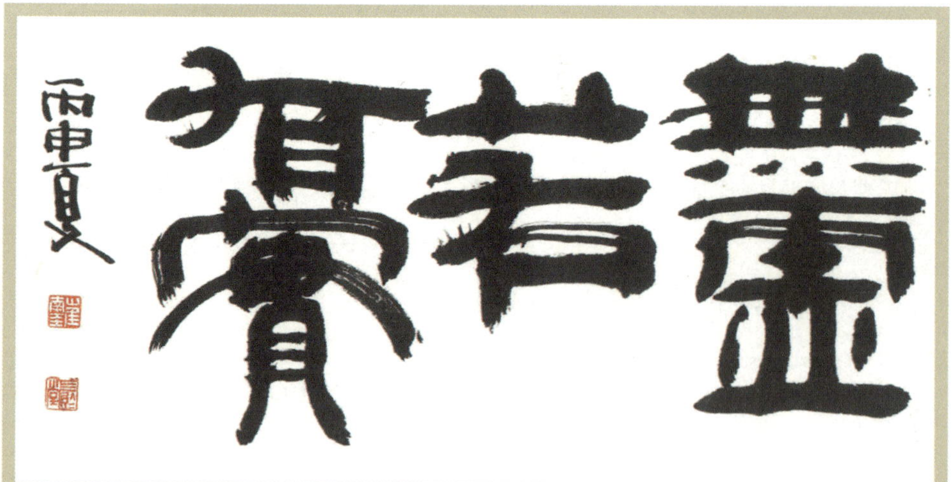

유약무(有若無), 실약허(實若虛)

'있으나(有)' '없는(無)' 것 같이 하고, '꽉 차 있으나(實)' 항상 모자라는 마음 '비는(虛)' 태도는 결코 과시를 위한 오만이 아니다. 진정한 지자智者와 인자仁者만이 이렇게 할 수 있는 것이다. '유有'-'무無'는 상대적 개념이다. '있다'면 또한 우리가 얼마나 가지고 있는가. 가지고 있는 것에 대한 의미를 부여하기 전에 내가 가지고 '있다'는 것에 대한 질양은 결국 '비교'를 할 수 있는 대상이 있기 때문이다. 그런데 내가 남보다 많이 가지고 있는가? 곰곰이 헤아려 보면 결국 내가 남보다 많이 가지고 있는 것은 사실상 양적으로 하나도 없다. 있다고 한다면 이는 진정한 소유자가 아니다. 그러나 있어도 있다 할 수 있고, 없어도 없다할 수 있는가. 결국 '있고' '없고'는 자기 마음 안에 있다. 마음을 비우고, 욕심을 비우고, 세계 만물을 가슴에 품으면 세상의 모든 만물이 모두 나의 것이다. 풀도, 나무도, 공기도, 사람도, 아기도, 소리도, 물도, 모두 내가 귀 기울이고 들으면 나와 속삭일 수 있는 연인이다.

'가득 참(實)'이란 무엇인가, 이제 기울어야 한다는 것이다. 달이 차면 기울고, 꽃이 피면 져야 하는 것이다. 옛날 선비는 '계영배戒盈杯'를 옆에 두고 경계하였다. 물이 잔에 차면 잔이 엎어져 한 방울도 남아 있지 않게 되는 것이다. 권력에 맛을 들여 더 높이 오르려다 집안 망신당하는 꼴을 경계할 일이다. '인자仁者'는 마음을 비어 둔다. 마음을 열어 비어 두고 있기 때문에, 남을 사랑할 수 있는 공간, 남이 들어앉을 수 있는 공간이 있는 것이다.

'상종사어사嘗從事於斯' 중의 '嘗(일찍이 상; cháng)'은 '일찍이'라는 뜻이고, '종사從事'는 '종사하다'·'마음을 쓰다'의 뜻이고, '사斯'는 대사로 앞의 내용을 가리킨다.

공자가 주周나라에 갔을 때, 예禮에 관하여 노자老子(이이李珥, 담聃)에게 물었다.

> "그대가 말하는 옛날 성현이란 그 육신과 뼈다귀가 이미 남은 것이란 오직 공허한 말 뿐이오. 게다가 군자라는 사람도 때를 얻으면 마차를 타고 건들거리는 신분이 되지만, 때를 만나지 못하면 쑥대 씨앗이 바람에 날려 이곳저곳 떠돌 듯이 떠돌아다니는 신세가 될 뿐이오, 나는 훌륭한 장사꾼은 물건을 깊숙이 감춰 언뜻 보면 가게가 텅 빈 것 같지만 속이 실하고, 진실로 훌륭한 사람은 많은 덕을 몸에 갖추고 있으나 겉으로 보기에는 어리석은 것같이 보인다고 들었소. 그대는 그 몸에 지니고 있는 교만과 탐욕, 그리고 잘난 체하려는 것과 편견을 다 버려야 할 것이오. 그런 것들은 그대에게 아무런 이로움도 주지 못하오. 내가 그대에게 말하고자 하는 것은 오직 이것뿐이오."[1)]

---

1) "子所言者, 其人與骨皆已朽矣, 獨其言在耳. 且君子得其時則駕, 不得其時則蓬累而行. 吾聞之, 良賈深藏若虛, 君子盛德容貌若愚. 去子之驕氣與多欲, 態色與淫志, 是皆無益于子之身. 吾所以告子, 若是

노자에게는 공자가 교만하고 욕심이 많은 사람으로 보이는데, 하물며 우리는 '유有'하고 '실實'한가?

공자가 진나라와 채나라 사이에 사람들에게 포위당하여 7일 동안이나 더운 음식을 먹지 못하게 되자, 이때 태공임이 찾아와 공자를 위문하며, 태공임太公任이 공자에게 살아남는 법에 대하여 설명하는 내용이 《장자莊子·산목山木》에 보인다.

> "제가 시험 삼아 죽지 않는 도를 얘기해 보겠습니다. 동해에 새가 있는데 이름은 의태라고 부릅니다. 그 새의 성질은 푸덕푸덕 더디게 날아다녀 아무 능력도 없는 것 같습니다. 다른 새들이 이끌어 주어야 날며, 다른 새들에게 밀려 내려 앉게 됩니다. 나아갈 적에는 감히 다른 새보다 앞서지 않고, 물러설 적에는 감히 다른 새보다 뒤지지를 않습니다. 음식은 감히 다른 새보다 먼저 먹지 않으며 반드시 다른 새가 먹고 남긴 것을 먹습니다. 그러므로 그 새는 다른 새들 무리에서 배척당하지 않고 밖의 사람들도 끝내 해치지를 못합니다. 그래서 환난을 면하고 있습니다. 곧은 나무는 먼저 잘리고 단 샘물은 먼저 말라붙습니다. 선생님께서는 그렇지 못하고 지식을 꾸며 어리석은 사람들을 놀라게 하고, 몸을 닦음으로써 남의 더러움을 밝혀내며, 밝게 해나 달이 내걸려 있듯이 자기를 드러내는 행동을 하고 있습니다, 그래서 환난을 면치 못하는 것입니다.
> 옛날에 제가 위대한 덕을 이룩한 사람에게서 들은 바에 의하면, '스스로 뽐내는 사람은 공이 없게 되고, 공을 이룩한 것을 드러내는 사람은 실패를 하게 되고, 명성을 이룩한 사람은 화를 당하게 된다'고 하였습니다. 어느 누가 자기의 공로와 명성을 버리고서 보통 사람들에게로 돌아올 수가 있겠습니까? 자기가 터득한 도가 행해져도 자기 지위를 밝히지 않고, 자기의 덕이 행해져도 명성을 자기 것으로 받아들이지 않으며, 순일한 마음으로 언제나 한결같이 행동하여 무심하고 자유로운 경지에 합치되는 사람이어야 합니다. 자기 업적을 없애버리고 자기의 권세를 버리며 공명을 추구하지 않는 사람이어야 합니다. 그러면 남을 책하는 일이 없고 남도 그를 책하는 일이 없게 됩니다. 지인은 세상에 알려지지 않는 법인데 선생님께서는 어찌하여 공명을 기뻐하십니까?"[1)]

논어의 구절이 도가적인 색채를 띠고 있기 때문에 노자와 장자가 바라본 공자에 대한 내용을 잠시 살펴보았다.

남이 자기에게 해코지를 하든 헛소문을 내던 전혀 개의치 않기란 보통 사람에겐 실로 어려운 일이다. 정의란 항상 승리하는 법이고 드러나는 것이니 너무 신경쓰지

而已."(《史記·老子韓非列傳》)

1) "言不死之道. 東海有鳥焉, 其名曰意怠. 其爲鳥也, 翂翂翐翐, 而似無能; 引援而飛, 迫脅而棲; 進不敢爲前, 退不敢爲後; 食不敢先嘗, 必取其緒. 是故其行列不斥, 而外人卒不得害, 是以免於患. 直木先伐, 甘井先竭. 子其意者飾知以驚愚, 修身以明汚, 昭昭乎如揭日月而行, 故不免也. 昔吾聞之大成之人曰: '自伐者無功, 功成者墮, 名成者虧.' 孰能去功與名而還與衆人? 道流而不明居, 得行而不名處; 純純常常, 乃比於狂; 削跡捐勢, 不爲功名. 是故無責於人, 人亦無責焉. 至人不聞, 子何喜哉?(《莊子·山木》)

말자고 자신에게 자주 주입을 시키는 것도 한 방법일 수 있겠다.

장자는 “곧은 나무는 먼저 잘리고 단 샘물은 먼저 마른다(직목선벌直木先伐, 감정선갈甘井先竭)”라 하였다. 하니 자신이 재능이 있다 자랑할 것도 못되고, “가졌는데도 없는 것 같이 하고, 차 있는데도 비어 있는 것(유약무有若無, 실약허實若虛)” 같이 더욱 더 겸손하다면 남이 해코지하는 일도 적어질 것이다.

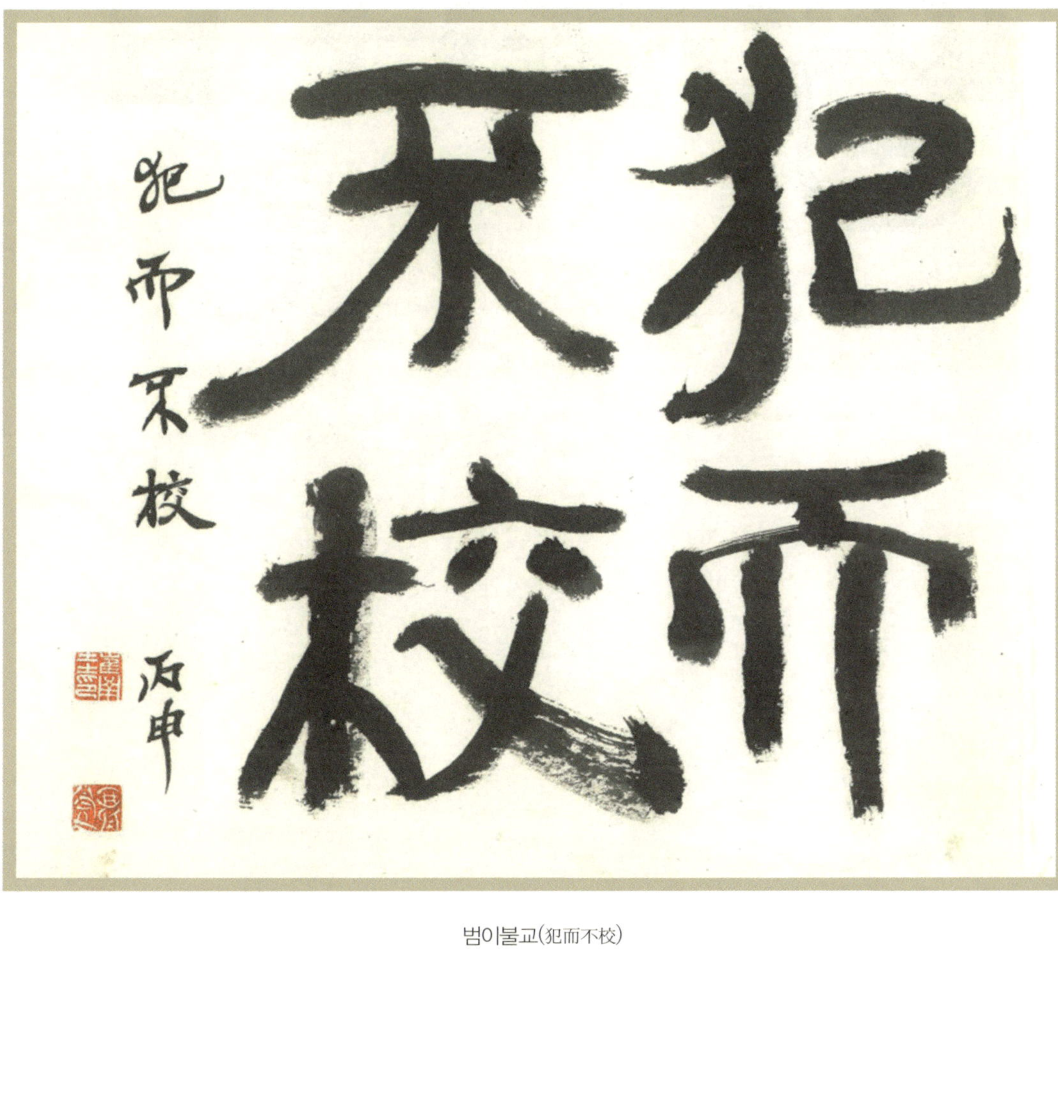

범이불교(犯而不校)

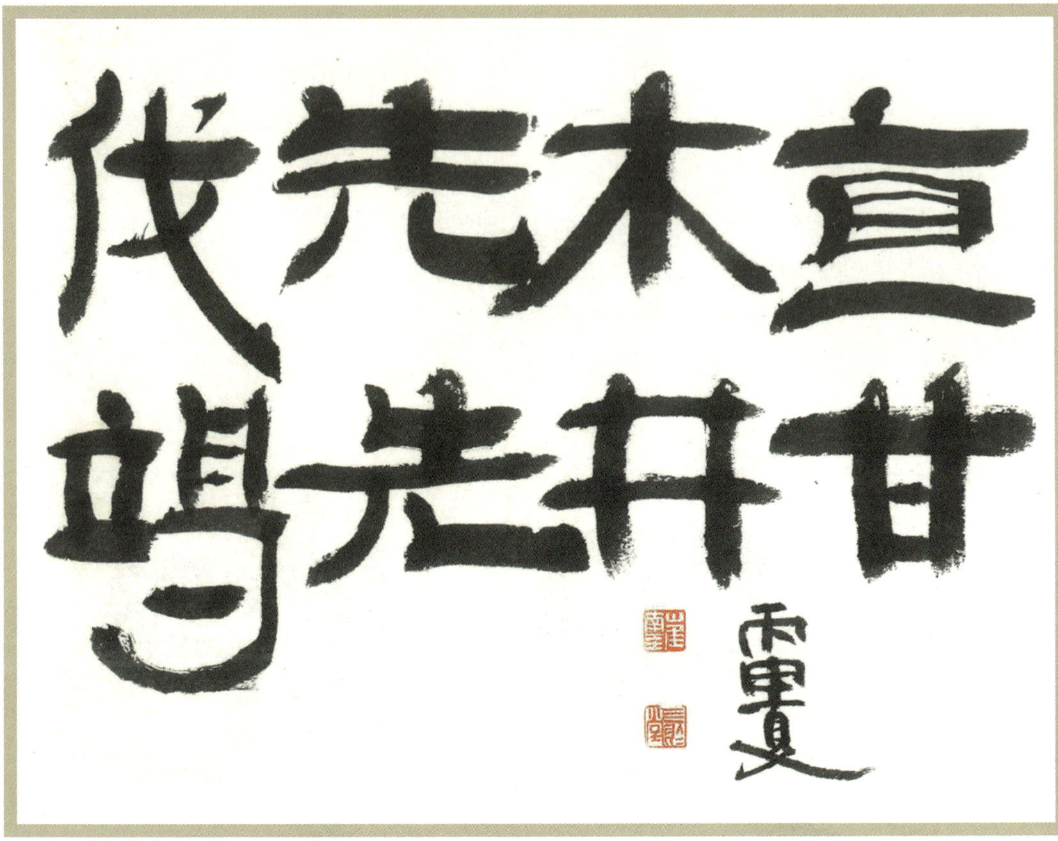

직목선벌(直木先伐), 감정선갈(甘井先竭)

57. 好勇疾貧 호용질빈

용감하나 가난을 싫어하면 잘못을 저지르기 쉽다

'호용질빈'은 '용감함을 좋아하면서 빈곤함을 싫어하다'는 뜻이다.

'호好'자는 '남녀가 함께 어울려 있으니 좋다'라는 뜻이다.

'(勇)'자는 의미부 '力'자와 소리부 '甬'자로 이루어진 자이다. 혹은 '用'자와 '戈'자로 이루어진 '(戜)'자로 쓰거나, '心'자와 '甬'자로 이루어진 '(恿)'으로 쓴다. '(甬)'자는 '추가 달린 종'의 모양이다. 금문은 ''으로 쓴다. '勇'자는 원래 '종을 들어오릴 수 있는 힘을 가진 용사'의 뜻이고, '戜'자는 '전쟁에 창(戈)을 들고 나가 싸우는 용사이'고, '恿'자는 '종과 같이 큰마음을 가진 사람'이라는 뜻이다. 후에는 주로 용감하다는 뜻으로 쓰인다.

'(疾)'자는 의미부 '疒(병들어 기댈 녁, chuáng)'과 소리부 '矢'로 이루어진 자이다. 혹은 '疒'·'丨'과 '矢'로 이루어진 '(痪)'자로 쓰기도 한다. 갑골문은 ''·''으로 쓰고, 금문은 ''·''으로 쓴다. 사람이 화살에 맞은 형상이거나 사람이 화살에 맞아 병상에 누워있는 모습이다. '' 중의 '丨'은 침대 위의 깔린 천과 같은 물질이다. 따라서 '疾'이나 '病'은 인간에게 좋지 않은 일이니 '싫어하다'·'힘들어 하다'라는 뜻으로 쓰인다.

'(貧)'자는 혹은 '(穷)'으로 쓴다. 재산 '貝'가 분산되고 집안(宀)에 있는 재물이 나뉘어 졌으니 빈곤하게 되는 것이다.

공자가 말하였다.
"용맹한 것을 좋아하고 가난을 미워하면 난동亂動을 부린다. 사람이 인자仁慈하지 않으면서 가난을 너무 싫어하면 난동亂動을 부린다."
子曰: "好勇疾貧, 亂也. 人而不仁, 疾之已甚, 亂也."(泰伯 08.10)

대사 ‘之’자는 ‘인이불인人而不仁(사람이 인자하지 않는 것)’을 가리키는 것으로 보거나, 혹은 ‘가난(빈貧)’을 가리키는 것으로 볼 수 있다. 만약에 ‘빈貧’의 대사라면, ‘인이불인人而不仁’ 구절을 ‘호용好勇’과 대조되는 내용으로 보고, ‘인자하지 않으면서도 가난을 싫어하면’ 난동을 부린다는 뜻으로 이해할 수 있다. ‘인이불인人而不仁’의 대사로 해석하는 경우엔 난동을 부리는 사람이 ‘인자하지 않은 사람’이고, ‘빈’의 대사로 해석하는 경우엔 ‘인자하지 않으면서 또한 가난을 싫어하는 사람’이다. 난동을 부리는 사람은 인자하지 않은 소인이기 때문에 ‘빈貧’의 대사로 해석하기로 한다.

‘(亂)’자는 ‘𤔔’과 ‘乙’로 이루어진 자이다. ‘𤔔’자는 위아래에서 손으로 실타래를 잡고 있는 형상이고, ‘乙’은 실을 길게 늘어트려 서로 엉키지 않게 하는 뜻(다스리다)이다. 금문은 ‘乙’을 생략하고 ‘(𤔔)’으로 쓴다. ‘실이 흩어지다’라는 뜻에서 파생되어 ‘어리럽히다’·‘흩어지다’·‘혼란되다’의 뜻으로 쓰인다.

논어에서 자로子路(계로季路, 중유仲由)는 ‘용(勇)’을 대표하는 상징적인 인물이다.

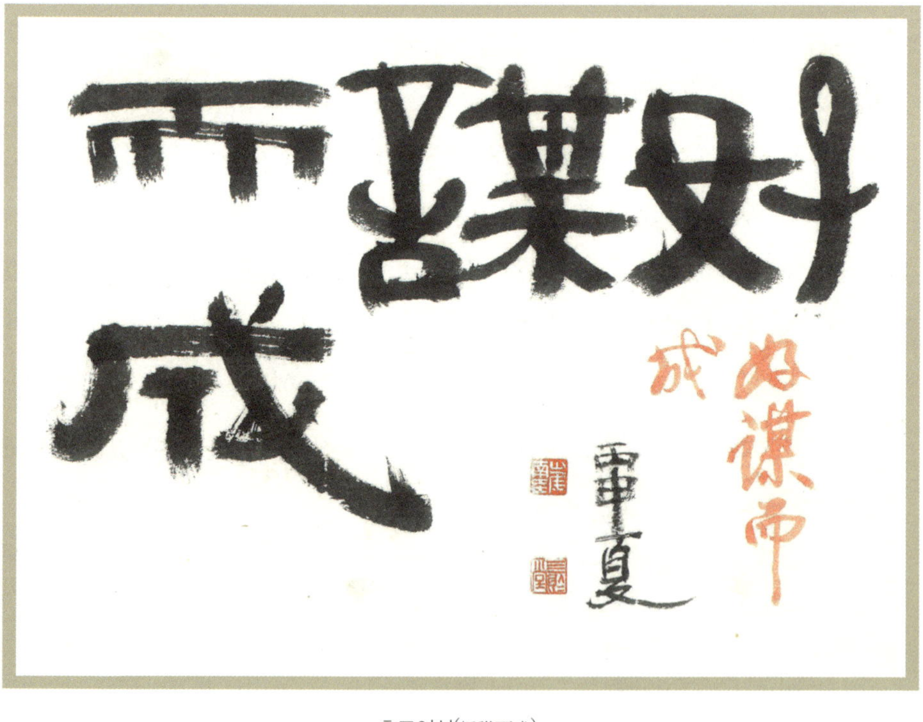

호모이성(好謀而成)

공자는 말하였다. "도道가 행하여지지 않아서 떼를 타고 바다로 떠나가게 되면 나를 따라올 사람은 유由일 게다."
자로가 이 말씀을 듣고 기뻐하였다. 공자는 말하였다. "유由는 용맹한 것을 좋아하기는 나보다 낫지만 취할만한 인재가 되지 못한다(사리事理를 분간할 줄 모른다)."
子曰: "道不行, 乘桴浮于海. 從我者其由與?" 子路聞之喜. 子曰: "由也好勇過我, 無所取材."(公冶長 05.07)

자로는 용감은 하나 재능에는 사려가 깊지 않았던 모양이다. 그래서 만약에 공자 자신이 삼군을 통솔한다면 맨손으로 호랑이를 때려잡을 수 있는 용감함은 있으나 지략이 부족한 자로와는 함께 하지 않겠다 하였다.

자로가 말하였다.
"선생님께서 삼군을 통솔하신다면 누구와 함께 하시겠습니까?"
공자가 말하였다.
"맨손으로 범에게 달려들고 황하를 맨발로 건너며 죽어도 뉘우침이 없는 사람과는 나는 함께 하지 않을 것이다. 나는 반드시 어려운 일에 임해서 두려워하고 미리 계획해서 성공하기를 좋아하는 사람과 함께 할 것이다."
子路曰: "子行三軍, 則誰與?" 子曰: "暴虎馮河, 死而無悔者, 吾不與也. 必也臨事而懼, 好謀而成者也."(述而 07.11)

공자의 눈에 자로는 용감은 하나 '의義'나 '호학好學'에 부족했던 모양이다. 그래서 자로가 '용勇'에 대하여 물으면, 난동을 부리는 경우로 의롭지(義) 않으면 난동을 부리거나, 배움을 좋아하지 않으면(好學) 난동을 부린다하였다.

자로는 "군자는 용맹한 것을 숭상합니까"라 물었다. 공자는 말하였다.
"군자는 정의正義를 숭상한다. 군자가 용맹하면서 정의正義를 무시하면 난동亂動을 일으키게 된다. 소인이 용맹하면서 정의正義를 무시하면 도둑질을 하게 된다."
子路曰: "君子尙勇乎?" 子曰: "君子義以爲上, 君子有勇而無義爲亂, 小人有勇而無義爲盜."(陽貨 17.23)

공자는 또한 자로에게 '육언六言육예六藝'에 대하여 설명해 주는데, 그 중에 하나가 용감은 하나 배우지 않으면(好學)은 난동을 부린다하였다.

"(여섯 가지 말에 따르는 여섯 가지 폐단) 인자하게 굴기를 좋아하면서 배우기를 싫어하면 그 폐단

> 은 어리석어지는 것이다. 지혜롭게 굴기를 좋아하면서 배우기를 싫어하면 그 폐단은 무절제無節制해지는 것이다. 신용 있게 굴기를 좋아하면서 배우기를 싫어하면 그 폐단은 의義를 해치게 되는 것이다. 곧게 굴기를 좋아하면서 배우기를 싫어하면 그 폐단은 가혹해지는 것이다. 용맹하게 굴기를 좋아하면서 배우기를 싫어하면 그 폐단은 난폭해지는 것이다. 굳세게 굴기를 좋아하면서 배우기를 싫어하면 그 폐단은 무모無謀해지는 것이다."
>
> "(六言六蔽). 好仁不好學, 其蔽也愚, 好知不好學, 其蔽也蕩, 好信不好學, 其蔽也賊, 好直不好學, 其蔽也絞, 好勇不好學, 其蔽也亂, 好剛不好學, 其蔽也狂."(陽貨 17.08)

어질기만 하고 배우지 않으면 우둔하게 사람만 좋고, 아는 것을 좋아하나 배우지 않으면 무절제하여 방탕해지고, 의리가 있어 믿음성은 있으나 배우지 않으면 의롭지 않은 경우가 있게 되어 의로움을 해치는 경우가 생겨나고, 용감하지만 배우지 않으면 마음을 절제하지 못하여 자신의 마음대로 되지 않으면 난동을 부릴 수 있는 것이다.

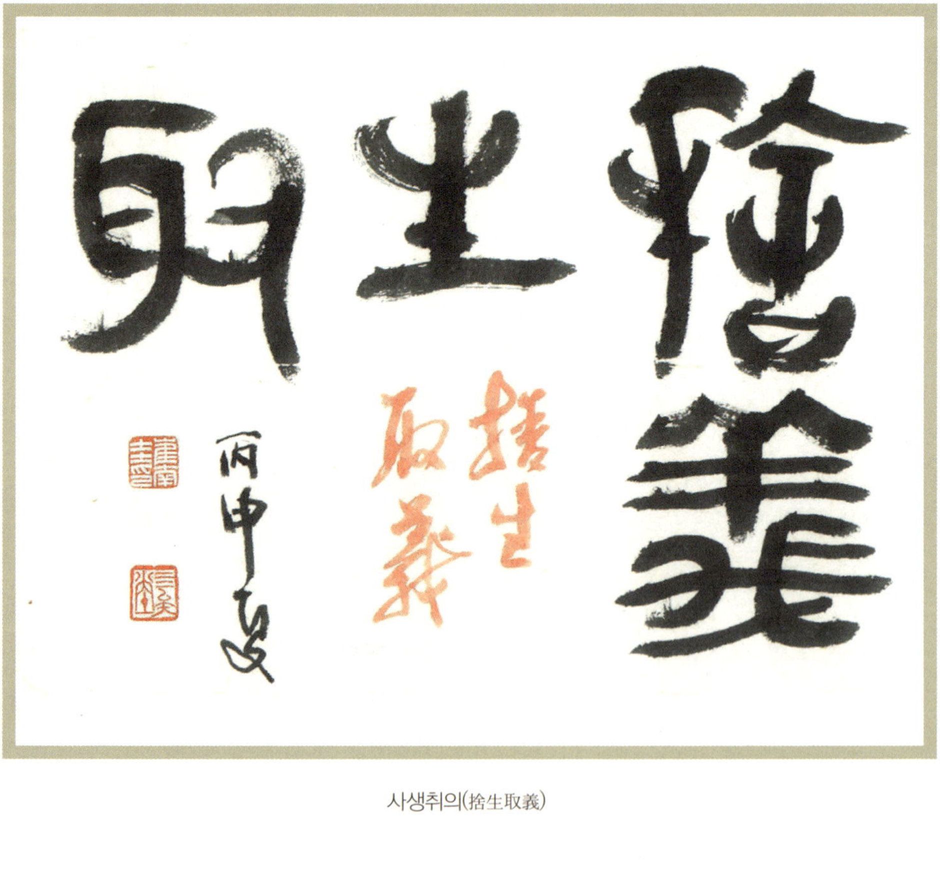

사생취의(捨生取義)

이외에도 공자는 "용감은 하나 만약에 '禮'가 없으면 난동을 부린다"하였다.[1] 그렇다면 용감한 사람은 어떻게 되는가? '두려움을 모르는 사람'이라 하였다.

> 공자는 말하였다.
> "지혜로운 사람은 당황하지 않고, 인자仁慈한 사람은 근심하지 않고, 용기 있는 사람은 두려워하지 않는다."
> 子曰: "知者不惑, 仁者不憂, 勇者不懼."(子罕 09.29)

그러나 단순히 용감하기만 하면 만용이 되고 만다. 용감은 배움과 '의義'와 '예禮'가 따라야 만이 진정한 용자가 되는 것이다. '사생취의捨生取義'·'살생성인殺生成仁'하는 자만이 진정한 용자이다.

> 공자는 말하였다.
> "지사志士와 인인仁人은 살기를 바라서 인仁을 해치는 일이 없고 몸을 죽여가지고 인仁을 이룩하는 일은 있다."
> 子曰: "志士仁人, 無求生以害仁, 有殺身以成仁."(衛靈公 15.09)

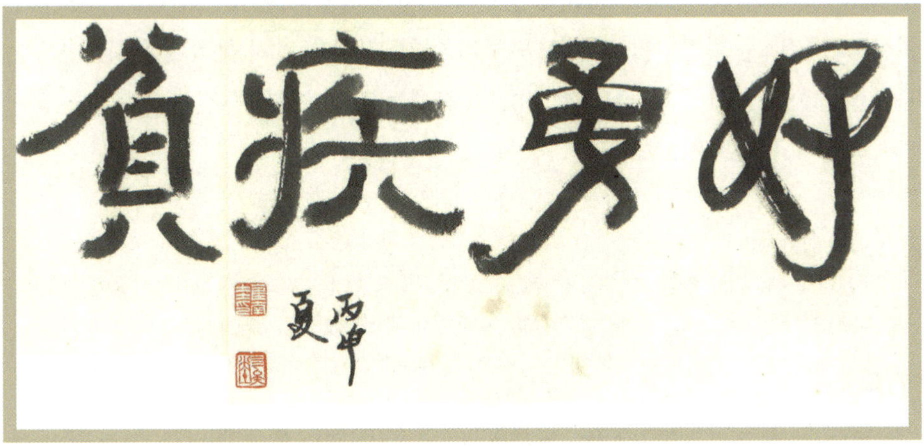

호용질빈(好勇疾貧)

---

1) 子曰: "恭而無禮則勞, 愼而無禮則葸, 勇而無禮則亂, 直而無禮則絞. 君子篤於親, 則民興於仁, 故舊不遺, 則民不偸."(泰伯 08.02) (공자는 말하였다. "공손하면서 예가 없으면 힘이 들고 신중하면서 예가 없으면 두려워지고, 용맹스러우면서 예가 없으면 난동을 저지르게 되고, 곧으면서 예가 없으면 박절하여진다" 공자는 말하였다. "군자가 친척들에게 후하게 하여주면 백성들 사이에 인자한 기풍이 일어나고, 옛 친구를 버리지 않으면 백성들이 박해지지 않는다.")

58. 守死善道 수사선도

목숨 걸고 정의를 실현하다

'수사선도' 구절 중 '수사守死'는 '사수死守하다'의 의미와 같다. '좋은 도(선도善道)'를 '죽음에 이르게 되어도 지켜내다'는 뜻이다. '도'는 "아침에 도를 들으면 저녁에 죽어도 좋다"의 '도道'이다.[1)]

'(道)'는 사람이 응당히 살아가야 할 길이다. '道'자는 또한 '(衜)'자로 쓰고, '衜'자는 '導'와 같은 자이다. 응당히 인간이 인도되어져 나아가야 할 길이다. 금문은 '도道'자를 ''·''나 ''·''으로 쓴다. 또한 세상 만물이 마땅히 자연의 순리에 따라 되어져 나가는 이치이다. 그래서 '道'란 사람이 살아가야 할 도리, 만물의 순환 진리를 터득하는 것이다. 하지만 세상 만물의 당연한 이치에 통달하기 위해서는 많은 내공이 필요하다. 만약에 내공을 갖추지 못하여 응당히 가야할 길을 가지 못하면 샛길로 빠지고 구렁텅이에 빠지고, 만물의 이치·천명을 알지 못하게 된다. '선도'는 '대도'다. 사람은 '대인'과 '소인'이 있듯이, 길에는 작은 길과 큰 길이 있다. '큰 길'이 '대도大道'이고 '선도善道'이다.

> 공자가 말하였다.
> "굳게 믿고 배우기를 좋아하고, 죽기를 각오하고 그 도道를 지키라. 위태로운 나라에는 들어가지 말고, 혼란한 나라에는 살지 말라. 세상에 정도正道가 행해지면 나아가고 정도正道가 행하여지지 않으면 숨는 것이다. 나라에 정도가 행하여지는데 빈천貧賤하게 산다는 것은 수치羞恥다. 나라에 정도가 행하여지지 않는데 부귀를 누리는 것은 수치羞恥다."
> 子曰: "篤信好學, 守死善道. 危邦不入, 亂邦不居. 天下有道則見, 無道則隱. 邦有道, 貧且賤焉, 恥也 ; 邦無道, 富且貴焉, 恥也."(泰伯 08.13)

'독신호학篤信好學, 수사선도守死善道' 구절은 혹은 '독신篤信'과 '호학好學' 뒤에 '선도善道'가 생략된 것으로 보고, '선도'를 굳게 믿고, '선도'를 배우기 좋아하고, '선도'

1) 子曰: "朝聞道, 夕死可矣." (里仁 04.08)

를 죽기를 각오하고 지켜라로 이해할 수 있다. '좋은 도'는 공자가 추구하는 도이다. 고문古文에서 이러한 생략법을 '탐하생략探下省略'이라 한다. '승상생략承上省略'은 앞에 이미 나온 문장이나 단어를 뒤에서 생략하는 방식이고, '탐하생략'은 뒤에 나오는 문장이나 단어를 앞에서 생략하는 문장 구조를 말한다.

> 귀뚜라미는 칠월에 들에서, 팔월엔 처마 밑에서, 구월에 문 앞에 있다가 시월엔 침상 밑으로 들어온다네.
> 七月( )在野, 八月( )在宇, 九月( )在戶, 十月蟋蟀入我床下. (《詩經 · 豳風 · 七月》)

위의 문장 중 ( )는 뒤에 나오는 '실솔蟋蟀' 즉 '귀뚜라미'가 생략되었다.

'위방危邦'과 '난방亂邦'은 들어가지 말고(不入), 기거하지 말라(不居)라 하였다. 맹자는 "아랫사람과 위 사람이 이익만을 바라면 나라가 위험해진다"하였다. 즉 '인의仁義'가 '호학'하지 않는 나라를 가리킨다.

> 맹자가 양혜왕을 만나셨다. 왕이 말하기를 "노인께서는 천리千里를 멀다 여기지 않으시고 찾아와 주셨으니 역시 내 나라를 이롭게 할일이 생기겠나요?"하자, 맹자는 이렇게 대답하셨다. "왕께서는 하필이면 이利롭게 한다고 말씀하십니까? 인자仁慈함과 정의正義가 있을 뿐입니다." 왕께서 어떻게 하면 내 나라를 이롭게 할까?라고 말씀하시면 대부들은 어떻게 하면 내 가문을 이롭게 할까?라고 말할 것이고, 사서인士庶人은 어떻게 하면 자신을 이롭게 할까?라고 말하여, 위아래가 서로 이익을 취하게 되면 나라가 위태로워질 것입니다. 만승萬乘의 나라에서 그 임금을 시해弑害하는 것은 반드시 천승千乘의 가문家門이고, 천승千乘의 나라에서 그 임금을 시해弑害하는 것은 반드시 백승의 가문입니다. 만승의 나라에서 천승을 취하고, 천승의 나라에서 백승百乘을 취하는 것이 많지 않은 것은 아닙니다. 정녕 정의를 뒤로 미루어 놓고 이익을 앞세운다면 빼앗지 않고서는 만족해하지 않습니다. 여지껏 인자仁慈하면서 자기의 어버이를 버린 사람은 없었고, 정의에 따라 살면서 자기의 임금을 뒤로 미루어버린 사람은 없었사오니, 왕께서는 역시 인자함과 정의를 말씀하시는데 그치실 것이지 하필이면 이익을 말씀하십니까?"
> 孟子見梁惠王, 王曰: "叟! 不遠千里而來, 亦將有以利吾國乎?" 孟子對曰: "王何必曰利? 亦有仁義而已矣. 王曰何以利吾國? 大夫曰何以利吾家? 士庶人曰何以利吾身? 上下交征利, 而國危矣. 萬乘之國, 弑其君者, 必千乘之家; 千乘之國, 弑其君者, 必百乘之家. 萬取千焉, 千取百焉, 不爲不多矣. 苟爲後義而先利, 不奪不饜. 未有仁而遺其親者也 ; 未有義而後其君者也. 王亦曰仁義而已矣, 何必曰利?"(孟子 · 梁惠王)

'叟(늙은이 수, sǒu)'는 '노인네'라는 뜻으로 '맹자'를 가리킨다.

'난방亂邦'은 위험한 정도가 '위방'보다 더 심하다. 혼란이 있고, 전쟁이 있는 나라다. 그래서 이러한 곳에서 살면 결국 생명이 위험하다. 중유仲由(자로)는 후에 위衛나라 집사를 지내게 되었는데, 괴외蒯聵와 공회孔悝의 왕위쟁탈전에 휘말려 죽음에 이르게 된다. "군자는 죽어도 관을 벗지 않는 법이다(君子死, 冠不免)"라며 떨어진 관을 주어 쓰려다 죽음을 당해 육장肉醬이 되고 만다. 공자는 위나라에 난이 일어났다는 말을 듣고 "아 자로가 죽겠구나"했다. 자로는 죽음을 두려워하지 않은 용감한 자였다.

천하에 도가 있는데 '현見'하지 않는 것도 정의롭지 않은 일이다. 나라의 부흥을 위해서 힘써야 한다. '부귀富貴' 역시 마찬가지다. 나라가 평화로워 정당한 방법으로 취할 수 있음에도 '부귀'롭지 않다면 이는 능력 부족이다. 이와는 반대로 도가 없는 나라인데도 '부귀'를 취했다면, 도가 없는 나라의 집정자가 능력이 있는 인재를 널리 찾아 구한 것이 아니라 부당한 방법으로 등용하여 부당한 방법으로 부귀를 취했기 때문이다. 그래서 공자는 "의롭지 않는 '부귀'는 뜬 구름과 같이 쓸모없는 패물"이라 하였다.

> 공자는 말하였다.
> "거친 것을 먹고 물을 마시고 팔베개를 하고 살아도 즐거움은 또한 그 가운데 있는 것이다. 의롭지 않으면서 돈 많고 벼슬 높은 것은 나에게는 뜬구름과 같다."
> 子曰: "飯疏食飮水, 曲肱而枕之, 樂亦在其中矣. 不義而富且貴, 於我如浮雲."(述而 07.16)

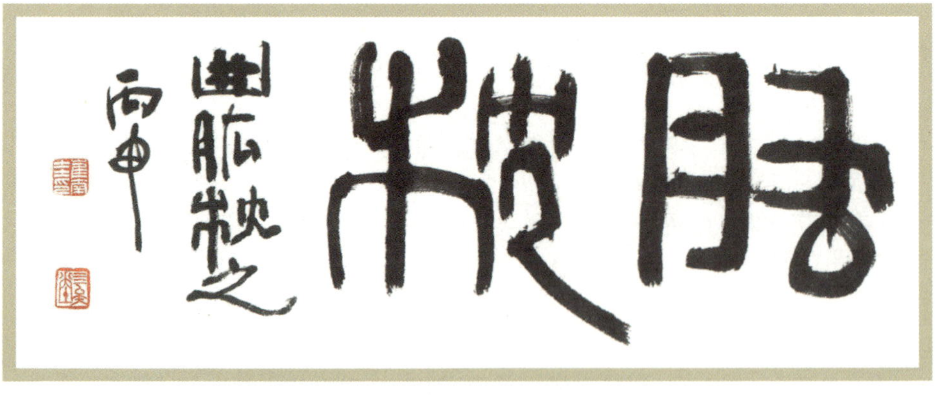

굉침(肱枕), 곡굉침지(曲肱枕之)

'소사疏食'는 '거친 밥'이라는 뜻이다. '(疏)'자는 '㐬'와 '疋(발 소, shū)로 이루어진 자이다. '㐬'자는 '아이가 자궁에서 머리가 나오고 있는 형상'으로 毓(기를 육, yù)'자의 오른 쪽 편방과 같다. '毓(育)'자를 갑골문은 '' · ''으로 쓰고, 금문은 '' · ''으로 쓴다. 여인이 아이를 낳는 모습이다. '(疏)'자는 원래 '갓 태어난 어린 아이의 다리'라는 뜻이며, 아이가 태어났기 때문에 '소통하다'는 의미가 파생되었고, 갓 태어난 아이의 발이기 때문에 걸어 다닐 수 없어 '서툴다' · '거칠다'는 뜻으로 쓰이게 되었다.

'곡굉이침지曲肱而枕之' 구절 중 '肱(팔뚝 굉, gōng)'을 '구부리다(曲)'라는 뜻이고, '枕(베개 침, zhěn)'은 '베개로 삼아 잠을 자다'라는 뜻이다. '之'는 '곡굉曲肱'을 가리킨다.

공자는 거친 음식을 먹으며 고달프게 사는 그 자체가 즐겁다고 말한 것이 아니라, 비록 이러한 생활을 한다 하여도 정도正道를 따라 즐겁게 살 수 있다는 것이다. 뜬구름과 같다는 것은 높이 떠 있어 자신에게는 전혀 관심 없는 것이고 취할 바도 아니고 취할 수 있는 가능성도 없는 것이다는 뜻이다.

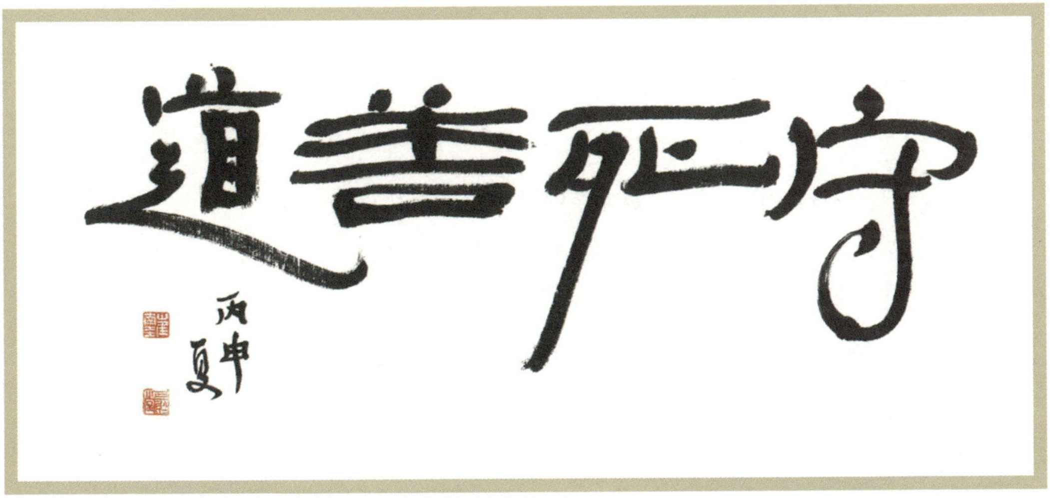

수사선도(守死善道)

59. 愛之欲生 애지욕생

좋아하면 살기를 바란다

‘애지욕생’은 ‘좋아하면 살기를 바라다’는 뜻이다. 반대말은 ‘오지욕사惡之欲死’이다. 속된 말로 말하면, 그 사람을 좋아하면 살기를 바라고, 미워하면 죽어버렸으면 하는 바람인 것이다. 사랑하면 그가 하는 모든 행위가 예뻐 보이지만, 미워하면 아무리 사랑스럽고 훌륭한 행동도 모두 가식적으로 보이고 밉게 보이는 것이 인지상정人之常情이다.

‘(愛)’자는 원래 의미부 ‘夊’와 소리부 ‘㤅’로 이루어진 자이다. ‘㤅’자는 ‘心’과 ‘旡(목멜 기, jì)’로 이루어진 자이다. 사실상 ‘愛’와 ‘㤅’는 같은 자이다.[1] 현대 해서楷書의 ‘愛’자 중 위부분 ‘爫’는 ‘旡’자의 변형이다. ‘(旡)’자를 갑골문은 ‘ ’자로 쓴다. 고개를 돌려 다른 사람을 쳐다보는 모습이다. ‘㤅’는 ‘고개를 돌려 행여 사랑하는 사람이 올까 생각하고 그리워하는 마음’이다.

‘(欲)’자는 의미부 ‘欠(하품 흠, qiàn)’과 소리부 ‘谷’으로 이루어진 자이다. ‘(欠)’자를 갑골문은 ‘ ’·‘ ’으로 쓴다. ‘크게 입을 버리고 있는 모습 혹은 물건을 보고 탐하는 모습’이다. ‘欲’이란 ‘입을 크게 벌리고 탐함이 계곡처럼 넓다’라는 뜻이다. 후에 ‘心’자를 추가하여 ‘慾’으로 쓴다. 후에 ‘욕망하다’·‘바라다’·‘희망하다’로 쓰인다.

‘惡(미워할 오, wū,wù)’는 ‘미워하다’는 의미로 ‘오’로 읽는다.

‘애지욕생’과 ‘오지욕사’는 자장이 ‘변혹辨惑’에 대하여 묻자 공자가 사람의 변심에 대하여 비유를 들어 설명한 내용이다. ‘변혹辨惑’ 중 ‘(辨)’자는 ‘칼(刀)’과 ‘辡(따질 변, biàn)’로 이루어진 자로 칼로 물건을 자르듯 따져 분명하게 구별하는 것을 말한다. ‘(班)’자는 ‘玨’과 ‘刀’로 이루어진 자로 ‘옥을 칼로 나눈다는 의미’이다. ‘惑’자는 ‘或’

1) “愛, 行皃. 从夊, 㤅聲.”(‘실행하는 모습’의 뜻이다. 의미부 ‘夊’와 소리부 ‘㤅’로 이루어진 자이다.) “㤅, 惠也. 从心, 旡聲.”(‘은혜롭다’의 뜻이다. 의미부 ‘心’과 소리부 ‘旡’로 이루어진 자이다.) (《說文》)

과 '心'으로 이루어진 자로 혹은 이럴까 혹은 저럴까 갈팡질팡하는 마음이다.

> 자장이 덕을 숭상하는 것과 모순됨을 가려내는 것을 물어 보았다. 공자가 말하였다. "충성과 신용을 주로 하고 의로운 데로 옮겨가는 것이 덕을 숭상하는 것이다. 사랑할 때에는 살기를 바라다가 미워할 때에는 죽기를 바라는데, 이것은 살기를 바란데다 또 죽기를 바라는 것이니 미혹됨이다."
> 子張問崇德辨惑. 子曰, "主忠信, 徙義, 崇德也. 愛之欲其生, 惡之欲其死. 旣欲其生, 又欲其死, 是惑也."(顔淵 12.10)

'숭덕崇德'은 덕을 숭상하는 것이다. ''(崇)'은 의미부 '山'과 소리부 '宗(마루 종, zōng)'으로 이루어진 자이다. ''(宗)'은 집의 종주宗主이다. 따라서 가장 뛰어나다는 뜻이다. '崇'은 가장 높은 산이라는 뜻이다. ''(德)'자는 혹은 '彳(行)'을 생략하고 '悳'으로 쓰기도 한다. 갑골문은 ''·''으로 쓰고, 금문은 ''·''으로 쓴다. '直'·'彳(行)'·'心'으로 이루어진 자이다. 길을 갈 때 똑바로 직시하고 가는 모습이다. '덕'은 인간이 살아가는 길을 정직하게 똑바로 인식하고 가는 것이다.

'사의徙義' 중의 '徙(옮길 사, xǐ)'자는 혹은 ''(辿)'자나 ''(征)'자로 쓴다. '辵'이나 '彳(行)'은 모두 길을 뜻하고, '步'·'止'는 발로 걸어간다는 뜻이다. ''(義)'자는 혹은 ''(羛)'로 쓴다. '義'자는 날이 있는 긴 창(我)에 양(羊)의 머리를 꽂은 모습으로 위엄 있는 모습을 나타낸다. '羛'자 중의 '弗'은 '紼(동아줄 불, fú,fèi)'로 양을 동아줄로 묶어 놓은 모습이다. 날이 달린 창 등에 양과 같은 동물을 묶어 족장의 위엄을 표시하기 위해 들고 다니는 지팡이다. 후에 위엄있는 있는 행동거지의 뜻으로 '儀'자로 쓴다. 갑골문은 '義'자를 ''·''으로 쓰고, 금문은 ''·''으로 쓴다.

사랑했던 여인과 결혼을 했는데, 이혼을 하고, 세상에서 가장 '철천지지원수徹天之怨讐'가 된다. 대상은 같은 여인인데, 우리의 마음은 일순간에 '사랑(애愛)'에서 '미움(오惡)'로 변한다. 이 얼마나 모순된 일인가. 모든 만물에 대한 우리의 시각, 관점 역시 마찬가지다. '인'으로 바라보아야, 모든 것이 '인'으로 보이는 법이다. '변혹辨惑'은 인의예지仁義禮智를 흔들임 없는 마음과 흔들임 없는 실행으로 실천해야 극복할 수 있는 것이다. 가장 중요한 것은 마음이다. 그래서 맹자는 백성을 사랑하는 것 역시 가장 중요한 것은 '마음을 헤아리는 것' 즉 '마음의 씀씀이'라 하였다.

왕이 기뻐하면서 "《시경詩經 · 소아小雅 · 교언巧言》편에 '다른 사람의 속마음을, 나는 그것을 헤아려 아노라.'하였는데, 선생 같은 분을 두고 한 말일 것입니다. 대체로 내가 그 일을 해놓고서도 돌이켜 그렇게 한 이유를 알아보아도 내 마음을 파악하지 못하였는데, 선생께서 말씀하시자 내 마음에 감동이 옵니다. 그러한 마음이 왕 노릇 하는데 합당한 까닭은 무엇입니까?"하고 말하자, 이렇게 말하였다.

"내 힘은 3천 근을 들기에는 충분하지만 새 날개 하나를 들기에는 부족하고, 시력視力은 가을 털끝을 살피기에는 충분하나 수레에 실은 땔나무는 보이지 않는다고 왕께 말씀드리는 사람이 있다면 왕께서는 그것을 믿으시겠습니까?"

"안 믿습니다."

"이제 은혜가 금수禽獸에까지 미치기에 넉넉하면서 힘이 백성에게는 가지 않는 것은 대체 무엇 때문입니까? 그러니 새 날개 하나가 들리지 않는 것은 힘을 쓰지 않기 때문이고, 수레에 실은 땔나무가 보이지 않는 것은 시력視力을 쓰지 않기 때문이고, 백성들이 편안해지지 않는 것은 은혜를 베풀지 않기 때문입니다. 그러므로 왕께서 왕 노릇 못하는 것은 하지 않는 것이지, 할 수 없어서가 아닙니다."

"하지 않는 것과 할 수 없는 것의 내용은 어떻게 다릅니까?"

"태산을 겨드랑이에 끼고서 북해北海를 뛰어넘는 것을 사람들에게 '나는 할 수 없다'고 한다면 그것은 정말로 할 수 없는 것입니다. 어른의 팔다리를 주물러 주는 것을 사람들에게 '나는 할 수 없다'고 말한다면 그것은 하지 않는 것이지 할 수 없는 것은 아닙니다. 그러므로 왕께서 왕 노릇 못하시는 것은 태산을 겨드랑이에 끼고 북해를 뛰어 넘는 부류의 것이 아닙니다. 왕께서 왕 노릇 못하시는 것은 팔다리를 주무르는 부류의 것입니다. 내 부형父兄을 공경하여 그 마음을 남의 부형에게까지 미쳐가게 하고, 내 어린것들을 사랑하고, 그 마음을 남의 어린것들에게까지 미쳐가게 하면 천하는 손바닥 위에서 움직일 수 있습니다. 《시경詩經 · 대아大雅 · 사제思齊》편에 '큰 아내를 올바로 대하고 형제에까지 그렇게 하여서 집안과 나라를 다스리도다'라 한 것은, 가정을 다스리는 마음을 가져다가 저 백성들에게 쓸 따름이라는 것을 말한 것입니다. 그러므로 은혜를 미루어 나가면 넉넉히 온 세상을 편안하게 할 수 있고, 은혜를 미루어 나가지 않으면 처자 조차 편안하게 할 길이 없는 것입니다. 옛날 사람들이 남보다 대단히 뛰어난 까닭은, 별다른 것은 없고, 그들이 하는 바를 잘 미루어 나갔다는 것 뿐입니다. 이제 은혜가 금수禽獸에게까지 풍족하게 베풀어지면서 힘이 백성에게는 가지 않는 것은 대체 무엇 때문입니까? 달아본 후에야 가볍고 무거운 것을 알게 되고, 재어본 후에야 길고 짧은 것을 알게 되는 것인데, 모든 물건이 다 그렇지마는 마음은 더욱 그렇습니다. 왕께서는 마음을 헤아려보시도록 하십시오."

王說曰: "《詩》云: '他人有心, 予忖度之', 夫子之謂也. 夫我乃行之, 反而求之, 不得吾心; 夫子言之, 於我心有戚戚焉. 此心之所以合於王者, 何也?"

曰: 有復於王者曰: "吾力足以擧百鈞, 而不足以擧一羽; 明足以察秋毫之末, 而不見輿薪. 則王許之乎?" 曰: "否."

"今恩足以及禽獸, 而功不至於百姓者, 獨何與? 然則一羽之不擧, 爲不用力焉; 輿薪之不見, 爲不用明焉; 百姓之不見保, 爲不用恩焉. 故王之不王, 不爲也. 非不能也."

曰: "不爲者與不能者之形何以異?"

曰: "挾太山以超北海, 語人曰: '我不能', 是誠不能也. 爲長者折枝, 語人曰: '我不能', 是不爲也,非不能也. 故王之不王, 非挾太山以超北海之類也 ; 王之不王, 是折枝之類也. 老吾老以及人之老, 幼吾幼以及人之幼, 天下可運於掌.《詩》云: '刑于寡妻, 至于兄弟, 以御于家邦', 言擧斯心加諸彼而已. 故推恩足以保四海, 不推恩無以保妻子. 古之人所以大過人者無他焉, 善推其所爲而已矣. 今恩足以及禽獸, 而功不至於百姓者, 獨何與? 權, 然後知輕重 ; 度, 然後知長短. 物皆然, 心爲甚. 王請度之." (《孟子·梁惠王上》)

《大學》은 '넓고 큰 학문' 혹은 '크게 이루기 위한(大成)의 학문'이나 소인이 아닌 '대인의 학문'이라는 뜻으로 이해한다. '대학'이란 '덕'을 더욱 더 밝게 하고, 밝은 덕으로 백성을 사랑하여 최고의 선에 이르는 것이라 하였다.

"대학大學의 도道는 광명光明한 덕을 밝히는 데 있고, 백성들을 새롭게 하는 데 있고, 지극한 선善에 머물러 있는 데 있다."
"大學之道, 在明明德, 在親民, 在止於至善."(《大學》)

"(마음은) 머물러 있을 줄을 알게 된 후에야 정해지고, 정해진 후에야 조용하여질 수 있고, 조용하여진 후에야 편안하여질 수 있고, 편안하여진 후에야 사고思考할 수 있고, 사고하게 된 후에야 터득할 수 있게 된다."
"知止而後有定, 定而後能靜, 靜而後能安, 安而後能慮, 慮而後能得."(《大學》)

"사물에는 근본되는 것과 미단末端적인 것이 있고, 처음 할 것과 끝에 할 것이 있다. 먼저 하고 뒤에 할 바를 알면 도道에 가까워지게 될 것이다."
"物有本末, 事有終始, 知所先後, 則近道矣."(《大學》)

"옛날의 광명한 덕을 천하에 밝히려고 한 사람은 먼저 자기의 나라를 다스렸고, 자기의 나라를 다스리려고 한 사람은 먼저 자기의 집을 정돈하였고, 자기의 집을 정돈하려고 한 사람은 먼저 자신의 덕德을 닦았다. 자기 자신의 덕을 닦으려고 한 사람은 먼저 자기의 마음을 바로잡았다. 자기의 마음을 바로잡으려고 한 사람은 먼저 자기의 생각을 성실하게 하였다. 자기의 생각을 성실하게 하려고 한 사람은 먼저 자기의 지혜를 넓혔다. 지혜를 넓히는 것은 사물의 이치를 구명究明하는 데 달렸다."
"古之欲明明德於天下者, 先治其國, 欲治其國者, 先齊其家, 欲齊其家者, 先修其身, 欲修其身者, 先正其心, 欲正其心者, 先誠其意, 欲誠其意者, 先致其知, 致知在格物." (《大學》)

"사물의 이치가 구명된 후에야 지혜가 생겨온다. 지혜가 생겨온 후에야 생각이 성실하여진다. 생각이 성실하여진 후에야 마음이 바로잡힌다. 마음이 바로잡힌 후에야 자신의 덕이 닦아진다. 자신의 덕이 닦아진 후에야 집이 정돈된다. 집이 정돈된 후에야 나라가 다스려진다. 나라가 다스려진 후에야 천하가 화평하여진다."
"物格而後知至, 知至而後意誠, 意誠而後心正, 心正而後身修, 身修而後家齊, 家齊而後國治, 國

治而後天下平."(《大學》)
"천자天子로부터 서인庶人에 이르기까지 똑같이 다 자신의 덕을 닦는 것을 근본으로 삼는다. 자기의 근본된 것이 어지러우면서 말단이 다스려지는 사람이란 있을 수 없다. 자기가 후하게 할 데에 박하게 하고서 박하게 할 데에 후하게 한 사람은 여지껏 나와 본 일이 없다."
"自天子以至於庶人, 壹是皆以修身爲本. 其本亂而末治者否矣. 其所厚者薄, 而其所薄者厚, 未之有也."(《大學》)

"〈강고康誥〉에는 덕을 밝게 할 수 있다고 하였고, 〈태갑太甲〉에는 이 하늘의 밝은 명령을 돌본다고 하였고, 〈제전帝典〉에는 높은 덕을 밝게 할 수 있다고 하였는데, 다 스스로 밝게 하는 것이다."
"康誥曰克明德, 太甲曰顧諟天之明命, 帝典曰克明峻德, 皆自明也."(《大學》)

'격물格物'·'치지致知'·'성의誠意'·'정심正心'·'수신修身'·'제가齊家'·'치국治國'·'평천하平天下' 등 여덟 가지 항목은 《대학》에서 강조하는 중요한 수양 덕목이다. '격물'과 '치지'는 '리理'를 밝히는 것이고, '성의'·'정심'과 '수신'은 '리理'를 체현體現하는 것이고, '제가'·'치국'과 '평천하'는 '리理'를 확충하여 실현하는 것이다.

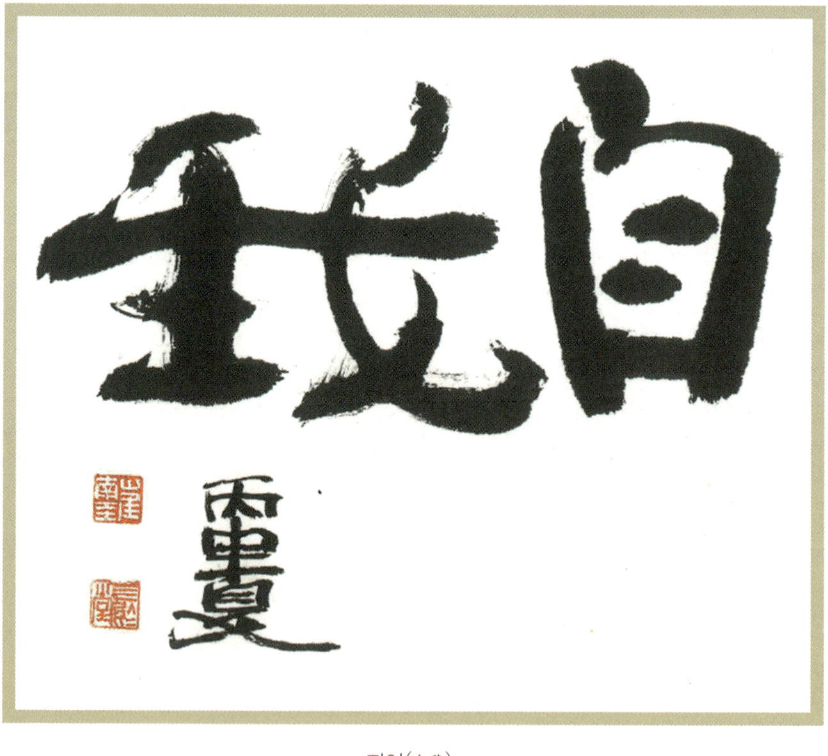

자아(自我)

‘격물치지格物致知’에 대하여 역대로 매우 다양한 해석을 하였다. ‘格(바로잡을 격, gé,gē)’자는 일반적으로 ‘來’ 혹은 ‘至’의 의미로 이해하여, ‘격물’은 ‘사물의 이치를 궁구하다’라로, ‘치지’는 ‘앎이 지극한 경지에 이르다’로 해석한다.

‘(格)’자는 의미부 ‘木’과 소리부 ‘各’으로 이루어진 자로 원래는 ‘나무로 각각의 틀에 맞춰 만든 난간이나 창문틀’이라는 의미로 쓰인다. 후에 ‘바로 잡다’는 파생어로 쓰인다. 고문자에서는 ‘格’과 ‘各’자가 같은 의미로 쓰인다. ‘(各)’은 ‘口’와 ‘夂(뒤져서 올 치, zhǐ)’로 이루어진 자로 갑골문은 ‘’·‘’으로 쓰고, 금문은 ‘’·‘’으로 쓴다. 발(止)이 어떤 지점(口)을 향하여 들어오는 형상이다. 그래서 ‘이르다’라는 ‘來’나 ‘至’로 해석한 것이다. ‘各’은 후에 다른 어떤 곳에서 자신이 살고 있는 곳으로 들어왔기 때문에 ‘이질적 집단’ 즉 나와 구별되는 ‘각각’이라는 의미로 쓰인다. 따라서 ‘格’은 ‘각 사물이 가지고 있는 각각의 이치에 이르게 파악하다’라는 뜻이다. ‘격물’은 각 사물이 가지고 있는 이치를 궁구窮究함을 말한다.

‘치지致知’ 중 ‘致’는 ‘夂’과 ‘至’로 이루어진 자로, 고문자에서 ‘至’와 같은 자로 쓰인다. ‘(至)’자는 ‘矢(화살)’이 ‘땅(一)’에 꽂히는 형상이다. ‘一’ 대신에 ‘土’를 써서 ‘(垩)’로 쓴다. 갑골문은 ‘’으로 쓰고, 금문은 ‘’으로 쓴다. 후에 ‘이르다’·‘도착하다’라는 의미로 쓰인다. 논어의 〈태백泰伯〉편에서는 주나라의 덕을 ‘지덕至德’이라 하였는데,[1] ‘지덕至德’ 중의 ‘至’의 의미와 같다. ‘지고무상至高無上’이라는 뜻이다. 대충대충 아는 것이 아니라 사물의 이치를 궁구하여 ‘앎을 극치에 이르도록 하며’, 사물의 궁극窮極을 상세하게 파악함을 말한다.

‘정심正心’ 중 ‘(正)’자는 ‘一’과 ‘止(발)’로 이루어진 자이다. 혹은 ‘(正)’이나 ‘(足)’으로 쓴다. 모두 지역을 상징하는 ‘口’와 발을 상징하는 ‘止’나 ‘足’으로 이루어진 자이다. ‘正’자를 갑골문은 ‘’·‘’·‘’으로 쓰고, 금문은 ‘’·‘’으로 쓴다. 고문자에서는 어느 지역을 정벌하기 위하여 가는 형상으로, ‘정복하다’의 ‘征’자와 같은 자이다. 정벌한다는 것은 정의로움을 실현하고, 정당치 못한 이민족의 습속을 바로잡아 주며, 미개한 민족을 선도한다는 사상에서 출발하였기 때문에, 후에 ‘바로잡

1) “三分天下有其二, 以服事殷. 周之德, 其可謂至德也已矣. (泰伯 08.20) (천하의 3분의 2를 차지하고서 은나라에 복종하였었으니, 주나라의 덕은 그야말로 지극한 덕이라 하겠다.”)

다'·'정의' 등등의 의미로 쓰인다. '(定)'자 또한 '宀'과 '正'으로 이루어진 자로, '正'자과 같은 의미로 쓰이기도 한다. 갑골문은 ''으로 쓰고, 금문은 ''로 쓴다.

어떤 사람을 만났을 때, 그 사람을 좋아하면 얼굴 빛부터 달라지는 것이다. 표정관리가 쉽지 않다. "부드러운 안색으로 부모님을 섬기기가 어렵다"[1]하였는데, 하물며 일반 사람을 대하는 것이야 어떻겠는가.

입장 바꾸어, 사람들에게 나는 '애지욕생愛之欲生'한 사람인가 혹은 '오지욕사惡之欲死'한 사람인가? '촌탁忖度'이란 '다른 사람의 마음을 미루어 헤아린다'라는 뜻이다. 얼굴빛을 보면 촌탁할 수 있을 것이다.

애(愛), 애지욕생(愛之欲生)

1) "子夏問孝. 子曰: 色難. 有事, 弟子服其勞, 有酒食, 先生饌, 曾是以爲孝乎?"(〈爲政〉 02.08) (자하가 孝에 관해서 여쭈어 보자 공자는 말하였다. "부드러운 안색으로 부모를 섬기기가 어렵다")

60. 切切偲偲 절절시시

꼼꼼하고 똑똑하게

'절절시시'는 '간절하고 절실한 모습이나 모양'을 나타내는 형용어(의태어)이다. 친구와 대화를 나눌 때의 절실하면서도 꼼꼼하며, 정확하면서도 똑똑하게 이야기하는 태도를 가리킨다.

'(切, 끊을 절{온통 체}, qiè)'자는 '七'과 '刀'로 이루어진 자로 '七'은 '十'자가 변형된 형태이다. '十'은 원래 물건 한 가운데를 칼로 도려내 흔적을 표시한 모양이다. 갑골문과 금문은 '十'자를 ''·''으로 쓴다. '절절'은 칼로 물건을 자르듯이 촘촘하고 꼼꼼하게 상대방과 대화를 나눔을 말한다. 혹은 '절차탁마切磋琢磨'하는 모습으로 해석하기도 한다.

'偲(굳셀 시, sī,cāi)'로 '心'과 소리부 '思'로 이루어진 자이다. '思'자는 '心'과 '囟(정수리 신, xìn)'으로 이루어진 자이다. '思'자 중의 '田'의 형태는 머리통의 '囟'이 변한 것이다. '(思)'자는 원래 두뇌로 생각하는 것을 말한다.

《시경詩經·제풍齊風·노령盧令》에 '그 사람 멋지고 어질기도 하네. (其人美且仁)'·'그 사람 멋지고 씩씩하기도 하네. (其人美且鬈)'·'그 사람 멋지고 똑똑하기도 하네. (其人美且偲)' 중 '偲'자에 대하여《모전毛傳》은 '才(재능)'의 뜻이다라 하였다.[1] '시시偲偲'는 '상대방과 대화를 할 때 토론하고자 하는 내용을 정확하고 분명하며 똑똑하게 설명하는 모습'을 가리킨다.

> 자로가 물었다. "어떻게 해야 선비라고 할 수 있습니까?"
> 공자가 말하였다.
> "절실하고 자상하면서 화락和樂하면 선비라고 할 수 있다. 벗들과 절실하고 자상하며 형제들과는 화락하게 된다."
> 子路問曰: "何如斯可謂之士矣?" 子曰: "切切偲偲, 怡怡如也, 可謂士矣. 朋友切切偲偲, 兄弟怡怡."(子路 13.28)

---

1) 《毛傳》: '偲, 才也.'(偲는 재능의 뜻이다.)

'여하如何'는 '어떻게'라는 뜻이고, '사斯'는 대사로 '이것'이라는 뜻이다. '이이여怡怡如' 중 '怡(기쁠 이, yí)'자는 '心'과 '台(나 이)'로 이루어진 자이다. '(台)'자는 '口'와 소리부 '㠯(以)'로 이루어진 자이다.[1] 고문자에서 '台'자와 '怡'자는 같은 뜻이다. '台'자에 후에 '心'을 추가하여 '怡'로 쓰게 되었다. '如'자는 '然'자와 같은 형용사접미사이다. '……한 모양'의 뜻이다

'士(선비 사, shì)'자를 금문은 ''·''·''자로 쓴다. 고문자 유래에 대해서는 다양한 해석을 하나 양반이 '갓을 쓴 모습'을 나타내는 것이 아닌가한다. 고대 제후국諸侯國에는 경卿·대부大夫와 사士가 있었는데, '사士'는 원래 가장 낮은 벼슬아치의 신분을 가리켰으나, 후에는 일반적으로 관리의 위치에 있는 사람을 모두 '士'자를 사용하였다. '仕'자는 선비가 관직에 나가는 것을 말한다. 맹자는 "선비가 벼슬을 하는

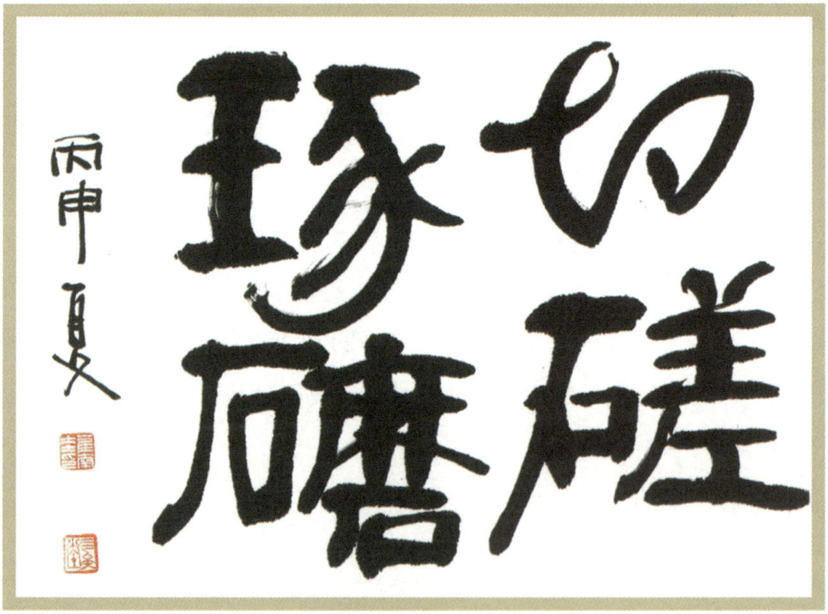

절차탁마(切磋琢磨)

---

1) "台, 說也. 从口, 㠯聲."('台'는 '기뻐하다(悅)'는 뜻이다. 의미부 '口'와 소리부 '㠯(以)'로 이루어진 자이다.) (《說文》)

것은 농부가 밭을 가는 것과 같다."라 하였듯이,[1] 관직을 가졌거나 혹은 인격 수양을 갖춘 사람을 가리킨다.

논어에서는 자로와 자공子貢이 '사士'에 대하여 직접 공자에 물어 보았다. 혹은 자신이 어떤 사람이어야 하는가에 대한 물음일 수도 있다. 자로에게는 친구와 형제지간에 화기애애하고 잘 지내야 한다고 하였고, 자공에게는 수치스러운 행동을 하지 않고, 사명을 다하고, 효도하고, 형제지간에 우애하고, 신뢰가 있어야 한다하였다.

> 자공이 "어떻게 해야 선비라고 할 수 있습니까?"하고 여쭈어 보았다.
> 공자는 말하였다.
> "자기 자신의 행동에 대해서 부끄러운 마음을 가지고 있고 외국에 사신으로 파견되어 군주가 준 사명을 욕되게 하지 않는다면 선비라고 할 수 있다."
> "감히 그 다음가는 것을 여쭈어 볼까요?"하자,
> "친척들이 효성 있다고 칭찬하고, 한 마을 사람들이 우애스럽다고 칭찬하는 것이다."라고 말씀하셨다.
> "감히 그 다음가는 것을 여쭈어 볼까요?"
> "말에는 반드시 신용이 있고, 행하는 일은 반드시 과감성이 있는 것은 완고한 소인이기는 하나 그래도 역시 그 다음은 될 수 있다."
> "지금 정치에 종사하고 있는 사람들은 어떠합니까?"하자, 공자는 말하였다.
> "아아, 째째한 인간들이니 축에 끼울 것도 못된다."
> 子貢問曰: "何如斯可謂之士矣?" 子曰: "行己有恥, 使於四方, 不辱君命, 可謂士矣." 曰: "敢問其次." 曰: "宗族稱孝焉, 鄕黨稱弟焉." 曰: "敢問其次." 曰: "言必信, 行必果, 硜硜然小人哉! 抑亦可以爲次矣." 曰: "今之從政者何如?" 子曰: "噫! 斗筲之人, 何足算也?"(子路 13.20)

위 문장 중의 '士'는 벼슬아치의 선비이다. 아래는 선비가 갖추어야할 인격적 자질에 대하여 언급한 내용이다. '갱갱연硜硜然'은 원래는 '돌이 부딪칠 때 내는 소리'를 나타내나, 언행에 있어서는 '융통성이 없이 완고한 모습'을 가리킨다. '두소斗筲'는 '도량과 견식이 적은 사람을 비유한 말이다.

> 공자는 말하였다.
> "선비가 도道에다 뜻을 두고도 험한 옷과 험한 음식을 부끄러워한다면 그와는 함께 의견을 교환할 여지도 없다."
> 子曰: "士志於道, 而恥惡衣惡食者, 未足與議也."(里仁 04.09)

---

1) "士之仕也, 猶農夫之耕也."(《孟子·滕文公下》)

曾子가 말하였다. "선비는 도량度量이 넓고 꿋꿋하지 않으면 안 될 것이니, 소임所任은 중대하고 갈 길은 멀다. 인자仁慈함을 이룩하는 것을 자기의 소임으로 하니 또한 중대하지 아니한가. 죽은 후에라야 끝나니 또한 갈 길이 멀지 아니한가."
曾子曰: "士不可以不弘毅, 任重而道遠. 仁以爲己任, 不亦重乎? 死而後已, 不亦遠乎?"(泰伯 08.07)

지금은 진정한 선비가 점점 적어지고 있다. 정의를 위해서 나서지 않고, 자신의 조그마한 이익을 위하여 안위한 생활만을 추구하니 공자가 말하는 선비는 사라졌다.[1] 닭 모가지를 비틀어도 새벽을 알리려 울었던 제5공화국 시절의 꿋꿋한 '살신성인殺身成仁'의 선비는 사라진지 오래 되었다.[2]

절절시시(切切偲偲)

1) 子曰: "士而懷居, 不足以爲士矣."(憲問 14.02) (공자는 말하였다. 선비로서 편안히 있기만을 생각한다면 선비랄 게 못된다.)

2) 子曰: "志士仁人, 無求生以害仁, 有殺身以成仁."(子張 19.01) (공자는 말하였다. 지사와 인자는 살기를 바라서 인을 해치는 일이 없고 몸을 죽여가지고 인을 이룩하는 일은 있다.) 子張曰: "士見危致命, 見得思義, 祭思敬, 喪思哀, 其可已矣."(衛靈公 15.09) (자장이 말하였다. "선비로서, 위험한 일에 직면하여서는 목숨을 내놓고, 소득에 직면하여서는 의를 생각하고, 제사에는 공경스럽기를 생각하고, 상사에는 슬픔을 생각한다면, 괜찮다고 할 수 있다.")

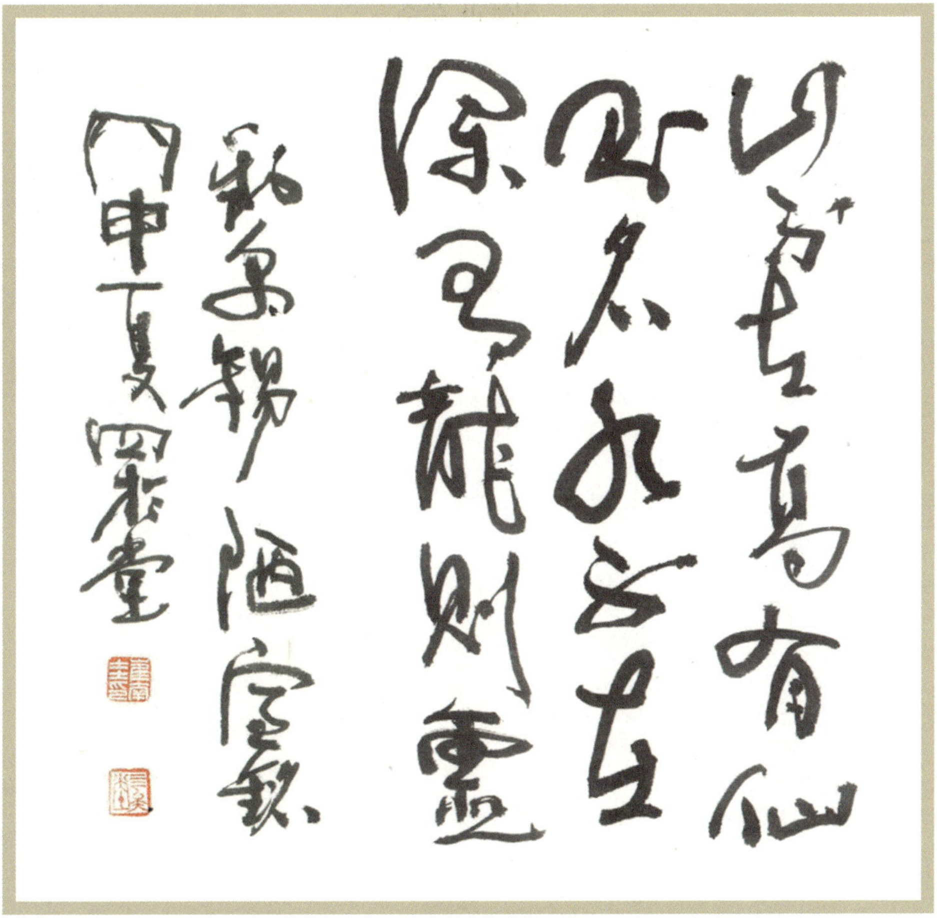

유우석(劉禹錫), 누실명(陋室銘),

산은 높지 않아도,	山不在高,
신선이 있으면 명산이요.	有仙則名.
물이 깊지 않아도,	水不在深,
용이 있으면 용수라네.	有龍則靈.

작품과 쪽수